GENNAROSE NETHERCOTT

La Maison aux pattes de poulet

ROMAN TRADUIT DE L'ANGLAIS (ÉTATS-UNIS)
PAR ANNE-SYLVIE HOMASSEL

ALBIN MICHEL

Titre original :

THISLEFOOT

Publié par Anchor en 2022.

ISBN : 978-2-253-25520-8 – 1re publication LGF

Pour mon père, Michael Nethercott
Pour ma mère, Helen Schepartz
Pour mon frère, Rustin Nethercott

Et pour tous nos ancêtres, qui dansèrent,
firent du pain, aimèrent et survécurent à l'impossible,
pour que nous puissions enfin, en ce fin
et tendre laps de temps, nous rencontrer.

Prologue

Voyez : c'est *Kali tragus*, le soude-bouc, ou chardon de Russie. Une plante qui tient de la masse échevelée, des fleurs vertes qui se font aussitôt feuilles de la même couleur. Tige striée de rouge et de violet comme un poignet couvert d'ecchymoses. Les feuilles, donc, sont bordées d'épines aussi acérées que des aiguilles à coudre. Ne les maniez qu'avec des gants – ou ne les touchez pas, c'est préférable. Si les épines vous déchirent la peau, faites celui ou celle qui n'a rien senti. L'époque n'aime pas les geignards. Il y a de pires blessures que celle que vous inflige le chardon. Vraiment pires, bien pires.

Le chardon de Russie se gorge de vie dans les climats les plus arides. Il prospère en terre inquiète – s'épanouit dans des lieux d'anormale violence. Dans les blés incendiés. Les champs assoiffés. Les terres fertiles ravagées par la maladie. Rien de cela ne l'empêche de survivre. De croître et de se multiplier. Croître, oui, de dix centimètres à près d'un mètre. Après sa mort, il se brise à ras du sol et voyage par le monde, semant ses graines en tous lieux. Le chardon se déplace comme une bête vivante, virevolte et valse dans le vent d'été, lèche la poussière et danse le shimmy dans les espaces désarticulés.

On raconte cette histoire en Russie d'un homme qui avait été décapité sur ordre du gouvernement. Lorsque sa tête avait roulé à terre, elle s'était métamorphosée en un renard replet ; la bête avait traversé la foule des spectateurs puis avait galopé jusqu'aux confins de la ville pour se réfugier dans la forêt où elle vit encore, dit-on. Le chardon de Russie, c'est un peu la même chose : il s'arrache à sa racine et prend le large en courant.

Mais ce chardon, vous le connaissez déjà. Même si vous n'avez jamais mis les pieds au pays des ancêtres, ni caressé du bout des doigts des photographies de la taïga, ni feuilleté des volumes jaunis de contes et légendes du monde slave, vous l'avez déjà vu, lui. Dans les vieux films, où il fait la culbute sur des routes désertes. Pelote du coyote, sorcière du vent : c'est elle qui donne le signal de départ des plus belles confrontations à la Winchester. Voir passer Kali tragus, c'est avoir dans la bouche le goût de la solitude – une amertume au fond de la gorge, un parfum âcre dans les airs. Elle représente tous les mots ravalés, toutes les histoires jamais contées, les souvenirs balayés par les tempêtes d'un bout à l'autre du grand ouest jamais dompté. Tant de sens, et tant de noms. Kali tragus, le chardon de Russie, l'herbe de verre – le virevoltant.

Et vous pensiez, vous, qu'elle venait d'ici ? Du Montana, peut-être ? Du Nebraska ? Eh non. C'est une étrangère, comme la plupart d'entre nous. En 1873, des immigrants russes s'installèrent dans le Dakota du Sud, avec des graines de lin qui venaient de leurs villages, à vendre et à planter. Ce qu'ils ne savaient pas, c'est que leurs sacs avaient été contaminés par des graines de chardon de Russie. Lequel n'a pas tardé à se disséminer dans tout l'Ouest américain, jusqu'à devenir l'une des mauvaises herbes les plus courantes dans toutes les terres un tant soit peu arides. Les graines voyageaient avec les batteurs de blé, se répandaient sournoises dans les champs de blé et les vergers. Elles sautaient dans les trains, se cachaient dans les wagons de marchandises. Elles montaient dans les chariots et les talons de bottes, dans les estomacs des rongeurs et les serres des rapaces. Elles se déplaçaient en immenses roues mues par le vent, barattant la poussière. Elles nourrissaient les mules et les moutons, les wapitis et les chiens de prairie, les cailles et les petits mammifères qui grattent les sols. À l'époque du Dust Bowl, l'herbe se faisant rare, les fermiers remplissaient le ventre de leurs bêtes avec du chardon.

Bientôt le virevoltant devint l'un des personnages les plus emblématiques du Far West. Quelle sublime ironie ! Cette icône américaine... est une immigrante qui ne dit pas son nom. Le chardon russe s'était bien déguisé. Son costume était fait de chansons country, de gâchettes agiles, de pâles et longues volutes de fumée.

On dit que ceux qui portent trop longtemps un masque finissent par en prendre l'identité. Le chardon russe est peut-être aujourd'hui plus un récit qu'autre chose. Les histoires qu'on raconte à son sujet ont remplacé ce qu'il fut autrefois. Les femmes ne gloussent plus en yiddish quand le chardon s'accroche à leur jupe. Les hivers de l'Europe ne les réduisent plus en cendres grises de froid. Les portails des shtetls ne s'offrent plus à leurs tiges. Tout cela est remplacé par un lent et long sifflement sous un ciel infini. Qui peut aujourd'hui prétendre savoir où se trouve la maison de la sorcière du vent ? Les graines elles-mêmes l'ont oublié.

… et pourtant.

Là-bas, dans l'ancien pays, les incendies fleurissent comme des champs de coquelicots. Kyiv, Chernihiv, Odessa. Maisons et boutiques pillées. Villages saccagés. Juifs pendus aux poutres de leur cuisine, alors que le pain brun n'a pas fini de lever dans le four. Cette chaleur dans la maison, vient-elle de la cuisson ou de la torche jetée par la fenêtre ouverte ? Devant la synagogue qui brûle, une étincelle embrase un chardon errant – poignard de lumière dorée éventrant le crépuscule. Le chardon est dévoré par la chaleur. Une boule de feu hurlante dans une ville effondrée.

Au même instant, dans toute l'Amérique, les virevoltants prennent feu. Ils brûlent, orange vif, nation de lampions se balançant au vent. Et continuent pourtant de rouler, milliers de buissons de Moïse tournoyant dans la grande prairie. Un océan les sépare de l'ancienne terre, cependant il y a en eux quelque chose qui se souvient. Bien qu'il ne puisse voir ses villes natales brûler, le chardon brûle avec elles. Certes, il vit maintenant en terre nouvelle mais ses molécules remontent vers le passé, traversant le temps, leur propre nom, mille contes puis explosent en fanaux de chagrin. Fanaux de lumière.

Chapitre 1

« Bienvenue, public sublime, public adoré de canailles et de déesses ! Vous allez assister au spectacle le plus extraordinaire de ce côté-ci du Mississippi ! »

Isaac Yaga s'inclina devant la foule, son costume noir de seconde main se fendant légèrement aux genoux. Sa chevelure d'obsidienne flottait autour de son visage, défi à la gravité. Son visage était pâle, étroit, agrémenté d'un nez saillant, un vrai bec de corneille, et d'iris aussi tranchants que le plomb poli. Difficile de savoir s'il avait pu se remplir la panse le mois précédent : son squelette se noyait dans les plis du costume noir.

Debout sur un casier à bouteilles au bord de l'effondrement, il écarta les bras, en guise d'invitation. Des applaudissements et quelques grossiers hurlements soulevèrent la foule tandis qu'Isaac se redressait en chassant de son front la mèche charbonneuse et bouclée qui s'y était égarée. À ses pieds, sur un morceau de carton, un mince chat noir se prélassait en se léchant la patte. Le chat ignora les clameurs avec élégance. Et le spectacle commença.

Une trentaine de spectateurs s'étaient rassemblés

autour de la caisse. C'était la meute de touristes du Quartier français qu'attirait invariablement Isaac – hommes d'affaires soûls qui passaient leurs trop courtes vacances d'été à avaler des Hurricanes au fruit de la passion, ceints de perles en plastique, leurs conquêtes se pâmant à leur bras. Leurs ricanements d'ivrognes dans Bourbon Street à la tombée du jour faisaient tiquer Isaac. Il n'avait que mépris pour la manière dont ils considéraient la ville, pour eux simple attraction, destination touristique et non berceau palpitant dans lequel vivaient de vraies gens. Et mouraient de vraies gens.

Mais Isaac valait-il mieux qu'eux ? À La Nouvelle-Orléans comme ailleurs, n'était-il pas simplement de passage, petite étincelle ? Il resterait deux ou trois mois puis disparaîtrait. Comme toujours.

« Amis ! Tout d'abord, bienvenue en notre sublime Nouvelle-Orléans. Si vous appréciez mon humble spectacle, n'hésitez pas à manifester votre contentement par de modestes offrandes – elles seront reçues avec la plus grande reconnaissance par le misérable artiste que je suis. Je sais que vous rêviez, en venant ici, à des manières plus sordides de dépenser les quelques dollars gagnés à la sueur de votre front. Mes amis, je vous assure qu'il n'est pas argent plus sale que celui qui atterrit dans le chapeau des artistes de rue. »

Isaac décocha un clin d'œil complice aux spectateurs. Le chat battit des paupières.

Isaac ne manquait jamais de charmer son auditoire. Son élocution était aussi précise, aussi agile qu'un trapéziste ; sa langue dansait, rarement interrompue, sur la corde raide. Quand il parlait, on l'écoutait. Si vous l'aviez observé d'assez près pour distinguer les paillettes ambrées de ses iris brun tabac, vous auriez eu la surprise de constater qu'il ne vous regardait pas : ses yeux ne se posaient pas à l'extérieur, sur vous, sur le monde mais, à l'inverse, sur quelque souterrain de son âme. Et cependant, cet Isaac acteur de rue avait l'audace d'un boulet de canon. Magistral manipulateur, tirant sur d'invisibles ficelles qui faisaient sursauter les marionnettes spectatrices à son gré. Si la possession était un phénomène avéré, on pourrait certainement en tenir un remarquable exemple avec Isaac Yaga, habité qu'il était par un démon de la scène, un poltergeist pour comédiens – les spectres de mille acteurs débordant de ses yeux pour saisir l'auditoire à la gorge.

« À présent, si vous voulez bien sortir ces diablotins de vos poches (il brandit son téléphone portable) et régler le son au maximum pour qu'il fasse le plus de bruit possible... Oui, parfait. Si votre portable sonne pendant le spectacle, vous m'offrirez un verre. Ça, ça fait plaisir à tout le monde. »

Isaac n'était pas vraiment indisposé par ce type de nuisance. La plaisanterie avait mis la foule à l'aise : il avait besoin de cette confiance. La sonnerie d'un téléphone dans l'immense boucan de Royal Street, ça n'était guère qu'une goutte dans l'océan du bruit. Le Quartier français croulait sous la cacophonie : gémissements des clarinettes débordant comme des bouilloires oubliées sur le gaz, marchands de savon braillant devant leurs boutiques, tendant sur des plateaux miroirs de fins échantillons qui ressemblaient à des bonbons, gamins dansant les claquettes avec des capsules collées aux semelles de leurs baskets et, au loin, derrière la digue, le chant plaintif du calliope du vapeur *Natchez*, dont la mélodie de carnaval s'entendait encore à un, dix, vingt kilomètres à la ronde…

Quelle différence avec le froid silence du théâtre de marionnettes de la famille Yaga, berceau d'Isaac. La moindre toux s'y réverbérait comme le tonnerre entre des éternités de tentures en velours vert. Il avait toujours vu en cette quiétude une présence, plutôt qu'un vide. Un chuchotement liquide, une mare de mercure aux épaisses vagues d'argent. Quand il était enfant, ce silence, parfois, le suffoquait – lui tenait la tête sous l'eau. À d'autres moments, c'était un ami. Ça faisait des années cependant qu'il n'était plus monté sur cette scène sombre, qu'il n'avait plus senti ces souffles se couper, respectueux, avant la levée du rideau. À l'inverse, se produire pour un auditoire à moitié soûl, c'était la garantie d'incidents continuels. On s'habituait.

« Vous, là, avec la cravate jaune. Oui, vous. Montez. Voilà. Quel est votre nom ?

— Brian », répondit l'homme.

Ses trois collègues, ou trois copains, lui donnaient des tapes dans le dos en gloussant.

« Brian, vous allez me fournir trois détails sur votre vie privée. Ce que vous voulez : votre plat préféré, votre pointure, votre boulot, la dernière fois qu'on vous a ravagé le cœur sans espoir de guérison… Trois petites choses, Brian, n'importe lesquelles, pourvu que ça vous concerne.

— Euh, mon plat favori… »

L'homme à la cravate jaune avait du mal à répondre, le regard vide.

« Brian, c'est juste un exemple. Vous pouvez me dire n'importe quoi. Trois choses. Qu'est-ce qui vous amène à La Nouvelle-Orléans ?

— Euh… Je suis venu de Cincinnati pour une conférence sur l'orthodontie. Je fabrique des pièces pour des appareils de radiographie. Je ne sais pas… Qu'est-ce que vous voulez savoir d'autre ? »

Isaac avait déjà commencé à s'organiser. Dans son corps, des milliers de fins rouages se synchronisaient avec ceux de l'homme qu'il avait devant lui. Dans les millièmes de seconde qui séparent les mots, Isaac avait mémorisé la manière dont les muscles faciaux de Brian faisaient bouger ses lèvres ; sa propre bouche était prête à la reproduire. Il avait étudié la forme des sourcils, remarqué que l'un se haussait un peu plus que l'autre, actionnant un ligament lié à la pommette droite de l'homme et la levant au même rythme. Il avait noté également l'angle précis que décrivait le genou droit lorsque l'homme s'appuyait sur la hanche correspondante, la tonalité et l'étendue de sa voix, les pauses dans le cours de la phrase, la manière dont il accentuait certains mots. Et pour finir – c'était toujours la dernière étape –, Isaac avait regardé l'homme droit dans les yeux. Isaac était un miroir et le reflet du dénommé Brian bascula en lui, battement de cœur par battement de cœur, molécule par molécule.

« Brian, mon vieux, l'heure de la confrontation approche. Vous êtes prêt ? »

Et Isaac se métamorphosa. Isaac disparut. Il n'y eut plus que Brian, face à lui-même.

Le spectacle va commencer !

Une âme simple, ignorant du lucide travail de l'acteur, aurait pu prendre cette démonstration pour un tour de pure magie. Une alchimie corporelle, une profonde mutation. Et bien sûr qu'il y avait quelque sorcellerie dans l'affaire, même si Isaac, si vous lui aviez posé la question, vous aurait répondu que ce n'était qu'une question de talent. Une cartographie. Tous les corps, vous aurait-il expliqué, sont des cartes, traversées par les rivières des tendons et des vaisseaux, plaines de peau hérissées de montagnes en muscles, en os, en cartilages. Isaac, pendant des années, avait appris à lire ces cartes, à les restituer avec une précision chirurgicale. En étudiant l'individu avec suffisamment d'attention, en isolant les muscles de son propre et mince corps, il pouvait reproduire les plus infimes, les plus subtiles postures : inclinaison du bras ou de la jambe, chute de la paupière, angle du coude comme un bec d'oiseau. Simple imitation, exécutée au scalpel.

Brian plissa les paupières et recula d'un pas effaré. Ce qu'il avait sous les yeux était tout bonnement impossible. Il avait l'impression de se voir en reflet dans une vitrine. Ce jeune homme vêtu de noir était devenu lui, Brian. Ses collègues commencèrent eux aussi à se rendre compte du phénomène. L'un d'eux émit un hennissement sonore de cheval courroucé. Un autre ne cessait de dévisager tour à tour Brian et cet Isaac qui était désormais Brian, tout en secouant la tête comme un chien qui s'ébroue. Isaac sauta de la caisse, s'empara du bras de Brian et le dressa en l'air en signe de victoire, avant de parader devant les spectateurs pour que tous puissent constater la perfection de sa transformation. Chaque pas des deux hommes en tandem. Chaque geste, chaque tic, parfaitement synchronisé. Brian à présent n'était plus qu'une version secondaire de lui-même, une ombre, et c'était Isaac le plus authentiquement Brian des deux. Et le petit chat leur emboîta le pas, comme pour s'associer au mystère. Deux Brian, un félin et une foule de touristes vibrant sous le charme électrique de ce qui semblait être un miracle, terrible et démoniaque, un miracle au cœur de Royal Street.

Ce qui suivit ? Le chaos. Libérant Brian de ses obligations théâtrales, Isaac plongea dans la foule. Il lorgna visage après visage, corps après corps, sauta, caméléon, d'un reflet à l'autre. Un vieil homme bossu. De juvéniles jumeaux qu'il fit triplés. Un mignon couple en voyage de noces. Toute une troupe de célibataires norvégiennes. Un bibliothécaire à la jambe plâtrée. La foule perdit la tête à suivre dans ses métamorphoses un Isaac qui tournoyait dans son manège de visages, d'attitudes et de tics, jusqu'à ce qu'il s'immobilise, figé comme une statue, et laisse ses cent identités tomber de ses os comme autant de mues de serpent. Tonnerre d'applaudissements. Les ailes de cuir des portefeuilles se déployèrent et les billets se précipitèrent en flots émeraude et frémissants vers Isaac.

Avant que la frénésie de la foule ne s'apaise, Isaac fila, le petit chat noir sur les talons. À peine avait-il tourné dans Dauphine Street qu'il fut saisi par l'épaule et reçut une rude bourrade. Son visage entra en collision avec la brique. Une main l'attrapa par les cheveux, une autre le frappa dans le dos, le maintenant torse contre le mur. Détrousseurs de rue ? Il n'était pas rare, ici, de se faire alpaguer si l'on se promenait seul. En plein jour, quand même, ça n'était pas si courant. Isaac ne pouvait pas voir le visage de son agresseur mais il sentait son souffle sur sa nuque, chaud, haletant. Un ivrogne ?

« Je l'ai chopé, les gars », dit l'inconnu.

Des bruits de pas suivirent. Deux autres hommes, au trot.

« Tu crois que tu peux nous piquer notre fric aussi facilement que ça, petite merde ? »

Alors probablement pas des détrousseurs de rue. Isaac parvint à tordre le cou, juste assez pour entrevoir les deux acolytes qui arrivaient en courant. Blancs, en chemise et pantalon kaki, le cheveu lisse, montres de prix au poignet. L'uniforme de base du participant à une conférence. C'étaient les collègues de Brian, qui avaient assisté, hébétés, au numéro de caméléon d'Isaac. Lequel se débattait à présent entre les mains de l'un d'entre eux. Ses incisives se pressèrent dans sa lèvre inférieure. Elle avait goût de sang.

« C'est qu'il gigote, le petit merlan, s'esclaffa le bourreau d'Isaac. Regardez, les mecs, j'en ai pêché un minuscule. C'est le genre de truc que vous remettez à l'eau, non ? Frit, ça ne donne pas grand-chose. »

Il renforça son étreinte. Qui aurait cru qu'un orthodontiste puisse être aussi ignoblement machiste ?

Dans quelques instants, sans doute, l'homme allait le forcer à baisser la tête pour lui faire les poches. Isaac ferma les yeux. Il respira profondément. Actionna ses muscles faciaux, détendit les muscles de ses bras et de ses jambes, n'offrant plus à la poigne de son agresseur qu'un dos compact. L'autre le prit par le col et le fit pivoter. Isaac avait désormais ses agresseurs sous les yeux.

Des yeux immenses, lunaires, débordant de larmes.

« Je vous en prie, ne me faites pas de mal. C'est de l'argent que vous voulez ? J'en ai plein ! »

Sa voix avait monté de deux octaves, ses mains tremblaient comme celles d'un écolier. Du menton, il indiqua les poches de son pantalon. Son visage était devenu incroyablement juvénile – on ne lui aurait pas donné plus de treize ans. Il avait rétréci ; les trois hommes à présent le dominaient de plus d'une tête.

L'un des trois agresseurs vacilla, perplexe, le regard embrumé par l'alcool.

« Cramer, c'est pas lui.

— Bien sûr que c'est lui, grommela Cramer, qui n'avait pas lâché sa proie.

— Nan, je crois pas.

— Méfie-toi, c'est son truc, intervint le troisième homme. C'est un escroc, il imite les gens.

— S'il vous plaît, gémit Isaac. Je ne vous connais pas. Je veux ma maman.

— Oh, les gars, vous êtes sûrs ? Parce que si c'est pas lui… »

Le chat noir se mit à feuler et griffa l'assaillant le plus proche au mollet.

« Mais si, abruti, soupira Cramer en chassant le petit animal d'un coup de pied, c'est son putain de chat. C'est lui ! »

Dans la discussion, Cramer avait très légèrement desserré l'étau de son bras. Exactement ce dont Isaac avait besoin. D'un coup d'épaule, il retrouva sa taille ; son visage récupéra toutes ses années. Il s'arracha à l'étreinte de Cramer, repêcha d'une main le chat noir et s'élança dans Dauphine Street avant de bifurquer dans Ursulines Street. Les hommes suivirent, le pas moins sûr. Trois contre un, certes, mais Isaac connaissait la ville par cœur et ses poursuivants avaient beaucoup trop bu. Il entendait le claquement des talons de leurs chaussures de ville sur le bitume, cent, deux cents mètres derrière lui. Il traversa Burgundy Street à toute allure. S'il parvenait au carrefour suivant, où la foule était dense, il s'y perdrait, les sèmerait. Il empoigna un poteau indicateur de sa main libre, l'utilisa comme un mât de pompier pour changer de direction. Il faillit, ce faisant, entrer en collision avec deux jeunes filles à bicyclette, lesquelles durent jouer du guidon en poussant des hurlements. Devant elles, un trolley rouge bringuebalait tranquillement au milieu de la rue. *Allez, on y est presque*… Isaac pressa le pas. Alors que le trolley atteignait le carrefour formé par Ursuline Street et North Rampart Street, Isaac lui passa sous le nez, atterrissant sain et sauf de l'autre côté de la chaussée. Les trois orthodontistes se percutèrent les uns les autres, bloqués sur leur trottoir. Le trolley rouge prit tout son temps. Isaac les avait bel et bien semés. Leurs cris rageurs furent noyés dans la chanson du *Natchez*.

*

« Pas mal, hein, Enjoliveuse ? »

La petite chatte se roula sur le dos, ventre offert. Ce qui pour Isaac équivalait à un hochement de tête. Il tâta de la langue sa lèvre contusionnée.

Isaac était accroupi devant la porte, sur le perron arrière de son petit appartement tout en longueur, inspectant un par un ses portefeuilles volés. Une douleur aiguë lui transperçait l'avant du crâne. Il posa le front sur les écailles roses du mur de l'immeuble, les yeux fermés, en attendant que le mal s'apaise. Lorsqu'il se fit moins lancinant, Isaac se roula une cigarette, y ajouta une pincée de lavande. Bientôt s'élevèrent autour de lui des volutes florales.

Ce n'était pas la confrontation brutale avec un mur en brique qui avait provoqué cette migraine (bien qu'elle y ait certainement contribué). Ces maux de tête survenaient toujours quand il n'avait pas joué depuis un certain temps. Il en avait toujours été ainsi, aussi loin que ses souvenirs remontent. La seule chose qui pouvait les apaiser, c'était devenir quelqu'un d'autre, ne serait-ce que quelques minutes. Avant son numéro de Royal Street, cet après-midi-là, il ne s'était pas produit en public depuis au moins dix jours. Le temps était passé bien trop sournoisement. Il se mouvait comme un brouillard vert au-dessus de la digue, doux, immatériel. Une journée pouvait sans mal devenir longue semaine. Et la semaine mois, noyé dans l'alcool, la chaleur humide et les ululements des trains de marchandises sur les voies. Isaac payait toujours chèrement ces pauses. D'un marteau-piqueur dans la tempe. De tremblements dans les mains. De tics spasmodiques dans tous les muscles.

La faim l'assaillait constamment, ou l'inappétence totale. Le pire, cependant, plus terrible même que les migraines, c'était l'impatience terrée dans le creux de ses côtes, le renard qui lui rongeait les entrailles. Et ça, c'était le vrai signe. Le signe qu'il avait passé trop de temps à n'être qu'une personne. À n'être que lui-même.

Isaac eut le temps tout en fumant sa cigarette de mettre de l'ordre dans sa fortune et de la compter deux fois. Bonne pêche : quatre cent quinze dollars et un peu de monnaie. Assez pour payer le loyer mensuel et s'offrir un pack de bière pas cher pour la soirée. Un tiers environ de cette somme lui avait été remis volontairement. Le reste, il l'avait récupéré dans les poches de touristes trop confiants – parmi lesquels les collègues de Brian. C'était son pourboire. Jamais il n'était rétribué volontairement à sa juste valeur – alors, il fallait bien qu'il comble lui-même la différence. Et si ceux qui avaient été ainsi privés de leur argent de poche pour les vacances tentaient de se souvenir du comédien de rue qui avait, au pas de valse, traversé la foule où ils se trouvaient, quelques minutes ou quelques heures après qu'ils s'étaient servis pour la dernière fois de leur portefeuille ? En général, ils ne se souvenaient pas de son vrai visage, brouillé par la noria de ceux qu'il avait essayés, pour voir lequel lui allait le mieux. Même s'ils l'avaient croisé une heure plus tard, ils ne l'auraient pas reconnu. Certes, les copains de Brian en avaient été capables : ça n'était pas normal. Il avait manqué de rigueur, un dangereux relâchement.

« Hé, vieux, tu viens au Lovelorn, ce soir ? »

Max, le coloc d'Isaac, avait surgi dans l'embrasure.

« Y a Carey Lou qui joue, et le billard est gratuit le samedi. »

Max et Isaac avaient beau partager l'appartement depuis deux mois, ils ne se croisaient pratiquement jamais en dehors de ce perron, à l'arrière de la maison. Soit pour y entrer, soit pour en sortir. Aucun des deux ne tenait longtemps en place.

« Peut-être bien, répondit Isaac.

— Je prends le camion, si tu veux que je te dépose. Enfin si j'arrive à la faire démarrer, cette épave. Hier, il a fallu que je demande à Bones et à Chris pour qu'elle veuille bien s'y coller. »

Max était un Australien, pas très grand, ventru, avec des épaules de boxeur. Il tartinait du beurre de cacahuète sur un vieux quignon de pain à l'aide d'un canif rouillé. Il avait laissé tomber une boulette de beurre sur sa chaussure, ce qu'il n'avait pas remarqué, visiblement – ou ce dont il se fichait, hypothèse plus probable. Enjoliveuse se leva pour aller lui lécher le pied.

Isaac prépara les composants d'une deuxième cigarette.

« Faut que je te dise, quand même, poursuivit Max. Apparemment Nina bosse là-bas, maintenant. Je l'ai vue derrière le comptoir y a deux, trois jours.

— Et alors ? demanda Isaac sans lever les yeux.

— Je me disais juste que ça pouvait t'intéresser de le savoir.

— Si je dois tomber sur elle, c'est comme ça. Je ne vais pas m'amuser à la pister. Toi non plus, d'ailleurs. C'est pas très courtois, Max.

— Hé, oh, vieux, tu sais bien que c'est pas ça. Je me disais que ça pouvait t'intéresser, c'est tout. »

Isaac haussa les épaules.

« Bon, bon, le Roi caméléon. »

Max secoua la tête et se fourra tout le quignon dans la bouche.

Le Roi caméléon. Le surnom lui collait aux basques depuis des années, le suivait comme une ombre. Ses connaissances récentes pensaient qu'il n'était dû qu'à son singulier talent d'acteur. Ce n'était pas entièrement faux. Mais ceux qui le fréquentaient depuis plus longtemps en connaissaient la vraie raison : ce qui lui avait valu ce titre de noblesse, c'était son aptitude à retourner sa veste aussi rapidement que le caméléon change de couleur.

Max leva les yeux au ciel.

« Je te note dans mon carnet de bal. La caisse part à dix heures. »

*

Le téléphone sonna à vingt heures trente.

Comme nombre de grands événements historiques, le premier mouvement était presque infime. À des milliers de kilomètres de là, en un lieu où les horloges jouissaient de huit heures de futur, quelqu'un souleva un combiné et composa une série de chiffres prédéterminés. Ce geste se fit signal électrique, les signaux filèrent dans les cieux, passèrent par-dessus la lune, se réverbérèrent sous les coquilles rutilantes des satellites, plus froides que le givre. Ils s'y brisèrent, se décomposèrent en signaux radio. Furent réexpédiés sur Terre, astéroïdes invisibles coursant les rayons du soleil. Ils traversèrent les pâles brumes nées du Mississippi. Ourlèrent les câbles, les toits et les guirlandes tombantes des tillandsias. Puis, ô miracle, quelques secondes seulement après qu'une main humaine avait composé, geste si simple, le numéro, le téléphone d'Isaac vibra dans sa poche.

Il ne lui fallut qu'une heure pour faire ses bagages et emprunter les clefs du camion de Max pendant que ce dernier prenait sa douche. L'Australien était venu sans visa – jamais il ne prendrait le risque de déclarer le vol de son véhicule. C'était la raison pour laquelle Isaac l'avait choisi comme colocataire. Les gens les plus utiles sont toujours ceux qui ont quelque chose à perdre.

Isaac remplaça les clefs par une pièce de cinq *cents* étincelante, pièce aplatie par le passage d'un train. Escroquer un ami et le poignarder dans le dos, il savait faire, mais voler, non. C'est-à-dire que lorsqu'il prenait quelque chose, il proposait toujours un paiement… Que l'autre partie ait son mot à dire ou non. La pièce de monnaie brillait de tous ses feux sur la table, comme un miroir en argent. Le moteur démarra en grondant, radio allumée.

Et le Roi caméléon fila plein nord.

Chapitre 2

S'il était arrivé quoi que ce soit aux mains de Bellatine, cette histoire aurait pris fin avant même de commencer. Sans ses mains, sans leurs gestes délicats, sans leur agile puissance, rien n'aurait été possible. Elle avait des mains de menuisière, capables de sculpter une petite chouette aux mille détails sur le manche d'une cuiller comme d'abattre un pin Douglas à la tronçonneuse. Mains de dentelles ou d'acier, suivant la tâche à accomplir. Elles étaient petites – Bellatine n'étant guère elle-même ce qu'il est convenu d'appeler une géante – mais, avec la puissance de l'étau, ouvraient tous les pots de confiture et maniaient sans peine les clefs dynamométriques. Leurs ongles, souvent, s'ornaient d'un vernis à paillettes dorées, écaillé ou rongé sur les bords. Articulations épaissies d'avoir si souvent craqué, bout des doigts calleux : elle avait des mains de travailleuse manuelle. Inutile d'essayer de deviner l'âge de leur propriétaire en les examinant : elles revendiquaient bien plus que les vingt ans de Bellatine. C'étaient les mains de sa mère, et de la mère de sa mère avant cela. Trésors de famille, transmises de génération en génération. Des mains comme celles-ci sont susceptibles de porter, dans leurs paumes jointes, toute une histoire.

Fort heureusement, il ne leur arrivera rien de grave. En tout cas, pas au cours de cette histoire. D'autres drames, oui – et de cela, je ne pourrai vous protéger. Mais je vous promets que parmi toutes les souffrances que décrit ce récit, nulle n'abîme les mains de Bellatine. Elles resteront indemnes.

*

Le troisième jour du mois de septembre, les mains de Bellatine étaient occupées à torturer l'une des bretelles de sa salopette en jean, façon tordons le cou à cette oie. Ses phalanges étaient blêmes, sans repos. Elle était nerveuse. Ça, oui, il fallait bien le reconnaître. Peut-être était-ce sans raison : en dépit de quoi, elle sentait une souple anguille d'inquiétude se tortiller dans son estomac.

Le Greyhound qui l'emmenait au Red Hook Marine Terminal avait à peine accompli la moitié du trajet. Il s'était arrêté à une station-service ; Bellatine avait remonté les rangées de sièges moquettés pour aller prendre l'air sur le parking. Elle se passa les doigts dans les cheveux que l'appuie-tête avait emmêlés, pour retrouver sa coupe à la garçonne. Drôle de contraste, elle le savait, entre cette coiffure années folles, frange comprise, et le négligé de sa mise, salopette et tee-shirt rayé. Ce qui lui était parfaitement indifférent. Les cheveux longs, ça se prend dans les outils électriques. Ce qui est court est bon.

L'après-midi était d'une fraîcheur plaisante, l'air

bercé d'une promesse d'automne tout juste naissante. Elle se pencha pour toucher ses pieds, détendre les muscles raidis de son dos que le long voyage dans cet autocar à moitié vide avait endoloris.

Isaac l'attendait-il déjà sur les quais ? Elle n'avait pas eu de ses nouvelles depuis qu'ils avaient fixé l'heure du rendez-vous, quatre jours plus tôt. Il n'allait peut-être même pas venir. Ça lui aurait ressemblé, ça : disparaître sans une explication et laisser sa petite sœur se débrouiller toute seule avec la cargaison. Elle s'imagina dans un bureau, remplissant les formulaires de douane, maudissant son frère absent, signant tout de même à l'encre noire, humide, au bas de la page. Son inquiétude se fit moins vive. Ne pas avoir à faire avec lui, quelle aubaine. Elle pouvait toujours rêver, se dit-elle. Ce serait plus compliqué, sans doute, mais tellement plus facile. Plus serein. Et, sans son frère, elle pourrait être aux commandes.

Sauf que non. Il serait au rendez-vous. Impossible pour Isaac de résister à un mystère de ce type. Il ne viendrait pas mû par le sens du devoir, la nécessité de participer à une ennuyeuse corvée familiale. Non, ce serait par pure curiosité. Quand le navire accosterait, quand le chargement serait transporté à quai, il voulait être aux premières loges.

Quelques jours plus tôt, les enfants Yaga avaient chacun de leur côté reçu un appel formulé dans les mêmes termes. Voix d'homme, fort accent d'Europe de l'Est, l'interlocuteur se présentait comme avocat spécialisé en succession. Bellatine avait cru à une tentative d'escroquerie, mais sa mère, qu'elle avait tout de suite appelée, lui avait confirmé l'authenticité de l'appel.

« Ton arrière-arrière-grand-mère, la mère de ma *bubbe*, avait expliqué Mira, la mère de Bellatine.

— Du côté de ton père ? avait demandé cette dernière en coinçant le téléphone entre l'oreille et l'épaule, pour avoir les mains libres.

— De ma mère. C'est quoi, ce bruit ?

— Je suis au boulot. »

Elle reposa le papier de verre et ouvrit un pot de teinture pour bois, couleur acajou, dans lequel elle trempa un chiffon.

« Tu sais, c'est peut-être elle qui a initié cette tradition du nom de famille, qui se transmet de mère en filles et fils, plutôt que par le père. Ou ça s'est peut-être produit à la génération suivante… Quoi qu'il en soit, nous autres femmes Yaga, nous avons toujours été têtues. Tu tiens au moins ça de nous, Bellatine. »

Têtues, on pouvait dire ça comme ça. Effectivement, tout le monde le disait : les femmes Yaga n'étaient pas des timides ; elles prenaient ce dont elles avaient envie. Ce qui, cependant, incluait rarement leurs propres filles. Bellatine avait beau avoir passé ses années d'enfance en tournée avec la troupe de marionnettistes de la famille, elle avait l'impression de ne pas vraiment connaître sa mère. Cette dernière lui paraissait parfois avoir été plus tendre avec ses marionnettes qu'avec sa propre fille. Mira ne donnait pas dans la cruauté, cela dit. Elle était lointaine, fermée, une mère de musée dans sa vitrine. On pouvait l'étudier, la respecter, on ne pouvait pas jouer avec elle. Bellatine n'avait jamais réellement discuté avec elle du passé de leur famille – ni de quoi que ce soit, d'ailleurs. Quand la mère de Mira était morte, Bellatine était toute petite ; dans ses bribes de souvenirs, sa *bubbe* était lointaine, visage crayeux, assez dépourvu de chaleur maternelle. Les mères et les filles de la lignée pouvaient bien se transmettre le nom de famille, elles n'étaient guère intimes.

« Tu as d'autres détails sur cette femme ? Qu'est-ce qu'elle a bien pu nous léguer – tu as une idée ?

— Bell, désolée, pas le temps d'en discuter. Ton père et moi, on a une réunion avec les administrateurs à midi, et je suis en pleine programmation pour le festival. On travaille avec une nouvelle décoratrice de plateau, une femme géniale, une Yéménite, mais je ne sais vraiment pas comment, avec notre budget, on va pouvoir…

— Allez vite, en deux mots. S'il te plaît.

— Quand ma *bubbe* est arrivée aux États-Unis, répondit Mira d'une voix théâtralement excédée, mon arrière-grand-mère est restée en Russie. Elles se sont peut-être écrit, par la suite, mais elles ne se sont jamais revues. Je sais qu'elle était extrêmement pauvre, comme mes grands-parents ; jamais nous n'aurions pensé qu'elle avait pu se donner la peine de faire un testament. Qu'est-ce qu'elle pouvait bien léguer ? Visiblement, on avait tout faux. »

Ce que l'avocat leur avait expliqué : le testament ne devait être communiqué à la famille que soixante-dix ans après la mort de l'ancêtre. Ce délai venait d'expirer. Le document stipulait également que le legs revenait aux « descendants vivants en ligne directe les plus jeunes » de la défunte. C'est-à-dire Bellatine et son frère aîné, d'après les recherches entreprises par l'homme de loi.

« Pas argent, avait-il précisé. C'est une objet.

— De quel genre ? avait demandé Bellatine.

— Très gros. Mais je n'ai pas regardé dans caisse. Je n'ai pas ouverte. Le testament dit : personne ouvre, sauf vous et frère. C'est sur le bateau de l'Ukraine jusqu'à New York. Il faut vous aller à New York, pour recevoir la caisse. Dans début de prochaine semaine. Les papiers officiels, c'est là-bas. »

Et Bellatine avait pris son billet d'autocar, Vermont-New York.

Autocar qui approchait du but. Si tout s'était passé comme prévu, la caisse l'attendait au terminal. De même Isaac, son unique frère. Isaac qu'elle n'avait pas vu depuis six ans. Depuis qu'il avait arrêté le lycée pour jouer les vagabonds du rail, les chasseurs d'histoire, parcourir l'Amérique en laissant derrière lui son passé, ses amis, sa famille. Y compris Bellatine.

*

Le Greyhound derrière elle revint à la vie avec un sourd grondement. Ses phares, songea-t-elle, devaient luire comme des narines crachant des flammes d'or ; des ailes poussaient sur son échine d'acier. Les mains de Bellatine étaient parcourues de picotements, épingles brûlantes sous les cals de ses doigts. Elle fouilla dans la poche de sa salopette, y trouva une petite cuiller en bois, logea le pouce dans le cuilleron, poli, usé par de nombreuses caresses. *Respire lentement*, se dit-elle. *Inspire… Expire. Compte jusqu'à cinq*. Les émotions lui faisaient perdre l'esprit. Ça faisait longtemps, très longtemps, qu'elle ne les avait pas senties lui échapper à ce point. Mais depuis qu'elle savait qu'elle allait revoir son frère, ses pensées se désarticulaient, voletant entre passé et futur. Elle serra les poings, jusqu'à ce que ses articulations craquent. Elle ne devait surtout pas se laisser aller. Elle avait trop à faire. Elle remonta à bord du Greyhound.

*

Un échafaudage rouge sombre voilait délicatement la façade du Red Hook Marine Terminal, chapeautant les passerelles de béton d'immenses ponts imbriqués. On aurait dit une toile d'araignée géante, tissée en acier rouge. Bellatine se fraya un chemin sous les crochets des grues, gros comme des voitures, qui balançaient des quais aux navires pour décharger les conteneurs. Orange, verts, bleus, argent, empilés les uns sur les autres, ils ressemblaient aux pièces d'un jeu de construction pour enfants. Surplombant les eaux noires du port, les gratte-ciel de New York paraissaient veiller sur eux, titanesques sentinelles de chrome.

Bellatine croisa un détachement de dockers casqués. Elle suivit les pancartes, direction la gare de manutention. C'était là qu'on entreposait les conteneurs et qu'on les déchargeait, avant d'en répartir les contenus sur les trains de marchandises. C'était là également, s'il fallait en croire le petit homme aux favoris blancs qui l'avait renseignée à l'entrée, que le legs de l'arrière-arrière-grand-mère attendait ses héritiers. La question de savoir comment faire sortir cette cargaison du port ne se poserait que plus tard. Il fallait d'abord savoir en quoi elle consistait.

Il était à peine plus de quatre heures et le soleil, déjà, inclinait sa course vers l'horizon, enveloppant le quai d'une pâle lueur rose pêche. Bellatine tourna à l'angle d'un immense hangar. Isaac attendait là, assis sur un tas de palettes.

Dos au mur, les paupières baissées, une cigarette coincée sur l'oreille. Bellatine se rendit compte qu'il dormait. À côté d'un sac à dos à armature, vert, plein à craquer, si bien que le rabat était renforcé avec un bout de câble de saut à l'élastique. Un minuscule chat noir sommeillait, lui aussi, dans une tache de lumière, perché sur le sac, le dos vibrant sous l'effet de la respiration. Appartenait-il à Isaac, ou ce dernier avait-il le chic pour attirer les chats errants ? Le costume du jeune homme était crasseux à souhait. Les manches de son veston étaient relevées sur les coudes ; le veston béait sur un tee-shirt blanc déchiré du col à l'aisselle gauche. Une chaîne de montre pendait de sa poche de poitrine, scintillant dans le soleil de fin d'après-midi. Un vrai bandit de cinéma. Ou le spectre d'un braqueur de banque des années 1930. Le spectacle aurait fait rire Bellatine si elle n'avait pas eu dans l'estomac un banc de poissons qui venaient tous d'y pondre leurs œufs.

Elle resta un moment sans bouger. Elle regarda Isaac dormir, le comparant au souvenir qu'elle en avait gardé ces six dernières années et aux rares photos de lui qu'elle avait trouvées en ligne. Il était plus anguleux. Des rides nouvelles lui étaient venues au front, au coin des yeux. Elle eut le souffle coupé par la cicatrice qui courait, longue, rouge, serpentine, autour de son coude. Il avait changé, ces six dernières années. Mais elle aussi, bien sûr.

Une lichette de vent s'éleva au-dessus du port, soulevant une mèche des cheveux d'Isaac et la laissant retomber sur l'œil gauche. Il frémit, leva la main aveuglément vers son visage. Ouvrit les yeux.

« Par tous les diables ! »

Il se redressa immédiatement sur son séant et scruta Bellatine des pieds à la tête. Elle se figea, coléoptère observé au microscope.

« Belette, tu n'es plus aussi petite que l'animal désormais. »

Un grand sourire se répandit sur son visage. Il bondit de son tas de palettes et serra Bellatine très fort dans ses bras.

« Mais pour moi, tu seras toujours la petite Belette. »

Bellatine bien malgré elle rayonnait contre l'épaule du frère. Elle s'autorisa à lui rendre son étreinte.

Et soudain elle a de nouveau sept ans. Isaac et elle trottent dans les allées du théâtre de leurs parents, et leurs capes de soie bordeaux volent à leurs épaules. Isaac plonge ventre à plat sur la scène, entraînant sa sœur derrière lui.

« J'annexe ce navire au nom de l'entreprise familiale des Yaga, proclame-t-il en ôtant sa cape, qu'il fixe à une échelle de la scène comme il le ferait d'un drapeau. Votre équipage est tenu désormais de nous obéir. »

Il s'empare d'une des marionnettes de son père – un tailleur assez grand pour lui arriver au genou, installé devant sa toute petite machine à coudre.

« Allez, vas-y, Belette », murmure-t-il à sa sœur en lui fourrant la marionnette dans les bras.

Elle a les paumes pleines d'une ardeur de fournaise.

Elle se concentre sur le petit tailleur. Les battements de son cœur se font plus sonores ; ils palpitent au bout de ses doigts. Plus brûlant encore. Plus lumineux. Elle se concentre encore plus : une étincelle se faufile sous la délicate veste puis s'agrippe au mécanisme intérieur de la marionnette. Ça y est. Elle le sent. Le pouls.

La corne de brume d'une péniche arracha Bellatine à cette vision. Non. Assez ! S'il y avait bien quelque chose dont elle n'avait aucun besoin, c'était de retomber en enfance.

« Tu as raison, dit-elle en s'écartant d'Isaac. Je n'ai plus rien de la belette. Ça fait six ans. Il s'est passé des tonnes de trucs, Isaac. »

Cela assené d'un ton plus froid qu'elle l'aurait souhaité.

« Oh, j'imagine sans mal. »

Il recula lui aussi, laissa retomber ses bras ; elle se campa fermement devant lui. Il paraissait mal à l'aise, soudain, cherchait ses mots.

« Et puis c'est que tu as bonne mine. T'as fait des études ? La charpenterie, c'est ça ?

— La menuiserie. J'ai eu le diplôme cette année, au printemps. Je suis apprentie chez un ébéniste, en ce moment.

— C'est bien, c'est super bien… »

La conversation retomba.

À dire vrai, oui, elle s'était bien débrouillée. Elle était la première étonnée de s'être si bien adaptée à sa nouvelle vie dans le Nord : après les journées de boulot chez son ancien professeur, Joseph, elle retrouvait son appartement le soir, y buvait des bières avec Carrie et Aiden en jouant au Bo Potato, le jeu de cartes qu'ils avaient inventé au lycée, tous les trois. Elle était heureuse. Ou plutôt, elle n'était pas malheureuse. Et n'était-ce pas bien suffisant ?

Bellatine rompit le silence prolongé, ayant remarqué le tas de livres sur les palettes et la foule des mégots.

« Mais t'es arrivé quand ? lui demanda-t-elle.

— Hier soir.

— Et t'es arrivé comment ?

— En camion, la moitié du chemin, mais il est tombé en panne à Raleigh. J'ai fait le reste en stop.

— En stop ? Alors qu'on avait une date à ne pas dépasser ? Isaac, et si tu n'avais trouvé personne pour te prendre ? On aurait loupé la cargaison. »

Le jeune homme haussa les épaules.

« Oui, sauf que j'ai trouvé quelqu'un. Et que je suis là, et que je suis arrivé avant toi. Enfin, il me semble.

— Il est à toi, le chat ? »

Il extirpa un stylo et un bout de papier froissé de sa poche, les tendit à sa sœur.

« Qu'est-ce que c'est ?

— Si tu veux mener ton interrogatoire dans les règles, tu auras peut-être besoin de prendre des notes ? »

Les portes de l'entrepôt s'ouvrirent en grinçant. Un grand type en gilet orange apparut sur le seuil.

« C'est vous qui venez pour la livraison de Pivdennyi ? »

Bellatine pivota si brutalement sur les talons de ses Chuck Taylor que le caoutchouc gémit au contact du béton. L'homme baissa la tête sur son bloc-notes.

« Travée 18. Suivez-moi. »

*

La caisse était gigantesque. Cubique, haute comme deux containers de taille standard, et renforcée par de longues barres d'acier. L'entrepôt où l'homme les avait conduits était de taille à recevoir des avions de ligne : et cependant le legs y occupait une place considérable, dominant le frère et la sœur de plus de cinq mètres. Son ombre inondait le sol en ciment d'une vague grise. Isaac s'avança lentement et l'ombre le dévora.

« Il faudrait juste me montrer vos pièces d'identité. Après quoi, je vous passerai le bébé », dit le docker.

Bellatine avait sorti son permis de conduire. Elle s'était également munie de son passeport et d'un acte de naissance, au cas où, mais l'homme au gilet orange se contenta d'un bref coup d'œil sur le permis avant de hocher la tête et de cocher une case sur son formulaire. Isaac sortit de l'une de ses poches un vieux portefeuille noir qu'il se mit à fouiller avec la dextérité d'un joueur de blackjack. Images qui flottèrent aux confins du champ de vision de Bellatine : quatre permis de conduire exhibant le visage de quatre Isaac tous différents.

Il tendit l'une de ces cartes au docker qui, visiblement satisfait, cocha une autre case.

« Elle est à vous », leur dit-il, avant d'abandonner les Yaga à la pénombre de l'entrepôt.

Isaac s'approcha de l'énorme caisse et posa la main sur un verrou vertical aussi épais que son bras. Il le fit glisser. Les tiges s'entrechoquèrent.

« Attends ! s'exclama Bellatine.

— Attends quoi ? répondit Isaac en s'immobilisant.

— On sait même pas ce qu'il y a là-dedans.

— Eh oui. C'est bien pour ça que je vais ouvrir.

— Tu ne crois pas qu'on devrait faire ça dans les formes ? Ce sont les dernières volontés de nos ancêtres, quand même.

— Et alors ? répondit Isaac, les sourcils haussés. Tu veux quoi, un psaume ?

— Je sais pas. Enfin je veux dire, non, reprit-elle, cramoisie.

— Un sacrifice humain ? Attends, oui, oui, je vois. J'appelle le rabbin. Un moment. J'ai sa ligne directe.

— Arrête. Le moins qu'on puisse faire, c'est l'ouvrir ensemble. »

Elle avança vers l'énorme caisse et posa la main contre celle de son frère. Le métal était curieusement tiède. Il vibrait très légèrement, comme sous l'influence d'un subtil courant électrique. Isaac ressentait-il la même sensation ? Elle lui lança un bref coup d'œil. Non, ça n'avait pas l'air d'être le cas.

« Prêt ? lui demanda-t-elle.

— Partez. »

Leur prise se raffermit.

« Éteignez les lampions... »

Isaac lui fit un signe de la tête.

« Que le spectre se lève », répondit-elle sans réfléchir.

C'était, chez les Yaga, la manière dont on se souhaitait bonne chance avant chaque spectacle. Elle avait répété mille fois ces deux phrases depuis qu'elle savait parler. Mais depuis combien de temps n'avait-elle pas entendu son frère en réciter l'amorce ?

Ils soulevèrent le levier, dégagèrent la barre de renfort et tirèrent d'un même élan. La porte du conteneur pivota sur ses gonds.

Ils furent pendant quelques secondes réduits au silence. Leurs yeux écarquillés s'accoutumaient à l'obscurité. Celle-ci bientôt se dissipa. Leur vision se fit plus nette et plus profonde.

« Oh, Seigneur, hoqueta Bellatine. C'est…

— Une maison », compléta Isaac.

Une petite maison, pour être précis. Une petite chaumière aux murs en bois courbés par l'âge. Jadis blancs, ils avaient perdu une bonne partie de leur peinture. Le bois était à nu, jointoyé par un mélange de terre ou d'argile mêlée de paille et de plumes. La maison était pourvue d'un balcon ou galerie ouverte, circulaire, bordée d'une clôture de branches taillées et de fil de fer barbelé. Derrière la barrière, une porte, surmontée d'un cartouche orné de ronces sculptées au cœur desquelles s'égaillait une petite ménagerie – un petit lion d'or, une corneille, un lièvre bleu – dont les têtes se tournaient toutes vers le centre. Les couleurs avaient dû étinceler autrefois, aussi vives que le sang et le saphir, mais ces gloires avaient subi l'outrage du temps. La maison était coiffée d'un toit d'herbe, qui s'affaissait sous le poids des mauvaises herbes et des fleurs des champs ; en émergeait une cheminée en pierre. Elle paraissait dormante, toute ronde, une bête immense en hibernation.

Une fois le premier choc passé, les interrogations d'ordre pratique prirent le dessus.

« On fait comment pour transporter ce machin ? » s'inquiéta Bellatine.

Angoisse sans objet : comme pour répondre à sa question, la maison se mit en mouvement.

Le frère et la sœur reculèrent, abasourdis, tandis que la chaumière avançait d'un pas saccadé. Isaac prit sa sœur par le bras ; ils se réfugièrent tous deux derrière un engin de levage. La maison poursuivit sa route, se balançant d'un côté puis de l'autre pour se libérer de sa gangue. Lorsqu'elle fut sortie du conteneur, elle se redressa de toute sa taille. Elle avait gagné un étage complet dans l'affaire et sa cheminée frôlait les poutres de l'entrepôt. Elle s'approcha des enfants Yaga, juchée sur ses longues pattes jaunes. Des pattes de poulet.

« Non, hors de question. Je fiche le camp. »

Bellatine s'arracha à l'étreinte de son frère pour se diriger vers la porte de l'entrepôt. Isaac ne la suivit pas. Il était plié en deux, hilare.

« Arrête tout de suite, gronda Bellatine. C'est non, sans hésitation. Et on s'en va. »

Elle entendait le monde du dehors : les cornes de brume des péniches, les cris des dockers, le boucan des machines, métal contre goudron. Des bruits normaux. Sains d'esprit. Correspondant à des affaires et à des tâches précises, à un univers fonctionnel et fiable, aux lois solides. Tout ce qu'elle souhaitait. Tout ce à quoi elle s'était démenée pour y appartenir. Et pas cette…

« Allez, la taquina Isaac. Regarde-la donc un peu ! »

Il avança d'un pas. La maison recula.

« Tout doux, tout doux », la cajola Isaac en levant une main prudente, comme pour apaiser un étalon rebelle.

La maison ralentit, s'inclina légèrement vers l'être humain qu'elle surplombait.

« Voiiilà. C'est bien, c'est ce qu'il faut. Je veux juste te dire bonjour. Je ne te ferai pas de mal, promis. »

Isaac avança un peu plus, main tendue, paume ouverte. La maison s'agenouilla d'un mouvement précautionneux. Ses énormes genoux se plièrent vers l'arrière ; ses cuisses emplumées, épaisses comme des troncs de chêne, ployèrent sous le fardeau. De sa cachette, Bellatine vit son frère poser la main gauche sur le petit portail qui donnait sur la galerie. Puis, prenant appui sur la droite, il sauta par-dessus la clôture avant que Bellatine puisse le mettre en garde, évita de peu les pointes des barbelés et fila vers la porte d'entrée. Il se retourna, le temps de décocher un sourire de loup à sa sœur, souleva le loquet en métal, ouvrit la porte et disparut à l'intérieur de la maison.

Bellatine n'avait qu'une envie : prendre ses jambes à son cou. Partir d'ici, loin de ce monstre, se débarrasser de la terrible et lumineuse flamme qui lui brûlait les mains. Qu'est-ce qui l'en empêchait ? Isaac ne lui avait-il pas joué le même tour, autrefois ? Et n'aurait-il pu avoir la même réaction ce jour-là, sans le moindre scrupule ?

« Je fiche le camp, cria-t-elle. Salut, bonne chance, bon vent ! »

Au moins, songea-t-elle, *je l'ai prévenu, cet idiot. Lui, il ne s'était même pas donné cette peine.*

Elle attendit un moment sa réponse. Une admonestation, un ricanement. Mais de la porte entrouverte n'émanaient qu'obscurité et silence.

« Isaac ? » appela-t-elle.

Toujours rien. Ses intestins se nouèrent.

« Isaac ? répéta-t-elle d'une voix plus forte. Ça va ? »

La porte se referma avec un claquement.

Le cœur de Bellatine lui battait dans la gorge. La peur l'assaillait par vagues. *Allez, sors, Isaac, bon sang.* Elle attendit. Rien, toujours rien. *Putain.* Elle repéra un rouleau de corde près d'une machine et, bien malgré elle, en noua une extrémité autour de sa taille et attacha l'autre bout à une des barres de renfort du conteneur à présent déserté. Ça l'aiderait à sortir de la maison si l'intérieur était piégé. *Ou s'il consistait en un gosier !*

Elle s'approcha lentement de la maison, comme Isaac avant elle, la main tendue. La maison sautilla sur ses serres. Bellatine se força à ne pas regarder la peau écailleuse – aussi épaisse que celle d'un éléphant – de ses immenses jambes dorées. Ni les hanches de la bête, nappées de plumes rougeâtres, aussi longues que son bras.

« Voilà, tout doux. Tooooout doux. Gentille… gentille maison. »

Genoux pliés, la maison se mit à son niveau. Bellatine empoigna la clôture, la franchit en ahanant et avança vers la porte à quatre pattes. Elle doutait que ses jambes puissent la porter. Une pensée lui traversa l'esprit. *Je devrais frapper, non ?* Mais avant qu'elle réalise à quel point la chose était absurde, la porte grinça sur ses gonds, grande ouverte.

Chapitre 3

Avant d'être une maison, j'étais un poussin, un poussin sorti de son œuf. C'est peut-être difficile à imaginer quand on me voit avec mes bons gros murs et mon toit bien épais, mais c'est vrai, pourtant. Enfin, c'est ce qui se dit et c'est ce que je vais vous raconter.

Une poule était installée dans son poulailler, au crépuscule. Elle n'avait pas de nom, ni de vraie lignée : pas d'histoire, en fait, hormis celle que vous lisez. C'était une poule pondeuse, et elle ne connaissait rien du monde en dehors de la petite ferme dans laquelle elle était née. Ferme qui se situait dans un shtetl du nom de Gedenkrovka, dans ce qui est maintenant l'Ukraine. Le printemps approchait. La poule entendit une chèvre bêler plus loin dans la ferme. Elle s'ébroua pour faire sécher ses plumes ; il avait plu. Tandis qu'elle se pelotonnait dans le foin à la douce odeur musquée, elle entendit également une chanson. Étant poule et ne connaissant pas la signification de ce mot, elle ne percevait qu'un étrange son cadencé. C'était le fermier qui l'avait chantée la veille en cherchant dans l'enclos les œufs tachetés de brun que pondaient ses poules. Je suis désolé de vous dire que les paroles de cette chanson se sont perdues au fil du temps. Cela dit, rien ne vous empêche de lui en écrire d'autres. Une pluie légère tombait au-dehors. La poule sentait l'œuf venir. Elle s'enfonça dans le foin et offrit son œuf au monde. Ainsi commence mon histoire. Et de quelle façon !

Vous imaginez ce que la poule a pu ressentir en me voyant ? D'abord, ces petites griffes dorées qui font craquer la coquille : ça, c'est normal. Puis le reste de ma petite personne : la cheminée, la clôture, les petites portes en bois, les fenêtres aux carreaux bleutés. La poule, ma mère, elle était trop émotive. Elle m'a regardée et n'a pas reconnu l'oiseau en moi. Elle a filé à tire d'aile du poulailler, caquetante, si terrifiée qu'elle est partie dans la nuit et qu'elle s'est retrouvée sous le couteau du boucher du village, Reb Leiser. Je suis donc orpheline, mais ne pleurez pas sur mon sort. Je ne suis pas sentimentale. Cette poule, ça n'était pas ma vraie mère, ma mère de cœur, juste une banale volaille.

On raconte bien des choses sur mes origines. Ce que je viens de vous narrer, c'est une des versions, mais pas la seule. Les gens parlent. Qu'est-ce qu'ils sont bavards ! Tout ce dont je suis sûre, c'est que dès ma sortie de l'œuf, je me suis mise à courir. Je n'ai pas arrêté depuis. Et je n'en ai aucunement l'intention.

La poule avait, bien sûr, raison de douter de ma légitimité de poussin. Je n'ai jamais été un bon oiseau. En revanche, je suis une maison exemplaire.

*

Il y a deux différences entre moi et les maisons normales :

1) Je n'ai pas de fondations. Chez moi, elles sont remplacées par des pattes de poulet, aussi musclées et infatigables qu'une fronde.

2) Je ne suis pas assignée à demeure. Je déteste m'enraciner. Si vous essayez de m'immobiliser, je vous tue.

*

Hormis ces deux caractéristiques hors norme, vous constaterez que je suis parfaitement habitable, tant que mes locataires sont aimables, que je les ai volontairement conviés et qu'ils ne pillent pas mes étagères.

J'ai une porte à l'avant. Pas à l'arrière. Il y en avait une autrefois, mais elle n'était utilisée que par une seule femme. Et quand celle-ci est morte, la porte est morte, elle aussi.

Mon toit est une pelouse : il y pousse de la luzerne, de la verveine, du gingembre, de la courge jaune et des tomates anciennes. Un peu de raifort et du thym. Quelques patates douces à chair violette. Amplement suffisant pour une famille et ses quelques visiteurs. Quand il fait soleil, la citronnelle éclôt. Au clair de la lune, la fumée fleurit sur mon toit, en poignées de roses sombres. C'est que le grand poêle dans mes entrailles est toujours allumé, toujours brûlant. J'ai un petit balcon en guise de ceinture : vous pouvez y faire la sieste, ou rester les jambes ballantes pour sentir la brise de l'aube vous rafraîchir les genoux. Une serre de hibou pend au bout d'une ficelle près de la porte. Tirez dessus ; une clochette au tintement grave annoncera votre venue. Il est inutile de frapper : je suis trop rondelette. J'absorberais le son, comme une grenouille la mouche. Un coup de sonnette si vous êtes un inconnu, deux si vous êtes un colporteur, trois si vous êtes un ami. Si vous êtes mon seul véritable adversaire et que vous m'avez enfin rattrapée : quatre coups.

Les ai-je déjà entendus, ces quatre coups-là ? Non. Ce n'est pas faute d'ennemis : quand on est aussi bizarre que moi, on les collectionne. Mais aucun n'a jamais eu la politesse de tirer sur la sonnette. Ils essaient en général de me prendre d'assaut, la torche ou le fusil à la main, le visage rougi, comme des idiots. Non – lorsque mon seul véritable adversaire se montrera, je le reconnaîtrai à sa grande civilité. Celui qui prend la peine de tirer quatre fois sur la griffe de hibou n'a certainement peur de rien : il ne se hâte pas, prend même le temps de plaisanter. Les hommes les plus dangereux, les plus violents, sont ceux qui croient n'avoir aucune peur au monde.

Chapitre 4

Ça s'était déjà produit.

Pas souvent, certes, mais il y avait quelques exemples. Des bâtiments sécrétant des écailles, épaisses, imperméables, pendant des inondations, ou sur lesquels des ailes avaient poussé, leur permettant d'échapper à une avalanche. On pouvait voir un clip viral sur un Burger King de l'Ohio : après un cambriolage, il lui était poussé un énorme œil tout écarquillé. Pendant la saison des incendies en Californie, on avait également mentionné l'existence de maisons dont les habitants avaient pu survivre pendant des jours grâce à des branchies qui filtraient les fumées noires. Mais c'était une chose de l'entendre raconter et une autre de le vivre. De mettre les pieds dans une légende urbaine.

Isaac se prélassait dans un fauteuil en argile cuite, les pieds posés sur une caisse. Il leva les yeux du livre qu'il feuilletait nonchalamment.

« Belette ! Entre donc. C'est gentil d'être passée. »

À quatre pattes sur le seuil, elle vibrait avec la fureur d'un taureau de corrida.

« Tu fais de la spéléo ? ajouta-t-il en tendant l'index vers la corde nouée autour de sa taille.

— Connard, vitupéra-t-elle en se relevant. J'étais certaine que ce machin t'avait bouffé. »

Cependant, elle sentait déjà la panique l'abandonner. Ses muscles se détendaient, ses épaules se relaxaient. Ses poings se desserraient.

Enjoliveuse se détacha du banc pour aller boxer une toile d'araignée sur le mur.

« Comment c'est rentré, ça ? demanda Bellatine en montrant le chat.

— Oh, elle est impossible à semer. Et crois-moi, j'ai essayé des tonnes de fois. »

Enjoliveuse se débarrassa de la toile d'araignée qui s'était collée à ses griffes et disparut dans un recoin de la maison.

Bellatine se débarrassa de la corde et franchit le seuil.

Et dès cet instant, elle changea. Isaac s'en rendit immédiatement compte : une ampoule qui s'allume. Bellatine s'adoucit. Son regard parcourut sans appréhension la pièce, s'arrêta sur maints détails intimes. Une mezouzah sculptée à la main clouée au linteau de la porte. Une bouilloire en étain sur l'étagère d'angle. Une loupe dans les poutres du plafond. C'était la réaction de tous les touristes qui assistaient aux numéros de doppelgänger d'Isaac : la reconnaissance. On ne pouvait pas s'y tromper. Les muscles de Bellatine s'étaient entièrement relâchés ; la peur qui lui avait rongé les sangs y coulait maintenant comme du miel tiède. Elle se déplaçait entre les murs avec l'aisance identifiable entre mille de quelqu'un qui rentre chez lui.

« C'est ma maison. »

Et son regard se fit perplexe, comme si elle s'étonnait d'avoir prononcé cette phrase.

« Pas gênée, répliqua Isaac. Je crois plutôt qu'elle est à tous les deux.

— Non », dit-elle, troublée, sans doute, mais nullement hésitante.

Une certitude s'était installée en elle, qu'elle essayait déjà d'assouplir, comme des bottines au cuir trop raide.

« Ou plutôt oui, je sais que c'est notre maison à tous les deux. Mais… Je ne sais pas, j'ai cette impression de déjà-vu. Pas toi ? »

Un poids. Une pression.

« Allez, viens, on va visiter, proposa Isaac en se levant.

— C'est quoi, ce livre ? demanda Bellatine.

— Aucune idée, dit Isaac en reposant le volume qu'il avait feuilleté. Tout est en yiddish. »

Il désigna un panier près de la porte, qui contenait toute une bibliothèque.

La pièce dans laquelle ils se trouvaient ressemblait à une salle à manger. Un banc d'argile cuite, long et bas, muni d'accoudoirs et assez grand pour quatre personnes, bordait le mur. Sous l'assise en bois étaient ménagés de vastes compartiments contenant des châles de laine mangés aux mites et des draps en lin écru. Le banc était vissé au parquet. Il n'y avait ni buffets, ni armoires dans cette maison, mais des étagères et des placards creusés dans les murs, tous débordant de casseroles, de poêles, de bocaux d'herbes séchées depuis longtemps brunies, de petits pots d'oignon et de betterave marinée. Le fauteuil qu'avait un temps adopté Isaac trônait en face de l'un de ces placards, lui aussi enchâssé dans la paroi.

« C'est fou : comme si elle avait disparu du jour au lendemain, dit Bellatine en examinant une rangée de bouquets de lavande séchée que leur ancêtre avait suspendus au plafond. Personne n'a fait le ménage derrière elle. »

Le verre des petites fenêtres était épais, trouble, donnant à la lumière un éclat laiteux. Des colonnes de poussière argentée y tournoyaient comme des volutes de fumée. Une petite porte menait du salon vers un nouveau domaine. Isaac s'y aventura. Ses pas, soudain, lui semblèrent émettre un fracas assourdissant, auquel la maison réagissait, nerveuse, les lattes gémissant sous ses semelles de cuir. Peut-être était-ce le premier bruit qu'elle entendait depuis des années. Les ondes sonores se propageaient de ses talons aux murs. L'inverse d'une berceuse : un chant du réveil. Du commencement. Il renonça à se montrer plus discret.

La deuxième pièce contenait un grand secrétaire et deux lits côte à côte, matelas en plume, oreillers blottis contre les têtes de lit en bois. Une chambre. Bellatine en fit le tour, caressant le matelas le plus proche, où demeurait la trace laissée par le corps du dormeur. Isaac regardait sa sœur s'approprier l'espace. Elle touchait absolument tout, de mains d'abord prudentes, puis plus assurées, comme aux prises avec une meute de chiens avides d'être caressés. Avant de franchir une nouvelle porte, elle passa l'index tout au long de l'embrasure.

Isaac se préparait à la suivre, puis changea d'avis.

Une échelle en bois donnait accès, de la chambre, à un petit grenier. Il s'y hissa, pris à la gorge par la poussière qu'ils avaient levée. Le grenier était encombré d'outils, de bocaux vides et de caisses. Mais Isaac n'avait d'yeux que pour l'immense tableau qui ornait les lieux, aussi vaste qu'une fresque d'église. Tableau rond, collé directement sur les poutres du toit, et offrant aux regards les mêmes motifs que le cartouche qui surmontait la porte d'entrée. Les mêmes ronces emmêlées, chargées de baies. Les mêmes fleurs, les mêmes couleurs. Œuvre, sans doute, du même artiste. Isaac tendit le cou pour mieux contempler les détails du tableau ; son œil fut attiré par une série de curieuses baies pendant, lourdes, aux tiges épineuses. Des fruits ? Non, de minuscules corps humains, portant de longs manteaux verts, des képis et des fusils. Des soldats. Les ronces les enlaçaient, les prenaient à la gorge, à la taille, aux poignets, piège tendu par on ne sait quel chasseur. Certains soldats gisaient inanimés, d'autres cherchaient à fuir. Un malheureux avait un tendron de ronce dans la bouche qui lui ressortait dans le dos.

Au centre du tableau, les soldats suppliciés laissaient place à une bucolique carrière. Y apparaissaient de nouveau le lion, la corneille et le petit lièvre bleu qui surveillaient l'entrée, mais aussi une maisonnette sur ses jambes de poulet. Ces créatures, ignorant les soldats, échangeaient des regards, tous tournés vers le centre ; au cœur des ronces et des tourments, elles dansaient.

« Viens voir ! » appela Bellatine de l'étage inférieur.

Isaac s'arracha à la contemplation du plafond et descendit l'échelle. Bellatine se tenait dans la cuisine, désertée. Le système de rangement était identique à celui de la salle à manger, complété par une bassine et un plan de travail pour préparer les repas. Bellatine était penchée vers un vaste poêle en briques d'argile, les mains tendues vers la chaleur.

« Il est encore allumé ! » s'exclama-t-elle.

Le poêle en effet produisait une tendre chaleur. Les flammes dansaient, vacillantes, lumineuses, sur une bûche à demi carbonisée. Et sans doute, songea Isaac, ce feu brûlait-il depuis de très longues années.

Bellatine se tourna vers lui. Il n'y avait plus aucune trace de peur sur son visage. Elle avait le pas vif, le regard rayonnant. Un jeune chien, remuant la queue sous l'effet d'une pure joie.

« Je veux cette maison. Je la veux de tout mon cœur. »

Dans ce bas monde, tout relève de l'échange, Isaac était bien placé pour le savoir. Pour se transformer en une personne donnée, il faut abandonner son incarnation précédente. Pour faire irruption dans une ville étrangère, nouvelle, vibrante, il faut fausser compagnie à celle d'où l'on vient. La vie est une suite de marchandages où l'on échange des objets de grande valeur. C'est un commerce, tout simplement, même si Isaac considérait la chose plutôt comme une conversation. La vie comme troc, un auditeur pour tout orateur. Sans cela, l'univers n'aurait aucune cohésion. Raison pour laquelle Isaac avait toujours une poignée de pièces de cinq *cents* en poche – pièces fétiches posées sur les rails et aplaties par le passage des trains. Le joueur de flûte doit être payé. Il en va ainsi depuis toujours.

En bref : tout a un prix.

« Achète-moi ma part, dit-il.

— Quoi ? »

Bellatine s'était immédiatement raidie.

« Tu peux m'acheter ma part. La maison nous appartient à tous les deux. Tu la veux, je m'en fiche. Je te vends ma part.

— Combien ? »

Isaac inspecta la chambre du regard. Tout était recouvert d'une couche de poussière pâle et veloutée. C'était une bâtisse toute simple, entièrement meublée, pas mal de crasse, visiblement. Ah, non, de la suie. Il y avait des traces d'incendie, des traînées noires sur les murs. La charpente était intacte, mais il y avait certainement eu un incendie, éteint sans doute avant que la situation ne vire à la catastrophe. Raison, peut-être, pour laquelle la maison s'était fait pousser des pattes.

Ce n'était pas à la beauté que s'attachait Bellatine, ils le savaient tous deux. Le lien sans nom qui unissait Belette à cette créature, quel qu'il soit, ne pouvait se traduire en espèces sonnantes et trébuchantes. Il s'y jouait autre chose. La maison se balançait d'un pied sur l'autre. On aurait dit qu'elle respirait. Elle valait tout l'or du monde.

« Quel que soit mon prix, tu ne pourras pas le payer.

— Ne joue pas avec mes nerfs, Isaac. Fais-moi une proposition raisonnable.

— Je suis raisonnable, Belette. Tu viens juste de finir tes études. Tu es sûrement déjà endettée jusqu'au cou. Qu'est-ce que tu me proposes ?

— Soit. C'est vrai qu'en ce moment, c'est un peu raide. Mais si je commence à mettre des sous de côté, dans deux ans, trois ans ? On peut se mettre d'accord sur un plan à cinq ans. Ou je peux faire un emprunt.

— Ou tu t'installes tout de suite et dans un an jour pour jour, tu es proprio à cent pour cent. Sans rien à rembourser. »

Bellatine se raidit.

« J'ai l'impression que tu me tends un piège, là. Je me demande bien pourquoi. »

Isaac sortit une pièce de cinq *cents* de sa poche qu'il fit tourner dans ses doigts, machinalement.

« Tu me paieras sur ce que tu vas gagner en tournée. »

Un rayon de soleil ricocha sur la pièce et fila de l'autre côté de la chambre se poser en étincelle sur la joue de Bellatine. Elle voulut le chasser de la main, comme un insecte.

« Génial. Après les pièges, les déclarations fantaisistes. J'avais oublié ton fabuleux sens de l'humour, soupira-t-elle.

— Rien de fantaisiste là-dedans. C'est toi, moi et la maison qui partons en tournée. »

Son esprit déjà avait accouché d'un plan aux étapes aussi ordonnées qu'une rangée d'allumettes dans une pochette, prêtes à s'embraser.

« On va transformer cette maison en théâtre. Ou plutôt – tu vas, etc. Je ne sais même pas par quel bout tenir un marteau. Mais toi, tu possèdes tous les talents requis. On transforme la galerie en scène et on fait le ménage dans la maison pour la rendre habitable. Et ensuite, ajouta-t-il, tête penchée, on prend la route.

On organise une grande tournée, on fait parcourir tout le pays à cette bestiole. Comme les troubadours d'autrefois. Ou les médecins itinérants. Et on encaisse les sous. »

Il s'interrompit un bref instant pour décocher un regard appuyé à sa sœur.

« Ou plutôt, j'encaisse tous les sous, et toi, tu gardes la maison.

— Non, Isaac, non, répondit-elle, lèvres pincées. J'ai rompu avec les marionnettes. Et puis j'ai une autre vie, maintenant. Une tournée, c'est un sacerdoce.

— Exactement, poulette. Tu as une autre vie. Alors soit tu passes je ne sais combien de temps à épargner et à rembourser ton emprunt, soit tu t'en débarrasses en un an. On ne gagnera pas des mille et des cents, mais ça suffira pour que tu puisses racheter ma moitié. Je te le jure solennellement : je n'exigerai pas plus que ta part de la recette. De toute façon, ce sera déjà bien plus que ce que je gagne dans les rues. »

Et à faucher des portefeuilles.

« Cet argent, il me le faut dès que possible. J'ai pas envie d'attendre la fin de ton plan à cinq ans. Je veux des sous maintenant. »

Depuis combien de temps n'avait-il plus d'argent de côté ? Oh, depuis toujours, sans doute. Pendant des années il avait été vagabond du rail, avait dormi sous les ponts et trouvé à manger dans les poubelles. La liberté, c'est le pouvoir – et l'argent peut vous acheter une liberté d'une autre sorte. Il entendit la voix de Benji résonner sous son crâne, sombre, sévère. *Tu pourras enfin régler ta dette.*

« Penses-y, Belette. C'est un marché intéressant. Un marché gagnant.

— Et quel spectacle tu voudrais qu'on monte ? demanda Bellatine, avec toute la suspicion dont elle était capable.

— *L'Idiot qui se noie.* »

Elle éclata d'un rire si franc que la maison eut un léger sursaut.

« Tu plaisantes ?

— On le connaît par cœur. La mise en scène, le texte, les décors. On a participé à des milliers de représentations. C'est du quasi prêt à l'emploi. »

L'Idiot qui se noie avait longtemps été le spectacle emblématique de la compagnie des parents Yaga. Enfants, Bellatine et Isaac les avaient accompagnés dans des centaines de théâtres avec cette pièce, emballant et déballant les marionnettes qui voyageaient dans leurs boîtes en plastique, aidant à l'éclairage et à la sonorisation, manipulant, au besoin, lorsque leurs parents étaient malades ou trop fatigués par les voyages incessants. Et ils avaient contemplé, soir après soir, la lente submersion de l'Idiot dans une rivière de tulle, mort sublime et prédestinée jouée en boucle. Un an après le départ d'Isaac, les parents avaient retiré la pièce de leur répertoire au lendemain de la cinq cent cinquantième représentation, pour se consacrer à d'autres projets. Réveiller l'Idiot pour le condamner à se noyer pendant un an ? C'était cruel, sans doute. Mais c'était la raison pour laquelle il avait été inventé.

« Voilà, Belette. C'est ça, ma proposition.

— Mais à quoi ça rime ?

— Le fait est, dit-il en clignant de l'œil dans l'antique chambre, que je m'ennuie. »

Il la taquinait, bien sûr. Mais ce n'était pas complètement faux. Depuis un moment, il avait des fourmis dans les jambes. Ça faisait presque deux mois qu'il opérait à La Nouvelle-Orléans. La dernière fois qu'il était resté aussi longtemps au même endroit, c'était dans les plaines du Nebraska – coincé tout un été dans une communauté de boulangers sectaires, simplement parce qu'il était trop fauché pour se payer un billet d'autocar et que personne à la ferme ne voulait l'emmener où que ce soit. Deux mois, c'était trop long, en jours et en migraines. Il était temps de passer à autre chose. De voir le vent tourner. Et voici que la solution lui tombait toute cuite dans le bec, en dansant des claquettes sur ses pattes de poulet.

Bellatine effleura le mur puis inspecta, paupières plissées, les taches de suie sur le bout de ses doigts.

« Je ne peux pas répondre tout de suite. Il me faut un peu de temps pour réfléchir. Je ne sais pas si ça vaut ce genre de prix », répondit-elle en relevant fièrement le menton.

N'importe quoi. Isaac était expert en bluffs, et celui-là était pathétiquement foireux. S'ils devaient faire un bout de chemin ensemble, il allait falloir qu'elle apprenne à mentir un peu mieux. Elle avait mordu à l'hameçon, en était parfaitement consciente – avait déjà quasiment accepté.

« Tu as toutes les cartes en main, Belette. À toi de voir si tu remportes le pli ou pas.

— Tu plaisantes, non ? Tu ne me laisses même pas un délai de réflexion ?

— Imagine un peu, répondit-il avec un grand geste de la main, comme pour lui montrer un tableau invisible. Tu te prélasses sur ton balcon en plein été. Un pichet de citronnade à portée de main, avec un petit quelque chose pour relever le goût. Tu sculptes tes petites cuillers pépère – c'est ça, ton truc, non ? Pas de loyer, pas de proprio. Il n'y a plus que toi et cette charmante maison un peu spéciale sur pattes. Le camping-car idéal pour juifs anxieux. La belle vie. »

Une lueur passa dans le regard de Bellatine. Elle avait toujours détesté qu'on se joue d'elle. Qu'il lui faille se conformer à d'autres règles que les siennes. Et il la comprenait très bien : sur ce point, ils se ressemblaient. Ils détestaient tous deux qu'on leur impose quoi que ce soit. Elle évitait les importuns en édictant ses propres règles. Isaac, lui, préférait n'en respecter aucune.

« Plus tu attends, plus il se passera de temps avant que tu sois vraiment propriétaire de cette maison. »

Elle ne réagissait toujours pas, parcourant la chambre du regard, cherchant peut-être un moyen d'échapper à son frère. Lequel s'impatientait, fatigué déjà de ses manœuvres de séduction joyeuse.

« Bon, je ne vais pas encore attendre cent sept ans. Tu sais déjà ce que tu veux. Tu le sais depuis le moment où tu as franchi cette porte. Ne me fais pas perdre mon temps. »

L'hésitation de Bellatine prit fin dès qu'elle perçut le changement de ton de son frère. Comme si elle venait de comprendre ce qui était en jeu. Ni un caprice, ni une hypothèse. Non, une certitude, simple et massive.

« Si on s'y colle, Isaac, je fais Accessoires. Je ne suis plus marionnettiste. »

Dans sa mise en scène la plus simple, *L'Idiot qui se noie* n'avait besoin que de deux personnes. Les deux participaient aux échanges verbaux des personnages, mais leurs rôles en coulisses étaient totalement différents. Manœuvre était chargé de la manipulation des marionnettes – héritage du début de la carrière des parents Yaga, quand ils travaillaient encore avec des figurines à fil, et non pas les poupées en bois et tissu au corps rembourré de laine, dont ils s'étaient par la suite fait une spécialité. Manœuvre, en gants blancs, manipulait les personnages et insufflait la vie dans le petit corps de l'Idiot et de ses compagnons. Accessoires, l'autre artiste, était chargé de tout le reste : changements de décors, évidemment, supervision de l'atelier du Tailleur et du boudoir de la Femme verte, travaux d'éclairagiste et de bruiteur et, pour finir, animation du long ruban de tulle dans lequel l'Idiot mourait de manière aussi prématurée que prévisible.

« *Je ne suis plus marionnettiste*. Tu n'arrêtes pas de répéter ça.

— Disons que si je le répète assez, tu finiras peut-être par comprendre ? Ou ta tignasse fait-elle écran ?

— Le cheveu, ma chérie, c'est un miracle du monde moderne. Il peut capter des signaux radio à près de cinquante kilomètres.

— Ah, c'est de là que vient ton idée à la con. Tu dois avoir la tête pleine de bruit blanc.

— Quelle mesquinerie ! Dans une réunion entre partenaires financiers, c'est malvenu. D'ailleurs, retournons-y. Aux affaires, je veux dire. Tu veux faire Accessoires, tu me confies le rôle de Manœuvre. Demande acceptée. »

Bellatine traînait des pieds comme un lapin qui s'extirpe d'un piège.

« Tu te charges des marionnettes ? Je n'aurais pas à m'en approcher ?

— Ce que je comprends de ta proposition, c'est que tu veux t'emmerder avec tout ce qu'implique Accessoires et me laisser le reste, qui est bien plus drôle. Ça me va comme un gant.

— Un an et pas un jour de plus ?

— Un an et pas un jour de plus. »

Elle inspira profondément, puis exhala tout aussi longuement. Les flammes redoublèrent dans le poêle, comme pour l'encourager. Elle tendit la main.

« Éteignez les lampions », dit-elle sans la moindre hésitation.

Isaac, sourire aux lèvres, prit la main de sa sœur et la serra.

« Que le spectre se lève. »

Chapitre 5

Le chauffeur de taxi était mort de fatigue. Il avait passé dix heures à sillonner toutes les voies à sens unique des environs de Boston, véhiculant des professeurs de fac, des grands patrons de la Silicon Valley en visite et des étudiants de Harvard ultra-friqués. À présent, il avait les reins en bouillie et ses oreilles n'en pouvaient plus d'entendre la playlist de la radio tourner en boucle – une litanie de boys' bands aux voix d'ados auto-tunés. Sans aucun charme pour lui, mais ses deux filles, Maggie et Lena, adoraient ce genre de truc et il aimait bien penser à elles par ce biais durant ces longues journées de travail.

Encore une course, se dit-il, *et je rentre à la maison.*

Comme c'était souvent le cas en fin de journée, il se mit à repenser à son plan B. La vie qu'il se ferait peut-être si celle-ci se cassait la figure. Il partirait en Irlande, dans le Kerry, berceau de ses ancêtres. Il y était allé une fois, jeune homme. Il avait vu la maison natale de son grand-père et avait rendu visite à quelques cousins et cousines. Dont Kimberly, qui tenait un pub, The Archer's Way. *Tu viens y travailler quand tu veux*, lui avait-elle proposé, à l'époque.

Soit trente ans plus tôt. Ils n'avaient pas gardé le contact, depuis. Qui sait ? Elle n'était peut-être plus de ce monde. Mais le pub brillait encore de tous ses feux dans son imagination, chaleureux fanal. Il s'installerait dans le petit appartement au-dessus du bar. Tirerait des pintes de bière mousseuse, maniant les poignées de chêne polies et huilées par le temps. Il changerait même de nom, qui sait : adieu Tom, si banal, bonjour O'Malley ou Tommy Slim – un patronyme digne d'un patron de pub. Ses filles l'accompagneraient peut-être. Avant de prendre l'avion, il coincerait un parpaing sur la pédale de l'accélérateur et regarderait son taxi plonger dans le fleuve Charles.

À la sortie de l'aéroport de Boston, un homme lui fit signe. Tom n'y allait plus tellement : trop de faux taxis là-bas, Uber et autres. N'empêche, il tournait souvent autour de Logan, comme un vautour. Et ce soir, ça allait payer. Il s'arrêta.

Le client : cheveux blond paille, casquette bleu marine ornée d'un ruban rouge, d'aspect vaguement militaire, effet renforcé par son long manteau de drap bleu. Sous le manteau, élégant costume trois-pièces, du sur-mesure. Visage rose, étroit, bouche aux coins relevés et menton en galoche. Ce qui lui donnait une expression trompeusement souriante.

« Mon brave, nous allons à South Station, je vous prie. »

Un léger accent s'insinuait entre les syllabes, gonflait les consonnes, criblait les mots de points d'interrogation.

« Eh bien, pas de problème, mon brave, gloussa Tom, en se penchant à la portière. Pas de bagages ?

— Je voyage léger. »

Le passager épousseta la banquette arrière à l'aide d'un mouchoir blanc avant de monter et Tom reprit sa route dans une circulation chargée, coupant la voie à une Honda rouge qui le gratifia d'un coup de klaxon.

« Ces fichus amateurs, ces gamins qui font les Uber et machin, ils n'y connaissent rien, se lamenta Tom. Ils pensent que n'importe qui peut devenir taxi. Vous savez quoi ? Ça fait vingt ans que je le suis, moi. Je suis né ici, j'ai grandi ici. Ces types, ils se pointent en ville, ils vont nulle part sans GPS ; au lieu de regarder la route, ils ont toujours le nez sur leur téléphone. Quelle bande de crétins.

— Ce doit être irritant », répondit l'homme.

Les avertisseurs retentissaient, un chœur d'oies en furie.

« Ouais ben c'est comme ça. Les temps changent. C'est ce que me disent mes filles.

— Quel âge ont-elles ? » demanda le passager.

Tom posa l'index sur une photo délavée scotchée sur le tableau de bord, représentant deux fillettes blondes aux joues roses. Elles regardaient l'appareil photo avec des sourires jumeaux, lèvres peintes au gloss.

« La plus jeune a quatorze ans et l'aînée dix-sept. Elles sont sympas. Vraiment sympas. Elle (Tommy posa l'index sur la plus grande des deux), elle vient juste de rentrer à Boston University. Super intelligente. Elle veut devenir… Comment elle dit, déjà ? Nutritionniste.

— Vous avez de la chance, dit le passager.

— Et vous ? Vous avez des gosses ?

— Non, pas d'enfant. Mais j'essaie de prendre soin des autres, même si je n'ai pas fondé de famille. J'essaie de faire en sorte que les gens vivent en sécurité. C'est un monde tellement effrayant.

— Ça, éructa Tom, c'est peu de le dire. Ça fait peur. »

Il tourna à gauche, s'engagea dans une ruelle pavée.

« Si je peux me permettre, vous avez un petit accent, non ? Ça vient d'où ? Vous arrivez de loin ?

— De Russie.

— De Russie ! Ah ouais, c'est pas la porte à côté. Et vous aimez votre pays ? Malgré tout le bordel avec les cocos que vous avez eu là-bas ?

— C'est là où se trouve mon histoire. Nos histoires nous enracinent à des endroits, non ? »

Tom se surprit à hocher la tête. Ce type lui disait quelque chose, mais impossible de se rappeler quoi. Ils s'étaient peut-être déjà croisés, qui sait ? Ou bien il l'avait vu à la télé ? Ah mais non, en fait, il lui rappelait une photo de son grand-père, prise devant la maison que Tom avait visitée lors de son voyage en Irlande. Une douce familiarité l'envahit. Cet homme lui donnait l'impression d'être de la famille.

« Hé, reprit l'homme, ça vous dirait de boire un petit verre avec moi ? C'est ma première visite en Amérique, et je bois toujours à la santé des pays que je ne connais pas encore. »

Il sortit de la poche de son manteau une petite bouteille bleue à l'apparence antique : verre dépoli, orné d'un aigle à deux têtes dont les becs étaient tournés vers l'extérieur.

« Je serais honoré si vous vouliez bien accepter mon offre, ajouta-t-il en se penchant vers la banquette avant, la bouteille à la main.

— Non, je peux pas, pas au volant, mon vieux, répondit Tom, sourcils froncés.

— Ah, bien sûr, je comprends », dit le passager en refermant le bouchon.

Il y avait une telle déception dans sa voix ! Tom regretta d'avoir infligé pareille déconvenue à cet ami. À ce parent.

« Bon, zut, concéda-t-il. Une gorgée, ça n'a jamais tué personne. Paraît même que ça rend plus lucide.

— Nous allons boire à la santé de vos filles, hein ? » proposa l'homme, sourire aux lèvres.

Et pour faire montre de sa bonne volonté, il porta la bouteille à ses lèvres, avala une gorgée, essuya le goulot de son mouchoir et tendit de nouveau la bouteille à Tom.

« Tout propre. »

Et le sourire de l'homme était aussi immaculé que sa bouteille. Ils étaient arrivés à la gare. Les murs de verre de South Station ondoyaient, émeraude, au-dessus du perron de granit gris. Le taxi s'arrêta devant l'entrée principale.

« Félicitations et bienvenue, l'ami ! »

Tom s'empara de la bouteille et but une petite gorgée.

L'alcool lui brûla la bouche ; il avait l'impression d'avaler de la suie. Le liquide poursuivit sa route le long de l'œsophage, s'introduisit dans les veines de Tom – mille mains de fumée, avides et minuscules. Des spirales de cendre se révoltaient dans ses entrailles. La fumée en volute lui sortit entre les lèvres.

Il se mit à trembler.

« Vos filles, dit le passager, elles sont très belles. Ce doit être terrible pour un père, cela, avec tous les gens qui traînent par ici. Avec votre travail, vous devez croiser toutes sortes de personnes dangereuses, non ? »

Tom hocha la tête, les paupières battantes. *Plic. Plic.* Il filtrait autre chose que le liquide dans ses veines – un goutte-à-goutte brûlant, envahissant. La peur. Elle lui remontait l'épine dorsale, vertèbre par vertèbre.

« Et l'université, c'est excitant ! poursuivit l'homme. Mais sûrement très cher. Et ça ne doit pas être facile pour vous, d'autant que votre profession est menacée.

— Menacée », marmonna le chauffeur.

La terreur s'épanouit en une pulsation frénétique de sa jugulaire. Un fardeau s'était installé sur ses épaules, comme un corps tout mince, un cavalier agrippé à son cou. Il aperçut un vague mouvement dans le rétroviseur – une forme pâle, juste au-dessus de son omoplate. Ce n'était pas son client, toujours penché vers la banquette avant, le bras reposant, nonchalant, sur le siège. C'était quelqu'un d'autre. Quelque chose d'autre. Tom se passa la main sur la nuque pour s'en débarrasser – et ne rencontra que le vide. La présence se désagrégea avant de reprendre forme, comme une nuée.

« Exactement. Ces hommes qui menacent votre profession, ils ne sont pas d'ici, c'est ce que vous disiez ?

— Pas d'ici... »

La forme se fit plus consistante. Une tête apparut, un cou. Des bras qui enlaçaient Tom. Une bouche qui s'approchait de son oreille, pleine d'un curieux grésillement, un crépitement de flamme. Le sang afflua à la gorge de Tom, bruyant comme un signal d'alarme. Le corps de la chose tourbillonnait de fumée. Elle enfourcha Tom, serra les cuisses.

« Imaginez ! Si moi, qui suis un étranger, je venais chez vous vous apprendre votre métier. C'est un vrai scandale, non ? »

Les voitures se garaient autour d'eux, taxis, VTC, déversant leurs passagers sur les marches grises.

« Ils viennent dans votre pays, poursuivit le Russe. Ils n'ont pas votre expérience. Ils n'ont pas vos connaissances. Ils ne parlent sans doute même pas votre langue. Et vous – avec vos deux filles, qui comptent tant sur vous !

— Maggie, geignit Tom. Lena. »

Le fardeau était de plus en plus lourd à supporter.

« Oui, Maggie et Lena. Et c'est leur avenir qui est en jeu ici. Leur avenir, volé par ces intrus. Leurs études. Leurs rêves. »

Tom écarquilla les yeux, fixa longuement les autres véhicules. À cent ou deux cents mètres, un jeune chauffeur de VTC, peau brune, casquette des Red Sox, aidait sa passagère à sortir ses valises du coffre de son véhicule. La femme sortit son porte-monnaie pour laisser un pourboire tandis que le jeune homme posait les bagages sur le bord du trottoir. Scène que Tom, tremblant, observa à travers un brouillard blanc.

Le passager russe tira la poignée de la portière et

descendit ; Tom ne le vit même pas partir. Il l'avait complètement oublié, envahi par des visions terribles : ses filles tombées dans la misère et la mendicité, côtes saillantes, ventre vide. Des jeunes hommes venus d'ailleurs, conduisant des voitures de luxe sur les banquettes arrière desquelles toute la ville passait tandis que Tom grattait la terre de ses ongles pour récupérer des pièces de monnaie. Une lame de fond emporta le plan B, le pub en Irlande. Il n'existait plus, n'avait jamais existé, d'ailleurs. Il n'avait qu'une seule et irremplaçable vie. Le poids sur ses épaules se fit encore plus lourd. Si lourd ! L'être collé à son corps lui fredonnait à l'oreille.

Tom serra le volant, à en faire pâlir ses articulations. Il appuya de toutes ses forces sur l'accélérateur, avec la détermination d'un sac rempli de pierres. Le moteur hoqueta puis le taxi démarra en trombe, rugissant, et s'encastra quelques dizaines de mètres plus loin dans le coffre du VTC, prenant en tenaille le jeune chauffeur. La passagère aux valises se mit à hurler.

L'homme au long manteau bleu porta de nouveau la bouteille à ses lèvres. Il pivota sur les talons et s'en fut tout sourire vers South Station. Son train l'attendait.

Loin de Boston, le vent tourna. Dans les montagnes de Doña Ana, Nouveau-Mexique, cent tourbillons de poussière s'élevèrent simultanément dans les airs en poussant un long cri. Près d'un cimetière de Baltimore, tous les fruits que portaient les pommiers sauvages pourrirent et tombèrent, brunis, liquides, donnant à la terre un parfum de vinaigre.

Dans Frenchman Street, à La Nouvelle-Orléans, des centaines de trombones et de clarinettes se turent, pris de hoquets, soudain comme enterrés vivants. Et dans South Station, à Boston, un homme franchit les grandes portes tournantes et remonta le col de son manteau, car il faisait froid. Tom lui avait procuré un bref exutoire. Pour l'heure, cela lui suffisait : mais ça ne durerait pas. Il avait encore faim. De la langue, il caressa son palais brûlé. La maison vivante, elle n'était plus très loin d'ici. Vraiment plus très loin. Il le sentait bien. Il n'y avait plus un océan entre elle et lui, il n'y avait plus un siècle. La maison était dans l'ici et le maintenant, dans ce pays. Une dernière souillure à nettoyer.

Lorsqu'il traversa le grand hall, sa silhouette se réfléchit dans les grandes vitres vertes de la gare. Si, en cet instant, quelqu'un avait pu surprendre cette vision passagère, il aurait aperçu bien plus qu'un homme – une armée, milliers d'êtres de cendres rassemblés en un seul corps. Êtres qui se convulsaient dans le verre, grimpaient les uns sur les autres, poings serrés, se dévoraient à pleines dents. Puis ils s'allongèrent, comme des ombres en hiver. Mais dans le chaos qui s'était emparé des environs de la gare, personne ne prit garde à cet homme (si toutefois on peut le considérer comme tel) ni à son reflet. Il poursuivit tranquillement son chemin. Et ce fut ainsi qu'Ombrelongue se mit au travail.

Chapitre 6

Dans *L'Idiot qui se noie*, l'Idiot, à un certain moment, voyage de ville en ville pour raconter des blagues. Un jour, il arrive dans la plus grande métropole qu'il ait jamais vue : il y a d'immenses gratte-ciel violets en contreplaqué et des troupeaux de petites voitures en fer-blanc qu'Accessoires fait avancer d'une secousse du poignet. L'Idiot se rend à la mairie. Il propose au maire de lui raconter une blague. Oui, bien sûr, répond ce dernier, mais pourquoi ne pas faire une grande fête en l'honneur de l'Idiot, ce qui lui permettra de raconter sa plaisanterie devant tout le monde ? L'Idiot attend toute la journée ; le soir vient, les préparatifs de fête sont achevés, il y a des ballons, un DJ, et un château gonflable miniature d'une exquise précision, orné d'un portrait de l'Idiot. Celui-ci est sur le point de raconter sa blague quand le maire l'interrompt en ces termes : *Pour honorer votre venue, je vais vous raconter d'abord ma blague favorite.* Et le maire raconte la blague que l'Idiot avait préparée. Et il ne s'arrête pas là, il raconte les unes après les autres toutes les blagues du répertoire de l'Idiot. Lequel devrait se sentir complètement humilié : au lieu de quoi, il rit. Il rit tellement qu'à la fin, il ne rit plus du tout, il sanglote, et Manœuvre remonte ses petites mains de bois jusqu'à ses yeux. J'ai passé toute ma vie avec ces blagues, pleure l'Idiot, mais je ne les avais jamais entendues. Oh, quelles blagues, quelles blagues, mes aïeux ! Quelle vie merveilleuse !

C'est ainsi que Bellatine se sentait dans la maison aux pattes de poulet. Elle avait l'impression d'y vivre tout en même temps : le présent, l'avenir, le passé. Comme si sa propre histoire lui était racontée en écho, latte par latte.

*

Ils avaient tous les deux fait trotter la maison jusqu'au Northeast Kingdom, une région boisée du Vermont située juste au-dessous de la frontière avec le Canada. C'était là que Bellatine avait passé les deux ou trois dernières années, à Fairfax d'abord, dans une école de menuiserie, puis tout près de Greensboro – Joseph, son vieux mentor, y avait son atelier. Elle était devenue son apprentie, l'aidait à restaurer des vieux meubles et à en fabriquer de nouveaux. Un de leurs clients leur avait même proposé de contribuer à la restauration d'une armoire ayant appartenu à Napoléon !

Bellatine adorait la menuiserie. Planches et vis s'apaisaient sous ses mains : matériaux qu'elle pouvait comprendre, manipuler, auxquels elle pouvait donner les formes qu'elle voulait. Plus elle passait de temps à l'atelier, plus elle se sentait à même de décrypter le fonctionnement du monde qui l'entourait. Non seulement décrypter, mais aussi produire. En assemblant les éléments d'une chaise, d'une table de salle à manger, d'une planche à découper en érable, elle exerçait une compétence. Le monde obéissait à ses ordres.

Joseph lui avait donné un double de la clef de l'atelier ; elle pouvait s'y procurer tous les outils dont elle avait besoin vingt-quatre heures sur vingt-quatre. C'était l'endroit rêvé pour transformer la maison pendant que son frère traînait en ville. Il ne lui était pas d'une grande aide, celui-là : mais au fond mieux valait ne pas l'avoir dans les jambes. Mieux valait rester seule avec la maison – sa maison à elle – tant qu'elle en avait la possibilité.

Accroupie dans la cuisine, elle se frotta les mains sur les cuisses et élabora son plan de bataille. Tout d'abord, elle remplacerait les planches et poutres qui avaient le plus souffert de l'incendie. Puis, dès que la charpente lui semblerait saine, elle passerait à la décoration.

Elle se redressa, empoigna son lourd marteau d'acier, l'éleva au-dessus d'une latte que les flammes avaient autrefois léchée. La maison grinça, inquiète.

Bellatine laissa retomber son bras.

Ce n'était pas une chaise, ni une table de salle à manger, ni une planche à découper. Cette maison – c'était un corps vivant.

Elle passa les mains sur le chêne usé, centimètre par centimètre, jusqu'à la latte suivante. Elle se pencha pour examiner les jointures. Son cœur s'emballa, joyeux. Pas un clou. Même chose pour la latte suivante, la troisième, la quatrième. Le bois tenait sans la moindre attache métallique. Bien sûr, se rendit-elle compte. À l'époque où cette maison a été construite, les clous étaient trop chers. Tous les joints étaient sculptés : rainure et languette, mortaise et tenon, comme si toute la maison n'était qu'un vaste puzzle en trois dimensions et quelques milliers de pièces taillées parfaitement sur mesure. Ce qui impliquait une compréhension du bois et une précision incroyables, phénoménales. Un chef-d'œuvre, dissimulant des siècles de technique et de raffinement artisanal sous ses murs passés à la chaux. Si Bellatine voulait vraiment reconstruire sa maison, il fallait le faire dans les règles de cet art.

Elle reprit le marteau, en introduisit la panne entre deux lattes, prête à les soulever. Puis elle posa sa main libre sur le mur bruni par la flamme.

Est-ce que je peux ? songea-t-elle, avec toute la concentration possible, pour que la maison perçoive son intention.

Elle attendit.

Les grincements s'interrompirent. L'immense créature s'était calmée, recroquevillée sur elle-même. Le feu encore allumé dans le poêle émit une bouffée de fumée approbatrice. Et Bellatine poussa sur le manche du marteau.

La scie circulaire chantait tous les soirs sa sérénade plaintive. Les heures se penchaient, patientes, sur les planches de pin, de bouleau, d'épinette, de chêne ; de nouveaux joints se sculptaient pour les marier. L'après-midi, Bellatine allait chercher de l'argile et de la mousse dans les rivières, pour renouveler la terre qui fixait les boiseries aux murs. Les plâtres étaient rafraîchis, les surfaces repeintes, le toit débarrassé de ses mauvaises herbes ; une prudente modernisation vit l'apparition de placards, de panneaux solaires et de l'électricité. Des tentures en velours furent installées dans la véranda, d'un violet d'encre, comme les prunes. Le fil de fer barbelé fut retiré centimètre par centimètre et remplacé par de petits lampions en fer-blanc et par des guirlandes de soie. Bellatine dénicha même une vieille machine à pop-corn dans un vide-grenier : ils pourraient en vendre dans des sachets en papier rayé avant les spectacles. Elle fixa des ardoises aux murs extérieurs de la maison, dans des cadres rouge et or : CE SOIR, GRANDE REPRÉSENTATION ! Le balcon avant, passé à la gomme-laque, prenait, dans la lumière d'automne, un bel éclat, humide et propre.

Bellatine tenait un inventaire de tout ce qu'elle avait trouvé dans la maison pendant ses travaux. Elle se voyait en archéologue explorant son champ de fouilles. Entre autres trésors :

Six robes en lin, couleurs et motifs à rayures et à carreaux variés (deux tailles enfant, trois tailles bébé, une taille adulte)

Un tibia ou fémur de chat (selon toute vraisemblance) : y était attaché, avec du fil rouge, un brin de romarin

Des chandeliers de shabbat en argent

Un fer à cheval

Une boîte contenant des papiers et des lettres, le tout en yiddish

Un certain nombre de livres en yiddish

Une boîte à tabac, en métal, contenant deux dents humaines

Une casquette pour homme

Une dizaine de bocaux contenant des légumes en conserve baignant dans le vinaigre jaune (navets, betteraves, haricots verts).

Mais c'était le macabre tableau caché dans le grenier qui intriguait le plus Bellatine. Les soldats massacrés dans les ronces enchevêtrées tandis que la maison et sa petite ménagerie dansaient au milieu. Les autres reliques de la maison reflétaient une vie douce, rurale, agrémentée par les traditions familiales, la Kabbale et quelques pincées de magie. La fresque ajoutait au monde de son arrière-arrière-grand-mère un éclat sanguinaire.

Que fait-elle là-haut ? se demandait Bellatine. *Et que signifie-t-elle ?*

« Tu es au courant, toi ? » demanda-t-elle d'un ton accusateur à la maison. Qui ne répondit pas.

*

Il y avait dans l'atelier de Joseph des outils auxquels Bellatine ne touchait pas. Son traceur diviseur dépliable, qui zigzaguait comme une anguille électrique. Son équerre de charpentier, destinée à la mesure des coupes de bois, pareille à un papillon de nuit jaune battant des ailes sur l'établi. Son ciseau favori, celui auquel elle l'avait entendu parler comme à un vieux complice tout en dessinant des repères sur des pièces de cèdre au crayon 2B. Ces outils-là étaient trop remuants pour rassurer Bellatine. Il n'est pas rare pour un menuisier de discuter avec ses outils, de les traiter comme des êtres presque vivants. C'est une intimité qui s'installe avec la pratique artisanale, un peu comme celle de la violoncelliste et de son instrument. Certains des condisciples de Bellatine, pendant sa formation, donnaient des petits noms à des cutters ou même à des scies circulaires auxquels ils s'étaient particulièrement attachés. Elle prenait grand soin de savoir quels outils s'étaient ainsi vu conférer une âme. Elle n'avait pas besoin d'entendre les siens lui parler. Elle voulait manier des objets qui n'étaient que cela : des objets.

*

Elle fit une exception pour la maison.

« Elle a l'air... en pleine forme », avait reconnu Carrie quand Bellatine avait convié ses amis à admirer ses travaux d'amélioration.

Il s'était passé à peine six semaines depuis les retrouvailles d'Isaac et de Bellatine au port de New York, mais les progrès de la restauration étaient considérables. La maison eut un frémissement qui pouvait passer pour de l'orgueil.

« Seigneur ! Elle m'entend, tu crois ? » demanda Carrie en exhibant son téléphone pour prendre un selfie devant la maison.

Ses cheveux blond platine, coupés court, étaient presque aussi hirsutes que le toit d'herbe.

« Je ne sais pas, dit Bellatine. En tout cas, je n'ai pas l'impression qu'elle comprenne l'anglais.

— *Vous êtes une belle maison, mais oui*[1] », roucoula Aiden dans son meilleur québécois, tout en grattant sa joue hâlée.

La maison l'ignora superbement.

« Ni le français, c'est sûr et certain », trancha Bellatine, à la visible déception d'Aiden.

*

Au port de New York, il leur avait bien fallu toute cette première nuit avec la maison pour comprendre comment la faire bouger. Ils avaient essayé bien des méthodes : tirer sur le balcon, comme sur les rênes d'un cheval, poser des morceaux de viande séchée et des pièces de cinq *cents* provenant du stock d'Isaac pour l'appâter, ou recourir au bon vieux hurlement à l'ancienne. Ce ne fut que lorsque Isaac, renonçant, se mit à feuilleter un des livres en yiddish de la maison que Bellatine eut l'inspiration gagnante. Elle tapa « Avance » sur son application de traduction.

« Gey *veyter !* », bafouilla-t-elle à l'attention de la maison, avec une assurance toute feinte.

Et la maison avança. L'énorme genou se plia, puis se tendit ; l'autre jambe suivit. Les pieds immenses et jaunes martelèrent le sol de l'entrepôt et les murs se mirent à trembler. La maison se dandinait, une vraie balançoire, sur ses jambes en mouvement. Droite, gauche, droite, gauche. Bellatine perdit l'équilibre et tomba en poussant un petit cri. Isaac se précipita vers le chambranle et s'y agrippa, comme pour se

1. En français dans le texte.

préparer au tremblement de terre. L'immense bête sortit d'un pas ondulant et s'en fut au galop loin de l'entrepôt.

*

« Pieds-de-chardon, *drayn* », ordonna Bellatine à la maison, sous le regard attentif d'Aiden et de Carrie.

La maison tournoya sur elle-même, comme une ballerine de boîte à musique.

« Il n'y a que toi qu'elle écoute, dit Aiden, boudeur.

— C'est quoi, ces pieds de chardon ?

— C'est le nom que je lui donne », répondit Bellatine sans autre précision.

Il venait d'une vieille confidence de sa mère. *Dans notre famille, on naît avec des chardons dans les pieds. C'est pour ça qu'on est tout le temps sur la route. Quand on s'arrête trop longtemps, les chardons se mettent à piquer.*

« Je vous ai dit que quand j'étais gosse, on était tout le temps en tournée ?

— Oui, dit Carrie en prenant Bellatine par la taille. Ton misérable passé n'a plus de mystères pour nous. Et dire que nous avons l'audace, Aiden ici présent et moi-même, de nous adresser à l'héritière d'une noble lignée de marionnettistes de l'Oregon !

— Pieds-de-chardon, articula Aiden, histoire de tester la sonorité. Oui, ça a un côté un peu effrayant. Ça lui va.

— Je peux venir demain te donner un coup de main pour l'isolation, proposa Carrie. Oui, je sais, je sais…

— Je n'ai pas besoin de ton aide », répondit Bellatine.

Réponse que Carrie avait prononcée à l'unisson. Bellatine se raidit.

« Plus la peine de me le proposer, tu sais, dit-elle. Franchement, j'assure.

— J'ai bien compris, tu ne nous fais pas confiance, dit Carrie, le menton levé en signe d'indignation feinte.

— Tu sais très bien que ça n'a rien à voir.

— Ce n'est pas qu'elle ne nous fait pas confiance, dit Aiden, c'est qu'elle se fait plus confiance à elle-même.

— Notre Cloche de la liberté / sonne toujours seule de son côté !

— Pour la libération !

— Pour la souveraineté !

— Pour le droit de tout faire toute seule et de ne jamais se faire aider par les amis qui l'apprécient ! »

Taquineries auxquelles Bellatine ne répondit pas. Quel mal y avait-il à travailler seule ? Quand on accepte l'aide de quelqu'un, on instaure une dépendance. Quand on instaure une dépendance, on perd son indépendance. Et quand on perd son indépendance, on se retrouve comme un cerf-volant dans les vents variables, à la merci de la première rafale.

« Ça t'ennuie si je publie mon selfie sur les réseaux sociaux ? reprit Carrie.

— Ah, voilà, ça, c'est utile, répondit Bellatine. Toutes les offres de promo sont les bienvenues. Plus on fera d'entrées, plus vite je serai débarrassée de mon frère.

— Euh, puisqu'on parle de lui, marmonna Carrie sans lever les yeux de son écran, tu peux me donner son numéro ?

— Hors de question, répondit Bellatine avec un regard éloquent.

— C'est le désert, ici. Pour la baise, je n'ai le choix qu'entre lui et Aiden, et sans vouloir te faire de peine, Aiden, toi, c'est non.

— Mais si, ça me fait de la peine !

— De toute façon, même avec son numéro, tu n'iras nulle part, dit Bellatine. Il n'a qu'un vieux machin à clapet et il ne l'allume jamais. Impossible de le joindre.

— Putain, les amis, dit Carrie, qui faisait défiler du texte sur son écran. Vous avez vu ce truc ? »

Bellatine était ravie de ce changement de sujet, quel qu'il soit.

« Quel truc ?

— Toute une famille de Burlington, massacrée dans sa maison… Apparemment, c'est leur voisine la coupable, une femme tout ce qu'il y a d'ordinaire…

— Elle les a tués comment ? demanda Aiden.

— Tu veux les détails, espèce de voyeur ?

— Voyeuse toi-même !

— Attends, je n'ai pas encore… Oh. Oh, putain…

— Quoi ?

— Arme à feu. Dans leur lit. Y compris les gosses. Et elle a mis le feu, pour faire croire à un accident. D'après l'article, un des gosses s'était caché dans un placard, mais il est mort dans l'incendie. »

Aiden s'abstint de tout commentaire.

« Et pourquoi elle a fait ça ? demanda-t-il en se penchant par-dessus l'épaule de Carrie.

— Parce qu'elle est complètement folle, qu'est-ce que tu crois ?

— Oui, mais elle a peut-être une raison.

— Euh…, marmonna Carrie en poursuivant sa lecture. Ah. Vieux, visiblement, elle ne se souvient pas de ce qu'elle a fait. Et quand elle a été arrêtée, elle délirait complètement et se griffait le dos en répétant qu'elle avait un truc sur les épaules.

— C'est-à-dire ?

— Ils ne donnent pas d'autre explication.

— Ça ressemble à ce qui s'est passé à Boston la semaine dernière. L'histoire du chauffeur de taxi, tu sais ? Et la bonne femme qui travaillait dans un restaurant de poissons. C'est un peu pareil, non ? Déchaînement de violence et trou de mémoire ? »

Bellatine eut une nausée. Une sensation brutale dans les paumes, une intense démangeaison. Pourquoi cela lui semblait-il aussi familier ? Familier comme un rêve plutôt que comme un souvenir.

« Apocalypse zombie, suggéra Carrie.

— Manipulation par des extraterrestres », ajouta Aiden.

Suivit un débat sur les chances respectives des combattants en lice, zombies ou extraterrestres (« Mais est-ce dans le cadre d'une guerre moderne, post-1914 ? Ou plutôt d'un conflit à l'ancienne, avec oriflammes et charges de cavalerie ? ») qui relégua aux oubliettes la tuerie de Burlington et les meurtres de Boston. Bientôt la conversation revint à son point de départ – le frère de Bellatine.

« Hier, j'ai vu les petits Waltser parler à Isaac – tu sais, ceux qui habitent près de chez Mona. Ils voulaient savoir s'il était un vampire, dit Aiden.

— Un vampire ? soupira Bellatine, incrédule.

— Il ne les a pas franchement dissuadés, c'est le moins qu'on puisse dire.

— Je préfère ne pas te demander ce que tu entends par là.

— Ils voulaient caresser le chat qui le suit partout et il leur a dit, je cite : "Autrefois, c'était un enfant, mais il posait trop de questions."

— Oh, génial. Parfait. Ravie de voir qu'il sympathise avec les autochtones. »

Pieds-de-chardon se trémoussa, comme une diva. Une vraie charmeuse. *Il n'y en a que pour Isaac, elle doit être jalouse*, se dit Bellatine. *Ou peut-être que je me fais des idées.*

Depuis son arrivée à Greensboro, six semaines plus tôt, Isaac avait acquis une aura mythique. Il ne manquait pas de charme, sa sœur ne pouvait pas prétendre le contraire. Mais un charme empoisonné qui en faisait un objet de crainte. Quand il passait, les conversations s'interrompaient. Les regards se détournaient. Son aspect pourtant n'avait rien d'inquiétant. C'était son assurance, excessive, dangereuse qui attisait les peurs. Il n'y avait pas dans sa manière de parler aux gens de Greensboro l'affabilité du voisin, mais la cruauté du chat qui joue avec le petit oiseau avant de le tuer.

Les rumeurs qui couraient sur lui étaient sans doute plus ou moins de son propre fait, croyait Bellatine : un jour gangster de Rhode Island exfiltré par le FBI après un témoignage à charge, le lendemain milliardaire de la nouvelle économie en déplacement dans le Vermont pour y construire une prison privée sur des terres agricoles. Ou cobaye d'un programme de modification génétique ayant tout juste achevé sa période de quarantaine. Et maintenant, donc, vampire. Ce qui ennuyait vraiment Bellatine, c'était la complaisance avec laquelle les gens gobaient ces insanités. N'entrez pas dans son jeu, aurait-elle voulu crier aux vieilles pipelettes qui jouaient aux échecs chez Mona. Si Isaac se prêtait à ces rumeurs, c'est qu'il s'ennuyait follement à baguenauder dans la ville en attendant que la tournée commence. Il se serait volontiers mis le feu si ça avait pu le distraire. Et Bellatine avait juste à s'assurer que l'incendie ne se propage pas à sa propre personne.

« Moi, c'est son truc d'imitation, là, dit Aiden. La manière dont il chope les gens, ça donne le frisson.

— C'est super séduisant, dit Carrie, désinvolte.

— Je t'en supplie…, gémit Bellatine.

— C'est presque tellement ça, en général…, poursuivit Aiden. Très bizarre. Inhumain, genre. »

Les intestins de Bellatine se nouèrent. Inhumain… Non, il n'y avait qu'un enfant Yaga qui mérite cette accusation, et ce n'était pas Isaac.

« C'est peut-être un vrai vampire, en fait », conclut Carrie, stimulée.

*

Chaque fois qu'elle assistait aux interactions de son frère avec la vie douce et tranquille qui lui avait coûté tant d'efforts – les moments avec Carrie et Aiden, les soirées détendues chez elle, les cafés et les clopes à la chaîne chez Mona –, elle se surprenait à grincer des dents. C'était une vie simple, mais c'était celle qu'elle avait choisie. Une vie normale, aussi. Et qui devait le rester. Tel était du moins son espoir.

Lequel vola en éclat le lundi suivant, avec l'arrivée du colis.

Chapitre 7

Leurs parents l'avaient envoyé de chez eux, dans l'Oregon. Une caisse de transport noire, poignées argent, haute comme le genou. À sa vue, la gorge de Bellatine se ferma comme un poing.

« Nos vieux copains sont là », annonça Isaac en laissant tomber la caisse. Qui atterrit sur le sol en ciment de l'atelier avec un claquement sec.

Bellatine avait tant à faire qu'elle s'était débrouillée pour oublier que ses parents la leur enverraient un jour.

Elle croisa les bras. Ses paumes vibraient. Quelle idée aussi d'avoir accepté le marché d'Isaac. Il ouvrit les deux poignées avant et souleva le couvercle. Bellatine s'enfonça les ongles dans les paumes, petit supplice rassurant.

À l'intérieur de la caisse, les sept marionnettes de *L'Idiot qui se noie* :

Le Renard, avec sa petite veste verte et ses yeux de grenat

Le Maire et son écharpe violette

Le Tailleur, assis devant sa machine à coudre

La Lune

La Femme verte, bras et jambes de saule

La Fille sans visage
L'Idiot, chaussures rouges, larmes noires gravées sur ses joues de bois.

*

Les marionnettes faisaient toutes à peu près quarante centimètres de haut. Corps de mousseline ivoire, cousu main, rembourré avec de la laine de mouton non lavée, ce qui leur donnait un fumet vaguement animal. Certains avaient des têtes, des pieds, des mains en bois de tilleul, sculpté et astiqué à l'huile brun foncé. D'autres des visages peints sur tissu, avec des encres que la mère des enfants Yaga fabriquait elle-même, couleurs extraites de l'hibiscus, du curcuma, de la rose trémière et, plus tard (la frugalité militante de leurs parents s'étant atténuée), de sachets de Kool-Aid mélangés à de la peinture blanche. La plupart des marionnettes portaient de petites perruques en poil de chèvre et des costumes confectionnés avec de la dentelle et des vieux draps. Certaines avaient même des joyaux pour prunelles, pierres précieuses que l'on retrouvait enchâssées dans leurs vêtements. Des améthystes. Des perles de Tahiti. De la tourmaline. Des fragments de pyrite qui brillaient comme l'or. Bellatine avait oublié ce que la beauté de ces marionnettes avait de déchirant. Leur mère les avait tendrement conçues, de ses aiguilles, de ses pinceaux. Leurs squelettes de bois portaient les mille marques de la gouge affectueuse de leur père. Couchées dans leur caisse de transport, les marionnettes avaient l'air d'une famille de petits démons qu'on aurait arrachés à leur pays féerique pour leur faire entamer une vie nouvelle parmi les mortels.

La Femme verte était la plus élégante de toutes, avec les crosses de fougère et les lierres de velours ornant ses longues chevilles. Le Tailleur était le plus sophistiqué : son aiguille scintillante avait été confectionnée avec la pointe d'une épine de porc-épic. La Fille sans visage était la plus inquiétante, le Renard le plus menaçant – et d'os ses crocs luisants, acérés. Mais la plus électrisante de toutes était l'Idiot. Contrairement aux autres, elle était née avant le théâtre de la famille Yaga, ayant débuté dans l'existence comme poupée de la collection maternelle. Mira, adulte, l'avait gardée ; après l'avoir repeinte, rhabillée et pourvue de baguettes fixées à la base de la tête, au milieu du dos et à la pointe des coudes, pour la manipulation, elle avait décrété l'Idiot bon pour le service. Le reste de la distribution avait été conçu par la suite, jusqu'à ce que *L'Idiot qui se noie* devienne une légende tout aussi glorieuse, tout aussi incarnée que celles qui la précédaient ou la suivaient.

*

Isaac, avec la rapidité du cobra, s'empara de la Lune et la lança à Bellatine. Que ses réflexes trahirent : elle tendit les bras pour la rattraper. Une chaleur aveugle lui envahit les paumes, comme si elle les avait plaquées sur un four. Panique. La Lune tomba.

*

Elle a sept ans.

« Allez, vas-y, Belette », lui chuchote son frère.

Un battement de cœur, une légère brûlure dans les paumes, et le Tailleur frémit.

Neuf ans.

« Mon enfant, tu fais des miracles ! »

Son père, qui la prend par l'épaule. Lumières de scène, tamisées. Le Renard lui feule dessus, se gratte le museau, bien que personne ne le manipule.

Bellatine a quatorze ans. Elle a du sang séché entre les doigts. Elle garde les mains dans un bain de glace jusqu'à ce que les doigts lui fassent mal. *Monstre*, répète une voix dans sa tête, *monstre*.

*

Le regard d'Isaac se posa sur elle puis sur la marionnette à terre.

« Hé, parfait, Belette, bousille la lune. Qu'est-ce qu'elle fabrique là-haut, de toute façon, à part traîner, épier les gens et ficher la panique avec ses marées ? Ils vont voir ce qu'ils vont voir.

— Désolée, murmura-t-elle. Elle a glissé.

— On commence les répétitions demain », dit Isaac.

Un de ces décrets dont il était friand.

L'estomac de Bellatine bouillonna de nausée.

« Demain ? Mais… Mais il faut que je finisse l'isolation demain. J'en ai pour la journée. Pourquoi pas mercredi ?

— Tu n'as qu'à isoler mercredi. La priorité, c'est les répétitions.

— Je ne suis pas prête, dit-elle, les poings serrés.

— Nous commençons les répétitions demain », répéta-t-il d'une voix aimable et neutre, comme si la chose n'admettait pas de contestation.

C'était la vie de Bellatine, c'était chez elle ici, non ? Et pourtant, dès New York, Isaac avait pris l'affaire en main. Quand il prenait une décision, elle n'avait plus qu'à s'y plier. Tel un roi sur son trône, il n'attendait de Bellatine, son sujet, que soumission et obéissance aux ordres.

Il sortit les autres marionnettes de la caisse et les examina une par une. La chaleur qui picotait les doigts de Bellatine se fit encore plus ardente.

« C'est ta manière d'être avec les gens, ça, hein ? hurla-t-elle. Tu fais irruption dans leur vie, tu prends les décisions à leur place et tu t'attends à ce que tout le monde suive sans protester. Désolée, mais je ne suis pas membre de ton fan-club, moi. Je refuse de me plier en quatre car tel est ton bon plaisir. »

Isaac ne leva même pas la tête, regard fixé sur le Renard dont l'œil de grenat pendait dangereusement de son orbite, après tant d'années loin de la scène.

« On va se mettre à répéter demain, parce qu'il va pleuvoir. Et si c'est le genre de réaction que ça t'inspire, dit-il en désignant la Lune, qui gisait encore à terre, tu devrais peut-être rester dehors un moment, histoire de ne pas trop t'échauffer l'esprit. »

Bellatine rougit. Ah, il savait, donc. Pourtant, il était si jeune quand elle avait commencé à cacher ses crises d'Embrasement. Il aurait dû oublier ce détail ou l'attribuer à des sautes d'imagination enfantine que le passage du temps rendait de plus en plus brumeuses.

« Je comprends que tu aies besoin de temps,

poursuivit-il, mais ça ne va pas s'arranger. Notre première représentation est dans moins d'un mois, et il faudra bien que tu puisses assurer à ce moment-là. Bien sûr, si on pouvait continuer à lambiner, ça serait plus agréable, mais nous devrions descendre dans le Sud dès la fin de l'automne ; il n'y a plus de temps à perdre. Donc, c'est demain. D'ici là, emmène Pieds-dechardon dans la forêt pour la nuit. Avec les marionnettes. Retrouve tes esprits. On commence à midi.

— Tu peux garder tes gentilles attentions pour toi, répliqua-t-elle. Pour ce qui est des marionnettes, ça ira. Parce que c'est ton problème. Je serai Accessoires, ai-je besoin de te le rappeler ? »

Paroles qui cependant lui semblaient vides de sens. Isaac avait raison. Comment assurer la moindre représentation, si le moindre contact avec les marionnettes la déstabilisait à ce point ? Même en étant Accessoires, elle aurait constamment à faire avec le matériel. Si l'une des marionnettes restait malencontreusement en scène ? Si Isaac ratait une de ses entrées ? Il faudrait bien qu'elle les touche. Elle se sentit stupide. Ce n'était que des poupées, après tout. Tissu, bois et peinture. Elle passait ses journées avec des scies circulaires et des pyrograveurs qui auraient pu l'écorcher vive : qu'avait-elle à craindre d'une collection de poupées qui ne lui arrivaient même pas aux genoux ?

Si elle voulait la maison le plus vite possible, il fallait en passer par la tournée. Ce qui impliquait de faire la paix avec *L'Idiot qui se noie*.

*

La forêt n'était que sérénité. Lenteur. Un répit bienvenu. Elle cueillit des baies de fin d'automne dans les ronces et ramassa des chanterelles. La pluie n'avait pas tardé et la terre palpitait de tritons rouges – des salamandres tachetées, menues comme des échardes. Les dernières feuilles des érables étaient tombées ; les bois d'octobre étaient squelettiques, lugubres. Les branches s'enchevêtraient en ombres chinoises sur fond de ciel gris, traçant des routes et des chemins parcourus par de véloces corneilles. *C'est bientôt ce qui va nous arriver*, songea Bellatine. *Nous aussi, nous survolerons les cartes*.

Elle avait posé la caisse des marionnettes au milieu du salon de Pieds-de-chardon. Elle passa la première heure à faire les cent pas autour. Une hyène s'approchant de sa proie. C'était elle qui avait le pouvoir, pas ces poupées.

Les manipuler, n'était-ce pas la même chose que travailler le bois ? Elle n'avait qu'à appliquer les mêmes principes. Surveiller sa respiration. Plus lente, plus consciente. Penser à la marionnette comme à un simple objet, un outil : un marteau, une scie. Outil qu'elle maîtrisait, plutôt que d'être maîtrisée par lui. Et si jamais cette chaleur bleu-noir lui revenait au bout des doigts ? Bah. Au lycée, elle était sortie avec un type qui récitait la liste des présidents des États-Unis dans sa tête quand il faisait l'amour. Elle pouvait toujours essayer le même truc.

Après leur contact avec la Lune, ses mains avaient hurlé pendant des heures. En fin d'après-midi, presque folle de honte, elle avait franchi, les genoux tremblants, le seuil de la maison de son arrière-arrière-grand-mère. Et les derniers symptômes de l'Embrasement avaient disparu. Comme l'eau froide sur un feu. *Et c'est pour cela que j'ai accepté le marché*, se répéta-t-elle.

L'attachement de Bellatine à la maison dépassait largement la simple et inexplicable nostalgie. Dès qu'elle entrait, ses mains… s'apaisaient. Complètement. Comme mises au frais. Pendant ses phases de contrôle les plus longues – il pouvait alors se passer sept ou huit mois entre chaque crise d'Embrasement –, ses mains n'étaient jamais entièrement inertes. Les fourmillements sous la peau, l'infime vibration : ça ne se calmait pas. Plus d'une fois, elle s'était réveillée, le visage maculé de sang, les ongles encore poisseux des écorchures en demi-lune qu'ils lui avaient infligées. Chez Pieds-de-chardon, plus rien.

Ça pourrait être ça, ma vie, se disait-elle en errant dans les pièces sombres de la maisonnette, la peau fraîche, apaisée, sienne enfin.

Son cœur avait apposé sa signature au bas du contrat à la seconde où Isaac avait émis sa proposition.

Depuis qu'elle était rentrée à Greensboro, elle avait pris l'habitude de passer la nuit dans Pieds-de-chardon, étendue sur le plus dur des deux lits. Parfois, elle montait au grenier et se couchait par terre, au milieu des vieilleries, pour contempler les soldats pris dans les ronces, suivant du regard les volutes et les boucles du moindre tendron. Le tableau, violent, rassérénait Bellatine. Entre ses confins brutaux, enfiévrés, elle se repaissait de la célébration presque joyeuse des animaux – le lion, la corneille et le lièvre – dansant avec la maison. Le tableau représentait leur victoire sur l'invasion du chaos. Depuis quand avait-elle pu dormir d'un trait, sans que la démangeaison de ses paumes la réveille ? Depuis quand avait-elle ressenti un vrai repos au réveil, effets d'un sommeil revigorant ?

Il y avait encore du travail dans la maison. Un paravent en coton à dresser entre les deux lits, pour préserver l'intimité des dormeurs. Des taches de suie à effacer, une couche de peinture vert menthe, pour cacher le reste des souillures. Elle vida l'un des deux garde-manger, y installa une toilette sèche et un évier pourvu d'une pompe à pied, pour avoir un peu d'eau courante. Fixa des crochets aux murs, pour les marionnettes, leurs costumes, les éléments de décor encore humides de colle. Elle aimait la sensation que lui donnait le travail. La certitude de savoir que ses efforts avaient des résultats tangibles.

*

La caisse de *L'Idiot qui se noie* se tenait, horrible crapaud, au milieu du salon. Bellatine se força à respirer plus lentement et tendit le petit doigt, comme si elle s'emparait d'une tasse dans un salon de thé chic. *Inspire. Expire. Inspire. Expire. Voilà. Approche.* S'il y avait un lieu idéal pour se réhabituer aux marionnettes, c'était bien ici, dans Pieds-de-chardon, où l'Embrasement n'était plus qu'une créature lointaine, un oiseau migrateur parti passer l'hiver au sud.

Ce n'était pas qu'elle ne sache pas comment le

contrôler. Elle était passée maîtresse dans l'art d'en réduire les effets depuis dix ans, avait développé des centaines de techniques pour retrouver son calme. *Peuplier*, *érable*, *séquoia*, *cèdre*, *cerisier*, récitait-elle en esprit. Le bois qu'elle manipulait depuis une éternité, qu'elle sculptait et ployait à sa volonté. Elle glissa la main dans sa poche et s'empara de la petite cuiller en bois qu'elle y gardait en permanence. Un talisman. Mais même avec ces amulettes, les créatures de *L'Idiot qui se noie* avaient joué un rôle considérable dans son existence à l'époque où elle avait le plus de mal à dompter ses crises. Elles étaient chargées de trop de souvenirs, de trop de contes, de trop de langues de feu.

Elle se pencha sur l'Idiot, avant de se reprendre. Il était puissant. Si intensément animé. Mieux valait commencer par quelque chose de plus simple. Délicatement, du bout du petit doigt, elle effleura la petite Lune d'argent, le souffle court. Il y eut un petit bruit sec, et elle retira aussitôt la main. Mais non, ce n'était qu'une branche, fouettant doucement la fenêtre. *Continue*, se convainquit-elle. Elle tendit l'index. Cette fois-ci, le silence – mais lorsque la peau entra en contact avec le tissu, elle recula, d'instinct, comme si la Lune avait été une tarentule. Bellatine ferma les yeux, pensa à la vraie lune, froide, inaccessible. À ses phases si régulières, que le désordre du monde n'affectait jamais. Les poètes l'imploraient, en larmes ; elle continuait à croître et à décroître. Les savants l'étudiaient de leurs longs télescopes : elle poursuivait son cycle. *Inspire*, *expire*. *Inspire*, *expire*. Les jeunes filles découvraient les terribles pouvoirs de leurs corps ; la lune, imperturbable, se levait, rayonnait, se couchait.

Nouvelle tentative. Bellatine détailla les ornements de la marionnette, ses pâles cratères, ses cicatrices, ses lacs sombres – restitution fidèle de la vraie lune au fil d'argent. L'auriculaire se posa sur la broderie, puis l'index : et bientôt sa paume eut recouvert la mer de la Tranquillité. Mais si sa main était aussi froide et tranquille que le marbre, son estomac avait d'autres désirs. Bellatine se releva d'un bond et alla vomir dans son évier neuf.

*

Le lendemain matin, les jaunes d'œufs dans la poêle en fonte regardaient Bellatine comme deux yeux d'or. Elle les retourna à l'aide d'une spatule en plastique, crevant l'un d'eux au passage en clin d'œil coulant. C'était le moment de la journée qu'elle préférait, avec la lumière couleur pissenlit qui filtrait par les petites fenêtres de Pieds-de-chardon et la chaleur enfumée que propageait dans la maison le poêle jamais éteint.

La caisse de marionnettes gisait dans un coin, soigneusement refermée.

« Un pour moi, un pour toi », dit Bellatine en partageant les œufs sur le plat.

Elle fit glisser la première moitié sur un toast et déposa la seconde dans le poêle.

L'habitude datait de quelques jours après son installation : elle partageait ses repas avec la maison. Jamais devant Isaac, Carrie ou Aiden. Elle attendait d'être seule avec Pieds-de-chardon. Ce pouvait être une barre de Kit Kat. Quelques fraises. Du pop-corn au beurre. Tout atterrissait dans le grand poêle. Offrandes qui passaient sans doute inaperçues, et dont la maison n'avait probablement cure, mais ça n'empêchait pas Bellatine de continuer. C'était idiot, sans doute, mais elle souhaitait être aimée par la maison. Quand elle travaillait, elle chantait pour elle (*Si tous les gars du monde / Étaient des lapins / Combien de filles prendraient / Le fusil pour les chasser*) et lui passait de la musique klezmer sur son enceinte Bluetooth – Pieds-de-chardon avait peut-être envie d'entendre des chansons de son pays. Bellatine avait même fouillé ses placards, récupéré sa robe du bal de la promo et l'avait découpée pour en faire des chiffons de soie : elle voulait que Pieds-de-chardon jouisse de ce doux contact lorsqu'elle époussetait les toiles d'araignées et les coccinelles mortes sur les appuis de fenêtre. Bellatine se voyait en pluvier, curant de son fin bec les dents de l'alligator. Elle : oiselle inconstante. La maison : splendide bête. Mais dépendantes l'une de l'autre.

Ça pourrait être ça, ma vie, se répétait-elle.

Elle lança un regard effaré à la caisse. Elle n'était pas prête. Pas prête à manipuler les marionnettes, à confier son sort à son vagabond de frère, à quitter son rassurant foyer des trois dernières années…

Un léger courant d'air traversa Pieds-de-chardon, qui s'était enfourné dans la cheminée avant de traverser en tourbillon la cuisine. Il transportait l'odeur du pain au four, des champs de blé en fleur, l'odeur des feux de bois, des fleurs de pommier et de la poussière qu'auraient levée les pas humains dans un très ancien marché. La maison se déhanchait au rythme d'une musique distante d'un siècle et d'un océan. Bellatine imagina son arrière-arrière-grand-mère parcourant la maison, lisant, cuisinant, mettant ses enfants au monde. Qui était-elle ? Quels amours et quelles peines avaient été les siennes, bien longtemps avant que n'existe Bellatine ? Comment s'était-elle liée d'amitié avec cette étonnante et loyale créature ?

Pieds-de-chardon deviendrait la vie de Bellatine – mais seulement si celle-ci se conformait au plan dicté par Isaac. Il n'avait pas besoin de savoir qu'elle n'avait pas surmonté ses blocages. Étant Accessoires, elle pouvait sans doute éviter de toucher les marionnettes, pour l'instant du moins.

Elle prit son téléphone et composa un bref SMS.

J'arrive. On y va.

La maison grinça.

Chapitre 8

Il avait laissé la lumière allumée dans l'atelier avant de sortir par la porte de derrière, pour donner l'impression que la maison n'était pas inoccupée. Il n'avait nul besoin de s'éclipser de cette manière subreptice. Il n'avait plus seize ans, tout de même. À tout moment cependant, il sentait voleter autour de lui l'attention de Bellatine, nuée de moucherons. Elle l'avait à l'œil. Et même lorsqu'il se réfugiait dans l'atelier, où ils avaient répété toute la semaine écoulée, il se sentait papillon de nuit cloué dans sa boîte, spécimen de laboratoire. Objet d'un regard qui n'était pas de ceux qui lui plaisaient – ceux portés sur le personnage, à l'illusion, au mensonge. Non, ce que Bellatine cherchait à étudier, c'était lui. Isaac.

Elle ne le connaissait pas du tout. Plus du tout. Quand il avait quitté la maison, c'était encore un gamin. Insolent, sans repos, avide d'aventures. Ne sachant pas voler les portefeuilles ni survivre aux nuits dans les gares de triage, piégé, attendant le prochain convoi. N'ayant jamais tremblé si fort de froid qu'il craignait que ses dents ne se fendent.

N'ayant jamais été arrêté par les flics alors qu'il dormait sous un pont d'autoroute. Et surtout : il n'avait pas encore appris à être possédé par une autre personne, n'avait pas encore appris à étudier les tics précis d'un corps, à les refléter. Il n'était pas encore le Roi caméléon. Mais autant laisser croire à sa sœur qu'elle le connaissait. Il serait plus facile à Bellatine de penser qu'il n'avait pas changé depuis son départ, qu'il était toujours cet ado téméraire à la recherche du grand frisson.

Il tremblait salement ce jour-là. Trop salement pour pouvoir s'occuper correctement des marionnettes. Les tempes battantes comme s'il avait pris une porte dans la tête. Chaque fois qu'il s'apercevait dans le miroir de la salle de bains, il lui venait un reflux acide dans la gorge. Et c'était reparti pour une tournée d'Advil. Il fallait absolument qu'il bouge.

Il était plus de dix heures quand il prit le chemin de terre qui conduisait à l'Asylum Bar. La lune lui projetait de vagues lueurs d'argent sur les épaules, le trempait d'angles : un garçon en lame de couteau. Il ramassa une pierre et la lança en l'air, regarda les chauves-souris la poursuivre dans sa chute – elles l'avaient prise pour une proie. Ça, c'était un truc qu'il avait appris dans son enfance orégonaise : gosse, il le faisait avec une basket, propulsée de l'immense trampoline du fond du jardin. Au loin un coyote hurla, bientôt imité par un deuxième congénère, puis un troisième. Les forêts de la Nouvelle-Angleterre avaient quelque chose d'indomptable. De frénétique, d'enragé, la bave aux lèvres. Surtout par ces nuits d'octobre, dans une atmosphère aussi serrée qu'une couture – comme si Isaac n'avait eu besoin que d'un geste résolu pour baisser la fermeture Éclair de la nuit et la laisser pénétrer par on ne sait quel outre-monde. Cet automne sauvage donnait à son tremblement la signification non pas d'un symptôme mais d'un carburant. Un argent à dépenser.

Il avait beau se trouver à trois cents mètres encore, le boucan de l'Asylum Bar débordait sur la route. Rires éméchés, claquement d'un maillet de air hockey sur la fibre de verre, musique pop au kilomètre. Pareil à tous ses semblables, lieu saint, rade des rades. Il n'y avait que trois bars en ville, et les deux autres étaient des établissements élégants où on servait des cocktails trop chers à des « mateurs de canopée », les touristes de New York qui viennent dans le Vermont photographier les feuilles des arbres et se gargariser de l'expression « dans son jus » comme s'il s'agissait d'un compliment. L'Asylum Bar n'avait rien à voir avec ça : des Pabst Blue Ribbon à deux dollars, une baignoire d'œufs marinés sur le comptoir. Des fléchettes dans un coin, un empressement modéré à vérifier l'âge des buveurs et un plancher perpétuellement poisseux. L'endroit rêvé pour se débarrasser de la peau qui vous colle à la peau. Cinquante pour cent de ceux qui le fréquentaient faisaient déjà semblant d'être quelqu'un d'autre.

Isaac sortit son portefeuille de la poche arrière de son pantalon. Il avait épuisé son butin d'artiste des rues depuis des semaines, mais la visite au bar pallierait cet inconvénient. Il passa en revue les divers permis de conduire qu'il avait empruntés, un menu de vies toutes délicieusement tentantes. Qui serait-il, ce soir-là ?

Lenny, un radiologiste venu du Sud, à deux États du Maine, et qui venait boire à la santé de son fils né la veille ?

Jackson, jeune pécore qui cherchait la bagarre avec qui la souhaiterait aussi, après avoir été licencié par Goodhue Construction ?

Paul, déjà soûl à son arrivée dans le bar et qui tiendrait à inciter la clientèle à chanter faux, mais avec ardeur, « Sweet Caroline » ?

Peu importait. Isaac pouvait être n'importe qui. Aucun de ces types ne tremblait si fort qu'il ne puisse allumer une putain de cigarette sans faire tomber le briquet. Aucun de ces types ne sursautait en entendant son nom, n'était terrassé par la migraine après s'être regardé trop longtemps dans un miroir. Aucun de ces types ne rêvait de Benji toutes les nuits. De ses yeux couleur émeraude scintillant au passage d'un train filant, de ses pieds ballant au-dessus des voies quand il se perchait, guitare au dos, au bord du wagon de marchandises. De sa semelle contre le chevalet du pont, toc-toc-toc. Aucun des hommes dont Isaac ce soir-là allait prendre la forme ne se souvenait de ce dont Isaac se souvenait. Êtres simples. Faciles à emprunter. Faciles à combler.

« Qu'est-ce que t'en dis, mon Enjo ? »

Isaac lança un regard à la minuscule chatte noire qui trottinait à son côté. Il avait été un temps où cette persistance l'aurait agacé – Enjoliveuse le suivait partout comme la queue d'une comète. Quand elle avait commencé à s'attacher à lui, il avait tout essayé pour s'en défaire. Fichant le camp des gares de triage en plein après-midi, quand elle dormait. La déposant en pleine nature, dans les plaines, où les souris pourtant abondent. La confiant à des fermiers, à d'autres voyageurs, à qui en voulait bien. Parfois, elle disparaissait de son propre gré, des jours, des semaines entières ; enfin débarrassé d'elle, songeait-il alors. Mais elle revenait toujours. Comme dans la vieille chanson : *Le chat revint le lendemain / Le chat que tous pensaient crevé / Le chat revint le lendemain / Il n'avait pas pu résister*... Et puis Isaac avait cédé. Il s'était habitué à la bestiole. Elle était son ombre, fidèle, rôdeuse.

Enjoliveuse était sans doute ce qui lui tenait le mieux de repère. Un lien. La plupart des bourlingueurs en ont un qu'ils transportent en tout lieu. Une sorte de démon familier aux rôles multiples : porte-bonheur, compagnon, élément de stabilité dans un mode de vie si instable. La plupart du temps, c'était un instrument : banjos, guitares délabrées aux bois usés par les coups de doigt incessants, accordéons minables dans des étuis en peau d'alligator. Mais Isaac en avait vu de bien d'autres sortes : vertèbres de raton laveur sur un fil de cuir, coutelas de chasseur, carnets au dos cassé. Et même : un bocal à confiture contenant un cœur de chèvre conservé dans le whisky.

Quand Isaac pratiquait l'art de l'imitation, il se remplaçait par quelqu'un d'autre. Son corps se dépouillait de son isaacité, de son être-soi : il n'y avait alors plus d'Isaac. Sa personnalité avait disparu. Parfois même, il s'égarait trop loin de lui-même et oubliait sa première imitation. Alors Enjoliveuse se mettait à feuler, ou plongeait une griffe dans la chair tendre et rose de sa cheville, ou plus simplement à se frotter contre lui. Il la reconnaissait. Elle était le fanal qui le ramenait à lui-même, la carte qui lui montrait le chemin du retour.

Et s'il ne voulait pas revenir, ce qui arrivait de temps en temps, Enjoliveuse l'accablait de ses miaulements jusqu'à ce qu'il soit forcé de prendre cette plainte en compte. Alors, il revenait sèchement à lui-même. Certaines nuits, pourtant, quand les tremblements, les maux de tête et les palpitations incessantes de sa poitrine ne lui laissaient plus aucun répit, il ne pouvait s'empêcher de se demander quelle impression produirait une disparition complète… une culbute dans une autre existence, sans espoir de retour. Parfois encore, il songeait à abandonner Enjoliveuse une bonne fois pour toutes, à se faire disparaître tout aussi complètement.

Il trébucha sur un nid-de-poule, parvint tout juste à se rétablir, les genoux soudain caoutchouteux. Les tremblements lui faisaient perdre prudence. Il ne pouvait pas prendre ce risque. Il lui fallait rester concentré sur l'essentiel. L'argent. D'ailleurs, en fin de compte, sa collection hétéroclite de personnages avait un but : passer pour parfaitement inoffensif dans un bar bourré de consommateurs. Chacun d'eux était conçu assez habilement pour faire baisser la garde à ses interlocuteurs.

« Bien, Enjo. Fiche le camp, maintenant. On se revoit dans quelques heures. »

La chatte se fondit dans l'obscurité, sur la piste

du battement de cœur d'un rongeur invisible, au moment même où Isaac parvenait devant le bar.

Ce soir-là, le Roi caméléon remplirait sa mission.

*

« C'est ma tournée – je viens d'être papa ! »

Les clients braillèrent des hourras tandis que le barman, après avoir disposé une rangée de petits verres sur le comptoir, les remplissait de tequila d'un seul geste avec quelques éclaboussures. Isaac avait réglé la note avec le billet de cinquante dollars qu'il avait, au passage, extrait des poches du videur.

« Deux kilos huit cent cinquante et une vraie tête d'alien. Tout gris, tout petit, tout moche, et c'est le plus beau truc que j'aie jamais vu de ma vie. Dingue. »

Il s'était élargi les épaules, il avait rentré le menton et rétréci le front pour s'ajouter quelques années : hormis cela, Lenny ne requérait pas de changement physique par trop considérable. C'était l'excitation, la tension qui faisait principalement l'homme. Peur de devenir père, soulagement procuré par un accouchement sans problème. La nervosité de Lenny fournissait une excellente excuse aux tremblements dont Isaac continuait de souffrir.

Certains vieux vagabonds qu'Isaac avait croisés sur la route aimaient à voir en lui un Paul Bunyan : menteur chronique et cependant non dépourvu d'intérêt. Il ne détestait pas le qualificatif. Mentir, c'était un acte réducteur : cependant, et d'une certaine manière, tout art est une forme de mensonge. Les poètes font dans l'hyperbole. Les peintres rehaussent les couleurs, brouillent les contours. Les acteurs changent de forme. Toutes façons de tordre le bras à la réalité pour raconter une vérité plus profonde et plus puissante. Les faits ont leurs limites. Ils existent en nombre limité dans l'univers, ceux avec lesquels on peut raconter une histoire. Les mensonges, en revanche, n'ont pas de bornes.

Il y avait une bonne vingtaine de clients à l'Asylum. Six au bar, avec Isaac, cinq autres regroupés autour d'une table, au fond, sur des banquettes en cuir rouge ; deux autres à la table de air hockey et un dernier qui ne cessait d'alimenter une machine à pince laquelle, comme le constata Isaac après un examen plus attentif, était remplie de sex-toys en caoutchouc.

Les autres fumaient près de la sortie. Isaac en reconnut certains pour les avoir vus déjà chez Mona, ou même simplement en ville – la réciproque n'était pas vraie. Pas avec Lenny sur les épaules, comme un manteau neuf. Il avala cul sec son verre de tequila.

« C'est Cyndi Lauper ! »

Une fille, à quelques tabourets de lui, se penchant au-dessus du comptoir, regard braqué sur un tableau blanc suspendu au-dessus des robinets à bière. On pouvait y lire ceci : QUELLE CHANTEUSE DES ANNÉES 1980 COMPARAIT L'AMOUR À UN PHÉNOMÈNE ASTROLOGIQUE ? LA BONNE RÉPONSE = UN VERRE OFFERT.

Le barman secoua son énorme tête chauve.

« Nan, c'est Bonnie Tyler dans *Total Eclipse of the Heart*. Désolé, ma belle.

— Je suis pas ta belle, connard. Et c'est astronomique et pas astrologique, tronche de cul. »

La mâchoire du barman se crispa, signe qui précédait sans doute une expulsion imminente.

La fille portait un rouge à lèvres violet foncé et une queue-de-cheval noir de jais, qui lui jaillissait du sommet du crâne. Ses consonnes charriaient une mélodie hispanique, sa peau brune se dorait à la lumière du bar. Sur les phalanges de sa main gauche, tendue avec enthousiasme vers le tableau blanc, étaient tatouées les lettres B Y R D. Isaac ne put s'empêcher de se demander ce que proclamait la main droite. La jeune femme était caparaçonnée : veste en jean crasseuse, portant au dos un blason, jean baggy noir, godillots militaires de même couleur. Le blason, brodé à la main, sans doute, représentait une couronne de volubilis encerclant un crâne de cheval. Elle n'était pas vilaine à regarder – avec ce petit quelque chose qui vous avertit qu'un regard trop appuyé peut devenir regrettable. Isaac se demanda un bref instant s'il avait grand-chose à regretter, de toute manière.

« Oh, m'sieur, reprit-elle avec le sourire, histoire de mettre un peu d'eau dans le vin aigre de ses mots, et redoutant sans doute un bannissement du bar. J'ai quand même droit à mon coup gratuit. C'est comme ça que ça marche, ce jeu, non ? Qui perd vide le verre ?

— Ce mec vient juste de t'en payer un, répondit le barman en désignant Isaac du pouce.

— Ouais, rétorqua la fille, regard en feu. Mais je l'ai déjà fini. »

Avant que le barman puisse répondre, un nouveau client fit son apparition. Il s'était faufilé jusqu'au tabouret voisin de celui d'Isaac et cachait désormais la fille à ce dernier.

« Une vodka, mon brave, dit cet homme. Moskovskaya. »

Le barman haussa les sourcils. L'Asylum n'était pas le genre d'établissement où l'on trouve des alcools haut de gamme. Isaac ricana, le nez dans sa bière.

L'homme portait un pardessus de drap, visiblement coûteux, et une casquette d'aspect désuet. Du bout de sa manche émergeait par moments une montre de marque. Un client qui n'avait guère sa place ici. Un client fortuné.

Ce qu'on voit dans les films du métier de pickpocket – orphelins crasseux à la Dickens, rapportant dans leur gourbi assez de portefeuilles et de montres pour ériger un Big Ben cinématographique – n'avait rien de réaliste. Imprudente abondance ! Pour Isaac, la pratique s'apparentait bien plus à la pêche ou à l'auto-stop. On attend, on épie, on hameçonne un gros poisson, ou une voiture susceptible de vous embarquer ou, comme c'était le cas ce soir, on repère un richard dans un rade pourri, un richard dont la poche intérieure de poitrine est à dix centimètres de votre coude.

« J'ai de la Svedka, ça ira ? demanda le barman.

— Oui, bien, dit l'homme avec un petit signe de la main. Il faut bien s'adapter aux coutumes locales, hein ? »

Remarque ponctuée d'un sourire. Un Russe, songea Isaac, en remarquant son accent. Que fichait donc un riche Européen dans un bar campagnard défiant toutes les règles de l'hygiène ?

Si Isaac avait été Isaac, ce soir-là, il aurait peut-être essayé de tirer les vers du nez à cet homme, allant même jusqu'à mentionner son propre lien au Vieux Monde – l'étrange legs, la lignée des Yaga. Il n'avait jamais tellement réfléchi à ses racines avant l'arrivée de Pieds-de-chardon. Du côté de sa mère, on était russe et juif ; du côté de son père, une sorte de mélange d'écossais et d'anglais, ce qui faisait de sa sœur et de lui de parfaits bâtards américains. Ils n'avaient reçu aucune éducation religieuse. Leurs parents préféraient inventer des fêtes improbables. Mardi Fraisegras : on ne mangeait que des fraises aux trois repas. Clownuaire : le théâtre familial était gratuit ce jour-là, et la famille Yaga organisait un grand carnaval. Plagiôse : la journée la plus froide de février ; leur père installait une piscine gonflable dans le salon, remplie de sachets de cacahuètes ; ils s'y prélassaient toute la journée en maillot de bain en buvant de la citronnade. Une éducation sans traditions – ou plutôt, une éducation riche en traditions nouvelles. Celles de la famille Yaga. Isaac ne savait pas grand-chose de la part russe de son ascendance, hormis le fait que ses ancêtres étaient arrivés à Ellis Island à la fin des années 1910, fuyant les pogroms dont étaient victimes les villages juifs. Pense au *Violon sur le toit*, lui avait dit sa mère. Si bien que le petit Isaac avait cru pendant un moment que dans le vieux monde, les gens ne s'exprimaient qu'en chantant.

Mais ce soir-là, Isaac n'était pas Isaac. Isaac était Lenny. Il décocha à l'inconnu son sourire le plus fier, le plus éméché.

« Mec, tu sais quoi ? Un truc de fou. Je suis papa depuis ce matin ! J'ai un fils ! »

Il se balança légèrement sur le tabouret, feignant

l'ivresse. La tequila du reste rendait le geste encore plus convaincant.

« *Pozdravlyayou*, l'ami ! »

L'homme infligea une bourrade de félicitations au jeune père, assez vigoureuse pour le faire glisser à demi du tabouret.

« Nous devons boire à votre santé. »

Et l'homme se pencha vers Isaac pour ajouter ceci à son oreille :

« Mais nous boirons le meilleur alcool ; il ne faut pas de Svedka pour une occasion de cette sorte. »

Il cligna de l'œil et sortit de la poche intérieure de son manteau une fine bouteille bleue pendant que le barman avait le dos tourné. *La bouteille à l'intérieur. Donc le portefeuille est sans doute plutôt dans une poche de devant*. Isaac entrevit le blason sur la bouteille, un griffon, un volatile à deux têtes. Ancien, visiblement, le flacon. *Objet de valeur ?*

L'homme avala une gorgée avant de verser dans le petit verre d'Isaac une rasade d'un liquide incolore.

« À ce nouvel enfant, à la possibilité de perfectionner le monde dans lequel il pourra grandir et prospérer ! »

La fille à la queue-de-cheval se redressa derrière le nouveau venu ; elle croisa, résolue, le regard d'Isaac. Ses lèvres ne formaient plus qu'une ligne violette, fine et sévère. Elle secoua presque imperceptiblement la tête. *Non*.

Pourquoi ? Le Russe cherchait-il à le droguer ? Peu probable. Mais il valait mieux ne pas prendre de risque. Isaac leva son verre.

« À l'avenir. »

Et le renversa le long de son cou, réprimant le frisson que suscitait l'invisible passage du glacial liquide dans sa manche. Une odeur amère se dégageait de la lie restée au fond du verre – odeur de foin en feu, aussi épaisse que la cendre et brouillée par le fumet grisant, secret, de la viande dévorée par les asticots. Isaac eut une nausée.

Le Russe s'immobilisa, comme s'il attendait quelque chose.

« Oh, c'est… bon. »

Isaac reposa le verre sur le comptoir avec un claquement sec.

Une moue courba, fugitive, les lèvres du Russe, qui retrouva immédiatement son affabilité.

« Que faites-vous, l'ami ? Comme occupation ?

— Je suis radiologue. »

L'idée lui était venue de Brian, le réparateur d'appareils à rayons X, et de ses amis orthodontistes. L'inspiration, ça se trouve partout.

« Alors vous savez à quel point ce monde souffre des maladies. Votre enfant a trouvé une drôle d'époque pour venir au monde, vraiment. »

L'haleine de l'homme frôlait, étonnamment brûlante, la joue d'Isaac. Elle sentait la fumée.

« J'imagine. »

Isaac fit doucement glisser sa main le long du manteau de l'homme, à la recherche d'une bosse révélatrice de portefeuille.

« Même si moi, mon job, c'est de faire en sorte que les gens aillent mieux. Qu'ils retrouvent la santé. »

Poche molle. Merde. Ça doit être de l'autre côté.

L'inconnu se pencha un peu plus.

« C'est que tous les gens ne sont pas propres, comme vous et comme moi nous sommes propres. Certaines personnes, elles aiment la saleté. Elles encouragent la saleté. Mon but, l'ami, ce n'est pas que vous ayez peur. Mais maintenant, vous êtes un père, vous devez être prudent, n'est-ce pas ? »

L'homme s'essuya les lèvres d'un revers de main. La sueur perlait au-dessus de sa lèvre glabre.

« Vous savez, poursuivit-il, avant de venir, j'ai lu des choses sur cette région. Les docteurs de votre région ont accompli de grandes choses. Ils avaient imaginé un avenir radieux. Une humanité plus parfaite. Ils voulaient créer un meilleur pays pour leurs enfants, par la sélection biologique. »

Isaac dressa l'oreille. *Il me parle d'eugénisme, là.* Au siècle précédent, le Vermont avait accueilli l'un des mouvements eugénistes les plus virulents des États-Unis ; des centaines de femmes avaient été stérilisées de force. L'initiative – titre officiel : Breeding Better Vermonters (Amélioration de la race vermontoise) – s'était en très grande majorité concentrée sur les femmes pauvres, handicapées ou appartenant à la communauté amérindienne ; elle n'avait pris réellement fin qu'en 1957. C'était de la bouche d'une jeune Abénakise avec laquelle il avait bourlingué sur quelques trains dans le Midwest qu'Isaac avait appris ces écœurantes statistiques. Une joueuse de banjo ; ses lèvres avaient le goût du soda à l'orange.

L'inconnu poursuivit sans être interrompu.

« Vous devez être un jeune homme doué, pour ce travail que vous faites. Vous pourriez rendre le monde plus propre pour votre petit garçon. Un avenir plus propre. Vous pensez, avec toutes ces maladies dont vous vous occupez. Une petite seringue pleine de grippe. Quelques cellules du cancer injectées dans un corps. »

Putain de merde. Ce type ne venait-il pas de suggérer à un radiologue de répandre volontairement des maladies ? Et qu'est-ce qu'il y avait donc dans ce liquide qui commençait à imbiber le coude de la manche du veston d'Isaac ?

La fille à la queue-de-cheval n'avait pas quitté son poste au bout du comptoir. Elle avait les yeux baissés sur le verre que le barman venait de lui servir, mais ne manquait pas une miette de la conversation, c'était manifeste.

Isaac commençait d'ailleurs à se rendre compte d'un autre détail dérangeant. Plus encore que le discours de l'homme, plus que sa mise trop élégante, plus que l'haleine brûlée. L'homme n'avait aucun tell, comme on dit au poker. Ces tics, ces maniérismes qui, accumulés, font une personnalité. Cet inconnu… ne donnait aucune prise. Pas d'habitudes soufflées par la nervosité, pas de gestes tordus, pas d'attitudes imitables, hormis sa manière de parler, rigide, presque désuète. Si Isaac avait été un radar, l'homme, tout simplement, n'y aurait laissé aucune trace. Et s'il l'avait voulu, le Roi caméléon n'aurait pu l'imiter. Tout glissait.

Le barman déposa un godet en plastique rempli à demi de mauvaise vodka devant l'homme.

« Vous voulez autre chose ?

— Des informations, seulement, dit l'inconnu.

— Ça, c'est pas sûr que je puisse, se gaussa le

barman, sauf si vous voulez tout savoir sur les épreuves de curling aux JO de 1988. Là-dessus, pas de problème.

— Non, ce que j'attendais, dit le Russe, c'est plutôt que vous me disiez où se trouve une maison que je cherche et qui est près d'ici, je crois.

— Vous avez l'adresse ? demanda le barman en nettoyant le comptoir avec un chiffon.

— Ah, dit l'inconnu, c'est bien là le mystère. Cette maison déteste rester toujours au même endroit. »

Et de nouveau Isaac se figea d'effroi.

« Cette maison, je la cherche depuis la Russie. Elle n'aurait pas dû quitter nos terres. Elle met en jeu des choses très dangereuses, des questions de sécurité nationale.

— Vous poursuivez une maison ? J'ai bien entendu ? demanda le barman.

— Comme je vous l'ai dit déjà, soupira le Russe, ce n'est pas une maison normale. Celle-ci, elle a deux pattes, deux serres, comme un oiseau. Avez-vous vu cette maison ?

— Ah ça non, dit le barman, c'est sûr. Mais ça me rappelle un truc. Chez ma sœur, à Hartford, y a un tuyau de vapeur qu'a pété dans un centre commercial, un agent de sécurité qu'est mort, je crois, et les magasins autour se sont tous mis à avoir des bouches bizarres. Y en a une en plein milieu du O de Old Navy. De temps en temps, elles s'ouvrent et elles crachent de la fumée. C'est vraiment curieux, mec. »

Le Russe se leva et recula du comptoir.

« Cette information ne me sert pas. Je n'ai plus rien à faire ici. »

Et d'ajouter, à l'attention d'Isaac :

« Ma bénédiction la plus intense sur vous, sur votre fils et sur le monde qui sera le sien. »

Il s'en fut sans toucher au gobelet de Svedka.

« Le Canada et la Norvège, dit le barman.

— Hein ? »

Le cœur d'Isaac lui battait dans la gorge.

« Médaillés d'or 1988. »

Il sentait encore sur sa joue l'haleine brûlante de l'homme. Le charme ensorcelant de sa voix. Un tueur à gages, ça devait être ça. Ce n'était pas la première fois qu'Isaac se retrouvait avec un de ces types aux basques, mandaté par un riche crétin qu'il avait dépouillé. Le donneur d'ordre avait dû recueillir une info sur Isaac mentionnant la maison sur pattes ; le Russe était parti sur cette piste à laquelle l'autre avait dû ajouter une pseudo-justification secret-défense. Par chance, Isaac était caméléon, ce soir-là : le déguisement n'était pas très poussé, certes, mais suffisamment pour ne pas correspondre aux descriptions et aux photos fournies à son poursuivant. Raison pour laquelle Isaac ne revêtait jamais de peau plus éclatante que la sienne. Trop repérable.

C'était l'année où il devait toucher le gros lot. Il était fatigué de trimer, fatigué de gratter la terre pour ne récupérer que le strict minimum, fatigué de soupirer après autant de buts inaccessibles. Mais avec Pieds-de-chardon, la chance avait tourné. Il allait prendre un nouveau départ. Il allait toucher de l'argent – les billets lui brillaient devant les yeux, comme les sex-toys de la machine à pinces de l'Asylum Bar. Il n'avait qu'à tendre le bras. Promesse d'une liberté d'un genre nouveau. Possibilité, enfin, enfin, de régler ses dettes. Personne ne pouvait lui voler tout ça.

Isaac entendit la porte du bar s'ouvrir et se refermer sur l'inconnu. Il tourna la tête vers le bout du comptoir. La fille brune était partie, elle aussi.

Et merde pour la valse des portefeuilles, ce soir. Isaac fit pivoter le tabouret et s'en fut lui aussi vers la sortie. Le perron était quasi vide à présent ; ne restaient plus que quelques bancs déserts constellés de mégots. Il aurait bien aimé y retrouver la fille, lui demander le pourquoi de son avertissement. Mais seul le vent accueillit Isaac à la sortie de l'Asylum, dont filtrait encore une musique au son mécanique. Il allait suivre la grande route jusqu'au village, plutôt que de rentrer par les chemins, voir s'il pouvait encore la rattraper. Il se passa la main dans les cheveux : ils s'étaient dressés dans le vent comme un nuage d'antennes. Il se mit en route – vers une menace. Une question. Un orage à l'approche.

Chapitre 9

Bonjour à vous ! Excusez mon curieux aspect, mes volets tordus comme les dents d'un vieux *zayde*, mes jolis murs dégoulinants de peinture. Je suis en chantier, comme nous tous, pas vrai ? Je sais, vous êtes là à écouter une histoire et je vous interromps tout le temps. Mieux vaut que vous le sachiez dès maintenant : je vais coller une histoire dans les trous d'une autre et élaguer mes propres contes avant qu'ils soient finis. Vous pouvez toujours appeler ça des agaceries, moi je dis : c'est le suspense ! La vie d'ailleurs ne progresse-t-elle pas de cette manière ? Certaines existences apparaissant de manière inopinée, inopportune, d'autres interrompues trop tôt, avant l'apogée. J'ai vu assez de vies commencer et finir pour que ce type de narration devienne ma première nature. Et vous n'allez pas contester à une vieille maison ladite nature ? Non, bien sûr.

Je vous dirai ce qui était advenu avant. Je le réciterai comme on récite un conte. Les souvenirs de cette sorte, ils sont plus faciles à comprendre de cette manière. Un souvenir, un vrai, il est rude, tranchant, ses coins blessent. Les faits ne font pas toujours sens comme on le souhaiterait. Des choses surviennent dont on ne peut pas parler à voix haute. Ces réminiscences piquent, comme les buissons de mûres en hiver, sans feuilles pour vous garder des épines. Et le pire, vraiment, avec les souvenirs, leur aspect le plus mortel, le plus brutal : on peut les oublier.

Pas les contes. Les contes, on ne les oublie pas ; ils se contorsionnent et se pelotonnent autour du cœur jusqu'à y être tranquillement logés. Ils sont fluides, changeants, ils peuvent s'adapter à toutes les circonstances qu'ils traversent. Ils changent dans la bouche des conteurs et se font aux contours des oreilles des auditeurs. Les faits peuvent différer (les lieux, la couleur du manteau d'Untel, les espèces qui fleurissent dans un petit jardin circulaire) mais leur noyau reste le même. Ainsi survivent-ils. S'assimilent-ils. Et avec eux – le souvenir.

Autre avertissement : bien que l'histoire date d'un siècle, je vous la conterai au présent, comme si elle se produisait à l'instant. Je veux que vous en fassiez la même expérience que moi, pour qui cette histoire se produit à l'instant, aujourd'hui et toujours. La malédiction dont je suis frappée, sans doute.

Il y a, dans le district de Smiliansky, rattaché à la région de Cherkassy, elle-même part de la nation russe, un shtetl du nom de Gedenkrovka. Ça, au moins, c'est vrai. Une femme vit dans ce village. Elle s'appelle Baba Yaga et habite une maison montée sur des pattes de poulet. Cette maison, elle ne reste jamais sur le même bout de terrain plus d'une journée, mais Baba Yaga n'a jamais de problème pour la retrouver. Ce qu'elle fait, c'est qu'elle crache sur un haricot sec, qu'elle le jette par terre ; la direction dans laquelle file le haricot, c'est celle qui lui indique le chemin vers moi. Autour de la maison, il y a une clôture faite de piques, et sur chacune de ces piques il y a des crânes. Sauf sur une : cette pique-là, elle est pour vous. La nuit, les crânes luisent comme des lunes. Si vous vous approchiez de la maison sans y être invités, les crânes pleureraient du lait de lune, les larmes couleraient sur leurs joues pâles. Ils vous chanteraient une chanson dans une langue que vous ne parlez pas mais qui vous est familière, tellement familière – comme celle dans laquelle votre mère fredonnait des berceuses.

Connaissez-vous l'histoire des deux filles de Baba Yaga ? Elle les avait fabriquées avec des dents. Écoutez :

Pendant tout l'automne, Baba Yaga regarde les filles du voisin goy jouer dans le lit de la rivière. Elle étudie la manière dont elles ramassent les vers de terre, délicatement, sans les écraser, entre le pouce et l'index. Elle étudie les proportions étranges d'une jeune fille. La manière dont les cheveux d'une jeune fille foncent quand l'eau du ruisseau les mouille. La faim scintillante dans les yeux d'une jeune fille. Elle prend des notes dans un carnet relié en peau de chat. Elle cultive l'envie qui prend racine dans son propre corps, une solitude aussi solide qu'un pommier dont les fruits mûrissent si doucement qu'ils pourrissent à moitié. Son cœur se remplit du nectar de la solitude, un sirop assez épais, assez poisseux pour que la vieille en perde le besoin de boire et de manger. Elle fait sortir sa solitude et la mélange dans un bol avec de la farine, du beurre et du miel. Elle roule la pâte. Cette pâte, elle la moule en petits tortillons qu'elle fait cuire pour en faire des *rugelach*.

Le lendemain matin, Baba Yaga rend visite aux deux jeunes filles qui jouent dans la rivière et leur offre ces gâteaux. Les jeunes filles acceptent avec joie. Mais quand elles mordent dans les petits croissants, la solitude est si collante que leurs dents s'y prennent ; pas moyen de les sortir de là. Elles rongent, elles tirent, elles grincent des mâchoires : rien à faire. Alors Baba Yaga s'avance vers elles, saisit le *rugelach* qu'elles ont dans la bouche et tire fort. Hop ! À chaque fille, elle arrache une dent, encore plantée dans la pâte.

Baba Yaga crache sur un haricot blanc, le jette par terre et le regarde rouler. Elle se dépêche de rentrer chez elle. Elle fait tremper le *rugelach* dans de l'eau de rose, pour l'amollir et retirer la dent. Les deux dents sont enveloppées dans un bout de laine. Baba Yaga y fourre aussi un brin de romarin, un kopeck en cuivre et une goutte de son propre sang, provenant du bout de son doigt. Le soir venu, elle pose contre chacun de ses tétons un de ces petits paquets ; elle leur donne le sein.

Le lendemain, à l'aube, elle a deux petites filles. L'aînée, Illa, a de longs cheveux aile de corbeau qui lui tombent jusqu'au milieu des côtes, et des mains fortes comme des étaux. Elle est très intelligente et très cruelle ; Baba Yaga l'aime plus que la vie. La cadette, Malka, n'est qu'un bébé, encore potelé et mou comme un levreau. Ses yeux sont aussi humides et luisants que les pierres au fond d'une rivière ; elle pleure nuit et jour. Baba Yaga l'aime plus que la lune, plus que la mort, plus qu'elle ne pourrait jamais le dire avec les mots des mortels.

Un soir, un devin se présente à ma porte et tire la patte de hibou qui sert de clochette ; il dit à Baba Yaga que l'une de ses filles ne parviendra pas à l'âge adulte. Baba Yaga lui coupe la gorge et le fait cuire dans une marmite en fer, sur le fourneau. Ce soir-là, elle et ses filles font bombance. La vieille et ses deux enfants se pelotonnent au-dessus du fourneau, emmitouflées dans des peaux de mouton, et elles dorment.

Elles sont heureuses, pendant un moment.

Chapitre 10

Isaac avait marché déjà sept ou huit cents mètres sans rien voir quand son champ de vision fut envahi par la lumière de deux phares. Ils s'avancèrent vers lui, lampions jumeaux dans l'obscurité d'octobre, et Isaac se replia prestement sur le bord de la route pour laisser l'auto passer.

La lumière double flottait à cinq ou six mètres de lui, désincarnée. Isaac plissa les paupières sans pour autant distinguer le moindre véhicule, mais seulement ceci, en lévitation entre les phares : un crâne de cheval. Trous sombres à la place des yeux. Dents en xylophone détraqué. Mâchoire passée à la Javel. Un moteur vrombit. Isaac recula et tomba dans le fossé. Feula, quand ses paumes atterrirent sur le gravier. Le cheval fantôme bondit vers l'avant, les freins hennirent et se cabrèrent, les lumières et les os s'immobilisèrent. Le clair de lune envahit la route et Isaac comprit pourquoi il n'avait pas vu de véhicule.

Il y en avait bien un : un bus scolaire, repeint en noir d'encre à la bombe, vitres comprises. Camouflage qui le faisait disparaître entièrement sur fond de ciel nocturne, excepté, bien sûr, le crâne blanchi du cheval, fixé à la calandre par des liens de serrage.

La porte se déplia, faisant apparaître deux silhouettes sombres. Avant qu'Isaac puisse se relever, elles fondirent sur lui, s'emparant chacune d'un de ses bras. Il mordit au poignet l'assaillant de droite, ce qui fit retentir un chapelet d'insultes diverses ; les mains de droite le lâchèrent. L'assaillant de gauche lui donna un coup de pied droit dans les jambes, le déséquilibrant de nouveau, puis lui tira le bras, pour laisser le temps à l'assaillant de droite de reprendre son avantage. À deux, les inconnus le traînèrent tête la première dans le bus.

Mieux vaut faire profil bas pour le moment, me transformer et filer dès que possible. Il n'était pas fort, mais il était malin. Ça marcherait, il fallait bien. Ça avait toujours marché.

L'odeur saisit Isaac au visage – camomille, mélisse, lavande. Il sentit son cœur retrouver, sans intervention de sa part, un certain calme au contact de ce parfum ; les plantes apaisaient son souffle. Soulevé et remis à genoux, Isaac leva les yeux, immédiatement aveuglés par la lueur d'une lampe-torche. Il se raidit. Une main lui prit le visage en tenaille.

« Pas de passager. »

La voix était dédaigneuse, presque soulagée.

« Pas encore », reprit une autre.

Celle-ci, Isaac la reconnut. *Je suis pas ta belle, connard.* La fille du bar.

La lampe-torche s'éteignit avec un bruit sec.

Il cligna des paupières ; ses yeux s'accoutumèrent, trouvèrent leurs premiers repères. L'intérieur du bus avait été dépouillé de tous ses sièges et doublé avec des planches de contreplaqué. Deux couchettes à l'arrière, l'une en face de l'autre. Une étagère bourrée de livres de poche. Des peaux de mouton et d'animaux écrasés pendant des corniches. Des bouquets d'herbes aromatiques séchées accrochées au plafond. Plus loin, des étuis d'instruments de musique divers entassés au bas de la paroi. Ce n'était pas qu'un bus retapé – c'était une maison.

Trois silhouettes trouvèrent peu à peu une consistance. La fille, accroupie devant lui, lui tenant encore la mâchoire en étau, sa queue-de-cheval noire lui jaillissant du crâne comme un geyser de pétrole. Elle le fixait, fulminante. Il y avait quelque chose dans son regard qui rappelait à Isaac la manière dont sa mère le secouait quand il revenait d'une soirée entre copains – lui flairant les vêtements, plongeant son regard dans ses pupilles dilatées pour détecter une éventuelle prise de cannabis.

Juste derrière la fille, tenant dans sa main gantée une lampe-torche de camping en métal, un autre assaillant ou peut-être assaillante – Isaac ne put pas en déterminer le genre. Iel portait des dreadlocks attachées en chignon, un long manteau en velours rouge bordeaux qui lui arrivait aux chevilles et, pendant d'une oreille d'un noir profond, une cascabelle de crotale au bout d'une chaînette en or. Lorsque iel se tourna vers la fille, Isaac constata que figurait au dos du manteau rouge un blason présentant lui aussi un crâne de cheval. Un soleil en gloire remplaçait les volubilis de la fille.

Sur le côté, une troisième personne, observant

la scène d'un banc garni de coussins. Elle était plus menue que les deux autres – tous cependant du même âge qu'Isaac, à un ou deux ans près. Créature plus délicate, plus douce d'apparence, assise en tailleur, les pieds invisibles, les mains jointes. Elle portait un pull couleur cuivre, de la même teinte que sa peau, joint par une paire de bretelles à un pantalon de drap marron.

« Il faudrait peut-être l'attacher ? »

La voix, masculine, était étonnamment affable, compte tenu de la question. Sur le banc traînait un blouson orné du même crâne de cheval, front zébré d'une myriade d'étoiles.

La fille fit tourner le visage d'Isaac vers le sien, les yeux dans les yeux.

« Tu l'as bu ?

— Don, couina Isaac, les joues prises en tenaille. Bon goude.

— Parle plus fort, abruti. »

Elle lui lâcha les joues pour s'emparer de ses cheveux.

Isaac remua les lèvres, encore endolories.

« Je disais, mon coude. »

Il leva l'épaule droite, en guise d'indication.

Elle hocha la tête. Manteau de velours s'agenouilla devant Isaac.

« C'est mouillé, annonça-t-iel.

— Tu m'avais conseillé de ne pas boire. Je n'ai pas bu. J'ai tout balancé dans la manche. Je t'enverrai la note, pour le nettoyage à sec.

— Enlève-le, dit la fille en lui lâchant les cheveux.

— Pourquoi ?

— Putain, je te dis d'enlever ton veston. Là, maintenant. »

Isaac obtempéra, non sans raideur. Il aurait préféré être kidnappé plus délicatement.

« C'est ce que je voulais, te retrouver après le bar, dit-il avec un grand sourire. Merci pour le bout de chemin. »

Ses effets de comédien. Un peu de désinvolture, pour désarmer. Sous couvert de quoi, il se concentra sur les battements de son cœur. *C'est bon, ralentis*, lui dit-il en inspirant encore plus profondément les parfums floraux du bus. *Calme-toi. Retrouve le personnage. Mieux vaut ne pas être toi.*

À peine s'était-il libéré du veston que Queue-de-cheval s'en empara pour le lancer à Manteau de velours, sans plus se soucier d'Isaac.

« Tu penses pouvoir faire un prélèvement ? demanda Queue-de-cheval, et sa question sonnait comme un ordre.

— Si je peux faire un prélèvement, se moqua Manteau de velours. Chérie, tu ferais mieux de ne pas mettre mes compétences en doute.

— Je m'appelle Lenny, les interrompit Isaac.

— Tu parles ! »

Et Queue-de-cheval lui reprit les cheveux en main. Ça tirait un peu, mais pas de manière déplaisante.

« Pardon ?

— J'ai l'œil pour les menteurs, laissa tomber la fille. Et dire que je viens de te sauver la vie.

— Oh, vraiment ? »

La voix d'Isaac restait volontairement plate, calculatrice.

« Parce que de mon point de vue, j'ai l'impression que tu m'as sauté dessus, que tu me retiens en otage et, bien plus sadiquement encore, que tu retiens mon veston préféré en otage. »

Ce qui ne l'empêcha pas de se dépouiller en douceur de Lenny. Il en avait l'intime conviction : de toute façon, elle démasquerait toutes ses tentatives de comédie. Ils étaient du même bord, tous les deux.

« Toutes mes excuses. On recommence, concéda Isaac. Je m'appelle Isaac. Et toi ? »

Elle tira, poing serré, sur les cheveux d'Isaac qui, la nuque au supplice, gémit de douleur.

« Je suis une ombre, et je passe par ta fenêtre comme les premiers rayons de l'aube, quand je veux et où que tu sois. T'as intérêt à bien te conduire. Parce que si tu fais le malin avec nous, ou si tu bosses pour ce monstre – je peux te jurer qu'on… »

Elle pressa les lèvres sur la tempe d'Isaac, baiser de fer.

« … On te tuera. »

Isaac sentit sur sa peau l'empreinte cireuse et menaçante du rouge à lèvres. Il songea à la légendaire Marque noire, que les pirates craignaient car elle annonçait leur mort.

« Je m'appelle Rummy, dit le gracieux garçon aux bretelles. Iel, c'est Sparrow, poursuivit-il en désignant Manteau de velours, et voici Shona. »

Shona fusilla Rummy d'un regard qu'Isaac commençait à considérer comme son arme favorite.

« C'est bon, on ne risque rien avec lui », dit Rummy.

Sparrow haussa les épaules, semblant accepter le

jugement de moralité. Shona serra un peu plus fort les cheveux d'Isaac.

Un gémissement se fit entendre dans le fond du bus. *Il y a quelqu'un d'autre avec nous.*

Sparrow et Rummy se précipitèrent vers le bruit.

« Elle est réveillée, constata Sparrow.

— Et le passager ? » demanda Shona.

Comme pour lui répondre, le désordre s'amplifia.

« Des rats, ce sont tous des rats. Vous ne voyez pas ? Et ils sont déjà là. Ils sont déjà là ! Ils vont tous nous prendre ! »

La voix était frénétique, brûlante de fièvre, les mots ponctués par des respirations sifflantes.

« C'est de la pure saloperie, ce qu'elle a bu, direct de l'enfer, annonça Sparrow. Elle est fumigée, pas de doute.

— Amène-toi, ordonna Shona en tirant Isaac par les cheveux. Regarde. »

Une femme était ligotée au matelas de la couchette la plus éloignée du bus, pieds et mains encordés et attachés à des poteaux de bois. Elle se tordait, claquait des dents, marmonnait, sans pour autant accorder la moindre attention aux quatre personnes qui se tenaient debout devant elle. Qu'est-ce qu'elle a pris ?

Sparrow ralluma la lampe-torche, la braqua cette fois-ci directement sur la femme. Et c'est là qu'Isaac vit son visage.

Un tourbillon blanc. Une substance gazeuse – de la… fumée ? – montait en elle, cherchant les orifices. Des fumerolles lui sortaient du nez et de la bouche, comme de fins poltergeists.

Fumigée.

« Qu'est-ce que tu vois ? insista Sparrow.

— Elle… Elle brûle, dit-il en s'efforçant de comprendre ce qu'il avait sous les yeux.

— C'est tout ?

— Putain, c'est déjà beaucoup, rétorqua Isaac.

— Il ne voit pas le passager, dit Rummy. C'est donc qu'il est clean, lui.

— Le quoi ?

— T'occupe, dit Shona en relâchant enfin Isaac. Tu vois ? C'est l'état dans lequel tu serais si t'avais accepté le verre de ce charmant monsieur. »

La femme ligotée cracha dans leur direction.

« Vous autres, je vous connais, vous êtes venus me voler ce qui est à moi. Eh bien non, vous n'y arriverez pas, vous n'y arriverez jamais. Plutôt mourir ! »

Et d'un violent coup de pied, elle fit sauter la corde qui ligotait sa cheville droite, sans toutefois pouvoir aller plus loin.

Shona sortit un taser de la poche arrière de son pantalon ; Rummy l'interrompit du geste.

« Inutile », gronda-t-il.

Puis il posa la main sur le bras de la femme.

« Ça va aller, la rassura-t-il. Et on ne vous fera pas de mal. »

La femme feula. Sparrow sortit une trousse argentée d'une de ses sacoches. L'étui contenait une seringue EpiPen qu'iel plongea dans la cuisse de la malade. Elle se tut, paupières frémissantes, bientôt fermées. Endormie.

« Ça n'avait pas l'air d'une réaction allergique, pourtant, constata Isaac.

— Le contenu de la seringue a été… modifié », répondit Sparrow.

Rummy se mit à caresser les cheveux de la femme très doucement, comme à un enfant grippé qui réclame un peu d'affection. Sa respiration s'apaisa.

« Qu'est-ce qu'il lui arrive ? » demanda Isaac.

Si le Russe en avait après lui, pourquoi s'attaquer à cette femme ? Quelle sorte de drogue pouvait causer un symptôme aussi étrange ? Et qu'est-ce que c'était que cette histoire de « passager » ? Les choses se compliquaient. Et Isaac n'aimait pas les complications.

Shona examina les liens de la dormeuse.

« C'est pas tes oignons, et c'est très bien comme ça. Tu devrais te réjouir de ne pas être à sa place. Et maintenant, tu sauras qu'il ne faut jamais accepter de bonbons d'un inconnu.

— On m'a aussi appris qu'il fallait toujours se méfier des camionnettes non identifiées. Et regarde où ça m'a conduit. »

Sparrow rangea l'EpiPen dans sa trousse, se saisit d'une seringue vide qu'iel fit tournoyer entre ses doigts, comme un mini-bâton de majorette, avant de le tendre à Rummy. Lequel fit courir délicatement son index sur le bras de la femme, à la recherche d'une veine. L'aiguille pénétra sous la peau. Le réceptacle se remplit de sang.

Ces gens-là, quels qu'ils soient, connaissaient leur affaire. La crise de panique. Les entraves. La fumée. Ils avaient déjà vu ça. C'était presque de la routine, pour eux.

Rummy déposa le cylindre de sang dans la trousse de Sparrow, dans laquelle s'alignaient déjà six ou sept prélèvements identiques. Provenaient-ils tous de cette femme ? Ou d'autres qu'elle avaient-ils souffert du même sort ? Combien de kidnappés étaient passés par le bus ?

« Tu la connais ? Tu sais où elle habite ? » demanda Rummy à Isaac.

Qui secoua la tête.

« Shona, il faut qu'on la laisse dans un endroit où elle ne risquera rien. D'ici une heure ou deux, elle ira bien. »

Shona, de toute évidence, était leur alpha. Constat qui ne reposait pas seulement sur son allure énergique, mais également sur la manière dont les deux autres quêtaient son assentiment. Rummy, cependant, à sa manière, dégageait un certain pouvoir. Autorité douce, visant à nourrir plutôt qu'à forcer. Il était le pansement et Shona la balle. Quant à Sparrow, que sa musculature aurait pu faire passer pour simple exécutant, iel débordait d'une ardeur de savant fou. Ardeur à l'instant concentrée en une séance de pianotage frénétique sur le couvercle de la trousse médicale.

La femme endormie poussa un gémissement. Isaac était incapable de dire quelle drogue lui avait été administrée. Il avait vu des amis s'effondrer après avoir consommé de l'ecstasy améliorée au fentanyl, avait assisté à des mauvais trips au LSD, à une crise provoquée par l'ingestion d'essence à briquet… Mais jamais rien de semblable à ce brouillard tourbillonnant autour du corps de la femme. Et ce n'était pas une drogue que le Russe vendait. Il la faisait absorber à l'insu de ses victimes. Et pourquoi s'adonner à ce passe-temps tout en pistant Isaac ? En guise de distraction perverse ? De mission secondaire ? Ce n'était pas que de la chasse à la prime, cette affaire.

Cette confusion ne plaisait pas à Isaac. Il n'avait pas l'habitude d'être mis à l'écart des machinations. Le Roi caméléon avait toujours un temps d'avance ; il jouait dix parties d'échecs en simultané et chacun de ses coups était prémédité, justifié. En l'occurrence, il était distancé. Le *fait de ne pas savoir* enflait dans sa bouche comme un bout de viande trop mâché, que chaque coup de dent rendait plus coriace et plus difficile à bouger.

Il n'avait pas voulu en dire trop à ces trois-là, mais à la vérité, ils en savaient bien plus que lui. L'information, c'est de l'or. Et comme toujours, comme partout, on n'a rien sans rien. S'il voulait en savoir plus sur le Russe, il allait devoir fournir à ces racailles de bus scolaire une bonne raison de lui raconter des choses.

« Je ne sais pas où cette bonne femme habite, dit-il, mais la maison sur pattes, je l'ai vue. »

Trois paires d'yeux se braquèrent immédiatement sur lui.

« Je l'ai vue parce qu'elle m'appartient. C'est ma maison.

— Où est-elle ? aboya Shona.

— Dis-moi ce qu'il y avait dans ce verre », rétorqua Isaac.

Le silence s'installa. Les geôliers d'Isaac échangèrent un regard. Conversation sans paroles : que lui révéler, que lui cacher. Puis une perturbation sonore : la femme gémit.

« Quelque chose qui provoque une sécrétion de glutamate, répondit Sparrow, et un curieux petit écho du côté de la substance grise périaqueducale. Et ça donne un gentil coup de folie à l'adrénaline et au cortisol. Entre autres… symptômes. Mais ce que contient vraiment la bouteille, pour que tout ça se mette en route… On n'a pas encore compris, mais on y travaille.

— Hein ? »

Isaac n'aurait pas dû arrêter les cours de chimie aussi tôt dans son parcours.

« C'est une potion maaaagique, s'esclaffa Sparrow en agitant les doigts.

— Délicieux, répliqua Shona. C'est ce que je ferais graver sur ta tombe de clown si Ombrelongue a ta peau. »

Ombrelongue ? Un frisson parcourut Isaac.

Sparrow, remise à sa place, déglutit. Isaac connaissait ce genre de signe : ces trois-là, ils avaient fait un peu trop de route ensemble, enfermés dans leur boîte de conserve.

« La boisson te fait paniquer, dit Rummy. Te fait voir… des trucs. Accroît et nourrit la paranoïa. En un mot, c'est de la peur.

— Qu'est-ce que ça te fait voir ?

— Les gens deviennent méfiants, répondit Shona, reprenant la main sur la conversation. Violents. Le cerveau reptilien prend le dessus. Leur explique qu'ils sont en danger : non seulement eux, mais aussi ceux qu'ils aiment. Leur village, leur boulot, leur compte en banque, en tout cas ce qu'ils ont peur de perdre.

— Et il s'en sert pour les manipuler ? demanda Isaac.

— C'est plutôt qu'il leur sert d'excitant. Il est la fronde, ils sont la pierre, reprit Sparrow. La drogue les met dans un état où ils sont… plus faciles à orienter. »

Iel leva les mains, déchargea des revolvers imaginaires.

« Ils prennent peur, poursuivit Rummy, et Ombrelongue leur indique un bouc émissaire. Quelque chose qui va les rassurer.

— Quelque chose qui va les rassurer… »

Isaac ne finit pas sa phrase, les yeux fixés sur la femme attachée au matelas. Elle grondait, mâchoire crispée, sans avoir repris connaissance. C'était donc ce que le Russe avait voulu faire quand il avait suggéré à « Lenny » de répandre des maladies. Il avait utilisé le nouveau-né comme un carburant. Cet enfant, il fallait le protéger – à tout prix.

Shona tira un chiffon de la poche arrière de son jean et le fourra dans la bouche de la captive.

« Ce sont des chiens enragés.

— Non, objecta Rummy, ce sont des gens qui ont peur et qu'on a manipulés pour qu'ils tirent dans la mauvaise direction. »

Précision qu'elle évacua d'un geste de la main.

« Ils se déchaînent sur d'autres gens, en général qui ne leur ressemblent pas ou qui ne font pas les choses comme eux, dit-elle en se tournant vers Isaac. Des inconnus, des marginaux. Des personnes sans domicile fixe. Parfois, ça prend un tour raciste. On a vu une dame arracher l'oreille d'un type qui portait un maillot d'une équipe de basket qui ne lui plaisait pas. Il en faut très peu. C'est facile de se laisser affoler par quelque chose qu'on ne connaît pas.

— On tape ou on s'enfuit, dit Rummy.

— Là, on tape le plus souvent, dit Shona.

— Le produit reste dans l'organisme quelques

heures et quand ils se réveillent, ils ne se souviennent plus de rien. »

Shona fit craquer ses phalanges. Isaac put déchiffrer les quatre lettres qui figuraient sur sa main droite : E R L Y. Avec le B Y R D qu'il avait remarqué au bar, le message était complet. Elle surprit son regard.

« L'oiseau matinal attrape toujours le ver, ricana-t-elle en levant le majeur à chaque main.

— L'essentiel, poursuivit Rummy sans prendre garde à cette interruption, c'est de les empêcher de nuire le plus tôt possible. »

La femme tressauta sur son matelas.

« C'est pour ça qu'elle est là, dit Isaac. Vous pouvez l'empêcher de faire du mal à qui que ce soit jusqu'à la fin de la crise.

— Exactement, dit Shona. On le suit depuis près de deux mois. On fait le ménage après lui. C'est sans doute à ce moment-là qu'il est arrivé aux États-Unis. »

Deux mois… Même date que pour la livraison. Isaac se maudit intérieurement. Son ego paranoïaque l'avait emporté sur la raison. Le Russe n'en avait jamais eu après lui. Pieds-de-chardon était son unique but, sa proie. *Pieds-de-chardon… C'est là qu'est Bellatine*. Il blêmit. *Inconsciente du danger. Sans défense.*

« Et pourquoi ce surnom ? Ombrelongue ? » demanda-t-il.

Les trois autres échangèrent un regard. Shona conclut d'un clin d'œil qui signifiait clairement non.

« J'avais voté pour le Laitier, dit Sparrow, désinvolte, mais j'étais en minorité. “*Laitier, laitier, prends mon bol, quand mon mec se barre, viens donc qu'on rigole*" », se mit-iel à chanter en balançant la tête en rythme.

Ce qui lui valut un regard écœuré de la part de Shona.

« Mais quoi ? C'est du bon vieux blues, chérie. "*J'ai le boulanger pour le pain, le boucher pour la bidoche, le mari pour l'oseille et le laitier pour*"… aïe ! »

Interruption causée par la projection d'un rouleau de corde contre la poitrine de Sparrow.

« Putain, rends-toi utile. »

Sparrow leva les yeux au ciel et se dirigea vers la femme endormie pour rattacher sa cheville au matelas, en fredonnant on ne sait quoi tout bas.

Ils ne voulaient donc pas qu'Isaac le sache. Très bien. Il mènerait son enquête plus tard – l'étrange surnom, et ce que voyaient les gens drogués par le Russe.

« Et vous savez pourquoi il fait ces trucs ? Il choisit ses victimes au hasard, ou quoi ?

— Au hasard, oui, de ce qu'on a vu, répondit Sparrow en fignolant son dernier nœud.

— Mais tu sais ce qui est marrant ? demanda Shona en se penchant sur Isaac, d'un ton qui n'avait pas l'air spécialement amusé. Ce qui est marrant, c'est que partout où il va, il n'oublie jamais de poser des questions sur cette fameuse maison. Ce qui me conduit à la conclusion suivante : le seul point commun, le seul élément qui ne relève pas du hasard… c'est toi. »

Elle était si près d'Isaac qu'il distinguait chacun de ses cils – rangée de minuscules poignards aux lames noires.

« Alors il se peut que tu aies une réponse à la question de savoir pourquoi, hein ? »

Les effluves médicinaux avaient redoublé, à donner le vertige. Camomille, lavande, mélisse, toujours, auxquelles s'ajoutaient la bergamote et la valériane... *Des plantes anxiolytiques*, comprit Isaac. *Ils doivent s'en servir pour garder les gens sous sédation. C'est un tranquillisant sur roues, ce bus.*

« Honnêtement, je n'en ai pas la moindre idée, répondit Isaac, le plus sincèrement du monde.

— Chou, soupira Shona, c'est la première fois depuis quinze jours que j'ai un tee-shirt propre. Je ne voudrais pas que ton sang vienne le saloper. »

Isaac faillit sourire, se ravisa au dernier moment. Cette femme commençait à lui plaire. Il était souvent en butte aux menaces ; elles étaient rarement aussi bien exprimées.

« C'est une maison vivante, comme toutes les autres. Du genre de celles que tu vas voir dans la cambrousse, en bord de route. T'as qu'à venir jeter un coup d'œil. Tu tournes tout de suite, tu continues sur sept cents, huit cents mètres. Tu prends à gauche sur Birch et à droite sur Redford. »

Le trajet lui laisserait le temps de réfléchir. D'élaborer un plan.

Shona hocha la tête – c'était un ordre. Sparrow se faufila au volant et démarra ; le bus répondit par une embardée. Les bocaux de plantes médicinales, les os, les étuis des instruments de musique s'entrechoquèrent ; l'habitacle résonna comme la gamelle pleine de pièces d'un mendiant.

Isaac pouvait-il leur faire confiance ? Il connaissait les manifestations physiques du mensonge : regards en coulisse, variations vocales, gestes trop expansifs.

Shona et ses acolytes n'en avaient exhibé aucun. Certes, Shona avait repéré le faux nom d'Isaac : si elle était elle-même en mesure de déceler l'insincérité, sans doute pouvait-elle en maîtriser les tics. Il fallait être idiot pour la croire honnête. Qui sait : la femme kidnappée n'avait peut-être aucun rapport avec le Russe. Isaac ne l'avait pas vue interagir directement avec l'inconnu. À ce qu'il en savait – bien peu au fond –, Shona pouvait fort bien être une prédatrice ; elle avait drogué la femme, en ferait autant avec Isaac.

Mais Sparrow et Rummy semblaient plus bonhommes que leur patronne. S'ils avaient menti, l'un ou l'autre, Isaac s'en serait rendu compte. Ils avaient parlé d'Ombrelongue avec sincérité. Peut-être n'étaient-ils pas dans le camp d'Isaac : mais ils ne pouvaient en aucun cas se trouver dans celui du Russe. Et Isaac l'avait compris au bar : à en juger par sa sinistre conversation avec « Lenny » et ses questions sur la maison à pattes de poulet, l'inconnu n'était certainement pas un ami des Yaga.

Alors : de quel côté ranger la bande de Shona ? Ils avaient passé deux mois à traquer l'autre, disaient-ils. Pour quelle raison ? Par altruisme ? Trois gamins dans un bus scolaire jouant les justiciers ? Non, il devait y avoir autre chose.

« Tourne par là. »

Un grand virage à gauche, et ils arrivèrent au bout de l'allée. Pieds-de-chardon surgit de l'obscurité. Elle entra dans le flot de lumière des phares comme une starlette qui monte sur scène. Sa patte colossale se souleva lentement vers eux, imitée bientôt par sa jumelle.

Shona inspira sèchement. Rummy se leva – et même Sparrow, au volant, fit mine de se redresser.

Isaac se passa une main dans les cheveux et rentra dans son pantalon le tee-shirt qu'avaient délogé ses geôliers.

« Eh bien, merci pour ce bon moment, mais l'heure du couvre-feu est passée. C'est gentil de m'avoir raccompagné. On remet ça un de ces jours.

— Bien tenté », dit Shona en lui bloquant l'accès à la porte du bus.

Elle n'avait pas quitté Pieds-de-chardon des yeux.

« Dis-moi pourquoi tu poursuis ce type », demanda Isaac.

Elle détourna le regard de la maison et dévisagea Isaac – comme au bar. Il n'y avait pourtant pas que de la colère dans ses yeux. Quelque chose brillait sous la méchanceté.

Une douleur.

« Pour que les monstres ne deviennent pas réalité. »

Réponse d'idéaliste. Isaac s'était dépouillé de ce type de prétention depuis des années. Les monstres ? Ils étaient déjà là. Impossible de les bannir.

« Je suis certain que tu as pensé au fait que cet Ombrelongue puisse devenir plus dangereux et plus puissant s'il met la main sur la maison. »

Aucune réponse du trio. L'affirmation était des plus claires.

« Donc, vous pensez que c'est une sorte d'arme pour lui. Auquel cas, la seule solution raisonnable est de me laisser partir. Pour que je puisse l'emmener le plus loin possible.

— Non, moi, ce que je pense, dit Shona, c'est

que la seule solution raisonnable est de la brûler. Entièrement.

— Mais pourquoi tant de grossièreté ? »

Isaac fit claquer sa langue.

« La grossièreté, on s'en fout. Ce dont on ne se fout pas, c'est des morts en plus. »

Un élancement douloureux traversa le crâne d'Isaac.

« Brûler la maison, bien sûr », murmura-t-il en haussant les épaules.

Il récupéra son briquet, logé dans la poche où il gardait son tabac, et le lança à Shona, assez vite pour qu'elle ne voie pas sa main trembler. Elle le rattrapa sans cesser de dévisager Isaac.

« Même si, bien sûr, c'est peut-être aussi le but recherché par ce fameux Ombrelongue. Il n'essaie peut-être pas d'en faire une arme. C'est peut-être un danger, pour lui. Il veut s'en débarrasser, qui sait. Et dans ce cas-là, il appréciera sûrement le coup de main. »

Isaac s'adossa à l'échelle des couchettes, coude posé sur le montant. Il se contraignit à la nonchalance. L'échelle absorbait ses tremblements.

Il vit du coin de l'œil Rummy s'accroupir près de la femme endormie. Isaac, en quelques petits changements, se mit à l'imiter : les épaules plus basses, les sourcils plus doux, les pommettes légèrement haussées. Le changement était subtil, imperceptible à l'œil nu, mais Shona inconsciemment le remarquerait. Le cerveau reconnaît les amis. Il fait la différence entre alliés et ennemis. Shona se fiait à Rummy. Isaac avait besoin qu'elle lui fasse également confiance. Encore quelques menus emprunts, et il serait en mesure de se faufiler dans cette partie de Shona où gisait sa confiance. C'est une réserve spéciale, sa meilleure bouteille, conservée sur le rayonnage poussiéreux de la cave du cœur.

« Soit il veut se servir de la maison, soit il veut la détruire. Dans les deux cas, c'est un risque pour vous, les gars, et pour votre combat. »

Le regard de Shona perdit une première et mince couche de colère. Ça marchait.

« Donc, on s'en sert comme d'un appât, dit Sparrow en levant une canne à pêche invisible.

— Ta téméraire cheffe était dans le même bar que lui ce soir, à deux mètres à peine, et elle ne l'a pas chopé, je te signale.

— Il y avait des passants innocents dans ce bar, dit Rummy. Nous ne voulons pas de victimes collatérales. »

Shona passa les pouces dans les montants de sa ceinture.

« On ne peut pas lui donner accès à la seule chose qu'il est venu chercher. Si c'est une arme, qui sait les dégâts qu'il va pouvoir commettre. Si c'est un danger pour lui, ça pourrait suffire à le foutre en l'air et à…

— Conclure l'affaire, conclut Rummy.

— Eh bien, comme j'ai dit, on s'en sert comme d'un appât, répéta Sparrow.

— Non, le contra Shona. Si c'est une arme, il ne faut pas qu'il s'approche de la maison. Et ça, il faut qu'on en soit sûrs et certains avant d'aller plus loin. »

Elle inspecta Isaac des pieds à la tête, comme un juge dans un concours canin.

« Ta maison, elle peut courir ? demanda-t-elle.

— C'est Jesse Owens.

— Et tu la contrôles ? »

Isaac hocha la tête.

Shona, la main sur le levier, ouvrit la porte du bus.

« Descends, ordonna-t-elle à Isaac.

— Hein ? protesta Sparrow, les bras en l'air. On fait bus-surprise party, maintenant ? Les gens entrent pour se donner du bon temps et descendent quand ils veulent ?

— Notre nouveau Pinocchio peut nous faire gagner du temps. C'est ce dont nous avons le plus besoin.

— Le surnom ne me plaît pas des masses, dit Isaac.

— La maison et toi, vous filez le plus loin possible. Nous, on retarde Ombrelongue. Hors de question de le laisser approcher de la baraque avant qu'on comprenne pourquoi c'est si important pour lui.

— Et on laisserait notre seule piste nous passer sous le nez ? protesta Sparrow.

— Oui, dit Shona. Pour le moment.

— Je vote Shona, acquiesça Rummy.

— Quelle surprise, rétorqua Sparrow, les yeux au ciel.

— Vous avez fini de laver votre linge sale en famille ? J'adorerais en finir avec l'épisode kidnapping. »

Shona poussa Isaac contre la paroi du bus. La peau du jeune homme se hérissa, ranimée, au contact de ces mains si chaudes sur sa poitrine.

« Ne va pas penser une seconde que tu t'es débarrassé de nous. Tu nous donnes un rab de temps. Un mois. Ou moins. Assez pour qu'on puisse se préparer. »

Elle glissa la main dans la poche du pantalon

d'Isaac, qui ne put s'empêcher d'avoir les joues en feu. Elle en sortit le téléphone du jeune homme, y composa son propre numéro et pressa sur le bouton Appel, meilleur moyen de récupérer celui d'Isaac, avant de rendre l'appareil à son propriétaire.

« Et quand nous nous recroiserons, je te conseille vivement de ne pas rester dans nos pattes. Sinon, je me chargerai personnellement de faire taire à jamais le joli petit cœur de menteur qui bat dans ta poitrine. »

Elle recula. La porte béait, tentatrice. Isaac n'avait aucune envie de la faire attendre. Il descendit les quelques marches et se retourna, une fois à terre.

« Quand nous nous recroiserons, n'oublie pas mon veston. Nettoyé et repassé, s'il te plaît. »

Il s'inclina. La porte se referma.

La lueur noire du bus bientôt fut avalée par la nuit, sous ses yeux. *C'est au revoir à jamais, vous trois*, se jura-t-il.

Dès qu'ils eurent disparu, il sortit de sa poche un petit flacon en plastique, aussi délicat qu'un échantillon d'eau de Cologne. Il dévissa le bouchon et en flaira le contenu. Foin qui brûle. Rouille. Et ce même fumet de putréfaction animale. Quand il l'avait prestement prélevée sur le contenu de la trousse argentée, il avait parié sur l'antidote sédatif, bien utile en cas de nouvelle fumigation. Visiblement, il avait mis la main sur le poison lui-même. C'était aussi bien. On a toujours besoin d'une gorgée de chaos sur soi.

Pour l'heure, il était temps de faire ce en quoi il excellait – fuir.

Chapitre 11

Bellatine était assise dans une bassine en fer-blanc, près du fourneau, les genoux contre le menton, le corps plongé dans une eau savonneuse. Elle avait déjà vidé trois bouilloires dans la bassine et les bouts de ses doigts étaient amphibiquement plissés. L'avantage d'un bon bain comme celui-ci, c'est qu'on n'a pas besoin de travailler, pendant ce temps. Les bains offrent une zone neutre. Si elle avait été habillée, debout et en mouvement, elle n'aurait eu aucune excuse pour ne pas reprendre son programme de rénovation. Il était loin d'être fini, et la tournée commençait dans moins de deux semaines. Mais dans la quiétude de la vapeur, une rangée de chandelles en forme de pivoine au-dessus de sa boîte à outils, couvercle baissé, elle s'accorda un peu de repos. Certes, trois heures dans le bain, c'est de la triche... Mais avec toutes les échardes qui s'extrayaient de ses ongles, elle songea qu'elle les avait méritées, ces trois heures.

Pieds-de-chardon rua et l'eau du bain vint éteindre les bougies avec un sifflement humide.

« C'est pas gentil, ça ! » protesta-t-elle.

Elle ne s'était pas encore habituée aux secousses et

aux coups de rein inattendus, conséquence du fait de vivre à l'intérieur de ce qui était avant tout un animal. Ça ne viendrait peut-être jamais, d'ailleurs. Elle songeait parfois que c'était peut-être la même chose que de vivre en mer, à la merci d'une vague trop enthousiaste.

« Raiponce, Raiponce », psalmodia une voix venue d'en bas.

Isaac. Elle avait bien envie de le laisser gémir au pied de la maison. Pourquoi devait-elle sans cesse s'occuper de lui, trimer pour lui, répondre sans tarder à sa moindre demande comme un épagneul qui court après tous les bâtons ?

« Raiponce, Raiponce », répéta-t-il. La maison sautillait d'une patte sur l'autre, mal à son aise. L'eau du bain s'était presque entièrement déversée sur le plancher. Bellatine soupira, quittant à regret la chaleur réconfortante de la bassine, et se sécha les cheveux. Puis elle enfila un tee-shirt extra-large et sa salopette. Le contact du jean sur sa peau mouillée lui fit serrer les lèvres.

L'une des premières améliorations qu'elle avait apportées à la maison consistait en une échelle en câble d'acier, dénichée chez un spécialiste de pièces détachées pour hélicoptère et fixée au balcon de la façade avant. Bellatine la fit descendre à l'aide d'une manivelle et la regarda se déployer dans l'obscurité. Presque aussitôt, la structure se raidit : son frère avait posé le pied sur le premier montant. Il se hissa jusqu'à la rambarde et se laissa tomber sur la véranda-scène. La petite chatte émergea du col de son tee-shirt comme un lapin du haut-de-forme du magicien et se précipita dans la maison.

« N'oublie pas que le prince de Raiponce finit aveugle dans un buisson d'églantines », dit Bellatine en remontant l'échelle.

Au lieu de lui répondre, Isaac se percha sur la rambarde, les jambes ballantes, et se roula lentement une cigarette avec du tabac American Spirit, paquet bleu. Il pantelait, comme s'il avait couru. Ses mains tremblaient. Il ajouta une pincée de lavande au tabac. Sans doute n'avait-il rien mangé ce jour-là, se contentant de fumer à la chaîne tout en se morfondant. Il y a des hommes qui sont incapables de prendre soin d'eux-mêmes ; il leur faut toujours une femme pour les aider. Syndrome de Peter Pan, recherche de la mère nourricière. Eh bien, Bellatine n'était pas la mère de ces types-là. Et même si elle l'avait été, Mira, elle, n'avait jamais rempli ce rôle. Qu'il continue à trembler.

Une fois qu'il eut repris son souffle, Isaac fuma en silence, regardant droit devant lui, vers le ciel.

« Belette, finit-il par dire, après que la moitié de la cigarette se fut transformée en fumée. Demain, on part dès l'aube. On a une représentation à Brattleboro le 28. Je leur ai promis qu'on venait.

— Le 28 ? Le 28 de ce mois ? C'est dans deux jours.

— Quel sens de la déduction, Nancy Drew. Le 28 octobre du calendrier julien, saison du scorpion : c'est dans ce laps de temps que le voile entre les mondes est le plus ténu. Et c'est dans deux jours. »

Bien sûr. Comme d'habitude, les désirs d'Isaac étaient des ordres. Il n'y avait jamais de questions avec lui. Uniquement des proclamations. Et soit on avançait avec lui, soit on restait sur le bord du chemin.

Bellatine était son otage. Il n'y avait pas d'autre

terme pour décrire sa situation. Si elle ne se pliait pas au moindre de ses caprices, il n'honorerait jamais sa part du contrat. Encore fallait-il qu'elle survive à une saison en tournée avec lui…

Au bout d'un long moment, il lança le mégot par-dessus la balustrade. Elle regarda la petite lueur rouge s'abîmer comme une étoile filante et disparaître sur le sol obscur.

« Prends tout ce dont tu as besoin, dit Isaac. On part cette nuit. »

*

« C'est un spectacle, un miracle, une monstruosité ! Quel que soit le nom que vous lui donnez, le Théâtre Ambulant de Pieds-de-chardon est là pour vous enchanter ! Est là pour vous épater ! Vous ne le savez pas encore, mais ce soir, votre vie va changer. Croyez-vous en la magie ? Non ? Eh bien, avec votre permission, nous vous ferons changer d'avis. »

Isaac s'était juché sur un banc, dans le parc, et hurlait comme un prêcheur baptiste pendant que Bellatine distribuait des tracts rédigés à la main et photocopiés le matin même à la bibliothèque.

« Qu'est-ce que c'est que ça ? »

Un homme âgé, casquette verte, lunettes à monture métallique, s'empara d'un tract et le tint à bout de bras pour mieux le déchiffrer.

Isaac se pencha vers lui, par-dessus Bellatine.

« Eh oui, monsieur ! Venez ce soir ; on vous annoncera votre mort prochaine ! »

Bellatine toussa.

« C'est un spectacle de marionnettes, monsieur ; nous présentons un spectacle de marionnettes. C'est absolument sans rapport avec la mort de qui que ce soit », s'interposa-t-elle en lançant un regard assassin à son frère.

L'homme à lunettes s'écarta d'un pas lent, déconcerté.

« Je nourris le mythe, dit Isaac.

— Avec de la merde. Et personne ne viendra s'ils ont la moindre idée de ce qu'on va leur montrer.

— C'est de la curiosité, Belette. Pas de l'espérance. »

Au carrefour, quelques mètres plus loin, un squelette pendait au mât du feu rouge. À trois jours d'Halloween, Brattleboro, Vermont, s'était paré de splendeurs macabres : congrégations de fantômes en polyester, main dans la main, fausses toiles d'araignée, pendant comme des lustres de gaze aux chênes nus, citrouilles en tas devant les perrons des boutiques. Bellatine avait toujours détesté ces festivités. Trop criardes, trop désinvoltes. Les morbides cercueils et les têtes de mort en plastique, les folies funéraires pour tous les âges. Chosifier ainsi la mort, c'était de mauvais goût. Un manque de respect pour ceux qui avaient connu la mort ou qui la croiseraient un jour – c'est-à-dire tout un chacun.

Isaac, cependant, ne déparait pas dans cette collection d'effroyables décorations. Spectre automnal en costume de croque-mort chic, cheveux et pantalon noirs, et ce corps osseux et pâle. Bras levé, le verbe continu et prosélyte, il ressemblait à une araignée qui tisse une toile invisible.

« Venez comme vous êtes ou comme vous n'êtes pas ! Venez le cœur avide, venez avec le goût de l'impossible, emmenez vos ex pour leur montrer ce à quoi l'amour ressemble vraiment. Eh oui, eh oui, Parques et furies, Pieds-de-chardon vous attend au carrefour du démon. Vendez votre âme pour une nuit de merveilles. Cette nuit, et cette nuit seulement, la porte de l'Autre monde vous est ouverte. N'allez-vous pas franchir le seuil ? »

Une femme, châle en tricot sur les épaules, prit un prospectus. Et un beau jeune père à vélo, qui portait son bébé sur le dos. Puis une bande d'ados en tops à paillettes. Bellatine devait bien le reconnaître, ça avait l'air de marcher, cette technique de crieur de rue carnavalesque. Elle aussi s'était laissé emporter, ou submerger, au début, comme bercée par le courant d'un fleuve. Mais chaque fois qu'il frôlait le surnaturel, elle se rétractait dans son enveloppe charnelle. Dans la bouche d'Isaac, la chose était désirable, inoffensive. Bellatine savait qu'il n'en était rien.

Pieds-de-chardon avait transbahuté les enfants Yaga sur plus de deux cents kilomètres, plein sud. Cette distance désormais séparait Bellatine de la vie tranquille, équilibrée, qu'elle s'était faite dans le Royaume du Nord-Est. Elle n'avait même pas eu la possibilité de remercier comme elle l'aurait voulu Joseph de la générosité qu'il lui avait démontrée depuis un an, de serrer Carrie et Aiden dans ses bras ; elle avait dû se contenter d'un SMS d'excuses et d'une promesse d'envoi de cartes postales. Et ces deux cents kilomètres n'étaient qu'une petite partie de ce qui la séparerait bientôt de son existence passée, corde tendue comme celle du funambule. Pendant combien de temps encore pourrait-elle la pincer, en harpiste, et l'entendre lui fredonner les doux sons du foyer ? Et quand le temps serait venu, pourrait-elle encore s'y risquer sur la pointe des pieds et revenir vers le passé ? Ou la tension deviendrait-elle si forte que la corde céderait ?

Bellatine déposa le dernier tract dans la main d'un passant. Lorsqu'ils revinrent à la maison, l'air se chargeait de l'odeur de l'hiver imminent.

« Qu'est-ce qui est arrivé à ce veston minable que tu portais hier ? demanda Bellatine tandis que son frère soufflait un peu d'air chaud dans ses mains jointes.

— Je l'ai donné à un petit garçon qui voulait aller voir un film interdit aux moins de douze ans, répondit-il en inclinant pieusement la tête.

— Je connais l'histoire, mais c'est avec un imperméable et deux petits garçons.

— L'imperméable, c'est plutôt pour les couples. Ce môme est un cinéphile solitaire. Il voulait seulement être à son avantage. D'ailleurs… »

Il parcourut les vitrines de la Grand-rue du regard et se figea devant l'une d'entre elles, à l'offre éblouissante.

« Victoire !

— Où est-ce que… »

Isaac avait déjà filé de l'autre côté de la rue, dans une boutique de fringues vintage. Il en sortit quelques minutes plus tard, redingote de soirée sur les épaules. Impeccable. Bien trop grande. Il avait remonté les manches immenses sur ses coudes osseux.

« Alors ? »

Il virevolta. Les pans de la redingote dansèrent.

« Tu leur as filé du pognon pour ça ? »

Isaac releva son col, pour se protéger du vent.

« Je rembourse toujours mes dettes.

— Quatre-vingt-deux dollars ? dit-elle en arrachant l'étiquette.

— Oh, simple suggestion de leur part, répondit Isaac, désinvolte. J'ai payé le juste prix. »

Bellatine leva les yeux au ciel, parka Carhartt sous le bras – elle ne l'avait pas enfilée, en dépit du froid. Parfait. Si tu restes à la bonne température, la première représentation ne sera peut-être pas un complet désastre.

Li Fen, leur hôte, les attendait au tournant.

« Oh, sidéral ! J'étais justement partie à votre recherche ! »

En dépit de son âge – elle avait bien soixante-cinq ans –, elle les rejoignit d'un bond gracieux, comme montée sur ressorts. Pieds nus, elle portait une blouse de peintre tachée de bleu sur une robe sans manches, à motifs floraux ; ses cheveux raides étaient retenus derrière ses oreilles par des barrettes en forme de caniche. Elle avait sans doute encore plus froid que Bellatine mais ne le montrait pas.

« Oh, mes chéris ! La dernière fois que je t'ai vu, Isaac, tu avais à peine un an. C'est incroyable ! »

Elle prit Bellatine par le bras comme si cette dernière avait été une amie de toujours qu'elle embarquait dans une soirée pyjama.

« Et toi, Bellatine, la dernière fois que je t'ai vue, eh bien, c'était avant ta naissance – et tu m'es apparue dans un rêve ! J'ai appelé ta mère, je lui ai dit : Mira, j'ai rencontré ta fille la nuit dernière. Et ta maman, elle m'a répondu : Je n'ai pas de fille, et moi, je lui ai dit : Ça va venir. »

Bellatine sourit. Elle avait entendu ses parents raconter leurs représentations dans le théâtre de Li Fen, à Beijing– Li Fen y avait animé un programme d'échanges avec les pays de langue anglaise pendant des dizaines d'années, avant de prendre sa retraite dans le Vermont. Si la lumière des lucioles pouvait être mise en bouteille et transformée en être humain, ça donnerait Fen, avait dit Mira, un jour. Et l'image prenait tout son sens quand on avait Li Fen sous les yeux.

« Suivez-moi, pépia-t-elle. Je vais vous montrer où vous pouvez vous installer. »

Ils remontèrent une rue bordée de pavillons. Juchées sur les perrons, des dizaines de citrouilles évidées leur lançaient des clins d'œil.

« Vous savez, quand Isaac m'a appelée ce matin et qu'il m'a expliqué que vous arriviez en avance, qu'est-ce que j'étais excitée ! Je sais que vous n'étiez pas censés vous produire avant fin novembre, mais franchement, le plus tôt sera le mieux ! Qui sait ce qui peut arriver dans ce bas monde quand on attend trop longtemps, hein ? Si ça se trouve, la semaine prochaine, on sera morts. Écrasés par un camion. »

Elle gloussa.

« Bon, pas tous, ça serait quand même une étrange coïncidence, mais qui sait, ça reste possible. Vous savez le nombre de gens qui meurent tous les ans à cause des chutes de gargouilles ? Vous passez le long d'une cathédrale et la minute d'après, couic.

— C'est tellement gentil de nous avoir trouvé un endroit où nous installer, dit Isaac.

— Ce matin ? »

Bellatine se retourna vers son frère en entraînant Fen dans le mouvement. La malheureuse poussa un petit cri.

« Tu ne m'avais pas dit hier que nous étions attendus ici, et que c'était la raison pour laquelle il fallait partir très tôt ?

— Fen, ne dirais-tu pas que nous étions en effet attendus ? s'enquit poliment Isaac.

— Mon horoscope me disait, "Attendez-vous à une surprise", hier, d'une part…

— Tu vois, Belette, on était attendus.

— … et d'autre part, qu'il fallait que je mange plus de légumes marinés. C'est ce que je devrais faire. Ah ! C'est là. »

Elle les avait conduits jusqu'à un terrain vague derrière Birge Street, que dominait une rangée de bâtiments industriels aux murs gris.

« C'est l'ancienne fabrique d'orgues Estey, expliqua Fen. À la fin du XIXe siècle, ils produisaient des harmoniums et des mélodéons. Les locaux sont vides depuis les années 1950. »

On aurait dit un couloir bordé d'immenses pierres tombales gainées d'ardoises, tout droit sorti d'un roman de Dickens. C'était pour son immense parking que Li Fen l'avait choisi : grand comme un terrain de foot américain, à l'écart de la rue, il pouvait accueillir sans mal Pieds-de-chardon et tout un auditoire.

« Et vous voulez voir quelque chose qui n'est vraiment pas banal ? »

Li Fen remonta d'un pas vif les quelques marches basses qui conduisaient à l'un des bâtiments, traînant toujours Bellatine derrière elle.

« Attention aux bouts de verre. Il faut que je nettoie tout ça, un de ces jours. »

Ce fut tout juste cependant si Fen baissa la tête tout en passant d'un pas dansant, pieds nus, sur les tessons, vestiges d'une bouteille de vin. Elle glissa une clef de laiton dans un verrou à bouton ; la porte s'ouvrit avec un cliquètement et elle conduisit ses jeunes invités dans une vaste salle, avant d'appuyer sur l'interrupteur.

« Roulement de tambour ! Sidéral, non ?

— Sidéral », confirma Bellatine.

La pièce était remplie d'orgues. Des orgues à tuyaux dont les colonnes d'or s'élevaient dans les hauteurs. Des harmoniums en acajou, trapus, incrustés de nacre. Des orgues de grand salon aux couvercles ornementés et des orgues électro-pneumatiques dans leurs étuis cossus. Le bois luisait, couleur d'œillet d'Inde, dans la lumière électrique. Une telle débauche de sculptures délicates, d'angles précis, dont les conjonctions formaient des merveilles de géométrie. Bellatine n'avait qu'une envie, les étudier centimètre par centimètre, pour voir comment les instruments étaient assemblés.

C'était ce qu'elle aimait tant avec le travail du bois. En comprenant suffisamment le monde, les matériaux, les outils, les mouvements de son propre et habile corps, on pouvait transformer un arbre en… en cela. Une grotte débordant de machines parfaites.

Résonna à sa droite le lourd sifflement d'une respiration – ce n'était pas un animal fabuleux, mais Isaac maniant les soufflets d'un gros orgue à tuyaux, à l'élocution asthmatique. De sa main gauche, il pressait sur les touches. L'entrepôt fut submergé soudain par le fracas – cent fiancées de guerre se lamentant à l'unisson.

« Bienvenue au musée, hurla Fen, pour se faire entendre. Je suis bénévole ici. Je balaie un peu, je fais visiter, ce genre de trucs. Ce n'est qu'une petite partie de la collection Estey, mais c'est déjà assez chic, non ? Ça n'est ouvert que les week-ends, on ne sera pas embêtés par les touristes aujourd'hui.

— C'est génial, murmura Bellatine.

— Hein ?

— Je dis, c'est génial ! »

Isaac martela les premières notes de « Greensleeves » sans prendre garde aux deux autres.

« Hein ? Quoi ?

— Sidéral, hurla Bellatine en retour.

— Ah ! Oh mais complètement ! »

Une heure plus tard, ils avaient installé Pieds-de-chardon dans le parking des usines Estey et commencé à préparer la scène pour la représentation. Même si Li Fen avait fermé à clef la porte du musée, pour la nuit, Bellatine avait l'impression d'entendre encore les hurlements des orgues dans les airs. Spectraux.

*

« Accessoires est sur le pont ? demanda Isaac.

— Accessoires est sur le pont », confirma Bellatine.

Elle sortit de Pieds-de-chardon toute de blanc vêtue. Plus de salopette en jean : elle portait un pantalon de lin blanc et un chemisier aussi pâle que la lueur des étoiles, fermé dans le dos par des boutons d'albâtre. Manœuvre, en général, portait du noir, ce qui lui permettait de se fondre dans les ombres du théâtre, donnant à penser que les marionnettes se mouvaient de leur propre chef. Mais les représentations à bord de Pieds-de-chardon exigeaient une stratégie différente. Son bob châtain dissimulé sous un fichu blanc, des tennis d'un blanc immaculé aux pieds, Bellatine ne se détachait pratiquement pas du mur chaulé de sa maison. Seule couleur sur elle : une écharpe bleu vif, qui lui barrait le torse. Elle avait regardé sa mère teindre cette même soie plus de quinze ans plus tôt. C'était sans doute l'un de ses premiers souvenirs : la cuve d'indigo et de carbonate de soude, l'odeur de soufre qui s'en dégageait, bouillonnante, tandis que sa mère remuait la teinture avec un long bâton.

« Mais Accessoires n'est pas censé être invisible ? avait-elle alors demandé à Mira.

— Si. »

Réponse laconique.

« Alors pourquoi tu colories tes vêtements ?

— Parce que.

— Parce que quoi ?

— Parce qu'en général, avait cédé Mira, les spectateurs ne devraient pas voir ce qui se passe derrière la scène. La magie, c'est comme ça qu'on la crée. Mais avec *L'Idiot qui se noie*, on fait une petite entorse. On montre le filet d'eau, bien avant que la rivière ne joue son rôle dans l'histoire. Tu sais ce que ça veut dire, "prémonition" ? »

Bellatine avoua son ignorance.

« Ça veut dire qu'avant même que la rivière ne s'empare de l'Idiot, elle est déjà là. »

Mira avait retiré le bâton de la cuve, bleui par son séjour.

« L'Idiot ne peut y échapper et les spectateurs non plus. Parce que l'action est en cours. C'est ce qu'on appelle le destin. Et la couleur va le leur rappeler. Maintenant, ne m'embête plus. C'est un travail de précision. Donc pas pour les enfants. »

À présent, rajustant l'écharpe maternelle, Bellatine sentait son destin la rattraper.

Le costume d'Isaac ressemblait à sa mise ordinaire – sa redingote noire se détachait sur le mur avec la violence d'une souillure. Dans la tradition des marionnettes Yaga, Manœuvre était visible en permanence ; c'était un personnage de la pièce qui discutait ou se disputait avec les marionnettes, tentant de les pousser vers des choix plus avantageux, conseils qu'ils finissaient toujours par ignorer. Isaac disposa les marionnettes et les accessoires sur scène aux places qui leur revenaient, tandis que Bellatine relisait pour la dernière fois le plan lumière. Ils avaient scotché sur le balcon-scène des dizaines de X en ruban adhésif. Le placement était crucial. En décalant tel ou tel objet de quelques centimètres, on pouvait induire Manœuvre en erreur, lui faire étreindre le vide au lieu d'une marionnette, rater une réplique, altérer le rythme de la représentation.

Une moto fit rugir son moteur à quelques pâtés de maisons ; Pieds-de-chardon sursauta, ce qui déplaça les accessoires. Alors qu'Isaac venait d'y mettre bon ordre, la maison tapa des pieds et le chaos revint.

« Tu sais de quoi j'ai envie, là, à la minute ? D'un bon gros seau de nuggets de poulets. Qu'est-ce que t'en penses, Belette ? Miam-miam, non ?

— Ne la provoque pas.

— Elle ne comprend rien. Pas vrai, Poulette Boulette ? »

La maison s'accroupit, comme si elle boudait.

À vrai dire, Bellatine pensait que la maison comprenait bien plus de choses qu'elle et Isaac ne voulaient bien le reconnaître. Elle ne saisissait peut-être pas ce qu'ils disaient, sauf s'il s'agissait d'ordres en yiddish – mais d'autres choses, oui. C'était peut-être de la projection, bien sûr, mais quand Bellatine se sentait inquiète, quand l'Embrasement approchait, la maison adoptait un comportement irréprochable. *Quand je ne vais pas bien, elle s'en rend compte*, se disait-elle. La maison savait aussi quand distiller le chaos.

Concernant Pieds-de-chardon, tant de choses leur restaient obscures ! Qu'avait-elle vécu ? Quels souvenirs avait-elle gardés de sa vie d'avant ? Elle avait de la mémoire, Bellatine en était certaine : au cours des répétitions, elle s'était peu à peu calée sur le déroulement de la représentation. Avant que l'Idiot et le Renard ne se mettent à jouer aux cartes, elle se penchait légèrement sur ses hanches emplumées, pour que les spectateurs puissent suivre la partie. Quand le Maire prononçait son discours d'une estrade située à droite de la scène, elle se tournait légèrement sur la gauche. Et quand la pièce approchait de sa fin, elle s'agenouillait pour que la brise se faufile sous la rivière de tulle et lui prête ses ondulations. Ou rendait-elle hommage à l'Idiot défunt et cette posture était-elle un salut, comme le chapeau que l'on ôte devant le mort à la veillée ?

La chose était indéniable : Pieds-de-chardon apprenait. Et si elle apprenait, c'est donc qu'elle se souvenait.

En nouant une corde aux barreaux du balcon, Bellatine jeta un coup d'œil au parking. Une petite foule s'était regroupée devant la maison, bouche bée, yeux écarquillés. Elle faillit se retourner vers Isaac et lui annoncer qu'ils n'avaient pas choisi le bon endroit, que d'autres gens s'y étaient installés. Puis elle reconnut la femme au châle. Le père sur son vélo. En plissant des yeux, elle vit que la moitié des spectateurs avaient en main un de leurs tracts jaunes. Non, ces gens n'étaient pas venus faire un barbecue derrière l'usine, ni une partie de frisbee, ni une rencontre des Laitiers d'Amérique. Ils étaient venus voir le spectacle. Ces gens étaient des spectateurs. Leurs spectateurs. Pour de vrai. C'était là, maintenant, ça commençait.

Les sept marionnettes scintillaient aux confins de son champ de vision, chacune délicatement affalée à la place qui lui revenait sur scène. Les mains de Bellatine se mirent à bourdonner, comme pour dire : *Ça vient, ça vient, ça ne va plus tarder*.

« Bienvenue, mes splendides chéris, vous les voleurs, vous les amoureux. Le plus beau spectacle qu'on puisse vous offrir au nord de la ligne Mason-Dixon va commencer… »

Et si les mains de Bellatine avaient voulu la prévenir d'un quelconque danger, il était trop tard à présent.

Chapitre 12

Deux fois par semaine, Baba Yaga va au marché vendre des œufs. Les gens les adorent, ces œufs, parce qu'ils contiennent non pas du jaune et du blanc, mais de petits objets qu'ils croyaient avoir perdus. Dans certains œufs, ce sont des lettres qui ne sont jamais arrivées à destination. Dans d'autres, des bijoux en argent. Dans d'autres encore quelques kopecks. Des femmes rendent visite à Baba Yaga lorsqu'elles craignent que les regards de leurs maris ne se soient égarés ; elles cassent les œufs dans le noir pour y trouver les yeux de leurs époux – ou pire – bien emballés et renvoyés à leurs destinataires. On entend les hommes hurler à des verstes à la ronde. Si vous cherchez quelque chose et que vous ne le trouvez ni sous le matelas, ni dans le jardin, ni dans la carriole, vous pouvez parier à coup certain sur les œufs de Baba Yaga. Parfois, quand vous lui en achetez un, vous trouvez en l'ouvrant un petit chien mort, grouillant d'asticots. Mais la plupart du temps, le jeu en vaut la chandelle.

Les œufs, bien sûr, c'est moi qui les ponds. Ils sont gros comme des œufs d'autruche ; leur coque est aussi tachetée, aussi luisante que le crâne chauve de

Reb Berish Yoneih, le boulanger. Et comment je les ponds, ces œufs ? Quelle question répugnante. Je ne répondrai pas, ce serait attenter à ma pudeur. Tout ce que je peux dire, c'est que Baba Yaga sait qu'elle doit fermer à clef les portes de l'armoire de ma chambre de l'aube à midi. Après quoi, selon toute probabilité, un œuf l'attendra dans l'armoire. C'est vrai tous les jours, sauf le shabbat, car même si je suis de bois et de pierre, je ne travaillerai jamais en ce jour sacré.

Comme dans tous les shtetls, le cœur du village, c'est le marché. Tout ce dont vous avez besoin, vous allez le trouver. Des petites *tchotchkes* en bois, du poisson fumé, des châles à motifs floraux qui viennent de Kyiv, des tas de fruits frais ou secs, des charrettes remplies de bon lait dans des bidons en aluminium. Il y a des tiroirs entiers de boutons, des céréales dans des sacs de jute, des tables pliantes recouvertes de boîtes à tabac bariolées. Parfois de riches marchands viennent de la ville dans des voitures munies de pneus en caoutchouc ; leurs coffres regorgent de soies teintes, de bagues en argent, fines comme le givre. Au centre du marché se trouve un puits d'eau fraîche et limpide ; les étals s'installent tout autour : comme les ondulations à la surface d'un lac, quand vous lancez un caillou. À gauche de la charrette de Baba Yaga : un forgeron que les voisins appellent Taureau. Il est si fort qu'il peut fabriquer une lame d'un seul coup de son marteau. À sa droite : le marchand de vin, ses tonneaux juchés les uns sur les autres en tours immenses et fragiles, source plus généreuse que celle du puits au milieu de la place. Et tout autour, ça bavarde, ça marchande et ça rit.

De nombreuses histoires ont été narrées au sujet de ce marché, par de nombreux conteurs, y compris moi. Comme n'importe quel village, Gedenkrovka contient cent mille histoires soigneusement pliées. Cent mille joies et chagrins. Mariages, naissances et morts. Mais qui suis-je pour m'en soucier ? Une maison, simplement, et les maisons ne s'occupent que de leurs habitants. C'est l'histoire de Baba Yaga qui m'intéresse, et je vous suggère de faire preuve de concentration, vous aussi. Trop d'histoires – ça va vous accabler. Vous pourriez ne pas le supporter.

Un jour de marché, Baba Yaga embrasse ses filles avant de sortir, glisse trois œufs dans son panier et s'en va au village. Elle déplie sa table, elle la recouvre d'un tissu bleu et y pose les trois œufs, marron avec des taches. Puis elle attend.

Arrive tout d'abord Bilha, la femme du tavernier, qui traîne par le coude son plus jeune fils, Anschel.

« Il a perdu ses lunettes, gémit Bilha, et le voilà myope comme une taupe.

— Mais j'ai regardé partout, dit Anschel. C'est Josef qui les a volées, j'en suis sûr. Il n'arrête pas de dire que mes lunettes sont magnifiques. Tu l'as sûrement entendu.

— Regardé ! s'écrie Bilha. Il a dit, "J'ai regardé partout". Mais comment il a regardé s'il ne voit plus rien, hein ? »

Baba Yaga est bien contente que ses filles ne soient pas des idiotes, comme le petit dernier de Bilha. Elle lui tend un œuf. Il le casse. Dans l'œuf : des lunettes à monture en fer.

« *Oy vey !* gémit Bilha en filant une taloche à son

gamin. Personne ne t'avait rien volé ! Tu les avais perdues. Et maintenant, il faut que je paie ! »

Elle plonge la main dans la poche de son tablier.

« Combien pour l'œuf, Baba Yaga ?

— Pas d'argent, répond Baba Yaga.

— *Shmegegge*, proteste Bilha. Tu me prends pour une *schnorrer* ? Je ne mendie pas, moi. Tu me déshonores !

— Non, pas d'argent, mais la prochaine fois que la chatte de ta grange mettra bas, donne-moi les deux derniers-nés. »

Baba Yaga a bien envie d'offrir à Illa une nouvelle paire de pantoufles en peau de chat.

Pour le deuxième œuf survient Reb Leiser, le boucher. Leiser a un défaut : quand il joue, il gage toujours ses quatre dents en or. Que des molaires : sans elles, impossible de mâcher quoi que ce soit. Il étale sur la table de Baba Yaga une épaisse tranche de bœuf. C'est le prix de l'œuf. Il y retrouve ses quatre dents en or et pousse un soupir de soulagement.

Deux soldats passent sous le portail du marché.

Dites-moi, combien d'histoires ont-elles été interrompues par l'arrivée d'un ou plusieurs soldats ? Des centaines ? Des milliers ? Rien que moi, j'en ai déjà vécu un certain nombre. Une maison vit plus longtemps qu'un homme. Elle voit passer une guerre, puis la suivante, puis la troisième. Les champs de bataille explosent aux alentours et puis le calme revient. Les entrailles engraissent le blé, les pommiers, les rangées de tulipes charnues. Au bout d'un moment, il n'est plus si facile de distinguer les souvenirs des armées de chaque guerre. Leurs uniformes, ils étaient rouges, verts ou noirs ? Les blasons, sur le bras gauche ou le bras droit ? Dans quel dialecte parlaient-ils le langage de la mort ? Ça me fatigue. Je laisse couler l'encre qui sépare les chagrins. Quand je vous donne le nom de l'armée de ces soldats, ou celui de cette guerre, je veux que vous compreniez une chose : ça n'a aucune importance. Ça n'a jamais eu aucune importance. Un soldat est un soldat.

Et pourtant, vous posez la question ; et donc, je vous réponds : ces soldats-là sont les hommes de Dénikine, ils appartiennent à l'Armée blanche impériale. Dans les grandes villes autour de Gedenkrovka, la Russie est plongée dans la guerre civile. Les bolchéviques de Lénine cherchent à prendre le pouvoir. L'Armée blanche s'y oppose. Depuis des mois, des avertissements ont perlé aux lèvres des Blancs : *Méfiez-vous*, disent-ils. *Trotsky est juif, même s'il le cache. Les francs-maçons ? Des juifs, de même, qui complotent contre l'État. Les bolcheviques, tous des juifs eux aussi, les yeux rouges, et des cornes qui poussent sous leurs cheveux.* Mensonges que tout cela ? Oui, bien sûr. Mais qu'est-ce qu'un mensonge si ce n'est une histoire ? Et… Ah, la puissance d'une histoire lorsqu'elle est murmurée à l'oreille d'un homme armé !

En passant devant l'étal de Reb Berish le boulanger, l'un des soldats, grand, les oreilles asymétriques, s'empare d'un pain challah et en arrache un morceau avec les dents. Il n'accorde pas un regard à Reb Berish. Il ne paie pas le pain.

Devant l'échoppe de Taureau, le second soldat se penche sur une hache en fer. Il a l'air si jeune qu'il pourrait encore dormir dans le lit de sa mère.

« C’est toi qui l’as fabriquée ? » demande-t-il au forgeron.

Taureau hoche la tête.

« Les armes, ce n’est pas pour les Juifs, dit le soldat. Tu les vends à qui ?

— C’est pour couper du bois, répond Taureau, et sa voix de basse hésite. Pour se chauffer. C’est aussi pour couper le cou aux poulets.

— Il faut savoir, dit le soldat en soulevant la hachette, qu’il fait tourner dans sa main comme un hochet. D’abord, tu me parles de bois, après, tu me parles de poulets. D’ici à ce que tu m’expliques que c’est pour nous casser la tête, y a pas loin. Hein, le Juif ?

— N-non, bégaie Taureau. Ça, jamais.

— Mais je plaisante, le forgeron, s’esclaffe le soldat. Tu sais ce que c’est, une blague ? »

Et quand il s’écarte du stand, il ne rend pas la hachette.

Baba Yaga fourre le troisième œuf dans son tablier, sans que personne la voie. Son regard croise celui du veuf Haim, le tailleur de pierre, qui se trouve à l’autre bout du marché. C’est à lui qu’elle aurait offert le troisième œuf. Ils savent tous les deux que ce n’est plus possible. Haim hoche la tête et se fond dans la foule.

« Et toi, qu’est-ce que tu vends ? demande le grand soldat à Baba Yaga. Y a rien sur ta table.

— Je peux te dire quel sera le jour de ta mort, répond-elle. Mais il faut me payer.

— Espèce de vieille folle », ricane le jeune soldat.

Il remonte son fusil sur l’épaule. Les munitions leur gonflent le havresac. Les baïonnettes saillent comme des érections rageuses, prêtes à jaillir des canons. Ils sont tellement excités par leur pouvoir, ces types-là. Le grand soldat rajuste sa ceinture, un peu plus haut sur le ventre, et c'est comme s'il tordait le cou à une oie. Baba Yaga sent l'œuf s'alourdir dans la poche de son tablier.

Un troisième soldat les rejoint. Il se nomme Andrei. Baba Yaga lui a déjà vendu des œufs : il cherchait une broche que sa mère avait portée autrefois pour l'offrir à son père. Il est plus trapu que les deux autres ; ses sourcils bas se pelotonnent au-dessus d'un nez épaté. Il tapote l'épaule du jeune soldat.

« Viens boire un coup avec moi, Ivan », propose-t-il, tout sourire.

Quand ils repartent, Andrei se retourne vers Baba Yaga et lui adresse un signe de la tête.

« Les copains, faut les excuser, murmure-t-il. Ils pensent pas à mal. »

Puis il pose deux kopecks sur la table.

« Pour te dédommager. »

Lorsque Baba Yaga rentre chez elle, ses filles dorment. Sans les réveiller, elle soulève une latte du parquet de sa chambre et casse l'œuf au-dessus du trou. Il tombe de la coquille pâlie par la poudre cinq, dix, quinze, vingt balles de plomb. Elle remet la latte à sa place.

La petite Malka se met à pleurer. Baba Yaga s'assied à côté d'elle.

Chapitre 13

Bellatine, Isaac et Li Fen partagèrent un pique-nique à même le plancher de la fabrique d'orgues. Ils y étalèrent une toile de protection sur laquelle ils disposèrent des montagnes de charcuterie et de brie et un sac de pommes de deux kilos cinq, qui provenaient d'un verger tout proche. La moitié de la recette de la première représentation avait servi à financer ce festin ; le reste avait été mis de côté dans un Tupperware rouge.

La première s'était magnifiquement passée. Comme une lettre à la poste. Une lettre recommandée, ou peu recommandable. De celle qui vous donne des sueurs froides avant que vous n'alliez la chercher au guichet.

« Bon boulot, Belette », articula Isaac en plantant son canif dans une tranche de saucisse fermentée, qu'il lui tendit.

C'est quoi, ça ? Un nonosse que tu donnes au chien parce qu'il a été obéissant ? voulut-elle lui répondre. Au lieu de quoi :

« Merci. Toi aussi, tu as assuré. »

Elle laissa l'offrande flotter dans les airs, préférant se couper sa propre tranche. Il haussa les épaules et lança le petit bout à Enjoliveuse qui le perça de ses crocs blancs avant de disparaître dans le labyrinthe des orgues à tuyaux.

L'irritation qu'avait provoquée chez Bellatine leur départ précipité n'avait cessé de suppurer depuis leur installation. Pourquoi Isaac lui avait-il forcé la main, si l'idée venait de lui et non pas de leur hôte, comme il l'avait suggéré ? Était-ce un jeu de pouvoir ? S'était-il inventé une urgence pour mieux assurer sa domination ? Jusqu'ici, elle avait toujours trouvé son frère impulsif, voire capricieux. Assurément peu fiable. Mais ses manipulations étaient peut-être plus délibérées qu'elle ne voulait le croire.

Enjoliveuse surgit d'un mélodica et grimpa sur les tibias de Bellatine, renversant sa bouteille d'eau au passage. Elle se leva d'un bond pour éponger la flaque, avant qu'elle atteigne les instruments. C'est maintenant que commençaient les ennuis !

Car tout s'était trop bien passé. Pas une réplique oubliée. Pas un accessoire lâché. Rythme impeccable. Plaisanteries au cordeau. Difficile de croire que la troupe était sous pression, qu'elle n'avait pas assez répété et qu'elle n'avait pas travaillé avec ces marionnettes depuis l'enfance. Oui, bien sûr, ça faisait presque deux mois que Pieds-de-chardon était entrée dans leurs vies : mais ce laps de temps avait été consacré pour l'essentiel à des réparations. La caisse des marionnettes n'était là que depuis neuf jours. Les répétitions avaient commencé encore plus tard. Ils auraient dû avoir au moins deux ou trois accidents de représentation. Au lieu de ça : transcendance ! L'auditoire avait assisté, fasciné, au ballet des marionnettes sur la scène dans la lumière primevère contrôlée depuis le tableau de bord technique par Bellatine.

« Ça n'aurait pas dû se passer aussi bien, dit-elle en épongeant les dernières taches d'humidité sur sa salopette.

— Ne te sous-estime pas, s'exclama Fen. Tu étais en feu ! Tous les deux, là, vous avez rayonné comme des femmes enceintes.

— Je ne rayonne pas, grommela Isaac.

— Bien sûr que tu rayonnes ! Tout le monde rayonne. Mais c'est qu'on ne s'en rend pas toujours compte. Moi, c'est dans l'orange. Bellatine aussi. Toi, Isaac, tu es vert citron.

— J'ai les plus grands doutes sur la question.

— On s'était tellement mal préparés, poursuivit Bellatine. Et pourtant, on n'a pas raté une ligne. On aurait dû savonner au moins une fois ou deux.

— Mon chou ! Tu n'es pas contente parce que tu penses que ça s'est trop bien passé ce soir ? demanda Fen.

— Oui, c'est comme un mauvais présage. Trop de chance, trop vite.

— La superstition est l'apanage des véritables gens de théâtre, proféra Isaac.

— Ce n'est pas de la superstition, c'est de la prudence.

— Tu savais, pépia Fen, qu'il y a au moins un spécimen à quatre feuilles par mètre carré de trèfle ? Ce qui représente environ dix mille brins de trèfle ? L'été dernier, j'ai cueilli cent vingt-deux trèfles à quatre feuilles. La chance, il y en a partout. Il suffit de savoir regarder.

— Si nous cessons de faire des efforts, si nous pensons que la chance va durer, ça va se gâter. Je préfère me préparer, prendre des mesures préventives. Mettre sur pied un plan d'urgence, pour éviter les erreurs », dit Bellatine.

Isaac brandit le saucisson comme un talkie-walkie :

« Général Yaga, l'artillerie allemande… On ne va pas tenir. Leur arrivée est imminente. Ils vont enfoncer nos lignes d'un moment à l'autre. Le front de l'ouest est foutu. Si nous avions pu répéter convenablement notre spectacle de marionnettes, bon sang, ce désastre aurait été évité.

— Isaac, tout ce que je veux, c'est faire mon boulot et en finir le plus vite possible, compris ?

— Seigneur, Belette, ça n'est pas un casse de banque ! Tu prends l'affaire de travers. On aura des accidents de représentation. C'est comme ça qu'on rembourse les dettes de la trop bonne fortune. »

Il mordit dans une Honeycrisp, poursuivit son discours entre chaque bouchée.

« Tous les soirs, on reviendra sur scène, on absorbera le temps des gens. Leur attention, leur vivacité. Cet exercice, il est forcément déséquilibré. Et la scène, justement, a le chic pour ramener de l'équilibre. De temps en temps, elle saura nous contraindre à l'humiliation. Histoire de remettre les pendules à l'heure. Comme une sorte d'impôt, si tu veux. Ce soir, on a eu de la chance. Mais ça ne se reproduira pas tous les soirs. Et c'est très bien. Mieux vaut ne pas en parler, c'est ça qui porte la poisse. »

Il cracha trois pépins de pomme derrière son épaule.

« Ah ah. C'est qui, le plus superstitieux des deux ?

— Il n'y a que les mauvais acteurs et les clodos crevés qui se mêlent du destin.

— Ouais, dit le gars qui se balade partout avec un chat noir.

— Quand on croise un chat noir, ça veut dire qu'il va quelque part, ironisa Isaac.

— Qui est Groucho Marx ? renchérit Fen en appuyant sur un buzzer imaginaire de jeu télévisé.

— Bravo ! Vous avez gagné cinq mille dollars et une meule de fromage tiède, répondit Isaac en lui tendant le brie. Belette, tu sais comment ça se passe. Il y a des soirées de rêve. Et il y a des soirées de cauchemar. Tout ça fait partie de la grande cassette cosmique dans laquelle on n'arrête pas de puiser nos chances. On règle la facture le moment venu, t'inquiète pas. »

Le corps de Bellatine crépitait d'énergie nerveuse. Elle se souvenait. Oui, elle se souvenait des centaines de représentations en tournée, avec leurs parents. Elle se souvenait de l'Embrasement, des sifflements qui lui échappaient à chaque pas. Elle était peut-être superstitieuse, en effet. Ils avaient été élevés dans ce drôle de culte-là : ne jamais prononcer le titre de la pièce écossaise de Shakespeare, mâcher du fil et manger du sel. La vie était si changeante. Il fallait bien quelques certitudes artificielles. Mais ces petits rites ne pouvaient pas les mener bien loin, cette fois-ci. L'harmonie ne pouvait pas durer. Et si les choses tournaient mal – ou plutôt, quand les choses tourneraient mal – était-elle prête à en subir les conséquences ? Et Isaac ?

*

La soirée suivante, cependant, fut tout aussi réussie. Et la troisième, et la quatrième, et ainsi de suite. Ils avaient décidé de rester une semaine et demie à Brattleboro et de jouer tous les soirs avant de poursuivre vers le sud, où ils étaient attendus. Certains soirs, il n'y avait que des visages nouveaux. Mais parfois les spectateurs revenaient, avec des amis. Ça marchait, oui, ça marchait, et Dieu savait comment.

La routine s'installa et la méfiance de Bellatine s'assoupit quelque peu. Après tout, elle était loin d'être une novice en la matière. Elle avait passé des années à atténuer le reflux et la fièvre du bout de ses doigts. Des années à mesurer, à contrôler sa respiration. Les circonstances n'étaient pas les mêmes, évidemment, avec Isaac, la maison, et le retour des vieilles marionnettes – et alors ? Même si le contexte change, les matériaux dont le monde est constitué, eux, ne varient guère. Bois. Métal. Tissu. Pierre. Les marionnettes n'étaient que des combinaisons de ces divers éléments. Et Pieds-de-chardon de même. Jusqu'ici, Bellatine n'avait pas eu à toucher le moindre fil. Et peut-être n'aurait-elle jamais à le faire. Le cas échéant, pourtant : il fallait bien que ça serve, toutes ces années à tenir l'Embrasement à distance.

La bonne fortune de leur nouveau départ n'était peut-être pas un mauvais présage, après tout.

*

« Éteignez les lampions…

— Que le spectre se lève ! »

On était une semaine plus tard. Halloween était

passée. Le Tupperware rouge commençait à se remplir. Les feuilles d'automne passaient du jaune à l'ambre sombre et tombaient en zigzag, légères comme des plumes. L'air embaumait les pommes sauvages en décomposition et la terre mouillée.

Le soir de leur huitième représentation, il plut. D'immenses plaques d'argent qui déferlaient en biais de la côte. Plutôt que d'abandonner une soirée de recettes à la tempête, Li Fen avait proposé aux Yaga de jouer, ne serait-ce qu'une soirée, dans le musée Estey. Une scène fut improvisée dans un coin de la grande salle, délimitée par un chapelet de lampes de bureau qu'elle avait rapportées de chez elle. Il faisait froid et l'air sentait le renfermé ; les nuées d'un noir d'encre ajoutaient à l'ambiance gothique : mais le toit tenait bon et le public restait au sec.

Et tout se déroula comme à l'ordinaire : entrée d'Isaac. Applaudissements des spectateurs lorsqu'il salue, assez bas pour que ses cheveux effleurent le plancher. Présentation lapidaire du spectacle par Isaac, tandis que Bellatine fignole le plan lumière. Puis le tonnerre d'aluminium – un maillet dont la tête est enveloppée dans un chiffon et que l'on frotte sur la plaque pour engendrer l'orage : ce soir, le fracas se mêle à la musique plus lointaine du vrai tonnerre. Isaac soulève l'Idiot de son lit.

« Autrefois, déclara-t-il d'une voix grave, entraînant l'auditoire sur le chemin du conte, il y avait une ville comme celle-ci, dans un monde qui ressemble au nôtre, mais sans banquiers, ni présidents, ni généraux. À leur place se trouvait un Idiot qui voyageait de par le monde pour raconter des blagues. »

Il plaça la main droite de l'Idiot sur son petit cœur de bois et dirigea la gauche vers le ciel, comme si la marionnette se préparait à discourir. Bellatine actionna une manivelle derrière la scène et, sur un immense cadre de bois, un panorama représentant les horizons de Rome, de Paris, de Berlin, de New York, de Rio et du Caire se déroula…

« *Hé*, s'écria Isaac, avec la voix de l'Idiot, *bonjour, les amis ! Ce que vous êtes gentils, tous, de venir me rendre visite. Vous savez, j'ai raconté mes blagues à des reines, à des ours dansants et à des astronautes. Mais tout ça ne vaut pas les soirées que je passe ici avec vous.* »

L'Idiot traversa la scène avec une telle aisance qu'on pouvait très bien oublier qu'il était manipulé.

« *Vous les connaissez, mes blagues ? Non ? Vous ne les avez jamais entendues ? Bon. Ce n'est pas pour me vanter, mais elles sont si drôles qu'il faut vraiment les entendre au moins une fois. Après quoi, vous renoncerez à tous vos rêves et vous n'aurez plus qu'une idée dans la vie : me retrouver et les écouter à nouveau.* »

Bellatine arrêta le panorama sur le décor de la fête du Maire : c'était là que se déroulait la première vraie scène de la pièce. Elle se faufila derrière le cadre et s'empara des clochettes.

« *Vous voulez peut-être un échantillon ?* » demanda l'Idiot.

Quelques murmures, en guise de réponse.

« Dites donc, c'est quasi insultant, ça, gronda Isaac, de sa voix d'Isaac. Il a fait tout ce chemin juste pour vous. On recommence. *Vous voulez peut-être un échantillon ?* »

La foule manifesta son assentiment avec plus de

vigueur. Bellatine agita les clochettes ; sur scène, Isaac propulsa la petite marionnette sur un piédestal et se mit à discourir avec la voix de l'Idiot.

Bellatine ne tarda pas à percevoir quelques changements inquiétants. Tout d'abord, une légère accélération des effets lumineux. Ils arrivaient quelques secondes trop tôt. Puis Isaac oublia une de ses répliques ; Bellatine eut moins de temps pour retourner le sablier. Tandis qu'elle s'affairait derrière la scène, un éclair la fit sursauter ; le sablier lui échappa des mains et se brisa au contact du parquet. Le sable s'échappa sur les planches.

Le temps, se dit-elle, *j'ai renversé le temps*.

Isaac ne perdit pas la tête. Il sut mimer l'objet manquant avec une précision surnaturelle. Ses mains semblaient entièrement malléables : un sablier invisible apparut dans l'espace vide, entre ses doigts. On croirait voir un potier au travail, songea Bellatine. Ses mains changeaient de forme à l'infini. Elle poussa un soupir de soulagement.

Les erreurs ne débouchent pas toutes sur des catastrophes. Ne délivrent pas toutes des avertissements. Isaac leur avait peut-être sauvé la mise.

Une demi-heure plus tard, cependant, ce fut la Fille sans visage qui manqua à l'appel. Elle devait offrir une rose à l'Idiot, le saluer bien bas et recevoir en échange une plaisanterie si triste qu'elle en mourait.

Isaac tendit la main vers l'endroit où la Fille aurait dû se trouver et ne rencontra que du vide. Il lança un regard à sa sœur, accompagné d'un mouvement imperceptible de la tête, indiquant la partie droite de la scène. Les spectateurs ne le perçurent pas, mais Bellatine, elle, avait compris. C'était une demande. Ou plutôt, un ordre.

Lors de l'installation précipitée de leur scène provisoire, Isaac avait dû poser la Fille à une place qui n'était pas la bonne. La marionnette en effet gisait près de l'entrée, inerte. Mais c'était le rôle d'Accessoires que de pallier les négligences et d'arrondir les angles, pendant que Manœuvre s'occupait de l'auditoire et l'empêchait de se déconcentrer. Il y avait cependant dans le regard d'Isaac quelque chose qui fit bouillir Bellatine. Il savait. Il savait très bien pourquoi elle ne voulait pas toucher les marionnettes. Et pourtant, il venait de lui en donner l'ordre. Ramasser non seulement la Fille mais toutes les autres. Accumulations de multiples petits jeux de pouvoir. Elle n'était pas la collaboratrice d'Isaac, elle était une marionnette comme les autres. Un ustensile qu'il pouvait tripoter et manier à son gré pour jouir pleinement de sa petite aventure – avant de disparaître, comme à son habitude.

Une chaleur extrême envahit les mains de Bellatine, mais elle ne s'en rendit pas compte, tant elle était furieuse. La colère la transperçait comme les ronces de la fresque, se frayant un chemin dans son ventre et ressortant sous ses omoplates. Parfait. Elle allait obéir, comme un gentil chien. Elle avança vers la Fille sans visage.

Dès qu'elle eut ramassé la marionnette, elle comprit qu'elle avait commis une grave erreur. Ses doigts étaient en flammes. Elle voulut lâcher la Fille, n'y parvint pas. Sa poigne s'affaiblit. *Non. Pas maintenant.*

Pense à la neige. Pense à la cuiller que tu sculptes. Pense à ces connards de présidents. Washington, Adams, Jefferson, Madison…

Trop tard. La chaleur se propageait. Une étincelle pénétra le visage de la Fille sans visage, un minuscule projecteur, aussi erratique qu'un frelon dont on a enfumé le nid. Puis… Un petit bruit. *Bam-boum.* Les spectateurs ne l'entendirent pas, mais il résonna contre les tympans de Bellatine avec la violence d'un tambour de guerre.

Bam-boum. Bam-boum. Bam-boum.

Elle aurait voulu se boucher les oreilles des deux mains, mais ne pouvait les détacher de la poupée. Pitié, pitié, pourvu que ce soit mon cœur à moi, supplia-t-elle, même si elle savait cette prière vaine. *Bam-boum. Bam-boum.* Non, ce n'était pas son cœur. Le sien accompagnait ces roulements de battements erratiques, affolés. Ce qu'elle entendait, c'était le pouls régulier et vif de la Fille sans visage.

La Fille se dressa sur son séant. Elle tourna la tête. Elle tendit la main vers l'Idiot, comme emportée par son désir pour l'amoureux perdu de vue depuis des années. Les mains de Bellatine, parcourues d'un long frisson, la lâchèrent enfin. La Fille sans visage traversa seule la scène, à quatre pattes, et brandit sa rose rouge.

Chapitre 14

Il y avait certainement eu une époque sans Embrasement, mais Bellatine n'en avait pas gardé le souvenir. Elle ne se souvenait pas davantage de sa première crise. Quand elle était enfant, la chose lui paraissait parfaitement normale, si bien qu'elle avait longtemps cru que tout le monde pouvait en faire autant. Elle passait des heures dans l'atelier de ses parents à frôler les marionnettes de ses mains, à sentir la vibration les joindre, à chercher le battement délicat de leur pouls. Et quand elle y parvenait ? La vapeur qui jaillit de la bouilloire. Une chaleur qui brûle. Un hurlement. Elle ne savait plus où finissaient ses mains, où commençait la marionnette. *Bam-boum. Bam-boum. Bam-boum*, chantait le petit cœur. Et la créature de tissu et de bois prenait vie.

Ce n'était pas vraiment qu'elle la leur donnait. Elle n'insufflait pas quelque chose, se disait-elle, là où il n'y avait rien. Elle activait. Elle ranimait. Perçait le tissu, le bois, le fil de fer jusqu'au centre, y trouvait alors le spectre caché. Elle se faisait paléontologue, chassant des créatures qui galopaient sur les banquises : les âmes des objets étaient des spécimens congelés attendant le dégel et la libération. Et lorsqu'elle trouvait ce fantôme, la chaleur de ses mains le faisait fondre ; bientôt il s'étirait, tel un chat, dans les fentes de son corps-objet ; il s'était réveillé.

Bellatine se rappelait cependant le jour où elle avait compris le caractère peut-être maléfique de ses Embrasements. Elle avait quatre ans. Elle se promenait dans Bluefish Park avec sa mère et son frère. Ce devait être au printemps, car elle était toute mouillée, après avoir essayé d'attraper des têtards dans la mare aux grenouilles. Isaac jouait avec des Transformers sur leur couverture de pique-nique à carreaux bleus et blancs. Bellatine empoigna un des jouets, plastique scintillant, pièces qui bougeaient dans tous les sens. Ses mains se mirent à vibrer. Elle sentit le jouet s'animer sous ses doigts avec la même juvénile ardeur que les têtards ; tous les voyants électroniques s'étaient mis à clignoter. Leur mère s'en rendit compte ; elle arracha le Transformer des mains de Bellatine avec une brutalité qui surprit la petite fille, qui se mit à pleurer.

« On ne fait jamais ça en public, chez nous, avait grondé Mira. C'est comme d'aller aux toilettes ou de s'habiller. Il y a des choses que les gens ne doivent pas voir. Tu as compris ? Dis-moi oui, Bellatine. Tu m'entends ? »

Elle hocha la tête. La honte l'envahit si violemment qu'elle n'avait plus qu'une envie, se cacher. Mais où ? Elle ne put que se rouler en boule sur la couverture, trop bariolée, si terriblement présente, et faire semblant d'être invisible. Ce n'était pas tant les paroles de sa mère qui l'avaient bouleversée, ni même le fait qu'elle l'ait privée du jouet, que la peur trop réelle qui brillait dans les yeux de Mira tandis qu'une main sur l'épaule de sa fille, elle inspectait le parc du regard, espérant que personne n'avait vu le jouet s'animer.

Après ce jour, plus jamais Bellatine ne réveilla de marionnette devant sa mère. Isaac, lui, se délectait des représentations secrètes qu'elle lui offrait, animant leurs jouets ou les marionnettes de leurs parents. Le petit Tailleur, qui leur racontait des histoires du vieux pays en réparant les trous dans leurs jeans avec sa minuscule aiguille et son fil si ténu. Le Renard qui, babines retroussées, entreprenait avec eux d'interminables parties de chat perché. L'Idiot si drôle avec ses souliers rouges qui racontait en boucle ses cinq blagues, comme un juke-box déréglé. L'effet ne durait jamais, en général : le temps pour les marionnettes d'étirer leurs membres en posant sur le monde un regard de nouveau-né. C'était un jeu, à cette époque. Qui la faisait se sentir puissante. Et qui la sauvait de la solitude.

Cela, c'était avant de comprendre pleinement les dangers de l'Embrasement. De savoir les choses effroyables dont ses mains étaient capables, du peu de contrôle qu'elle avait sur ce don. Elle avait passé des années à apprendre comment les calmer, comment les apaiser. Des années à s'inculquer l'art prudent de la modération.

Sa mère avait toujours considéré l'Embrasement comme une abomination, un vice à dissimuler. Elle avait confectionné pour Bellatine des gants dans la doublure desquels on pouvait introduire du gel réfrigérant. Elle avait enfermé les marionnettes familiales dans une caisse cadenassée, hors de la portée de sa fille. Quand elle lui offrait des jouets, ce n'était jamais des poupées, des peluches, des masques comme ceux d'Isaac. Uniquement des objets sans visage ni esprit : des puzzles, des jeux de société, des bougies à fabriquer maison. Si seulement Bellatine avait prêté plus d'attention aux angoisses de sa mère. Si elle avait tout arrêté, au lieu de se cacher. Elle aurait pu éviter le pire.

Son père, lui, avait opté pour l'approche inverse. L'avait toujours considérée comme une créature surhumaine – la marionnettiste idéale. *Ta mère et moi*, lui avait-il dit un jour, *on ne peut qu'espérer donner vie à nos marionnettes. Toi, tu transformes l'aspiration en réalité. Tu représentes l'évolution en marche. Tu es la marionnettiste de Dieu.* Et cette exaltation l'humiliait presque autant que le mépris de sa mère. Bientôt, elle s'efforça de cacher tout autant à son père les résultats de son talent.

Seul Isaac considérait la chose d'un œil… neutre. L'Embrasement n'était qu'une facette comme une autre de sa sœur. Ni un don sacré, ni un secret effroyable. Un trait de personnalité, sans plus, comme ses cheveux bruns et courts, son habileté au ping-pong, ses molaires de travers. Avec Isaac, elle n'était ni démon ni sainte : une enfant, tout simplement. Il était son havre, son seul point d'attache alors que les flammes qui lui rongeaient le sang se faisaient plus vives encore, la menaçant de combustion.

Il n'était déjà plus là quand les choses en vinrent à ce point. Il était parti sans dire au revoir, sans prévenir. La vie sans lui ? C'était comme si on avait volé sa béquille à Bellatine. Le claquement du fouet, le fracas qui suit le passage du mur du son. Un trou soudain dans l'air, dans lequel il avait disparu. Il n'était plus là quand les mains de Bellatine apprirent à faire des choses que personne, pas même son père, ne pouvait considérer comme sacrées. Quand de jeune fille elle devint monstre.

*

La Fille sans visage tendit sa rose de soie rouge aux spectateurs. S'ils réagirent, Bellatine n'en sut rien. Un bourdonnement avait envahi son crâne. Était-elle encore sur scène ? Où était passé Isaac ? Elle ne voyait plus que la marionnette sans visage et sa rose, debout, sans manipulateur, sur le devant de la scène. Des éclairs. Des flammes. Un souvenir. Une vitrine pleine de poupées, dont la clef était cachée dans le tiroir de sa mère. La puanteur de la chair en putréfaction. Un hurlement atroce, déchirant. *Bam-boum*. *Bam-boum*, ce pouls impossible qui tambourinait encore contre ses tympans.

Bellatine se hissa hors de son corps, comme si elle regardait un film tourné d'après sa propre vie, loin, très loin de l'écran. Autour d'elle, les orgues Estey s'accroupissaient, semblables à des démons. Les tuyaux de cuivre perçaient les poutres et même si personne ne touchait aux soufflets, Bellatine percevait un bourdonnement constant et grave. *Ils sont vivants*, songeait-elle, *et pas seulement eux*, *tout est vivant*.

Elle traversa la foule, chancelante, sortit du

musée. Dévala l'escalier, glissa sur le béton humide. Elle tomba lentement vers le sol, une seconde, une minute, une heure, un an… Dans la suspension de sa chute, elle vit son corps enveloppé de flammes trop ardentes pour qu'on puisse les éteindre, incendie qu'encerclait une centaine de pompiers. Elle vit leurs lances devenir des serpents et s'animer entre leurs mains.

Elle percuta le sol. Quelque chose s'écrasa : un os ? Non, ce n'étaient que les tessons de la bouteille vide, restés sur les marches. Elle se releva immédiatement, se mit à courir.

On cria son nom – Isaac, peut-être ? – d'une voix qui semblait se propager dans les eaux profondes et noires d'un lac. Elle courut vers le parking ; les bâtiments gris l'enveloppaient d'ombres accusatrices : un linceul pour son enterrement. Elle n'arrivait plus à distinguer le bruit de ses pas du tonnerre, le tonnerre des battements de son cœur qui s'abattaient en elle comme un marteau de juge. Silence, silence, silence ! La pluie la criblait, se transformait en vapeur à son contact.

Au bout du parking, Pieds-de-chardon l'attendait, un phare dans la tempête, lui faisait signe d'accoster.

La première fois qu'elle avait mis le pied dans la maison à pattes, elle s'était sentie redevenir l'enfant qu'elle était avant que l'Embrasement n'échappe à son contrôle. Ce qu'elle avait ressenti : un soupir de soulagement. Le relâchement qui vous envahit quand vous vous glissez dans votre lit après des semaines loin de chez vous. Comme si, après des années de tourments et d'épreuves, elle avait enfin obtenu la permission de se reposer.

Ou la promesse du repos, du moins. Si Isaac respectait sa parole.

Ce qu'il ne fera pas, gémit une voix en elle tandis qu'elle courait vers la petite maison. *Il va repartir. Il repart toujours. Et comment l'empêcheras-tu d'emporter ton salut ?*

Sans doute parvint-elle à se hisser sur l'échelle puis à franchir la porte d'entrée, même si par la suite, elle ne s'en souvint pas. Dans sa course, elle avait perdu le foulard blanc qui couvrait ses cheveux et son pantalon s'était déchiré au genou. Elle s'effondra dans le salon. La chaleur, immédiatement, se fit moins intense. Moins insupportable. Bellatine se sentit reprendre corps. Elle était à terre, une main sur la poitrine. Il y avait du sang sur cette main. Quand s'était-elle blessée ? Sans doute sur les tessons, quand elle était tombée, même si elle n'avait rien senti sur le moment. La rose rouge lui flottait encore devant les yeux – une tache sur sa rétine, comme un soleil d'éclipse regardé sans protection. Elle cligna des yeux et la rose resta – la rose et la marionnette sans visage. Ses mouvements obscènes, inhumains. Les paumes de Bellatine palpitaient comme si elle les avait posées sur une plaque chauffée à blanc.

Ressaisis-toi. Je dois me ressaisir. Elle se fourra la main dans la poche, à la recherche de sa cuiller en bois. Son pouce se logea au creux de son manche incurvé. Le premier objet qu'elle ait sculpté. La preuve qu'elle pouvait soumettre les matériaux à sa volonté, leur donner forme, les tailler – et non pas être taillée par eux. *Cèdre, chêne, séquoia, érable*, marmonna-t-elle, une prière.

Quelqu'un monta l'échelle.

« *Loyf !* » aboya une voix familière, celle d'Isaac.

Cours.

Bellatine sentit la maison se balancer sous elle et se mettre à courir.

Puis une vague noire l'engouffra et le monde disparut.

Chapitre 15

Le petit garçon s'apaisa dans les bras de Shona. La seconde d'avant, il s'était débattu, le regard errant, affolé, révulsé, de la jeune femme à Rummy. À présent, ses muscles se détendaient. Un souffle fuligineux tremblait encore sur ses lèvres. Le passager arrimé à ses épaules tressaillit.

« Chut, chut, tout va bien se passer, petit, tu vas voir. »

Rummy caressa le front de l'enfant, évitant soigneusement tout contact avec le passager, dont les bras de brume se serraient en nœud coulant sur le cou du garçon.

Shona et ses compagnons avaient compris assez vite que les créatures maigrelettes qui s'agrippaient aux victimes d'Ombrelongue étaient immatérielles – nuées argentées, tourbillonnantes. Ils préféraient néanmoins ne pas y plonger les mains, par précaution.

Shona lança un bref regard par-dessus son épaule à Sparrow, à califourchon sur le père de l'enfant, qu'il maintenait à terre. Le passager du père ne bougeait pas davantage ; les yeux pâles du père ondulaient comme une ponte d'araignées. Sparrow pinça les joues de l'homme, qui n'eut aucune réaction.

C'était une première. Les fumigés ne cédaient jamais, ne se détendaient jamais sans l'assistance de la petite seringue de Sparrow et son délicieux sédatif. Le bras de Shona lui faisait mal – le gosse l'avait mordu avant de se relâcher. Ce qui n'empêcha pas la jeune femme de resserrer son étreinte. Ce répit n'était pas une vraie relaxation. Les passagers étaient toujours bien visibles, cramponnés à leurs montures. Ils n'avaient pas abandonné la partie. Ils se concentraient.

Ils tournèrent tous deux la tête simultanément vers le sud. Réponse à quelque appel silencieux, ultrasonique. Shona songea à ces papillons qui perçoivent grâce à des cellules spéciales des couleurs que les humains ne comprennent pas, pour lesquelles ils n'ont même pas de nom. Les cous des passagers se tendaient, fins piliers de fumée. *Que voient-ils, ces yeux-nuées ? Quel langage entendent-ils, au-delà de nos connaissances, au-delà de nos sens ?*

Leurs regards joints traversèrent les corps de leurs geôliers avec la précision du laser, la paroi du bus noir garé dans le parking d'une bodega, l'aire de repos ; ils filèrent sur l'autoroute. Les prunelles laiteuses se dirigeaient vers le sud. Frôlèrent le goudron noir qui se tordait dans les mirages de la poudre à canon coloniale. Pénétrèrent les vieilles forêts où l'on avait lynché des hommes, où les arbres s'étaient penchés comme pour permettre à ceux-là de rester les pieds sur terre. Frôlèrent les croix improvisées derrière les grillages, les vélos peints en blanc dont les roues tournaient pour l'éternité. Survolèrent des souvenirs sans fin qui déformaient les chaussées. La grand-route, cimetière des âmes perdues et sans repos. Un monument à leur mémoire. Le système circulatoire d'un pays.

La grand-route se rendait à peine compte du passage de ces yeux de fumée. Elle avait l'habitude, comme ses semblables, des fantômes affamés en déplacement. Des spectres qui viennent de loin et dont le voyage n'est pas encore fini. Ils traînent derrière les vivants comme des ombres. Certains sont venus enchaînés à fond de cale, attirés par l'odeur du désespoir. D'autres sont déguisés en peigne d'os, en petites boîtes à musique entre les mains de fillettes – elles les serrent contre leur cœur tandis qu'on les étreint de force sur des matelas dans des chambres embrumées par l'opium. D'autres sont agrafés dans l'épaule ou dans la hanche de jeunes hommes de retour du champ de bataille, affectant la forme d'un bras ou d'une jambe. D'autres passent les frontières dans des cachettes plus secrètes. Le sang. Les os. Les chromosomes. Un héritage si spectral qu'il change la forme des corps. Certains sont perchés sur les dos des soldats qui conduisent leurs camions sur les grandes autoroutes d'Eisenhower – fierté de la nation, construites à plusieurs voies, pour que les hommes rejoignent plus vite leurs casernes, le front, la gloire. Quelle belle invention, ce réseau d'autoroutes qui relie l'Amérique à l'Amérique ! Avec lui, nous avons beau fuir le plus loin possible : il y a toujours un chemin sans obstacle pour nous ramener à notre point de départ. On n'abandonne pas ses fantômes, ici. Pas quand il leur suffit de lever le pouce et d'attendre le premier véhicule disponible.

Pour les fantômes, ces routes n'ont qu'un sens. Elles ramènent le passé au présent. Le rapprochent sans cesse de l'accident.

Les yeux des passagers de brume passèrent devant des semi-remorques, des stations-service. Quittèrent l'Interstate I-91, sortie 2. Tournèrent dans Western Avenue. Puis dans Birge Street. Passèrent devant une rangée d'usines aux toits d'ardoise, frémissant du souvenir du chant des orgues. Au bout de cette rangée, ils parvinrent devant une maison pourvue de deux pattes de poulet, à l'intérieur de laquelle une jeune fille se tordait les mains. Ces mains, la fumée s'en souvenait. Ces mains, la fumée les connaissait depuis plus longtemps que la jeune fille.

À des kilomètres de là, Ombrelongue regarda dans cette même direction. Il se leva. Il lissa les revers de son manteau. Il fit un pas vers Birge Street. Puis un deuxième.

Chapitre 16

Isaac rêvait, de nouveau.

Un wagon de marchandises flottait dans une rivière de tulle bleu.

Benji, guitare Dobro sur le genou, chante, chante ; c'est un ciel perclus de corneilles que sa chanson. C'est un acte d'oubli. C'est un cœur de chèvre dans un bocal. C'est une épaisse tranche de pain bis et une bouteille de gin volé dans un magasin. C'est un téléphone à pièces qui sonne dans une cabine, et personne ne décroche. C'est une aire de repos pour routiers et un opossum mort sur le parking. La chanson de Benji, moitié berceuse, moitié métal crissant sur le métal.

« Qu'est-ce que tu chantes ? demanda Isaac.

— Allez, allez, petit gars, me dis pas que t'as déjà oublié. On l'a écrite ensemble. »

Juchés sur le wagon, jambes ballantes. Des chaussures rouges, tous les deux. Le fleuve de l'Idiot monte, manié par des mains invisibles.

« Non mais redis-moi quand même, Benji. Je ne me souviens pas.

— Je me souviens de tout », dit Benji.

Il ouvrit la bouche. Du gravier en sortit. Des tickets

de bus. Des crampons de rail. Des bouts de métal. Il continua à chanter. La musique grinçait terriblement, un convoi en plein freinage.

« S'il te plaît, raconte-moi », supplia Isaac.

Il fourra dans ses poches ce qui sortait de la bouche de Benji, comme pour étancher la fuite. La chanson se fit plus sonore ; la guitare résonnait à chaque chute d'objet.

Cette chanson, elle est pour les foutus
Ceux dont le sourire est poussière

Chanson plus forte. Fleuve toujours plus haut. Benji vomissait trop de sable et de métal pour qu'Isaac puisse balayer. Ils en étaient recouverts. Jusqu'aux genoux, à la taille, à la gorge et là, le noir. Isaac se débattait sous l'avalanche. Il réussit à se cramponner à quelque chose d'à peu près solide pour s'extraire du raz-de-marée. L'objet se désagrégea entre ses doigts, humide. C'était un bras, arraché à son épaule, en putréfaction. Il le laissa tomber, chercha un autre point d'attache. Ah, cet os long, bardé de tendons. La marée était pleine de corps. Des membres épars, gonflés par les gaz. Des visages sans yeux qui sécrétaient des humeurs jaunes, lèvres retroussées sur les gencives.

Isaac se mit à hurler.

« T'es venu pour m'enterrer ? » gronda Benji sous l'avalanche.

Dehors, le fleuve ne cessait de monter.

*

Un bruit de chute le réveilla. Enjoliveuse avait fait tomber une pile de livres de la table de chevet avant de sauter sur sa poitrine nue, qu'elle malaxait de ses griffes acérées. La menue torture infligée à sa peau en nage le fit retomber sur l'oreiller. Il soupira. Pas de sable. Pas de wagon. Pas de Benji.

Enjoliveuse ronronnait en se frottant le front contre le menton d'Isaac.

« Tu es une vraie terreur. »

Il lui froissa les oreilles.

De l'autre côté du rideau, quelques bruits. Belette. La chute des livres avait dû la réveiller, elle aussi.

Il se leva, enfila son pantalon puis tira sur le rideau de séparation. Bellatine plissa les paupières, le bras levé pour se protéger de l'excès de lumière.

Elle avait sans doute perçu le mouvement de la maison, car elle tendit le cou vers la fenêtre de l'entrée, essayant de reconnaître le paysage.

« On est où ? croassa-t-elle.

— Dans l'ouest du Massachusetts. Et on continue direction sud.

— Je suis restée combien de temps dans les vapes ?

— Deux jours. On a quitté le Vermont sans finir l'acte 2, à la grande stupéfaction de nos spectateurs payants. Fen a pu remballer notre matériel et nous retrouver à la sortie de la ville. »

Elle se redressa, non sans gémir.

Isaac avait fait de son mieux pour la rendre présentable, mais elle avait encore du sang sous les ongles, quelques taches sur les épaules et le cou. Il n'avait pas osé la changer, trop pudique pour cela ; elle portait encore son costume d'Accessoires, blanc sur le blanc des draps.

« Tu te sens comment ?

— Très bien, rien qui n'aille vraiment pas. »

Elle tressaillit.

« T'as l'air sidérale. »

Elle gémit.

Le fait est qu'elle rayonnait. Rien à voir avec la Bellatine qu'il avait trouvée sur le plancher, recroquevillée sur elle-même et tremblante de fièvre. Elle avait même perdu ses cernes habituels ; ses joues avaient la douceur de la pêche. Sa tignasse châtain avait beau être poissée par le sommeil, elle était lustrée, épaisse et ses taches de rousseur semblaient flotter sur la lueur rose cerise de ses pommettes. Elle semblait tout juste adolescente.

« C'est toi qui as fabriqué ça ? » demanda-t-elle en posant la main sur son épaule enveloppée, de l'omoplate au coude, dans un morceau de drap blanc.

De cette partie de son anatomie Isaac avait extrait un losange de verre brisé.

« Quel joli tour de prestidigitation tu nous as joué, Belette, dit-il, ignorant la question.

— Ça ne se reproduira pas, dit-elle en évitant de croiser son regard.

— Oh, j'allais pourtant te suggérer… Si tu pouvais jouer tous les soirs le sketch du détrousseur de mini-cadavres, ça ferait un tabac. On rattraperait sûrement la soirée perdue. D'ailleurs, si on avait pu continuer jusqu'au bout, je suis sûr qu'on aurait doublé les pourboires.

— T'es complètement fou. »

Bellatine se redressa un peu plus ; le contact du drap sur sa plaie la fit grimacer.

« Tu sais ce qui s'est passé, Isaac.

— Ce que je sais, c'est que les gens ont été enchantés par cet épisode, et qu'ils n'y ont vu que fils et poulies. Rien de magique. »

Elle éclata de rire.

« C'est bien ça. T'es vraiment timbré. Génial.

— Tes dons, c'est une chance pour notre petite entreprise. C'est ce que j'ai toujours pensé. »

Elle resta un moment silencieuse. Puis :

« Tu savais que ça allait arriver.

— Évidemment ! Pas toi ? »

Les muscles de son cou se tendirent, sa mâchoire se crispa. Elle serra les poings. Rien qu'à voir la tension de ses poignets, Isaac savait qu'elle s'enfonçait à l'instant les ongles dans les paumes. Elle avait envie de gifler son frère. Parfait. C'était bon signe, elle allait mieux.

« Tu sais, c'est mauvais de se retenir à ce point, Belette. Tu devrais lâcher un peu de pression.

— Ça ne se reproduira pas », rétorqua-t-elle, raidie.

Il y avait un verre d'eau sur la table de chevet. Elle le prit sans quitter son frère des yeux.

« Tu sais, Isaac… Tu parlais en dormant, tout à l'heure.

— Ah oui ? »

Elle vida la moitié du verre, le reposa sur le chevet.

« C'est qui, ce Benji ? »

D'entendre le nom à haute voix lui secoua les os. Il eut l'impression d'avoir été traversé par un fantôme.

« Un ami.

— Un ami… » répéta-t-elle.

Isaac fourra les mains dans les poches de son pantalon pour dissimuler ses tremblements.

« T'as de la chance, tu sais ? »

Elle plissa les yeux.

« C'est une soupape, non ? Un robinet que tu ouvres, et tout ce que tu avais en toi d'aigre, de triste, de pourri s'en va. Toutes les mouches et tous les vautours qui grouillaient dans tes tripes. Tout le soufre, toute la peur, les remords, les…

— Ne parle pas sans savoir, l'interrompit-elle.

— Ne me dis pas que j'ai tort. Je le vois bien à ta tête.

— Ce n'est pas une soupape, c'est une malédiction.

— T'es rose comme un nouveau-né. Fraîche comme un gardon. »

Elle le scruta longuement.

« Les guérisons miraculeuses, ça n'existe pas.

— Ah, par contre, les malédictions, t'y crois. »

Elle ne répondit pas.

Avant de sortir de la chambre, il lança une de ses pièces d'argent à sa sœur.

« Pour te récompenser de tes efforts. »

Elle tendit les bras, sans réfléchir, pour la rattraper. Ses mains s'ouvrirent comme des lys.

*

Isaac, dans la cuisine, récupéra la dernière pomme d'un sac que Li Fen leur avait donné et posa la cafetière sur le poêle qui ne s'éteignait jamais. Il avait rechuté. Avait été assez négligent pour montrer à

Belette ce mince tesson de jalousie. L'envie implique le manque, le manque suggère le besoin, et quand quelqu'un sait ce que vous désirez, il peut s'en servir pour vous attraper. Entrouvrez la porte : tout ce dont on a besoin pour l'ouvrir, c'est un bon coup de vent. C'était une faiblesse qu'il ne pouvait pas se permettre. Pas ici, pas maintenant, alors qu'il était à deux doigts de prendre congé de ses péchés.

Son téléphone vibra dans la poche de son pantalon. Il le sortit, regarda l'écran, sans prendre l'appel. Shona. Son cœur s'emballa pendant quelques secondes. La femme aux yeux blancs… Le type bizarre, dans le bar… Même sous la forme souvenir, l'image d'Ombrelongue lui coulait de la mémoire comme un filet d'huile. Trop glissante. Impossible à refléter, à imiter et donc à comprendre. Mais il avait mis plus d'un État et demi entre eux à présent, et cette distance croissait chaque minute. Il détourna l'appel vers la boîte vocale du bout de l'index. Il savait très bien que Shona ne se risquerait pas à laisser un message. De toute façon, en quoi ça pouvait le concerner ?

Il faisait toujours trop chaud dans la cuisine de Pieds-de-chardon. Même quand il faisait froid dehors, le poêle brûlait avec assez de constance pour vous mettre le dos en nage. C'était un vrai luxe, cette chaleur inépuisable. Combien de nuits avait-il grelotté dans un froid mortel, trempé jusqu'aux os, recroquevillé dans une gare de triage en attendant le convoi qui l'emmènerait au sud ? À présent il avait un toit sur la tête, un vrai lit où dormir, un chauffage éternel. Ce qui ne l'empêchait pas de frissonner.

Il avait pensé que les représentations quotidiennes apaiseraient ses maux de tête et ses tremblements : bien au contraire. Les marionnettes, ça n'était pas bon pour ça. Quand il imitait, il se remplaçait lui-même, s'offrait à la possession, à une présence étrangère. Il se reposait de lui-même. Il mourait pour quelques minutes ou pour quelques heures, comme si « Isaac » n'était qu'un pichet qu'il aurait vidé et rempli d'un vin plus doux, plus frais. Ses muscles et ses tendons étaient des outils, des ustensiles de sa disparition – et des ancres qui, si nécessaire, facilitaient son retour.

Manipuler des marionnettes, ce n'était pas la même chose. Les créatures des Yaga ne le servaient pas : c'était même l'inverse. Il en était le majordome, l'assistant. Sans les gestes qu'il leur faisait accomplir, sans ses mains, sans son souffle, elles n'avaient aucune possibilité de revenir à la vie. Pour mouvoir leur corps, il lui fallait devenir pleinement serviteur.

Acteur, il invitait des personnages dans son corps. Marionnettiste, il devait injecter dans le tissu et le bois des poupées ces autres personnages. Il restait lui-même, bien trop solidement : l'oiseau qu'était son esprit chagrin se débattant dans la cage de son squelette. Plutôt que d'échapper à sa propre individualité, il devait la consolider pour mieux aider les marionnettes. Les rôles étaient inversés. Lui était l'ancre. La marionnette l'acteur. Et, en toute franchise, il enviait Belette. Enviait ce qu'elle avait dans les mains. Pas tant le pouvoir, pas tant la magie, mais l'instant, le si bref instant de délivrance.

Le percolateur se mit à bouillonner ; il se versa

une tasse de café en prenant soin de ne pas en renverser ; ses poignets tremblaient. Un train siffla dans le lointain.

T'es venu m'enterrer ?

Un sursaut, spasmodique ; la tasse heurta le sol.

Chapitre 17

Isaac ne s'était pas enfui. Pas vraiment. La fugue implique le secret, la planification, des sacs remplis de chaussettes de rechange et de couteaux de chasse à manche en os – et tout ça exsude l'absence d'alternative. On fuit quelque chose. Un loup affamé. Une cage à oiseaux fermée par deux cadenas. Une laisse qui vous écrase la gorge. Mais quand Isaac abandonna la maison de ses parents, à dix-sept ans, il ne quittait rien. Il allait vers quelque chose. Ce qui l'y poussait, était-ce l'instabilité, le désir ? Il ne le savait pas, n'en connaissait pas davantage l'objectif – raison, précisément, pour laquelle il fallait partir, pour comprendre.

Dans l'après-midi, il avait rempli un formulaire pour officialiser l'abandon de ses études à la Bentley High School et l'avait glissé dans la boîte aux lettres du bureau des élèves. Deux heures plus tard, il franchit les portes du théâtre des Yaga avec seulement quelques dollars en poche, une brosse à dents et un paquet de saucisses sèches. Dans l'heure qui suivit, il trouva quelqu'un pour l'emmener à Portland, où il arriva au coucher du soleil.

Il s'acheta une bonbonne d'eau à la station-service la plus proche, ainsi qu'un cahier à couverture marbrée et un téléphone portable sans abonnement – il avait laissé son smartphone dans sa chambre pour ne pas être pisté. Il aurait dix-huit ans dans trois mois : s'il pouvait échapper aux recherches d'ici là, ses parents n'auraient plus la possibilité de le contraindre à quoi que ce soit. De toute façon, ils avaient assez à faire avec sa sœur, laquelle, à cette époque, s'entraînait avec assiduité pour les championnats nationaux d'adolescence ténébreuse, spécialité claquage de porte.

S'il n'avait rien emporté, c'était qu'il voulait un vrai nouveau départ, dans les formes, parfaitement vierge, sorti tout frais de l'épuisette. Sans passé à traîner, sans souvenir matériel pour lui rappeler celui qu'il était avant de partir. Il se construirait une vie nouvelle à partir de rien du tout, avec pour seul soutien sa tête et ses jambes. Comment savoir, sinon, de quoi il était capable ? Il était temps de tester ses capacités à survivre dans les grands espaces.

*

Deux semaines plus tard, menottes aux poignets, il se retrouva la joue plaquée sur la portière d'une voiture de flics.

« Je l'ai pris la main dans le sac, le gamin ! Il voulait s'acheter une casquette avec ma carte bancaire, expliquait une femme blonde et corpulente à une petite foule de badauds. Je croyais avoir perdu mon portefeuille mais en allant chez Gumley Brothers pour prévenir mon mari, je suis tombée sur ce petit voleur, qui l'avait dans sa main. »

Elle se tourna vers l'un des agents.

« Monsieur l'officier, je vous en prie ! Il faut qu'il vous rende mon portefeuille. Il l'a encore sur lui. »

La plupart des gens l'observaient en coin, tout en feignant de s'occuper de leurs propres affaires ; ils buvaient le lait de la scène comme un milkshake : à la paille, voluptueusement. Ces regards mettaient Isaac au supplice. Il aurait voulu se téléporter hors de sa peau. Il regrettait d'avoir volé le portefeuille.

Le seul à le regarder en face était un garçon roux, aux taches de rousseur quasi rouges. Il portait un tee-shirt qui avait dû être blanc autrefois, rentré dans son jean, un bandana vert olive au cou, un étui à guitare sur l'épaule droite et un sac à dos à armature sur la gauche. Adossé au mur, il avait les yeux couleur jade, un regard d'épervier.

« Vous avez regardé dans votre sac à main ? demanda-t-il à la femme

— Oui, répondit-elle en le fusillant du regard.

— C'est qu'il est grand, votre sac. Un portefeuille, c'est petit, ça peut s'y perdre facilement. Je dis pas autre chose.

— Vous, là, le petit… », l'avertit un des agents.

L'autre agent fouilla dans les poches d'Isaac qui déglutit, humilié. Pourvu que le flic n'aille pas jusqu'à ses chaussures.

Les mains descendirent le long de ses cuisses et Isaac se sentit défaillir.

« C'est celui-ci, madame ? » demanda l'agent en montrant à la femme un vieux portefeuille en cuir.

Isaac se recroquevilla.

« Non, continuez à chercher, monsieur l'agent. Il l'a sur lui, j'en mettrais ma main au feu ! »

Non ? Il n'y comprenait plus rien. Il avait glissé le portefeuille de la femme dans sa chaussette. Pourquoi la femme prétendait ne pas reconnaître son bien ?

Après quelques autres vérifications, le flic s'écarta.

« C'est tout ce qu'il a sur lui, madame. Vous, monsieur… Benjamin Short… »

Il fallut un certain temps à Isaac avant de se rendre compte que l'agent lui parlait.

« Euh…

— Benjamin, c'est bien votre prénom ? »

L'agent examinait une carte de visite qu'il avait trouvée dans le vieux portefeuille. Isaac était dans la confusion la plus totale.

Avant qu'il puisse répondre, son accusatrice poussa un cri de porcelet surpris. Elle avait ouvert son sac à main et venait d'y repêcher, après une plongée dans ses profondeurs, un petit portefeuille rose, celui qu'Isaac avait subtilisé une heure plus tôt.

« Mais j'aurais juré que…, bredouilla-t-elle.

— Madame, vous êtes certaine que ce garçon vous a volé quoi que ce soit ? Vous avez peut-être confondu en le voyant avec ce portefeuille-là en main, non ?

— Je… J'avais vraiment cru que… »

Et l'affaire se boucla aussi vite qu'elle avait commencé. Les menottes s'ouvrirent avec un déclic. La foule se dispersa. Les badauds retournèrent à leurs occupations – acheter des babioles et autres bougies en cire de soja dans des boutiques ridiculement chères, soupirer sur leur siège de cinéma pour échapper à la canicule estivale, manger des frites en tire-bouchon brûlantes dans leur seau de carton rouge, gaver leur réservoir d'essence avant de filer dans le village d'à côté vivre une autre vie. Le véhicule de police s'en fut vers l'horizon, pareil à un papillon de nuit. Isaac se retrouva seul.

Il frotta la peau de ses poignets, encore endolorie par le contact du métal, avant de se souvenir du portefeuille mystère. Il l'ouvrit et scruta longuement la carte de visite déjà consultée, quelques minutes plus tôt, par l'agent de police. Y était inscrit à la main, en lettres d'imprimerie nettement dessinées, ceci :

BENJAMIN SHORT
CHANSONNIER, BARDE, VOYAGEUR DANS LE TEMPS

Y était également indiqué un lien internet pour télécharger un album et un autre, vers une application, pour verser des pourboires. Derrière la carte était scotché un disque de cuivre, lisse et plat, deux fois plus large qu'un cent. C'en était un, du reste, comprit Isaac, mais étalé, comme ces médailles qu'on fabrique dans les musées – celui-ci cependant était vierge, comme si la pièce était passée sous une roue de train.

« Hé, Bleu, je peux récupérer mon portefeuille ? »

Le rouquin émergea de derrière un pilier et s'accroupit près d'Isaac, sur le bord du trottoir.

« Ton portefeuille ?

— Ouais, bordel, mon portefeuille. Celui que je t'ai fourré dans la chaussette quand j'ai reposé celui de la mémère dans son sac.

— T'as fait ça, toi ? Pourquoi ? demanda Isaac en rangeant la carte dans le vieux portefeuille qu'il rendit à son propriétaire.

— Nan, ça c'est pour toi, répondit l'autre en lui rendant la carte et la pièce. Bon, fallait bien qu'ils trouvent un truc sur toi pour expliquer ce que la dame avait vu dans tes mains au comptoir. Et je voudrais pas dire, mon lapin, mais tu m'as pas l'air très fortuné, comme type, et qui dit pas de sous dit pas de portefeuille. »

Son accent mélodieux allongeait les syllabes, comme dans une pièce de Tennessee Williams.

« Mais pourquoi faire ça ? Pourquoi me filer un coup de main ?

— Que celui qui n'a jamais péché lance la première mouche.

— Hein ?

— Faut qu'on s'entraide, dit Short en clignant de son œil vert jade.

— On ? »

Isaac eut tôt fait de jauger le gamin. De près, on voyait la crasse sur le col du tee-shirt, les cheveux sales.

« Nous les clodos, tu veux dire.

— Pas des clodos. Des anges, répondit le garçon en souriant.

— C'est ça, ricana Isaac. Des anges. »

Mais il y avait quelque chose chez Benjamin Short qui inspirait la confiance. Quoi, exactement, Isaac n'aurait pas su le dire, mais il se sentait bien, accroupi à côté de lui sur ce bout de trottoir. À l'aise. Un terme qu'il avait très peu utilisé depuis son départ de la maison.

« T'es nouveau sur la route, hein, Bleu ? »

Isaac eut un moment d'hésitation. Le rouge de nouveau lui monta aux joues. C'était si évident que ça ? Il n'avait aucune envie de donner cette impression-là. Un niais, un blanc-bec, facile à plumer.

« C'est pas grave, tu sais, dit le garçon. Les grands morceaux commencent tous sur une première note. »

Il ajouta, main tendue :

« Benji Short.

— Isaac Yaga. »

Échange scellé d'une poignée de main.

« Bleu, je peux te donner un conseil ? »

Haussement d'épaules d'Isaac.

« Vole pas. C'est con. »

Isaac devint rouge comme une tomate ; il retira sa main.

« Ce que je veux dire, poursuivit Benji, plus conciliant, c'est : prends ce portefeuille. »

Il le brandit dans les airs.

« Arrache-le-moi.

— Hein ?

— Arrache-le-moi. »

Isaac obtempéra.

La main de Benji se figea en suspension, comme une pince. Une pince désormais vide.

« Tu vois, là ? demanda-t-il à Isaac en désignant la béance entre ses doigts. C'est un désir maintenant. Un manque. Un espace perdu. Un trou noir. C'est un truc que les gens remarquent, ça, hein, Bleu ? Ils la sentent, l'absence. Elle est présente, si t'aimes mieux. Tu me suis ? »

Isaac hocha la tête, même s'il n'en était pas certain.

« Bon. Maintenant, détache la pièce de la carte. Ouais, comme ça. Et mets-la-moi dans la main. »

Isaac déposa la pièce dans la paume pétrifiée du garçon. Qui serra aussitôt le poing, les coins de ses lèvres esquissant un sourire de conspirateur.

« T'as vu ?

— Euh... Non, pas vraiment.

— Il n'y a plus de vide.

— O... Oui, effectivement.

— Les voleurs s'enrichissent en laissant des trous, dit le garçon, le doigt levé. Mais au bout d'un moment, ça se déséquilibre. La nature, elle met son nez là-dedans. Elle rétablit les droits. C'est le début du manque de bol. Tu commences à perdre des trucs, ton sac à dos, tes godasses ou pire encore carrément un bras, bordel, une jambe. Mais si tu mets quelque chose dans les vides, même un truc qui ne vaut pas grand-chose – Benji rendit la pièce à Isaac –, y a plus de trous noirs. Plus de manque de bol. Plus de fouille au corps par les flics.

— Ce que tu veux dire, traduit Isaac, c'est que je dois rétablir un certain équilibre, sinon je me ferai choper.

— Et voilà, t'as compris. Qui vole un œuf doit rendre un bœuf. T'aurais pas une clope ? »

Isaac secoua la tête. Il avait bien pensé à se mettre à fumer. Il regrettait à présent d'avoir hésité.

« T'es poète ? demanda Benji en désignant le cahier sous le bras d'Isaac d'un geste du menton.

— Nan, c'est juste mon journal.

— Mais t'es un troubadour, toi. Un artiste. Ça se voit à ça. »

Benji posa l'index sur le front d'Isaac, entre les deux yeux.

« Je suis acteur, dit Isaac.

— Acteur ? Encore mieux ! Ça va te servir, tu vas voir. »

Il y avait une sagacité pleine d'assurance dans la manière dont le garçon s'exprimait, même s'il avait l'air encore plus jeune qu'Isaac. Il ne devait pas avoir plus de seize ans. Un ange, effectivement, peut-être.

« Et tu joues de ce truc ? demanda Isaac, en baissant les yeux vers la guitare que Benji avait posée sur le trottoir, à côté de lui.

— J'en joue ou ça me joue, putain c'est dur à dire. Tu sais, dans le folklore irlandais, y a une créature qu'on appelle la *leanan sídhe*. Tu connais ?

— Non, désolé », dut admettre Isaac à son grand regret.

Il aurait voulu répondre oui, montrer à ce gamin qu'il savait quelque chose qui en valait la peine, tout Bleu qu'il était.

Benji se pencha, un crépitement de feu de camp dans la voix.

« Elle est invisible, sauf pour un artiste en particulier. Et lui, il pense que c'est la plus belle femme qu'il ait jamais vue. Elle allume un feu dans son cœur. Il tombe amoureux. Tout ce qu'il écrit, tout ce qu'il peint, tout ce qu'il chante, c'est pour cette femme. Et grâce à la passion, c'est magnifique, ce qu'il fait. Génial, même.

— C'est sa muse, on peut dire ?

— Oui, plus ou moins. Enfin plutôt comme le démon que tu rencontres à la croisée des chemins et à qui tu vends ton âme pour devenir le meilleur pianiste du monde ou le chirurgien esthétique le plus célèbre de L.A., jusqu'à ce qu'il vienne exiger son dû. Parce que le truc, ajouta Benji en chassant une mouche de sa joue, c'est que l'artiste soupire après la *leanan sídhe*, puis s'adonne à son art, puis soupire, puis son art, et cetera, et pendant ce temps-là le feu qu'elle a allumé en lui est de plus en plus puissant, jusqu'à ce qu'il soit complètement carbonisé de l'intérieur. Et là, il meurt. C'est pour ça que les poètes et les artistes meurent jeunes, paraît-il. Bon (et Benji se pencha vers Isaac, ses yeux vert absinthe luisant comme des lucioles), est-ce que tu dirais que cette histoire est vraie ? »

Question à laquelle Isaac, enfin, pouvait répondre.

« Toutes les histoires sont vraies. »

Benji se pencha en arrière, satisfait.

« Pourquoi t'as écrit voyageur du temps sur ta carte ? demanda Isaac.

— Essaie de chanter un truc vieux de trois cents ans et viens me dire ensuite que c'est pas du voyage dans le temps. Merde, il faut que je boive quelque chose. Tu veux une bière ? C'est ma tournée.

— D'accord. »

En se relevant, Isaac faillit marcher sur un chaton noir et maigrelet. Il retrouva son équilibre au dernier moment.

« Mon ombre ! s'écria Benji avec un grand sourire. Bleu, je te présente mon démon familier, Enjoliveuse Short, chasseuse de rats d'Amérique. »

La chatte se pressa contre les mollets de Benji en ronronnant.

Et ce fut ainsi que deux garçons accompagnés d'un mince chat noir se dirigèrent, côte à côte, vers le soleil couchant. Ils ne fuyaient pas le lieu qu'ils venaient de quitter, non. Ils ne fuyaient pas, ils allaient devant eux.

Chapitre 18

On me dit que vous avez posé des questions sur moi à la synagogue, à la pharmacie, à la mairie ? Que vous vouliez savoir si on pouvait me faire confiance ? Alors quand je vous dis que je suis née d'une poule, vous ne me croyez pas ? Ah ! La confiance. C'est un mot qui n'a aucun sens, sauf pour les *kibitzers* qui se figurent que les affaires de tout le monde les regardent. Moi, je me réserve le droit de vous mentir sans honte et régulièrement ; et il faut toujours faire usage de ses droits, sans quoi ils s'étiolent, parce qu'on les néglige.

Donc, il se peut que je ne sois pas née d'une poule. Vous connaissez cette histoire ?

Il y avait une fois une forêt de très vieux pins. Leur couvert était tellement épais que la lumière ne passait pas. L'herbe qui tapissait les sous-bois était si douce qu'un faon nouveau-né aurait pu y dormir pendant des semaines sans se réveiller. Les pins, là-bas, ils inspiraient un siècle et ils en expiraient un autre. Les pins, là-bas, ils se courbaient sous la tempête et le blizzard, mais ils ne tombaient jamais. Pas un seul arbre couché dans cette grande forêt. Et c'est là que les bûcherons sont arrivés.

Les bûcherons étaient attifés comme des soldats. (Je vous dis ça par précaution, pour vous rappeler que c'est une histoire que je vous raconte, pas un fait réel. Dans une histoire, qu'il soit ou non soldat, celui qui veut faire du mal arrive toujours en uniforme.) Les bûcherons trouvèrent l'arbre le plus haut de la forêt ; ils brandirent leurs grandes scies et lui coupèrent le tronc comme ils auraient étripé un cochon. L'arbre tomba.

Il y avait une famille de corneilles dans ce grand pin et quand l'arbre tomba, les corneilles furent tuées. Leurs esprits voulurent s'enfuir mais restèrent coincés dans le tronc, tout croassants. Le bois fut préparé en billes, puis débité en planches. Une mère et ses deux filles l'achetèrent pour une forte somme et s'en servirent pour construire leur maison. Les esprits des corneilles n'avaient pourtant de cesse que de se débattre dans le fil du bois ; ils arrachaient les clous de leur bec, ils souillaient les planches de leurs déjections, ils rendaient les menuisiers malades ; les malheureux crachaient des plumes dans leur sommeil. Beaucoup quittèrent le chantier. D'autres étaient trop malades ou trop apeurés pour travailler. Au bout de longs mois, la maison fut achevée. Deux pattes d'oiseaux lui poussèrent sous le plancher. Je suis née en courant, et sachant déjà ce que c'est que la mort.

Elle vous plaît mieux que la première, cette histoire de ma naissance ? Oui, sans doute, parce qu'elle mentionne une femme et ses deux filles. Et vous vous dites : Mais je les connais, celles-là. Et vous vous en servirez pour trouver une signification au reste du récit. Moi, j'éviterais les déductions hâtives, si j'étais vous. Ça pourrait être n'importe quelle mère ayant deux filles. Ça pourrait être n'importe quelle maison, n'importe quels volatiles. Et c'est très certainement un autre de mes mensonges.

Mais si vous voulez des souvenirs, je vais vous en raconter un.

*

Si vous êtes né à Gedenkrovka, vous mourrez très certainement à Gedenkrovka, et si tel est le cas, c'est Haim qui fabriquera votre pierre tombale. Vous vous rappelez Haim, le tailleur de pierre ? C'est à lui que Baba Yaga devait donner son troisième œuf au marché, quand les soldats sont arrivés. Voilà, maintenant, ça vous revient.

Tout le monde est égal sous le ciseau de Haim. Que vous soyez rabbin ou cordonnier, Haim vous taille une pierre avec le plus grand soin. Il trime pendant des jours, transforme ce qui était un bloc de marbre difforme, impossible à bouger, en tire-bouchons de tendres ronces, en violettes épanouies, en oiseaux se lissant les plumes dans leur refuge. Il ajoute par-dessous, en hébreu, une épitaphe qui vous célèbre comme le Meilleur Interprète de la Parole Divine, un Bienfaiteur dont la Mémoire est Sacrée : les actes médiocres de votre existence exaltés, glorifiés.

On parle de shtetls dévastés dans d'autres régions de la Russie, d'habitants chassés jusqu'au dernier ou massacrés par les cosaques. Dans ces villages évidés, les pierres tombales sont volées ; on s'en sert pour paver les routes. L'Armée blanche les piétine sans même baisser les yeux.

Quand Haim sculpte votre stèle, son ciseau creuse profond ; les images sont saillantes, elles grouillent, elles prolifèrent. Essayez donc d'en faire des pavés : l'armée qui veut les fouler tombera à genoux.

*

Quand Baba Yaga retourne au marché, elle s'arrête tout d'abord devant la maison du tailleur de pierre. Les balles de plomb qu'il a perdues, elle les a dans sa poche, et ne cesse de leur demander de se taire, car elles parlent tout le temps.

« Reb Haim, lui dit-elle à travers la porte, reprends tes balles ! Elles me parlent toute la nuit, ça empêche mes filles de dormir. Je suis marchande d'œufs, pas hôtelière. »

Il la prend par le bras et la fait entrer de force dans sa boutique.

« Tu es folle, Baba Yaga ? Parler de munitions dans la rue alors que tout le monde peut t'entendre ?

— Ils entendront siffler les balles avant de m'entendre moi », répond-elle.

Haim plisse le front. Il pense que les balles ne parlent pas. Il a tort.

« Ce que tu as trouvé dans cet œuf, ça ne m'appartient pas.

— Ce n'est pas ce que disent les balles », insiste Baba Yaga.

Elle dénoue son tablier et en verse le contenu sur la table du tailleur de pierre. *Tac*, *tac*, *tac*, disent les balles en glissant. Alors elle prend un ciseau sur la table et l'enfonce dans sa paume. Haim horrifié le lui arrache des mains, avant qu'elle puisse se blesser. Elle lève les yeux au ciel et se fourre la main sous la jupe, pour y recueillir une goutte de sang menstruel, qu'elle étale sur une des balles. Dès que le sang entre en contact avec le métal, la balle se met à parler.

À parler de la révolution. De chambrettes où les imprimeurs et les étudiants se retrouvent et discourent à voix basse, assurée. À parler des bolcheviques, de la chute d'un empire, du pouvoir perdu et retrouvé. À parler du sang déjà versé, du sang qui coulera. À parler du corps dans lequel elle se logera, un soldat de l'armée de Dénikine. À parler des pogroms, des juifs qui se réuniront pour se défendre, un pouls secret battant sous le village. À prononcer le nom du tailleur de pierre.

« Alors tu comprends pourquoi mes filles ont du mal à dormir, le gronde Baba Yaga. Ce n'est pas une berceuse qui puisse convenir à un enfant, Reb Haim. »

Il pose les mains à plat sur la table. Il se concentre, comme un ciseau avant de s'attaquer à la pierre.

« Tu as entendu ce qui s'est passé à Korostichev ? Des fermiers goys. Ils ont lynché un juif et son fils. Le garçon avait seize ans. Et les Blancs qui sont censés maintenir l'ordre, disent-ils, ils ont tourné la tête, quand l'homme suppliait qu'ils épargnent au moins son fils.

— Je sais ce qui se passe, grommelle Baba Yaga.

— Tu sais beaucoup de choses, hein, Baba Yaga ? Tu trouves toujours moyen de rester au courant.

— J'écoute.

— Et si, propose le tailleur de pierre en hochant la tête, si tu en faisais quelque chose de bien ? Tu pourrais nous aider. Aider ton peuple. Il y a un mouvement de résistance, des juifs qui se rassemblent et qui… »

Elle lève la main. Des points minuscules au fil rouge ferment la bouche du tailleur de pierre.

« Les petites querelles des hommes, ça ne m'intéresse pas. Ce qui m'importe, c'est mes filles. C'est tout. »

Haim croise son regard. Ses iris, presque aussi noirs que les pupilles qui les percent.

« Je suis parfaitement capable de les protéger. Ne me reparle jamais de tes histoires, Reb Haim. »

Le regard de Baba Yaga est une tombe. Les balles sur la table sont aussi lourdes, aussi brillantes que des lunes. Elles attendent. Elles rêvent d'un doigt pressant la gâchette.

Quant aux points sur les lèvres de Haim, ils s'effilocheront… au moment voulu.

*

Je reconnais que j'ai pensé un moment raconter cette histoire d'une autre façon. Dans une autre version, Baba Yaga, peut-être, rejoint la résistance et je ponds des œufs à la chaîne, bourrés de plomb. Elle et le tailleur de pierre deviennent peut-être amants. Ce n'est pas impossible. Elle en a eu, Baba Yaga, des amants. Un golem qu'elle avait fabriqué, en argile. Une carcasse d'ours brun, chargée d'asticots, douce tant elle était pourrie. Un commerçant itinérant qu'elle a accueilli dans son lit à la manière d'une mante : ça a fini par une dévoration. Pardonnez-nous ! On cancane comme des *yentas*. Mais alors, tous ces amants ! Baba Yaga a tout le temps faim. Baba Yaga, avec ses filles nées d'un bout de *rugelach*, d'un peu d'eau de rose et d'une dent. Baba Yaga, gloutonne, distributrice de secrets.

Écoutez-moi. Vous savez que quand les papillons de nuit renaissent de leur cocon, avec des ailes, ils n'ont plus de bouche ? Quand ils sont chenilles, ils mangent des feuilles vertes, s'engraissent, se cachent sous la soie pâle puis ressortent pour ne plus jamais rien manger. Vous imaginez ? Vivre en ayant toute sa faim derrière soi. Notre Baba Yaga n'est pas un papillon de nuit. Elle est faite de mille bouches ouvertes et elles sont toutes humides aux commissures.

Dans cette version-ci, Baba Yaga ne rejoint pas les balles murmurantes. Elle ne se retrouve pas dans des arrière-boutiques où frémissent sur les tables, comme des ailes coupées, les cartes et les tracts ; elle ne se retrouve pas non plus dans le lit du tailleur de pierre. Au lieu de cela, elle prend soin des siennes, comme elle l'a toujours fait. C'est la dernière fois qu'elle discute avec Reb Haim. Du moins, du vivant de celui-ci.

Bien que Baba Yaga ait eu de nombreux amants, elle n'a que deux amours – Illa et Malka. Les amants, ça se mange. Les amours, on leur éponge le front d'une serviette humectée d'eau fraîche quand la fièvre augmente en soufflant à leur oreille, *Chut, ma chérie, dors maintenant. Il faut dormir.*

Chapitre 19

Li Fen ferma le dernier verrou de la porte du musée Estey ; la clef de bronze tourna avec un puissant cliquetis – l'un de ses bruits favoris, évocation de la complétude, ruban que l'on noue sur le paquet-cadeau. Une nouvelle journée prenait fin.

Une bonne journée, de fait. Comme presque toutes – si vous décidiez de la consacrer au bien. Fen tenait les intentions en grande estime. N'était-ce pas le rôle des artistes ? Voir le monde non seulement comme il est, mais aussi comme il pourrait être. Une scène vide – bois, rideaux, dettes des locataires – devenait une forêt habitée par des oiseaux à neuf têtes et des chèvres savantes qui pouvaient différencier vérités et mensonges. Une toile se faisait lac, enluné de crapauds magiques, ou bien un ciel où s'emmêlaient les dragons. Il en allait de même assurément avec les jours. Pages blanches à remplir de ce qui faisait vibrer l'imagination. Alors, oui, elle aurait pu se dire que sa journée n'avait consisté qu'en de longues et pénibles heures à faire visiter le musée à des écoliers aux mains poisseuses cornaqués par d'irascibles professeurs. Bien sûr. Mais quel intérêt ? Non : aujourd'hui, elle avait guidé de jeunes esprits en pleine croissance dans un labyrinthe de bruits et de visions. Elle avait planté dans ces cœurs de frêles tuyaux d'orgue qui sonneraient, hauts et clairs, pendant leurs rêves.

Elle glissa la clef dans sa poche et descendit l'escalier, vers le parking. Elle s'adoucit dans l'air du soir. *Une bonne journée*, se répéta-t-elle, en guise de mantra.

Un bruit retentit dans le passage qui séparait les deux bâtiments les plus proches.

« Il y a quelqu'un ? »

Et sa voix rebondit sur les hautes parois d'ardoise.

Quelque chose remua dans les ombres ; Fen en eut le souffle coupé. *C'est l'intention qui compte*. Voilà, on en revenait toujours à ça. On avait toujours le choix entre la peur et la curiosité. Elle avança d'un pas.

L'ombre bougea.

« Qui est là ? »

Un raton laveur replet déboula avec fracas d'une poubelle métallique et Fen gloussa de soulagement.

Quelle drôle de créature, avec ses petites mains humaines, ce dandinement grassouillet. Dans sa province chinoise natale, il n'y avait pas de ratons laveurs – elle avait grandi à quelques heures de voiture de Shenzhen. Il n'y en avait pas davantage à Beijing, où elle avait vécu adulte, dirigé un théâtre. Elle oubliait parfois à quel point les choses étaient différentes en Amérique – puis surgissait l'une de ces singulières créatures, presque mythiques dans leur altérité.

Ah, ce n'était pas les seuls rappels. Les habitants de cette petite ville de Nouvelle-Angleterre avaient leur manière bien à eux de lui dire les choses. Questions grossières sur son origine. Moqueries sur son accent. Les deux index tirant sur les paupières. Parfois Fen n'avait qu'une envie, prendre un aller simple pour la Chine, et tant pis pour ce qu'elle accomplissait ici : sa peinture, la communauté qu'elle avait réussi à construire pour ces gens-là, avec ces gens-là. Mais l'artiste ne voit pas le monde tel qu'il est. Elle en pressent les possibilités. Ce matin-là, quand le couple insolent auquel elle avait fait découvrir le musée lui avait demandé s'ils ne pouvaient pas disposer d'un « guide du coin, plutôt », elle s'était contentée de sourire, avant de se répandre en compliments sur la jolie broche en forme de tulipe de la femme. *C'est l'intention…*

Le raton laveur disparut dans les broussailles, et Fen plongea la main dans son sac pour y récupérer ses clefs de voiture. Pêche infructueuse : elle ne trouva que quelques pièces de monnaie et du baume à lèvres. Elle soupira, se souvint de la tasse en verre vert, sur le comptoir, à l'entrée du musée, où elle avait posé les clefs – lesquelles s'y trouvaient encore certainement. L'inconvénient d'être une artiste : parfois, on se laisse tellement envahir par le monde tel qu'il pourrait être qu'on oublie le monde tel qu'il est. Elle rebroussa chemin, monta d'un pas alerte l'escalier en ciment. Au moment où elle allait introduire la clef dans le premier verrou, elle entendit un nouveau bruit. Plus fort. Trop fort, c'est certain, pour un simple raton laveur… Elle fit volte-face, scruta l'allée entre les deux immeubles, les yeux plissés.

« Il y a quelqu'un ? »

Elle descendit la première marche. Puis la deuxième.

Un homme surgit de l'ombre.

Il se mouvait d'une manière étrange et saccadée, comme dans les tout premiers films à quinze images par seconde. L'une de ses jambes était curieusement tordue, et le pantalon déchiré, ce qui n'empêchait pas l'homme de prendre appui sur elle comme si de rien n'était. Ses épaules étaient voûtées, sous l'effet, peut-être, d'un poids insupportable.

« Tout va bien, monsieur ? »

Fen sentit son cœur s'emballer. Si cet homme avait besoin de son aide, elle la lui accorderait. *C'est l'intention...*

Il s'approcha d'elle, la respiration sifflante.

Plus âgé que Fen, dans les soixante-dix ans, peut-être, il n'était pas très grand, les cheveux blancs et rares, coiffés en catogan. Elle le reconnut. Il était venu à la dernière représentation des gosses de Mira, celle qui avait eu lieu à l'intérieur du musée, juste avant qu'ils ne décampent en quatrième vitesse. Certaines personnes avaient été vraiment mesquines, elles voulaient se faire rembourser le spectacle. Pas lui, qui s'était montré accommodant, très poli. Il avait même sorti quelques billets de sa poche pour apaiser les spectateurs les plus entêtés.

« Monsieur ? »

Elle finit de descendre l'escalier et s'approcha lentement de l'homme. Une brise tiède – trop tiède pour novembre – traversa la nuit.

« Vous avez besoin d'aide ? Vous voulez que j'appelle les secours ? »

L'homme trébucha, se rattrapa sur sa mauvaise jambe, et Fen tendit les bras pour l'empêcher de tomber. Son tee-shirt était poisseux. Rouge de sang.

Un frisson glacial courut sous la peau de Fen. Elle s'efforça de ne pas y penser. Il y avait urgence pour cet homme. Il allait falloir garder la tête froide.

« Je vais appeler une ambulance. Vous pouvez me dire ce qui vous est arrivé ? Quelqu'un vous a blessé ? »

L'homme releva brusquement la tête. Fen poussa un petit cri. Sa peau… sa peau ondulait, comme soulevée par les flammes d'un feu de broussaille. Les veines saillaient, privées cependant du bleu outremer du sang qui les parcourt – le visage de l'homme était strié de cordes d'un blanc immaculé, comme si ses vaisseaux sanguins avaient été vidés, puis remplis de fumée. Ses lèvres laissaient échapper des volutes blanches, ses paupières des larmes gazeuses. Fen, bouche bée, lui lâcha les bras, mais avant qu'elle puisse reculer, l'homme la rattrapa par le poignet, puis lui serra la gorge.

C'était un joli petit objet, la tasse en verre vert dans laquelle ses clefs attendaient patiemment sur le comptoir du musée. Un cadeau de son frère : quand il s'était marié, quelqu'un leur avait offert un service complet. L'anse s'était cassée ; il voulait la jeter mais Fen l'avait récupérée dans la poubelle. Elle avait besoin d'un nouveau départ, cette tasse. D'une bonne âme qui perçoive ses possibilités. Allait-elle lui manquer ? La tasse trouverait-elle une autre bonne âme ? Ou finirait-elle vraiment dans une benne, cette fois-ci ? Perdue dans une décharge, où plus personne ne la prendrait jamais entre ses mains. *Comme mon corps*. Sa vision se brouilla, l'asphyxie commençant. Des lueurs vertes lui apparurent. Les clefs de voiture... Elle les sentait presque dans ses mains, lourdes et fraîches, comme si, dans une autre dimension, une autre version de son existence, elle ne les avait pas oubliées, les avait retirées de la tasse en verre vert, les avait gardées à la main en se dirigeant tranquillement vers sa Subaru... Elles lui semblaient si tangibles, si matérielles, dents enfoncées dans le gras de sa paume.

Non. Ce n'était pas qu'une impression. Mais une autre clef, la clef du musée, qu'elle n'avait pas lâchée.

L'homme ne relâchait pas son étreinte et Li Fen, paniquée, se mit à suffoquer. Il serra, serra... Le larynx de Li Fen crissa et des larmes roulèrent sur ses joues. Elle joignit les mains. La clef, une arme étincelante dans son poing. Elle rassembla toutes ses forces et frappa l'homme au poignet. Il hurla, lâcha prise. Elle se mit à courir. Remonta l'allée. L'escalier du musée. Pitié, pitié, murmura-t-elle en tentant de glisser la clef dans la serrure. Trop vite. Elle échoua à deux reprises avant d'y parvenir. *Pitié. Mais oui. Tu vas y arriver. Tu vas y arriver. C'est l'intention...*

La porte s'ouvrit et Fen se rua dans l'entrée avant de refermer le battant avec violence.

Pétrifiée, elle attendit, regard fixé sur la porte. Puis un coup sonore retentit de l'autre côté. Le vieil homme frappait. *Boum. Boum.* Elle se plaqua les mains sur le visage. L'immeuble était ancien, mais la porte blindée datait de l'année précédente. Le battant trembla sous l'assaut, mais ne céda pas. *Boum. Boum. Boum.* Combien de temps resta-t-elle ainsi figée, à écouter le sourd tambourinement du corps de l'homme sur la porte ? Les coups finirent par s'espacer. *Boum*. Silence. *Boum*. Elle tremblait comme une feuille. Un goût de rouille lui était venu à la bouche. Elle s'était mordu la langue.

« Comment allez-vous, *sudarinya* ? »

Elle laissa échapper un gémissement et fit volte-face. Un autre homme était apparu près d'un grand harmonium orné de colonnes rose et acajou. Il portait un long manteau en drap de laine et une casquette à visière. Les épaules bien droites, mais non sans nonchalance, il posa le coude sur le vénérable instrument puis, remarquant la poussière qui en ternissait la surface, il fronça les sourcils et s'épousseta la manche.

« Qui êtes-vous ? demanda-t-elle en brandissant la clef du musée, arme piteuse.

— Moi ? Je suis ici pour nettoyer. »

Nettoyer… Elle en aurait pleuré de soulagement. Un homme de ménage. Il était sans doute entré par la porte de service après qu'elle avait fermé l'entrée principale. Elle ne l'avait jamais vu, mais le musée employait de nombreux bénévoles, comme elle, et elle ne les connaissait pas tous.

« Vous semblez bouleversée. »

La voix de l'homme avait la douceur du velours, la sérénité du bourdon. Son accent n'avait rien à voir avec celui des Vermontois de sa connaissance ; il était lourd d'intonations étrangères. Un immigré. Comme elle.

« C… C'est vrai », croassa-t-elle en portant les mains à sa gorge.

Son larynx froissé palpitait sous ses doigts.

« Chut… »

Il se dirigea vers elle – mouvement qui tenait plus de la lente glissade que de la marche. Rien à voir avec les gestes saccadés et traînants de son assaillant. Elle ne put s'empêcher d'être rassurée par ce contraste.

« Vous avez eu une petite frayeur, je crois ? »

Elle hocha la tête. Il n'était plus qu'à quelques pas d'elle, assez près pour qu'elle puisse distinguer ses rides – mais de rides, il n'en avait pas. Sa peau était lisse, rayonnante, comme tiédie de l'intérieur. Son sourire était affable. Inspirait la confiance. Elle sentait déjà l'adrénaline s'apaiser dans ses veines. Dehors, plus un bruit. Sauvée. Elle était sauvée. Grâce à cet homme.

« Il... Il y a eu un... » éructa Fen, mais sa voix se brisa en une toux douloureuse.

Son larynx avait dû enfler. Elle avait du mal à respirer.

« Ne parlez pas, *metchtatelnitsa*. Ne vous abîmez pas la voix. »

L'homme lui posa une main sur le dos. Elle se concentra sur la chaleur qu'il dégageait. *Tu vois, même au cœur de la nuit, il y a des gens bien. Pour une personne qui cherche à faire le mal, il y en a une qui s'emploie au bien. Crois en la bonté : elle croisera ton chemin. C'est l'intention...*

Elle fut prise d'un nouvel accès de toux.

« Tenez. »

L'homme glissa la main dans l'échancrure de son manteau, en sortit un petit flacon bleu, un flacon en verre dépoli, comme la petite tasse verte du frère de Fen. Il la déboucha du pouce ; un étrange parfum se dégagea dans les airs. Foin, poussière : comme les fermes, au pays, à la fin de l'été. Il y avait une autre nuance, plus profonde… Une odeur âcre, cendreuse, de corne brûlée. Elle eut une brève nausée, déglutit pour la chasser… Une nouvelle quinte de toux la secoua.

« Buvez. »

L'homme pressa le goulot du flacon contre ses lèvres ; elle but, émue, reconnaissante, main levée pour contribuer à la manœuvre. Ses doigts effleurèrent le bas-relief qui ornait le verre… Un blason ? Ils s'attardèrent sur les courbes délicates. Symétriques. Des ailes déployées, peut-être. Les douleurs de son larynx s'apaisèrent. Mais son cœur – son cœur, effaré, galopait à bride abattue.

Dans la pièce, tout devint blanc.

Boum. Boum. Boum. On frappait.

Il était revenu. L'homme, dehors. Il allait entrer. Il allait la tuer.

La fumée rampa de son ventre à son épine dorsale, prenant Fen pour escalier. Marche après marche. Ses épaules se voûtèrent de terreur. Un poids s'y était fermement installé, cherchant son équilibre. Comme si quelqu'un lui était grimpé sur le dos.

Elle ne reverrait jamais son pays natal. Ne reverrait jamais son frère, sa belle-sœur, leur nouvelle petite-fille. Ne reprendrait plus jamais les clefs de sa voiture dans la petite tasse verte, ne sentirait jamais plus le moteur démarrer, ne sortirait jamais d'ici, jamais plus jamais.

Elle leva les yeux vers l'homme au long manteau. Il semblait luire comme la lune près de l'horizon, la peau nimbée d'or. Un fanal dans la nuit. Un lieu sûr. Il se pencha vers elle. Elle lui prit la main.

« Venez. »

Boum. Boum. Boum. Boum.

Elle se redressa ; l'homme la guidait. Ils traversèrent le vestibule, puis les salles du musée. Passèrent devant les grandes orgues qui tremblaient en silence. Des rangées de mélodéons sourds, d'harmonicordes hautains. Fen ne voyait plus que des brumes, vagues, blêmes, venues des recoins, dévalant les murs. Elle ne lâchait plus la main de l'homme, corde lancée par-dessus l'abîme, planche de salut. Ils entrèrent dans la deuxième salle d'exposition, plongée dans la pénombre, à l'exception de la fumée blanche qui s'élevait en volutes sous le regard de Fen. Une autre odeur flottait dans l'atmosphère – non celle de la bouteille, pourriture brûlée. Ni celle crispée de la peur. Celle-ci était douce et âcre. Elle se cramponna à l'homme, baissa les yeux pour se rassurer. Un gémissement lui gargouilla dans la gorge. La main qu'elle serrait… Au-delà du poignet, ce n'était plus le bord de la manche, mais un rouleau de fumée tourbillonnante qui n'en finissait pas de s'allonger. Le bras pâle n'avait pas de fin, il serpentait dans la salle, sur trois, cinq, dix mètres peut-être, disparaissait au tournant d'une porte, celle par laquelle il était entré. Hors de sa vue et cependant elle en distinguait la suite, reflétée dans les fumées ; le bras s'étendait encore jusqu'à ce qu'il retrouve le corps de l'homme, debout près de la porte d'entrée. Et souriant. Il tourna le verrou. *Boum boum. Boum boum.* La porte s'ouvrit et le vieil homme entra d'un pas vacillant. Une créature décharnée était juchée sur ses épaules, de la même couleur que l'effroyable bras. Li Fen sentit immédiatement le fardeau s'alourdir sur ses propres épaules. Des genoux se logèrent contre son dos. Elle gémit. La main sur la sienne lâcha prise – non sans laisser quelque chose dans sa paume.

Une boîte d'allumettes. Carton rouge, les coins blanchis. Des mots écrits dans une langue étrangère au dos de l'étui. Une brise tiède lui souffla dans le dos, intensifiant l'étrange odeur de la salle. C'était de l'essence. Les flaques se pressaient à ses pieds, épaisses, irisées.

« Elle est passée par là, je sais », lui siffla une voix chantante aux oreilles.

Y avait-il quelqu'un dans son dos ? Ou la voix était-elle remontée le long du bras ?

« L'abomination. Je sais que vous l'avez vue. Que vous avez aidé. Mais ne vous inquiétez pas. Bientôt, il n'y aura plus personne qui se souvienne. Vous serez absoute. »

De l'autre côté de la salle, l'homme aux veines de fumée approchait d'un pas traînant, sa jambe tordue s'affaissant sous le poids de l'ombre qui le chevauchait.

Elle ferma les yeux. Elle allait se libérer. Hors de question de se livrer à cet inconnu, cet enragé. C'était à elle d'écrire son destin. De ses mains tremblantes, elle ouvrit la boîte d'allumettes. Gratta, une fois, deux fois. À la troisième tentative, une flamme s'éleva, crépitante.

C'est l'intention…

Li Fen laissa tomber l'allumette.

Chapitre 20

Un club punk à Amherst, où ils reçurent en guise de paiement cinquante dollars en billets fripés et un sachet d'herbe. Trois bibliothèques de village et une école primaire privée à Cape Cod. Un tiers-lieu dans une usine de fermetures Éclair désaffectée, en plein Connecticut. Une fête d'anniversaire organisée pour un professeur d'université, dans son jardin prospère et soigneusement entretenu. Les représentations et les villes se suivaient jusqu'à devenir indistinctes.

Trois semaines et demie s'étaient écoulées depuis leur premier spectacle à Brattleboro. À chaque soirée son nouvel auditoire, fervent, attentif. Et chaque soir, la scène tremblait dans les lueurs vacillantes des lampions roses, le parfum du pop-corn au beurre et du velours humide ; le brouhaha des voix flottait vers le ciel comme un concert de clochettes.

*

Bellatine, un genou sur la scène, sciait à la main une planche de contreplaqué. Elle se servait d'habitude d'une scie circulaire : électrique, plus rapide.

Mais elle avait besoin de sentir son corps au travail. Les muscles de son bras se mettaient en mouvement pour que les dents puissent attaquer la planche. Allez : pousser, tirer, pousser, tirer sur la poignée de ses mains calleuses et bienheureusement muettes.

Depuis l'incident du musée des orgues, elle avait dû batailler deux fois plus dur pour garder le contrôle de ses mains. Qu'elle relâche son attention une seconde, et l'Embrasement reprenait le chemin de sa peau, démoniaque partie de cache-cache. La rechute avait rappelé à son corps de quoi il était capable : mais elle allait le contraindre de nouveau à l'oubli. Ça ne serait pas la première fois. Dans le parc qu'ils avaient investi près de Newark, l'air au moins lui rafraîchissait la peau. Alentour les frondaisons se dépouillaient, les érables renonçaient à leurs couleurs. Et tombaient les feuilles, milliers de petites mains en feu.

En contrebas s'élevait une volute de gloussements et de fumée de tabac à la lavande. Isaac se pavanait avec une paire de dames d'au moins deux fois son âge, visiblement bien décidées à l'adopter, à coucher avec lui ou les deux. Il leur sortait des pièces d'argent de derrière les oreilles en battant des cils : de vrais éventails de cabaret ! Plus loin, une confrérie d'enfants, à quatre pattes, examinaient une fourmilière sous les regards distraits de leurs parents, qui préféraient discuter avec leurs voisins et leurs amis ou s'ébaudir à la vue des longues jambes de la maison, comme les juges du concours Miss Amérique.

C'était un exemple type des rassemblements joyeux d'après spectacle. Bellatine, elle, prenait rarement part au rite. Les bavardages l'épuisaient, les questions incessantes sur la durée des tournées, les villes déjà visitées, les représentations à venir, la maison, la pièce, les marionnettes dans tous leurs détails. Rien de malveillant dans ces interrogations, mais elles donnaient à Bellatine le sentiment d'avoir été vidée de son sang par un vampire et secouée avec vigueur dans son shaker géant. Elle laissait les mondanités à son frère.

« Faut tout de suite remettre la main à la pâte, hein ? »

Elle soupira. On n'échappe pas à l'Inquisition espagnole, en fait.

Le jeune homme qui l'interpellait des profondeurs devait tordre le cou pour ce faire, main en visière sur le front pour se garder du soleil. Bellatine passa en revue la casquette de routier, le blouson en jean, la barbe blonde taillée au plus près de la mâchoire. De la scène, elle pouvait voir le bout de sa clavicule, sous le col de la chemise.

« Ça chôme pas », insista-t-il, comme si elle ne l'avait pas entendu.

Bellatine ordonna à la maison de s'accroupir, le regretta aussitôt. Bientôt la tête de l'homme apparut à hauteur de la scène.

« Salut, concéda-t-elle, sans quitter la scie du regard.

— Super spectacle. C'est vraiment très chouette.

— Merci, c'est gentil d'être venu.

— Vous enterrez une famille d'elfes ? demanda le jeune homme en désignant du menton les sept petites boîtes sans couvercle aux pieds de Bellatine.

— Aïe. Je suis repérée.

— Il paraît qu'ils préfèrent les bûchers vikings. »

Il attendait un rire qui ne vint pas.

« Ça sert à quoi ? »

Bellatine retira la scie de la planche et s'épongea le front d'un revers de main.

« Il y a un casier pour chaque marionnette, expliqua-t-elle. Je vais les fixer sur scène avec du velcro, aux endroits où les marionnettes doivent se trouver au début du spectacle. De sorte que si la scène bouge, ou rue, elles, elles restent en place. Et ça nous permet, avec le velcro, de retirer les casiers quand nous n'en avons pas besoin.

— Mais pourquoi ne pas fixer les marionnettes elles-mêmes sur scène avec votre velcro ? demanda l'homme après un moment de réflexion.

— Trop facile. »

Elle y avait pensé, bien sûr : mais pour ce faire, il fallait toucher les marionnettes, ce qui était hors de question.

« Bon, mais je voulais juste vous dire merci. Super spectacle, vraiment. Et je ne sais pas quand vous repartez, mais si vous ne savez pas quoi faire du reste de votre journée, il y a une fête dans un entrepôt, vers Montrose. C'est censé être une soirée SF, mais vous n'avez pas besoin de vous déguiser. Venez, ça va être cool. »

Le jeune homme tripotait le bout de sa manche.

Bellatine se vit au milieu de la foule coiffée d'aluminium, lumières sourdes léchant le sol en ciment et les pieds des danseurs. Elle se vit trouvant sa place au milieu des inconnus, fermant les yeux, trépignant au rythme des vibrations de la basse. Se pressant contre cet homme dont elle ne connaissait même pas le nom, la peau brûlante contre le fin tissu de sa chemise. Sa chevelure fouettant l'air tandis que la musique se déchaînait, de plus en plus forte. Elle se vit danser.

Puis ses mains furent traversées par une noire chaleur et elle se redressa, sous les frondaisons lumineuses du parc.

« Ce soir, ça ne va pas être possible. Mais c'est gentil, merci. »

La poignée de la scie, noircie par le feu de sa main. Elle ravala l'Embrasement, au plus profond de son être.

Elle se retourna vers la maison. Elle ouvrit la porte, elle entra. Et dès qu'elle l'eut refermée, elle creva le mur d'un coup de poing.

*

Combien de temps resta-t-elle couchée sur le lit, les yeux rivés sur le plafond ? Difficile à dire. Après le spectacle dans la fabrique à orgues, elle avait été si perturbée par son accès de colère à l'encontre d'Isaac qu'elle en avait fait une priorité. Problème secondaire, pourtant. Et les résultats étaient catastrophiques. L'Embrasement était rusé : au moindre relâchement, au moindre appel d'air, il reviendrait. Il reprendrait le contrôle. C'était sur l'Embrasement qu'elle devait concentrer ses efforts, pour l'empêcher d'approcher. Lutte sans relâche. Autrefois Carrie et Aiden la taquinaient, la trouvant trop stoïque. Trop lointaine. Mais ils ne pouvaient pas savoir. Lors des quelques occasions où elle avait bien failli se laisser aller devant eux, elle s'était rattrapée juste à temps. S'ils avaient pu la voir… C'est-à-dire, telle qu'elle était vraiment ? Adieu les gentilles taquineries. Adieu tout court, d'ailleurs. Ils ne seraient pas restés longtemps ses amis.

Elle se redressa. Ça ne servait à rien de se coucher. Mieux valait trouver une occupation à ses mains. Elle descendit du lit et monta dans le grenier, où elle entreposait les outils dont elle se servait moins. Quand elle était dans Pieds-de-chardon, la morsure était moins vive : ça devenait une douleur sourde, lointaine, le souvenir d'une brûlure déjà calmée par un onguent. Mais longtemps après que ses mains se furent engourdies, et même après qu'elle eut entendu Isaac ordonner à la maison de lever le camp, même après qu'elle eut senti le roulis de navire qu'imprimait le pas chaloupé des pattes à la maison partant vers le sud, la colère subsista.

La fresque du grenier la contemplait. Ces quatre personnages – la maison, le lion, la corneille, le lièvre – dansant eux aussi tandis que les ronces déchiraient une armée de soldats. Elle ne pouvait s'empêcher d'envier les danseurs. Leur joie, pure et sans mélange, bien qu'ils soient au cœur du chaos. Peut-être en étaient-ils la cause ? Serait-elle jamais capable de se laisser aller, comme eux, de sauter, de hurler, de danser sans se soucier des atrocités qui se déroulaient autour d'elle ? Ou même de laisser un instant son attention se détourner de sa malédiction ? Elle était lasse de se piétiner. Lasse de tout.

« Hé. »

Bellatine sursauta et se cogna la tête sur la poutre la plus proche. Isaac se tenait au pied de l'échelle, une tasse de café à la main. Depuis leur départ en tournée, il pâlissait à vue d'œil, et son pas était de plus en plus vacillant. Il y a le mal de mer, le mal de voiture, le mal d'avion… Et pour Pieds-de-chardon, on dit quoi ? Mal de maison ? Le café passa par-dessus bord.

« Et moi qui croyais être la drama queen de la famille, dit Isaac. Ce trou dans le mur…

— Comment ça s'est passé avec ton fan-club ? demanda-t-elle en descendant du grenier.

— Très amical, dit-il en brandissant un billet de vingt dollars.

— Mais c'est du vol !

— Mais non, c'est un échange gagnant-gagnant.

— Tu parles. Jusqu'au jour où ça sera perdant-prison. »

Elle dut se mordre la joue pour ne pas aller plus loin. À quoi bon faire porter la faute à Isaac ? N'était-ce pas la raison pour laquelle elle avait eu cette rechute d'Embrasement ? La colère, les reproches qu'elle lui faisait sans cesse. Elle ne pouvait plus se le permettre. De quoi était-il coupable ? De l'avoir embarquée dans cette tournée ? Elle y avait pleinement consenti. Il ne fallait plus lui en vouloir d'être parti un jour. D'ailleurs, très certainement, il recommencerait. Il avait ça dans le sang. Lui reprocher d'avoir quitté la maison ? On n'empêche pas les oies de migrer. Rétrospectivement, c'était sa propre naïveté, sa propre sottise qui lui faisaient honte. Si Isaac n'était pas parti à l'adolescence, d'ailleurs, elle n'aurait jamais appris ce qui était sans doute l'un des grands principes de ce monde : il ne faut se fier qu'à soi-même. Confier son bien-être à quelqu'un d'autre, en partie ou en totalité ? Eh bien, c'est renoncer au droit de se plaindre quand on perd le contrôle de son existence.

Elle était heureuse qu'Isaac ne lui ait jamais proposé son aide. Elle l'aurait refusée.

« Et si on les claquait en dînant en ville ? proposa Isaac, le billet toujours à la main. C'est le New Jersey, après tout, les meilleurs petits restaus des États-Unis ! »

Bellatine hésitait. Mais l'idée d'une platée de frites surmontée d'un burger dans un petit restaurant pour routiers, chromes inclus, faisait gémir son estomac. Elle n'avait envie que de ça, au fond. Des choses normales : bouffe pleine de gras, pas chère, juke-box et tubes des années 1980. Ici, dans la maison, les mains soudain tranquilles, elle y croyait presque : une Bellatine normale. C'était le cadeau que la maison pouvait lui faire, pour peu qu'elle ne s'en écarte jamais trop loin, jamais trop longtemps. Aujourd'hui, demain, jusqu'à la fin de ses jours.

*

Dans une des scènes de *L'Idiot qui se noie*, l'Idiot rend visite au Tailleur. Il veut lui commander une chemise en lin couleur ivoire, avec des boutons ronds et bleus, et le tissu le plus solide et le plus éclatant qui soit. Il veut se donner l'apparence d'une Marionnette éminente, ce que l'acquisition d'une chemise neuve dotée de ces qualités devrait lui permettre.

Le Tailleur accepte la commande. Derrière le rideau de scène, Accessoires joue trois notes au pipeau, *zip*, *zip*, *zip*, et Manœuvre lève le petit pied du tailleur et l'abaisse sur la petite pédale de la petite machine à coudre crépitante ; ses boutons en bouchon de bouteille tournent et luisent et cliquètent et grincent jusqu'à ce que la chemise soit assemblée.

Quand l'Idiot l'enfile, il est horrifié.

Qu'est-ce que c'est que ces quatre énormes trous dans ma chemise ?

Le Tailleur est bien gêné, car il se targue d'être un artisan minutieux et doué, qui ne travaille qu'avec les meilleurs matériaux. Il présente ses excuses à l'Idiot : que celui-ci lui montre les fameux trous, il les réparera.

Ce n'est pas la peine d'ôter la chemise, propose-t-il. *J'arrangerai cela sur vous, monsieur.*

Tiens, c'est là, dit l'Idiot, *et là ! Et là, et là, aussi.*

Mais, monsieur, ce sont les…

Réparez-moi ça, ou je dirai à tout le monde de ne plus aller chez vous ! insiste l'Idiot.

Et disant cela, il se sent plus Marionnette éminente que jamais.

Le Tailleur brandit son aiguille. Et ça marche certainement, songe l'Idiot, car plus le Tailleur coud, plus l'Idiot se sent éminent.

Quand le Tailleur a fini son ouvrage, la chemise en effet n'a plus un trou. Pas de trou pour passer la tête, ni de trous pour passer les bras. Pas de trou pour la taille. Et l'Idiot est cousu dedans.

Chapitre 21

« Et voilà le cheeseburger pour la dame, et pour vous, les frites curly et le verre de merlot. »

La serveuse déposa deux assiettes sur les napperons en papier, ainsi qu'un verre de vin, témérairement rempli à ras bord. Bellatine considéra les frites de son frère d'un œil dubitatif. Isaac leva son verre.

« Que le vin continue de couler, les cigarettes d'être roulées, que les fous deviennent rois et les rois des blagues. À tabac.

— Oh la la ! dit la serveuse, une main sur la hanche. Ça vous vient tout seul, ce genre de truc ? J'aime bien. »

Isaac se hâta de modifier son attitude. Il plissa le front, s'ajoutant quelques rides, laissa pendre légèrement la partie gauche de sa lèvre, séquelle d'un AVC déjà ancien. Pourquoi pas ?

« Oh, c'est mon vieux qui sortait toujours ce genre de truc avant de boire. C'était pas un roi, évidemment, et faut dire que le vin a tellement coulé que papa en a fait autant. Il était routier, comme moi. »

Il sentait déjà son mal de crâne le quitter. Leurs reflets scintillaient dans les chromes, près du présentoir à gâteaux rotatif. Belette avait l'air d'une gamine, avec sa salopette. C'était tout juste si ses pieds touchaient par terre, juchée qu'elle était sur un tabouret de comptoir.

« Elle, là, ajouta-t-il en se tournant vers sa sœur. Mmh… Tu t'appelles comment, déjà, petite ? Bon, t'embête pas, c'est pas la peine de me le dire. »

Il revint à la serveuse.

« Je l'ai prise sur la bretelle de la 95. On en voit de plus en plus, de ces gamines qui fichent le camp. Elle m'a dit qu'elle voulait aller dans un patelin qui s'appelle Swallow's Perch. Ça vous dit quelque chose ? On y va comment ?

— Jamais entendu ce nom-là, dit la serveuse en fronçant les sourcils. Et toi, ma petite, tu devrais appeler tes parents, ajouta-t-elle à l'attention de Bellatine. Ils sont sûrement très inquiets. »

Elle repartit s'occuper du reste de la clientèle.

« Mais pourquoi tu fais ça ? demanda Bellatine.

— Pourquoi je fais quoi ?

— Tu mens comme tu respires. »

Il avala une frite qu'il fit passer avec une gorgée de vin.

« On joue tout le temps un rôle, Belette. On a des casiers différents, avec des rôles différents suivant des circonstances différentes. Tu joues un certain rôle avec moi, un autre avec tes copains du Vermont, un autre encore avec Mira et papa, un autre quand tu es seule.

— Je ne pense pas. Je ne joue que mon rôle.

— Regarde-toi en ce moment. Ton attitude, tes gestes, ta voix : c'est du sur-mesure pour ce type de restaurant, où on s'attend à un certain comportement.

La seule différence entre nous deux, c'est que moi, ça me donne envie de m'amuser.

— Si tu veux. »

Bellatine se pencha sur son burger. Elle mordit dans le steak haché comme un tigre qui achève sa proie, prenant à peine le temps d'avaler avant de s'attaquer au morceau suivant. Isaac était content de la voir aussi avide. Depuis Brattleboro, il avait l'impression qu'elle n'avait rien avalé, hormis une ou deux poignées de chips.

Son téléphone se mit à vibrer. Il l'avait posé sur son portefeuille presque vide, et un carnet de feuilles à rouler guère plus fourni. Le téléphone sonna une deuxième fois. Puis une troisième.

« Tu prends ? »

Il mit fin à l'appel sans rien dire et passa l'appareil en mode silencieux. Un simple coup d'œil à l'écran avait confirmé ses soupçons. C'était Shona. Il glissa le téléphone dans sa poche.

« C'était qui, d'ailleurs ? demanda Bellatine en lui volant une frite.

— Personne. Un type dans un des théâtres où on va jouer le mois prochain, à Atlanta. Je le rappellerai tout à l'heure.

— T'aurais pas cinquante *cents* ? »

Elle avait du ketchup sur le menton.

« Pourquoi ça ?

— Faut que je rembourse une dette de jeu.

— Ah tu vois, tu t'y mets. Et c'est quoi, ton personnage ? T'as été élevée par des compteurs de cartes de Vegas ? T'as joué la ferme de tes parents pour payer les médicaments de ta mère gravement malade ? »

Elle soupira, sans se dérider.

Il sortit deux pièces de vingt-cinq *cents* de sa poche.

« Dépense pas tout tout de suite. »

Elle sauta du tabouret et se dirigea vers le juke-box. Oui, elle jouait un rôle. Et plus encore que d'habitude. Il s'en rendait très bien compte. Même quand elle le taquinait, quand elle lui piquait ses frites, qu'elle parcourait les propositions du juke-box, comme maintenant, elle manquait de naturel. Elle feignait la nonchalance. Les épaules remontées jusqu'aux oreilles, la mâchoire crispée. Et en dépit de la tache de ketchup sur le menton, elle avait pris soin de ne pas se salir les mains, chassant le moindre grain de sel, la moindre goutte d'huile du coin de sa serviette. Elle se cramponnait au canot de sauvetage.

Le juke-box se mit en branle, avec force néons roses.

Dans le temps j'avais des sous
L'État, ce voleur, m'a tout piqué
avant que je…

Une douleur traversa le crâne d'Isaac.

« Mais c'est pas ce que j'avais choisi », gronda Bellatine en donnant une tape à l'appareil.

C'est la faute à Caïn,
C'est pas la mienne…

Isaac finit son verre. Et se souvint.

*

« *C'est la faute à Caïn / C'est pas la mienne* », beuglait la radio du bar. La première bière s'était multipliée par trois, puis par six ; au matin l'engoulevent avait chanté : Benji et Isaac ne s'étaient toujours pas quittés. Benji avait appris à Isaac quelques refrains de ballades anciennes, squelettes de jeunes filles gravés dans des caisses de violon, jeunes hommes qui se transforment en lion, en barres de fer chauffées à blanc, en cygnes. Ils avaient chanté et raconté des blagues pendant une bonne partie de l'après-midi ; à la tombée de la deuxième nuit, ils s'étaient soûlés de nouveau en descendant de la bière au litre, avaient veillé jusqu'à ce que la rosée du deuxième matin pénètre leurs fringues crasseuses.

Benji chantait pour boire. Isaac s'exerçait à pêcher quelques pièces de plus dans les poches de l'auditoire. Il prenait toujours soin de laisser quelque chose à la place, une pièce écrasée, une carte à jouer, un morceau de chewing-gum. Il ne tarda pas à faire ses premiers pas d'acteur, pour se fondre dans la foule ou se donner l'allure d'un individu fiable. Quand ils avaient amassé assez pour la journée, ils achetaient de l'alcool et des clopes (qu'Isaac fumait en toussant – jusqu'au jour où ça passa comme une lettre à la poste). Puis ils repartaient, Isaac à peu près sobre, Benji la paupière tombante et la langue épaisse, se trouvaient un coin à l'abri où dormir. Après quelques jours de ce manège, ils passèrent un accord tacite : c'était ainsi qu'ils allaient poursuivre la route. Ensemble.

*

Benji avait grandi dans l'Arkansas, placé dès ses trois ans. Ses parents étaient tous les deux des drogués. Il tremblait depuis sa naissance. Il ne leur en voulait pas. Son père était accro à la morphine depuis l'Afghanistan, où il avait perdu une jambe. Sa mère venait d'une lignée de schizophrènes, en automédication depuis au moins quatre générations. Benji avait la souffrance dans le sang. Entre trois et quatorze ans, il avait changé dix-huit fois de famille d'accueil. Avant l'adolescence, il était déjà maître dans l'art de la survie. Il avait appris à se faire de vrais bons repas avec ce qu'il trouvait dans les poubelles des Hollard, qui oubliaient parfois de le nourrir pendant deux ou trois jours. Il avait appris à se battre chez les McHall, où il partageait une chambre avec neuf autres gamins plus âgés que lui : initiation précoce qui lui avait valu par la suite son renvoi d'au moins huit familles ; chez les Pennington, il avait compris qu'une rasade de gin pouvait aider à trouver le sommeil en dépit de toutes les nuisances sonores, bris de vaisselle, sanglots, hurlements ; il savait panser les blessures depuis son séjour chez les Tam ; il savait se faire aussi discret, aussi immortel, aussi petit que les cafards des palmiers qui vivaient dans les éviers chez les Lowell.

Il avait appris d'autres choses plus douces, tout de même : chez les Newberg, lire des livres réservés à des élèves de trois niveaux au-dessus du sien. Chez les Poole, siffler des chants d'oiseaux pour que les oiseaux répondent – les mésanges, les colombes, les sternes.

Et pour finir, quand il était arrivé dans le salon frais et bleu des Abidi, avec son sac-poubelle plein de vêtements – c'était tout ce à quoi il avait droit –, son cœur s'était mis à tambouriner comme la pluie sur un toit en zinc à la vue d'une vieille guitare acoustique posée contre le mur. Elle l'attendait. Quand il effleura les cordes, elles lui répondirent comme s'il était le seul à pouvoir les entendre. Leur métal donnait à ses mains une odeur de sang : il était avec elles un dieu de la guerre, une créature ancienne et sauvage.

Après cette rencontre, tout ce qu'il touchait devint chanson. Il n'était pas un gosse en difficulté, abandonné par ses parents et maltraité par un système judiciaire en lambeaux, mais un héros tragique, un barde mythique qui traversait un flot infini de contrées inconnues. Il passa des centaines d'heures, casque sur les oreilles, à égrener les notes des chants de voyageurs, des ballades d'autrefois : voix qui chantaient les épreuves, les souffrances, la solitude, ça, oui, toujours la solitude, mais d'une manière qui paraissait romanesque, pour tout dire. Avec elles, le rejet, l'abandon, les liens perdus trouvaient de la beauté. De l'authenticité.

Deux mois plus tard, quand les services sociaux vinrent le récupérer, une fois de plus, il laissa son sac de vêtements chez les Abidi et embarqua la guitare à la place.

Le soir de son arrivée dans la vingtième famille, il fugua. Ils essayèrent certainement de le retrouver, mais il ne put s'empêcher de penser qu'ils n'avaient pas dû se forcer longtemps. C'était deux ans plus tôt. Deux ans de solitude, jusqu'à Isaac.

*

« Alors t'en as deux sortes. Les highballs et les junk trains. Les highballs, c'est les express : ils sont prioritaires et ils vont droit au but. Les autres, les junk trains, c'est ce qu'on appelle des généralistes. Ils sont plus lents, ils ne passent pas devant les autres. »

Les deux gamins étaient accroupis dans un coin de la gare de marchandises de Portland. Ils attendaient. Benji avait repéré un coin, derrière un bosquet, loin des locaux administratifs de la gare et encore plus loin des locaux de la sécurité, qui grouillaient de policiers des rails. Mais maintenant qu'ils étaient bien planqués et en sécurité, Benji avait tenu à ce qu'Isaac choisisse lui-même son premier train, comme la lionne qui envoie son lionceau tuer son premier déjeuner.

« Alors qu'est-ce qui est mieux ? Le highball ou l'autre, là, le généraliste ?

— Les généralistes sont plus sûrs, mais tu peux te retrouver coincé au milieu de nulle part pendant des jours s'ils décident de faire passer un highball avant. C'est pas un problème en soi, sauf si t'as une fille ou un concert qui t'attend à l'autre bout. Mais si tu veux aller dans un endroit précis, vaut mieux un highball. »

Les feux passèrent au rouge tandis qu'un convoi entrait en ululant dans la gare.

Isaac interrogea Benji du regard tandis que les wagons s'immobilisaient à un ou deux mètres d'eux.

« C'est du charbon. S'il y en a déjà dans la gare, ils vont peut-être vider les wagons, et on se retrouvera je sais pas où. Et s'ils sont vides, ils pourraient bien les remplir, et là, on sera étouffés.

— Alors comment je sais qu'on peut monter dessus ?

— On peut toujours monter, bonhomme. Simplement, y en a qui t'emmènent plus souvent que d'autres sur l'Ouest Express.

— L'Ouest Express ?

— Ouais, celui qui s'arrête dans la grande montagne en sucre que tu vois là-haut. »

Benji se passa l'index à l'horizontale sur la gorge.

« Ah ouais. »

Isaac serra les dents. Le train poursuivit sa route, immense dragon qui battait la poussière de sa queue. Il grinçait sur les rails et serpentait, comme si son convoi n'avait pas de fin.

« Alors qu'est-ce qui te permet de reconnaître le genre de train que c'est ? demanda Isaac.

— Ça se voit principalement aux wagons, dit Benji en cueillant une cigarette à moitié fumée derrière son oreille. Les highballs ont quasiment pas de wagons généralistes : y a surtout des cinquante-trois – c'est leur longueur en pieds –, des quarante-huit, des quarante, des piggybacks, qui sont des porte-remorques, tous plats. T'as aussi les cochons à jupe : c'est comme des piggybacks, mais avec des rabats sur les côtés. Après, des porte-autos, des porte-conteneurs à deux niveaux, quelques suicides...

— Des suicides ?

— Ouais. C'est comme les cinquante-trois et autres, mais sans plancher. Ça donne direct sur les rails.

— Ah, pigé. C'est pas le rêve, ça.

— Bien vu. Et les généralistes, ils font du transport de bois, avec des wagons-silos, qui transportent du sable, du béton sec ou tout ce qui est sec et malléable. Il y a aussi les tankers, les tombereaux, qui ressemblent à d'énormes seaux, et bien sûr les bons vieux wagons de marchandises à l'ancienne. Et dans les généralistes, t'as jamais ni porte-remorques, ni porte-autos, ni deux-niveaux. »

Un SUV apparut entre les voies, non loin des deux garçons. Benji plaqua la tête de son ami contre le sol. La peur serra, aiguë, la gorge d'Isaac.

« Autre conseil. Méfie-toi des SUV. C'est les bagnoles des flics des rails », chuchota Benji.

La lumière des phares filtra entre les troncs, projetant des ombres tremblantes au-dessus des deux garçons. La sueur noyait les reins d'Isaac et l'avertisseur du train retentit, assez fort pour qu'Isaac puisse le ressentir au fond de sa gorge. Le temps qu'ils puissent se redresser, la fin du convoi était en vue. Il s'immobilisa non sans difficulté.

Isaac passa les wagons en revue, le regard en mouvement. Il ne voulait pas se tromper. Il voulait montrer à Benji que ce dernier ne s'était pas trompé en le choisissant, qu'il apprenait vite, qu'il n'était pas un poids mort. Le train assoupi coassa, trouvant peu à peu son lourd équilibre.

« Et celui-là, par exemple ? demanda Isaac en désignant un wagon qui avait l'allure d'une soupe en conserve.

— Bleu, rigola Benji, tu nous as trouvé la Cadillac des wagons-silos.

— Et c'est… une bonne chose ?

— Un peu, mon neveu. C'est l'idéal des vagabonds du rail, de l'est à l'ouest. Le grand luxe, la tronche propre. C'est parfait. »

Il tapa dans le dos de son ami, qui ne put s'empêcher d'éprouver un sentiment de fierté.

Benji s'empara de sa guitare et de son sac et siffla entre ses dents – le chant du roitelet. Enjoliveuse surgit des broussailles et le garçon la prit sous son bras libre.

« Le premier train du Bleu, roucoula-t-il. T'es prêt à foutre le camp de l'Oregon ?

— Bingo », répondit Isaac, testant ainsi un terme qu'il avait trouvé dans un livre sur les vagabonds du rail pendant la Grande Dépression.

Il roulait bien sous la langue, ce petit mot simple et fort. C'était des ailes que Benji avait cousues sur les épaules d'Isaac, tant il se sentait libre.

Ils se faufilèrent entre les hautes herbes jusqu'au train.

« Avant toute chose, dit Benji, le prix à payer. »

Il s'accroupit et, sous le regard effaré d'Isaac, souffle coupé, rampa à genoux sous le ventre du train. Sur le rail qui tremblait de chaleur, le garçon posa une collection de pièces, pour que le train fasse son travail de matrice.

« C'est nos billets, dit-il en se redressant. Mais t'amuse pas à faire ce genre de connerie, Bleu. Moi, je suis immortel. Pas toi. Pas encore.

— Mais on pourra pas les ramasser, dit Isaac, qui déplorait déjà la perte de ces quelques précieux *cents*. On sera déjà partis. »

Benji leva les yeux vers la lune maladive de l'été.

« On revient partout au moins deux fois, Bleu. On rencontre toujours les gens au moins deux fois. Chaque centimètre de terre, t'y reposes un jour le pied. Toutes ces pièces, elles te reviendront. Dans cette vie ou dans la suivante. »

Une échelle sembla surgir de l'obscurité, juste pour les garçons. Le train gémit, monstre jurassique.

« Après vous, monsieur. »

Benji s'inclina.

Isaac se hissa sur les montants. Derrière lui, Benji suivait, sac et guitare à l'épaule, une main sur l'échelle, tenant Enjoliveuse de l'autre.

Ils débouchèrent sur une sorte d'arche, à l'abri du vent. Le chat se perdit dans les ombres.

« Elle connaît les wagons mieux que moi. Elle cherche sans doute déjà la bonne planque, gâtée comme elle est, la petite garce », dit Benji.

Le train se ranima avec force grommellements et commença à filer sur les rails, de plus en plus rapide. Isaac se pencha vers le sol, qui lui parut terriblement loin – ondulant, tel un océan, tandis que le convoi sortait de la gare. Le garçon fut submergé par la puanteur mêlée du métal et du cambouis, le grincement permanent des roues, le hurlement strident de l'avertisseur du train. Ils étaient entrés dans un nouveau monde.

Benji sortit une bombe de peinture bleue de son sac. Il la secoua puis dessina un huit sur la paroi de métal, avec un B dans la boucle du haut et un S dans celle du bas.

« C'est ton tag ? » demanda Isaac.

Benji opina devant son œuvre.

« Ouais. Le sablier. L'infini. Et un bon gros tas de BS, à savoir *bullshit*, à savoir Benji Short. »

Il lança la bombe à Isaac.

Avant même d'avoir eu le temps de réfléchir, celui-ci pressa sur le mécanisme. La peinture retomba en averse sur les murs. Un lampion et un spectre à l'intérieur.

« Tu crois aux fantômes, Bleu ? demanda Benji en considérant le tag.

— Ça dépend de ce que t'appelles fantôme, dit Isaac en haussant les épaules.

— Moi, par exemple, j'en suis un pour toi ?

— Non, toi, t'es un ange, s'esclaffa Isaac en donnant un coup de coude à l'autre garçon.

— Ben c'est la même chose, répondit Benji, tout sourire lui aussi. Tu t'en rendras vite compte. Tu vas aller de bled en bled et c'est tout juste si tu laisseras une trace. Les gens, ils se souviendront juste de ton essence, pas de ton nom, même pas vraiment de ta tête. Tu seras de la brume pour eux, un éclair, un truc qu'ils ne seront même pas sûrs d'avoir vu. Si ça se trouve, quand tu partiras, ils chanteront, sans se souvenir que c'est toi qui leur as appris. Ou alors du sang dans l'évier, un cil sur l'oreiller. Et là, tout d'un coup, tu comprendras que tu es plus fantôme qu'autre chose. Ces bleds, ça sera comme des murs que tu traverses. »

Le train poussa un gémissement funèbre.

« Pourquoi t'as choisi ça, en fait ? » demanda Benji toujours penché sur le fantôme dans sa cage.

« C'est un truc qui vient de chez moi », répondit Isaac.

Le train filait à présent.

« Chez toi, maintenant, Bleu, c'est là où tu laisses ton tag. »

La ville disparut derrière eux.

*

La voix surnageait, suave, sur les frissons électriques du juke-box. Les genoux anguleux d'Isaac tremblaient sous le bar. Dieu merci, Bellatine était trop occupée avec la machine croassante. *Ce n'est qu'une chanson*, se répéta-t-il. *Ça ne change rien.* Les gâteaux à la noix de coco dressaient toujours leurs éminences sucrées sur le présentoir tournant. Le comptoir était toujours recouvert d'un mille-feuille de serviettes froissées. Les salières et les poivrières jouaient toujours les chevaliers résolus, gardiens d'un saladier de dosettes de gelées variées. *Et moi aussi, je suis toujours là, Bleu*, souffla une voix familière à son oreille. Les griffes dans le cœur d'Isaac commençaient à fouiller vraiment très profondément. *Fiche le camp.*

Isaac sortit de table et traversa la salle, flottant, franchit les battants de verre et se retrouva dans le parking. La chanson filtrait encore à l'extérieur. Il se massa les tempes, s'efforçant de faire reculer l'approche d'un mal de tête qu'il savait imminent. Il marcha : chaque pas, la revendication du fait qu'il bougeait encore, qu'il était encore vivant, qu'il était encore en mesure de mettre de la distance entre lui et tous ceux qui lui couraient après.

De l'autre côté de la rue, une station-service, où il acheta du tabac et du papier à rouler. La radio diffusait un titre de pop scintillante, facile ; il se laissa recoudre par la musique, l'aiguille du Tailleur sous la peau, avant de ressortir. Il ne se rendit compte qu'une fois sur le trottoir qu'il avait retenu trop longtemps sa respiration. Il expira, le souffle rauque. Sur le trottoir d'en face, Pieds-de-chardon boitillait sur une jambe en essayant de se gratter la cheville : ça lui donnait l'air un peu ridicule d'une géante amatrice de yoga. *Respire, mon chou, respire*. Il ravala le passé.

Bellatine surgit au pas de course. Elle le vit, elle vit la maison ; son regard lançait des éclairs de reconnaissance.

« Mais où est-ce que tu vas, putain ? haleta-t-elle.

— Je suis sorti fumer, mentit Isaac, comme si ses pieds, même en cet instant, ne le suppliaient pas de courir – et de ne jamais s'arrêter.

— J'ai cru un moment que… »

Elle hésita.

« Oublie ce que je viens de dire. »

La serveuse apparut dans son sillage, l'addition à la main.

« Bien tenté, vous deux, mais c'est pas moi qui régale. Va falloir passer à la caisse.

— Oh, Belette, tu es partie sans payer ? Quel exploit.

— Euh, attendez, bafouilla Bellatine, on va payer, bien sûr. Isaac, tu as toujours les vingt dollars ? »

Il brandit son tabac.

« Désolé, ma poulette, je viens de le claquer. Tu me l'offres, cette fois-ci ? »

Bellatine, vibrante de colère, sortit son portefeuille.

« Vous prenez la carte ?

— C'est ça, pour que vous refiliez un pourboire en émojis. »

Mais elle finit par se radoucir et glissa la carte de crédit de Bellatine dans son terminal de paiement. La machine cracha en chantonnant son ruban de papier.

« Je suis désolée, dit Bellatine en signant le reçu. Je vous assure, je n'allais pas partir sans payer. Il fallait juste que je sorte. Ce n'est pas mon genre. »

Elle veut lui montrer qu'elle n'a rien à voir avec toi, susurra la voix de Benji dans la tête d'Isaac.

Les plumes de Pieds-de-chardon se hérissèrent d'impatience. La serveuse tourna sur ses talons et se dirigea vers le restaurant brillant de mille chromes.

« Allez, dit Isaac en posant la main sur le premier montant de l'échelle. On y va. »

Mais Bellatine ne réagit pas. Elle avait sorti son téléphone pour vérifier ses appels et, la main sur les lèvres, était restée figée sur place. Isaac se pencha vers elle.

« Qu'est-ce qui se passe ? »

Les yeux rivés sur l'écran, elle ne répondit pas.

« Qu'est-ce-qui-se-passe ?

— C'est la fabrique Estey, marmonna-t-elle. Il y a eu… un incendie.

— Eh bien ouf, heureusement qu'on n'y est pas restés. La dernière chose dont on a besoin, c'est d'être mêlés à une enquête de…

— Isaac, l'interrompit-elle d'une voix aussi caverneuse qu'un puits.

— Quoi ? »

L'estomac d'Isaac s'était noué.

« Fen est morte. »

Et Li Fen dans sa robe à fleurs traversa, joyeuse, pieds nus, la mémoire d'Isaac. Elle tenait une pomme. La coupa en deux, de ses mains. Mordit une des moitiés. Sourit.

« Comment… Comment tu sais ça ?

— Maman vient de m'envoyer un SMS.

— Mais elle, comment elle le sait ? T'as peut-être mal compris. Elle ne t'enverrait pas un SMS pour quelque chose comme ça, elle t'appellerait. Tu ne peux pas avoir les informations que…

— Isaac, souffla Bellatine. Je t'ai dit ce que je savais. Et ce que je sais, c'est qu'il y a eu un incendie et que Li Fen est morte.

— Je… »

Il ne poursuivit pas.

« Ouais », soupira sa sœur, le front plissé.

Isaac se souvint alors de la fumée qui montait des lèvres de la femme ligotée, dans le bus couleur de nuit. Elle est en feu, avait-il répondu lorsque Shona lui avait demandé ce qu'il voyait. Il secoua la tête pour chasser cette curieuse et inquiétante idée, l'enferma à double tour dans un coffre capitonné qu'il laissa couler dans le puits sans fond de son esprit.

Isaac siffla entre ses dents. Pieds-de-chardon se retourna.

« On y va, dit-il. La nuit ne va pas tarder à tomber. »

Ils montèrent l'échelle en silence.

*

À une journée de route des enfants Yaga, plein nord, Shona, accroupie au fond du bus, se posa le portable sur l'oreille pour écouter sa messagerie.

« *Estaré bien, mija*, lui promettait la voix de son père. Les gardes disent que je pourrai sortir bientôt, te retrouver. »

Les lèvres de Shona se mouvaient, écho presque inconscient, répétant ces quelques mots qu'elle entendait pour la centième fois. Elle s'efforça de ne pas penser au centre de détention, au ciment glacial sous ses pieds, aux cages grillagées. Autres fantômes.

Étendu sur son lit, Rummy, lui, sans sommeil, pensait sans cesse aux fumigés. Leur panique bouillonnant dans son corps comme le goudron en fusion. Leur haine, leur manque presque tangibles. Leurs bras tendus, désespérés, crépitant de peur. Les ombres si lourdes sur leurs épaules. Tout aussi tangible à ses yeux, ceux qu'ils avaient été. Des amants, des frères, des filles – des gens qui aimaient et qui étaient aimés. Tu es tellement empathique, toi, lui disaient toujours ses tantes. C'est très touchant, cette qualité que tu as de compatir avec les autres. Comme si ce qui leur arrivait t'arrivait à toi aussi. Mais ça n'était pas toujours aussi touchant. Parfois, porter le cœur des autres relevait plus de la possession que de la gentillesse.

Sparrow rêvait de sa rue. Des dames de l'église, avec leurs beaux chapeaux du dimanche, fleuris d'œillets en satin et de résilles parsemées de fausses perles. Et les fidèles qui chantaient en chœur *Oh ! Quel bonheur est ce salut / En moi vit le Seigneur Jésus*, avec Mlle Bess au piano. Dans son rêve, les bancs de l'église étaient doux, luisants ; les fidèles lui souriaient et l'appelaient par son nom, ce nom-là, Sparrow, celui qu'iel s'était choisi. Dans son rêve Sparrow portait une redingote queue-de-pie, un haut-de-forme et une robe en soie, comme le jour du bal de la promo ; dans son rêve cependant sa mère ne pleurait pas. *Bénis le Seigneur de grâce et de vérité / Son esprit en moi a choisi d'habiter.* Sa rue, comme elle aurait pu être. Guère plus qu'une vision de l'esprit.

Bellatine se lava les mains dans une bassine en fer-blanc tandis que Pieds-de-chardon la transportait ; elle chassa de ses ongles le moindre atome de poussière ou de crasse : ah, si l'eau pouvait diluer les souvenirs.

Isaac n'arrivait pas à chasser de son esprit la chanson du juke-box. Elle passait en boucle. Benji la fredonnait ; ils se balançaient sur les tabourets du bar, les joues roses d'avoir bu.

Les os de Li Fen furent tamisés avec la cendre d'une dizaine d'orgues anciennes. Le vent chanta dans les tuyaux de métal et porta Li Fen dans les airs.

Partout en Amérique, les gens fermaient les yeux : pourvu, pourvu que leurs souvenirs aient disparu lorsque nous les rouvrirons. Mais les spectres demeuraient. Ombrelongue leva son verre.

Il est impossible d'avancer sans traverser un fantôme. Chaque souvenir en fabrique au moins un. Chaque version de nous-même laisse derrière lui un moi d'ombre. Chaque regret, chaque promesse, chaque rapprochement entre les peaux. Les maisons vivantes de San Francisco le savent : leurs bras se cramponnent à la faille de San Andreas depuis 1906. Les champs de massacre autour de Wounded

Knee le savent : là-bas, chaque brin d'herbe, chaque mauvaise herbe, chaque aubépine est un poison pour l'homme. La Tallahatchie le sait : le jour où l'on sortit de ses eaux le corps d'Emmett Till, son lit s'assécha. La Triangle Shirtwaist Factory le sait, la Columbine High School le sait, le Ford's Theatre le sait – avec leurs yeux de léviathan, leurs lèvres qui goûtent l'air familier, et qui soupirent. Le moindre centimètre de terre, la moindre brique palpite de souvenirs.

À un océan et un siècle de là, une armée attend les ordres. Elle ondule comme un corps unique, mais quand on l'étudie plus longuement, on se rend compte qu'elle est constituée d'hommes, d'hommes bien vivants, tous pourvus d'un nom, d'une histoire et de fantômes qui les pistent. Quand ces hommes franchissent la colline qui les sépare de Gedenkrovka, ils deviennent faiseurs de fantômes. À chaque canon sa possession à venir, prête à l'envol.

Chapitre 22

La petite Illa joue sur la place du village toute la journée ; toute la nuit, Baba Yaga munie d'un peigne lui ôte les nœuds qu'elle a dans les cheveux. Son cuir chevelu saigne tant la mère tire, mais Illa ne verse pas une larme.

« *Bubbele*, il ne faut pas un seul nœud dans tes cheveux ; c'est grâce à eux que les hommes essaient de contrôler les femmes. Tu te souviens de la manière dont les marins font des nœuds pour maîtriser le vent ? Ou bien des tailleurs qui nouent leurs fils pour que le drap reste en place ? Les hommes, ils font des nœuds dans tout ce qu'ils veulent dompter.

— Je sais, je sais, maman, soupire Illa en lançant des regards mauvais à la petite Malka, du coin de l'œil. Ah, Malka, et si je faisais un nœud avec toi ? Comme ça, tu me servirais de bonne, et tu ferais tout ce que je te demande. »

Elle sourit à sa manière de louve. Malka a le hoquet.

Baba Yaga rassemble tous les nœuds qu'elle a ôtés à Illa et fabrique une corde. Tous les soirs, après avoir passé le peigne, elle ajoute des longueurs à la corde, si bien qu'elle peut maintenant se faire cinq fois le tour de la taille avec.

« Si un homme essaie de t'attacher, tu pourras toujours le pendre avec cette corde », dit Baba Yaga en rangeant la corde dans un coffre en bois. Elles hissent le coffre sur une étagère de la cuisine, pour plus de sûreté.

Comme vous l'imaginez sans peine, la famille Yaga fait jaser dans le village. D'abord, il n'y a pas d'hommes chez elles. Sans érudit qui puisse étudier le Talmud à la *yeshiva*, c'est sûrement une maison de peu que celle des Yaga, loin du regard de Dieu. Et sans papa, c'est donc que les filles de Baba Yaga sont nées dans la honte. En plus, chaque fois que Baba Yaga donne la *tsedaka*, ses aumônes attirent toujours les ennuis. Elle a prêté une chèvre dont le lait était rose de sang, et un châle tellement rêche qu'il a donné des ampoules à celles qui l'ont porté. Au marché, ses voisins sont bien élevés ; ils font leurs affaires sans perdre de temps, et c'est comme ça. Baba Yaga, elle aime bien qu'on ne l'aime pas. De cette manière, personne ne se mêle de sa vie et de celle de ses filles. Elles se débrouillent sans personne. C'est plus sûr. Un peu seules, peut-être ? Ça ne les gêne pas. La mort, en revanche, quelle *tsouress*. Aucune des trois n'a été retrouvée dans un fossé comme le fils Mirochnik, accusé de collusion avec les bolcheviques, ou pendue à un arbre, comme Zouratch Vasserman, le cordonnier tout maigre, parce qu'il avait refusé de ressemeler les bottes d'un cosaque. Reb Haim n'a pas encore gravé le nom de Baba Yaga et de ses filles sur une stèle. Oui, mieux vaut vivre dans son coin.

Le bébé Malka n'a pas de cheveux, sauf quelques petites mèches légères comme de l'herbe à la ouate sur le crâne, elle n'a pas de dents, elle ne sait rien faire. Baba Yaga lui donne du flan, de la faisselle de chèvre et des charançons replets.

« Quand tu seras plus grande, lui murmure-t-elle en la berçant sur un genou, tu seras bien grasse, bien forte et personne ne pourra faire de nœuds avec toi. »

Elle rêve de ses filles emmenant leurs amants dans la forêt et repartant sans eux. Elle rêve de ses filles qui enfoncent le bras dans la gueule d'un glouton pour lui arracher le foie et le faire griller pour le dîner. Elle rêve du jour où ses filles l'enterreront. Elle rêve de ses filles chantant des chansons si lugubres que les soldats de Dénikine se mettent à pleurer et s'agenouillent dans les herbes hautes, le canon du fusil logé sous le menton. Oh, les choses superbes, effroyables, merveilleuses qu'accompliront ses filles.

Chapitre 23

À minuit, le Théâtre Itinérant de Pieds-de-chardon avait déjà parcouru trois cents kilomètres en direction du sud. Ce qui aurait pris moins de quatre heures en voiture en demanda pratiquement six de plus à la maison. Elle avançait à grands pas lents et maladroits, une patte devant l'autre. Jamais fatiguée, apparemment, mais se laissant distraire plus souvent qu'à son tour. Plus d'une fois elle quitta le chemin pour poursuivre un chien errant ou reluquer un panneau publicitaire. Elle aimait les objets jaunes – les champs de tournesols et les pancartes aux carrefours, les voitures de sport couleur de verge d'or, si possible décapotées. Et comment voyait-elle le jaune ? Bellatine n'en avait aucune idée, mais en dépit de son désir constant de soulever les planchers et de chercher les mécanismes, elle savait que certaines questions n'ont tout simplement pas de réponse.

Puis il y a celles pour lesquelles elle n'était pas certaine d'en vouloir une. *Ce qui s'est passé ici*, *avant*, se disait-elle, *ça n'a aucune importance*. *Cette maison et moi – on est sœurs maintenant*. Cela ne l'empêchait quand même pas de scruter les murs de la cuisine :

sous les couches de peinture vert menthe qu'elle avait appliquées, il y avait encore des traces d'incendie. *Suie... Flammes... Li Fen.* Elle fut traversée par une secousse de tristesse, électrique dans son intensité.

*

« Le Walmart ou la décharge ? » demanda Bellatine à Isaac, perchée sur le toit d'herbe où elle cueillait des radis pour en faire des conserves.

Il était vautré sur la scène, emmitouflé dans l'un des châles à fleurs de leur arrière-arrière-grand-mère, à battre les cartes. C'était la question rituelle du soir : pour passer la nuit, soit ils s'arrêtaient sur un parking d'hypermarché, bercés par les passages des agents de sécurité et des Caddies brinquebalants, soit ils se trouvaient un terrain vague et solitaire.

« On est pas loin de Baltimore, non ? répondit Isaac.

— Mmmh.

— Alors j'ai mieux que ça », répondit-il avec un grand sourire.

Le grand portail de fonte devant lequel ils s'arrêtèrent était cadenassé, mais Isaac fit passer la maison par l'arrière – un mur de pierre surmonté d'un grillage. Pieds-de-chardon l'enjamba comme si de rien n'était. Mais où se trouvaient-ils ? Les buissons et les massifs de fleurs étaient si bien entretenus qu'on se serait cru dans un arboretum ou dans une grande propriété. Puis la lune apparut sous un nuage, révélant des centaines de stèles en marbre poli à son regard.

Un cimetière, donc. Qui s'étendait à perte de vue ; des toiles couvertes de givre transformant les pierres tombales en gemmes précieux aux facettes innombrables, étincelantes. Pieds-de-chardon accomplit un trajet sinueux sur des sentiers de béton assez larges pour qu'un camion puisse y rouler. Au bord des allées, les mausolées semblaient s'incliner sur leur passage. Des croix pointaient hors de terre en rangées irrégulières et chaotiques, sans rien de la précision militaire d'Arlington, à une heure de route au sud. Les pierres penchaient vers l'arrière, vers l'avant, parfois fendues, parfois à demi dévorées par le gazon. D'autres étaient disposées en spirales, comme des cercles de culture. Ils croisèrent un chien de pierre endormi sur un coussin de même matériau. Un gobelet de granit débordant d'eau taillée au ciseau. Une jeune fille grandeur nature en pierre claire et froide, les bras éternellement ouverts. Un tableau Ouija gravé sur une stèle. Sur une autre, qu'Isaac montra à Bellatine, le nom de John Wilkes Booth.

Il ne pensait tout de même pas qu'ils allaient dormir ici ? Surtout après les terribles nouvelles de Li Fen.

Isaac dut percevoir l'inquiétude de sa sœur.

« T'as peur ? demanda-t-il en clignant de l'œil.

— Non ! »

Mais sa voix grimpa dans les aigus plus manifestement qu'elle ne l'aurait voulu.

« T'inquiète pas. Les spectres m'adorent. Avant la fin de la nuit, on jouera tous ensemble au poker. »

Les spectres. Bellatine aurait sacrifié sa jambe gauche pour n'être tourmentée que par des spectres. Quel luxe, avoir peur d'une chose sans corps, une brume, un souvenir. Un ennemi qu'on ne peut pas toucher, qui ne peut pas vous toucher. Elle expira une volute de souffle blanc, aussitôt cristallisé dans l'air glacial.

Elle sentait les tombes palpiter tout autour d'elle. Même si elle ne les voyait pas toutes, ensevelies sous des vignes sauvages ou dissimulées par de grands obélisques, elle les sentait. Statues sculptées à la ressemblance d'amantes perdues, de la Vierge Marie ou d'anges courbés et sanglotants. Ses mains auraient tant aimé effleurer leurs lèvres et leurs paupières du pouce, sentir leurs cils trembler et s'ouvrir. Pourquoi la trahissaient-elles avec tant de constance, ces mains ? Les bouts de ses doigts discutaient entre eux, s'entendaient à fredonner de terribles chants pour invoquer les pierres – et les pierres répondaient. Mais pire encore que les statues, pire que les golems colossaux attendant le signe qui anime – ce qu'il y avait dessous.

Pieds-de-chardon s'accroupit avec effort et replia ses pattes sous elles pour la nuit. Quelques-unes de ses plumes se détachèrent, duveteuses ; la brise nocturne leur fit traverser le cimetière.

« On va nous repérer ici, protesta Bellatine. Il y a sûrement des rondes de nuit.

— Mais nous sommes une maison, dit Isaac. S'ils nous voient, ils ne vont pas se demander ce qu'on fait là. Ils nous prendront certainement pour une cabane de jardinier. »

Tous les poils de Bellatine la démangeaient ; sa peau était brûlante. La nuit l'oppressait, claustrophobique, comme si toutes les créatures de l'ossuaire, formes mortes, humanoïdes, se pressaient contre elle. Un dancing infernal et bondé dont Bellatine aurait été ce soir-là l'étoile.

Isaac passa la jambe par-dessus la rambarde et posa le pied sur une pierre taillée en biseau. Enjoliveuse lui emboîta le pas, ronronnante. Ils se déplaçaient pratiquement de la même façon.

« Tu vas où ?

— Bah, je me suis dit que j'allais mettre du beurre dans nos épinards en détroussant quelques cadavres. C'est ça qui rapporte le plus, paraît-il, aujourd'hui. C'est le zombingo.

— T'es vraiment obligé de blaguer sur tout ? »

Ses paumes la démangeaient. Elle était au bord de l'explosion.

« Et si j'ai besoin de toi ? Si on doit lever le camp en vitesse, mais que je ne sais pas où tu es passé ?

— Et pourquoi on aurait besoin de lever le camp ? Les vigiles ne…

— Putain, mais je m'en fous, des vigiles ! C'est pas ça le problème.

— Et quel genre d'urgence exigerait selon toi que je ne puisse pas aller me dégourdir les jambes pendant une demi-heure ? Merde, Belette ! Lâche-moi un peu.

— Te lâcher ? On travaille ensemble. On habite sous le même toit. Je ne vois pas en quoi te demander d'être un tant soit peu professionnel et responsable t'empêcherait de vivre. Si tu étais fiable, Isaac, je n'aurais pas besoin de te suivre à la trace, comme un gosse de trois ans.

— Bellatine, tu racontes n'importe quoi. »

Aucune colère dans la voix d'Isaac, ce qui ne fit qu'accroître celle de sa sœur. Ce n'était qu'une manipulation de plus, un numéro de plus. En opposant le calme à la fureur de Bellatine, il passait bien sûr pour le sage et elle pour l'hystérique. La folle.

« Mais viens te balader avec moi. Si la pensée de me perdre de vue pendant dix minutes t'est insupportable, viens donc. Nous cheminerons ensemble.

— Non.

— Non ?

— Je ne peux pas.

— Ah, tu ne peux pas, ricana-t-il, dédaigneux. D'accord. Donc tu ne veux pas me servir de chaperon, m'empêcher de m'exposer à des spectacles horribles, mais je ne peux pas me promener tout seul. Magnifique. T'es encore plus cul serré que d'habitude. C'est à cause de Fen ? Je sais, c'est horrible, Belette, mais…

— Fen n'a rien à voir là-dedans. Je t'ai dit que je ne pouvais pas, pas que je ne voulais pas. Un autre jour, peut-être. Mais ici, non.

— Ici, non ? dit-il en parcourant le cimetière du regard. C'est à cause des statues ? Seigneur, Belette, je m'en fiche, je ne vois pas ce qu'il y a de…

— Tu n'as pas compris.

— Qu'est-ce qu'elle va faire, la gosse ? poursuivit Isaac en désignant la jeune fille de pierre grise d'un geste du menton. Se réveiller et me tuer à coups de révérence ?

— Ici, ce ne sont pas les statues qui… », rétorqua Bellatine avant de se plaquer la main sur les lèvres.

Elle en avait trop dit, elle le comprit immédiatement.

Une ombre pâle passa sur le visage de son frère. Il venait de saisir. Un nuage s'écarta et le clair de lune déversa entre eux deux un silence immuable. Qu'il finit par interrompre, après l'avoir longuement dévisagée.

« Les cadavres, murmura-t-il. Tu ranimes aussi les cadavres. »

Bellatine sentit la bile lui remonter dans la gorge. Ses mains la démangeaient – venus de tout le cimetière, des fils invisibles s'y cramponnaient, pour les faire se tendre, pour les faire toucher.

« Bien sûr », marmonna Isaac, comme pour lui-même.

Son regard brûlait de la lueur frénétique de qui vient d'effectuer une découverte révolutionnaire.

« Bien sûr. Ils ont forme humaine mais sont sans vie. Comme les marionnettes. Bien sûr, que tu peux les ranimer. »

Elle se tourna vers la porte. Elle était incapable de parler de ça. Elle n'avait qu'une envie, rentrer dans Pieds-de-chardon, où tout était calme, où rien ne brûlait, où les morts ne lui tiraient pas sur les doigts.

« Attends ! » s'écria Isaac.

Elle avait déjà disparu dans la maison dont elle avait fermé la porte à double tour.

Elle l'entendit qui lui ordonnait d'ouvrir. Elle ne répondit pas. Il voulait faire un tour ? Mais très bien. Elle ne voulait pas de lui dans la maison. La pensée qu'il sache maintenant, et qu'il la regarde tout en sachant, comme si chaque regard en coulisse proclamait sa monstruosité – non, non merci. Il n'avait qu'à rester devant la porte un moment. Une heure. Une journée. Jusqu'à la fin des temps.

Et d'avoir franchi le seuil de Pieds-de-chardon la

soulagea immédiatement, comme d'habitude. Elle n'avait plus ces essaims dans les paumes. Mais si la maison pouvait apaiser son corps, elle ne pouvait rien pour son esprit. Bellatine ôta ses vêtements, ses chaussures, enfila un short de jogging et un tee-shirt trop grand et criblé de trous. Contact doux, aéré : elle tenta de se concentrer sur chacune des fibres en contact avec sa peau. L'inverse de la roche équarrie. De l'os déchiqueté. Elle se jeta sur le lit. Elle ferma les yeux, paupières scellées.

Un écran de cinéma apparut dans ce vide noir. Des créatures de pierre y rampaient. Des anges la survolaient, comme des guêpes monstrueuses. Et du fond de la terre montaient des bruits de mains qui creusent.

*

Elle avait quatorze ans. Elle l'avait vue en rentrant de son entraînement de foot, étalée sur le bas-côté à quelques centaines de mètres de la maison. Personne avec elle pour en témoigner, si ce n'est la balle vert fluo avec laquelle elle dribblait du bout de ses chaussures à crampons. Une biche – couchée sur le flanc, les pattes raidies, le cou tendu, la tête levée, suppliante. Elle avait été éventrée par une voiture ; la carcasse déjà pourrissait, ventre gonflé, mouches en essaim sur la grande blessure comme des pèlerins remplissant leurs bouteilles dans les eaux de la vie. La créature était trop immobile. Encore plus immobile que les pierres, que le goudron. Une immobilité déplacée, qui n'aurait pas dû s'offrir là. Les mains de Bellatine, elles avaient soudain été prises d'une faim terrible. Ça ne ressemblait à rien qu'elle ait jamais su tenir. Elle posa son sac sur la chaussée. *Tu peux l'aider*, lui dirent ses mains. *Elle te demande de l'aider. Regarde, sa fourrure est si douce. Et la courbe de son museau, si gentille. Elle demande grâce.* Les mains de Bellatine l'avaient poussée vers l'animal. Une odeur immonde de propane montait autour d'elles. Une flaque rouge sur le marquage au sol. Un cou à l'angle impossible. Elle vit ses doigts s'ouvrir comme des fougères à l'approche de la joue de la biche. Qu'elle puisse caresser le poil hérissé, le muscle relâché : alors ne pourrait-elle pas rappeler à la biche ce qu'elle était – un animal, avec ses faims bien à lui ? Pas un objet. Pas la mort. Ses mains étaient famine, brûlantes de désir. Si une voiture était passée, elle ne l'aurait pas su. Pas entendue. Tout ce qu'elle pouvait voir, tout ce qu'elle pouvait entendre ou sentir, goûter, c'était le désir, tendu comme la corde d'un arc entre elle et la bête dévastée. Bellatine passa la main sur la tête de la biche, de son œil à sa lèvre, de petites étincelles de chaleur vacillant en elle. La chair était trop molle, rendue malléable par la putréfaction, mais elle enfonça les doigts. L'index creusa un trou dans la joue, qu'il traversa. Puis le majeur. Elle ne s'arrêta pas, poussa jusqu'aux dents. Fourra ses phalanges dans la bouche de la biche, les ressortit, humides, caressa la gorge. Plus d'yeux. Plus de paupières. Restait le désir. Restait l'immobilité. Bellatine plaqua les paumes sur le ventre ouvert. Elle s'y enfonça jusqu'aux coudes. Continue, continue, disaient les mains, tu as tant à embrasser.

Quand la biche se réveilla, elle se mit à bramer.

Ce n'était pas un son tel qu'en émettent les animaux ordinaires. Ça ressemblait au bruit d'un bâton qu'on fait courir sur un grillage, la crécelle tournée par quelque chose hors du monde et qui supplie qu'on la laisse entrer. Les mains de Bellatine, elles voulaient lui ouvrir les portes. Elles voulaient s'enfoncer dans la biche, jusqu'à un autre lieu. La biche tangua et son corps se détacha de son corps. Sa chair se déchira selon des coutures invisibles. Les os saillaient. Elle voulut s'approcher de Bellatine, mais ses pattes étaient engourdies par la rigidité cadavérique, ses sabots rongés par les charognards. Elle faisait tant d'effort qu'une longue corde rose et luisante lui tomba du ventre et avec elle les mains de Bellatine.

Et lorsque le contact fut rompu, Bellatine retrouva immédiatement son corps. Un frisson de dégoût la fusilla. Elle recula, vacillante. La biche avançait vers elle, avec dans la gorge ce martèlement rauque, *tap-tap-tap*, comme pour la supplier *laisse-moi-entrer-laisse-moi-entrer*. Ses bras étaient gantés de sang noir, des asticots s'y tortillaient. La biche hurlait toujours.

« Tais-toi ! suffoqua Bellatine. Je t'en supplie, tais-toi ! »

Et la plainte ne fit qu'enfler.

Encore combien de temps ? C'était insupportable. Jamais avant ce jour elle n'avait utilisé son Embrasement pour un cadavre. Les règles étaient-elles les mêmes ? Et si la biche refusait de s'éteindre à nouveau ? Et même si elle retrouvait la paix – ce quart d'heure de convulsion, d'affres de la mort en vie, revenant seconde par seconde, c'était pire qu'un siècle de tortures.

La biche avait la bouche ouverte et Bellatine lui voyait le fond de la gorge. Ce n'était que ténèbres.

Elle leva le pied au-dessus de la tête de la biche et frappa, fort. Les crampons percèrent la peau, percutèrent le crâne. Elle frappa de nouveau, les os craquaient, elle frappa du pied jusqu'à ce que la biche se taise.

Bellatine se laissa tomber sur le bord de la route, secouée de sanglots. L'épouvante de sa monstruosité s'abattit sur son corps comme le couvercle d'un cercueil. Elle avait extrait de l'Autre côté une âme, elle l'avait forcée à revivre les horreurs de sa mort brutale. Elle l'avait forcée à mourir deux fois.

Ce soir-là, elle se frotta les mains à l'eau de Javel jusqu'à ce qu'elles se couvrent de cloques.

*

Pieds-de-chardon changea de position et Bellatine se redressa sur son séant.

Elle n'arriverait pas à s'endormir, si elle continuait comme ça.

Elle ouvrit tous les placards de la cuisine – ne sachant pas vraiment ce qu'elle cherchait. En guise de distraction, sans doute, de réconfort. Elle trouva la moitié d'un Snicker, qu'elle finit, accroupie, devant le cabinet à épices, dans le vestibule. Elle effleura les flacons du bout des doigts – basilic, laurier, ortie. Son arrière-arrière-grand-mère les avait sans doute confectionnées elle-même, ces réserves. Cueilli et préparé les feuilles. Ses mains survivaient en partie dans ces tiges qu'elle avait tordues ou brisées, ces pétales fendus là où elle avait posé le pouce. Nos mains meurent-elles jamais ? Ne connaissent-elles jamais vraiment le repos ? Combien de temps dure l'impact de leurs gestes, des années, des siècles après que le reste de nos corps a disparu ?

En tendant la main au fond de l'étagère, pour examiner ce qui ressemblait à un bocal de betteraves marinées, le poignet de Bellatine frôla quelque chose de doux. Elle sursauta. Une souris morte ? Non. Elle tira de sa cachette un petit paquet emballé dans un mouchoir. Un mouchoir qu'elle identifia rapidement : c'était l'un des bandanas d'Isaac. Il en avait toujours un dans la poche arrière de son pantalon, pendant comme la langue d'un vieux cabot. Elle défit le nœud. *Tiens tiens tiens*.

Au creux du mouchoir, un flacon ou plutôt un tube en plastique, de la taille d'une mignonnette. Sans étiquette, mais plein d'un liquide transparent. Isaac s'amusait donc à cacher de l'alcool dans la maison. Rien d'étonnant. Elle dévissa le bouchon ; s'en échappa, fine et blanche, une odeur de foin brûlé, mélangée à quelque chose de plus sombre, de plus âcre. Elle eut un haut-le-cœur, plissa les paupières pour se protéger de la vapeur. C'était tellement Isaac, ça, se faire des réserves d'alcool frelaté, certainement volé à un compagnon de route. Cul serré, c'est ce qu'il lui avait sorti ? Qu'il aille se faire foutre.

« *Lehaim* », dit-elle en levant le flacon, qu'elle porta à ses lèvres.

Le liquide chuta dans sa gorge, traversa son œsophage, glissa derrière ses poumons, son foie, son estomac, tissa sa toile dans son sang. Le vestibule trembla dans une lueur blanche. Ses pupilles frémirent, se rétrécirent. La fumée remonta ses veines, grimpa sur son épine dorsale, où des bras lui poussèrent. Et des jambes. La fumée rampa jusqu'à ses épaules et s'y percha. Une panique folle, tourbillonnante, se réveilla dans son ventre et bondit. Qu'est-ce qu'il y avait dans cet alcool ? Non, rien de mauvais. C'était elle qui n'allait pas. Depuis toujours. Un fardeau de feu lui accablait le dos ; elle serra le poing sur le flacon. Ses doigts pressaient sur le plastique. Ses mains.

Elle baissa les yeux sur ses mains. Hideuses. Difformes, démoniaques. Des armes. Tant qu'elle en serait prisonnière, elle ne serait pas en sécurité. Elle ne connaîtrait jamais le repos.

Elle se redressa, pleine d'une certitude nouvelle. Elle rentra dans la cuisine. Ses mains, il n'en sortait que des horreurs. Elle allait y mettre bon ordre. Elle allait se sauver la vie. Les murs ondulaient. Tout était blanc, même le feu dans l'éternel fourneau de Pieds-de-chardon ; les confins de son champ de vision se souillaient de brume blanche. Elle alla chercher sa boîte à outils, sous l'évier, et l'ouvrit. Sur le dessus, il y avait une petite scie à archet, dont les dents aiguës semblaient brouillées à ses yeux noyés de fumée. Elle s'en empara et se retourna vers le plan de travail. Elle posa la main gauche sur une planche à découper, doigts refermés sur le flacon, pour ne pas flancher. Elle posa la scie, doucement, sur le pli qui sépare le bras de la main. Un coup sec, et la peau s'ouvrit, épanouie comme une bouche, humide et rouge. Encore un coup, et elle atteindrait l'os. La silhouette vaporeuse sur son épaule hocha la tête.

« Belette ! Putain ! Ouvre ! »

Isaac martelait le battant. Isaac. Son cœur s'emballa. Isaac, il savait. Il savait ce qu'elle était, ses pouvoirs. Il savait de quelles transgressions inhumaines elle était capable. Et s'il en parlait autour de lui ? S'il décidait de la faire chanter, de la dominer encore plus qu'il ne le faisait déjà ? Ou pire encore, s'il la forçait à poser les mains sur la chair en putréfaction, pour la faire bouger ? Il frappa plus fort.

Elle se tourna vers la porte, la scie à la main. Le sang coulait à flots de son poignet, sans qu'elle s'en rende vraiment compte. Elle avait oublié la planche à découper, l'épouvante de ses mains. C'était Isaac à présent le danger. Isaac qui allait payer, Isaac auquel il fallait régler son compte, pour avoir la paix, la sécurité.

Elle se dirigea vers la porte et ouvrit le verrou.

« Écoute, je ne t'aurais jamais emmenée ici si… »

Quand il vit le flacon vide dans la main de sa sœur, il s'interrompit net.

Elle fonça tête baissée vers lui. Il l'esquiva, vif comme un chat. Elle s'effondra à genoux, se redressa aussitôt, la scie frôlant l'épaule gauche de son frère qui, de nouveau, parvint, agile, à parer le coup.

« Stop, Belette, dit-il en levant les bras. Tu n'es plus toi-même. Allez, allez, ma poulette, respire un coup. »

Elle n'avait aucunement l'intention de faire du mal à son frère, juré – mais si elle cédait à sa prière, il la tuerait. Rien au monde n'était plus certain. Soit il la tuerait ici, sur cette scène, ou bien il raconterait son secret à tous les autres, et la vie de Bellatine serait détruite. Non, elle n'avait pas le choix. Des volutes de fumée montaient de son poignet ouvert. Elle se rua sur Isaac.

Et s'envola dans les airs. Il était passé par-dessus la rambarde, avait atterri dans le gazon du cimetière avec un bruit mou, avait roulé sur le côté. Bellatine, qui s'attendait à le percuter, perdit l'équilibre. Elle tomba. Perdit le souffle en heurtant le sol, perdit le flacon et la scie. Isaac n'était plus qu'une ombre dans la nuit.

Au-dessus d'elle, Pieds-de-chardon se balançait sur ses pattes, immense, mutante, une vraie bête. *Une dernière souillure*, murmura une voix, focalisée sur la maison. *Une dernière souillure et après ça sera propre*. Quelque chose gigota dans le cerveau de Bellatine. Une présence parasite. Sa gorge se serra. Elle n'était pas seule à regarder par ses yeux. Il y avait quelqu'un derrière ses rétines, ou quelque chose, qui voyait ce qu'elle voyait. Elle et ça scrutèrent la maison, et un mirage ondula à travers le cimetière. Un village se surimprima sur les tombes. Des charrettes tirées par des chevaux se faufilaient dans les allées. Des étals et des boutiques voilaient les mausolées. D'autres maisons surgirent. Un homme traversa le village, des virevoltants sur les talons. Il portait un long manteau et une casquette à visière. Ou plutôt qu'un seul homme, une armée ; la silhouette se tordit, se réfracta dans la fumée, il était légion, armée en uniforme sombre. Il y avait d'autres gens aussi, des civils qui fuyaient à l'approche des soldats. Dans cette vision aérienne, Pieds-de-chardon retrouvait l'aspect d'avant les travaux de Bellatine. Plâtre fendu, clôture coiffée de barbelé… À la fenêtre, Bellatine crut voir – elle en aurait juré – trois visages ronds, qui regardaient au-dehors. Le village spectral vacilla comme une ampoule défectueuse puis s'éteignit. C'est alors qu'elle entendit la terre gémir.

Des centaines de cadavres la suppliaient, sous les pierres. Touche-nous. Prends-nous dans les bras. Réveille-nous.

Ses mains s'embrasèrent. Mais ce n'était pas la chaleur noir charbon dont elle avait l'habitude, plutôt la brûlure du métal, blanche, aveuglante, anéantissante. Rien n'allait. Ni le monde ni la terre. Ni les vivants ni les morts. Ni son propre corps. Elle sentait le désir des cadavres sous la plante de ses pieds. Le fardeau sur ses épaules la fit plier, la plaqua au sol. Elle percuta une stèle. On la tirait vers le bas, son corps s'enfonça dans la tombe. *Non ! Ils ne m'auront pas*. Elle se redressa tant bien que mal, trébucha sur une autre tombe. En tombant, elle tendit les bras, se raccrocha à ce qu'elle put dans les ténèbres du cimetière.

C'était la fille de pierre. Les mains de Bellatine lancèrent des étincelles. La chaleur irradiait à flots de sa chair à la statue. Le voile blanc coula de son champ de vision, fut absorbé dans ses veines, remonta ses bras, ses poignets puis ses mains. Sa gorge n'était plus si serrée. Et plus son Embrasement flambait, plus la terreur, réduite en cendres, s'extirpait de son corps, de même que la fièvre chasse la maladie. Le fardeau, de plus en plus brûlant, se souleva de ses épaules et eut bientôt disparu.

Une main serra celle de Bellatine. Doigts tendres et frais. Elle leva les yeux. Une jeune fille en robe bleue, à genoux sur un piédestal. Chevelure bouclée et blonde, flottant au clair de lune. Leurs regards se croisèrent.

Et la jeune fille se mit à hurler.

Chapitre 24

« Il y avait quoi, dans ce flacon ? »

Bien qu'elle ait posé la question à son frère, ce n'était pas lui que Bellatine regardait, ni le flacon vide posé au centre de la table de la cuisine. Non, c'était la jeune fille qui déambulait dans le vestibule, vêtue d'une robe longue à la mode victorienne, bleu pervenche. Dix pas à droite. Dix pas à gauche. Dix pas à droite. Dix pas à gauche.

Et sous la peau de Belette, constata de nouveau Isaac, il n'y avait plus une seule trace de fumigation, alors qu'une heure à peine plus tôt, sa chair tourbillonnait en volutes blanches, ambiance *Shining*. Elle rayonnait de santé, comme si elle venait de passer la journée à se faire pomponner dans un spa, rondelles de concombre sur les paupières comprises. Si Rummy disait vrai, il aurait fallu des heures avant qu'elle revienne à son état normal – de surcroît, elle ne se serait souvenue de rien. La fumigation de Bellatine n'avait pas duré plus de dix minutes ; elle avait pris fin dès que la jeune fille de pierre s'était ranimée. De plus, au vu de l'immense embarras de Bellatine, il était raisonnable de penser qu'elle se souvenait de tout.

Isaac retourna sa chaise et s'y rassit à califourchon, les jambes écartées, les coudes juchés sur le dossier. Lui aussi, du coin de l'œil, épiait la jeune fille en bleu, qui passait des sanglots convulsifs à des gloussements dignes d'un kookaburra. Ou bien, elle ouvrait et fermait les poings et se regardait dans le miroir du vestibule en tirant sur ses joues.

Bellatine, sur sa chaise en bois, s'était pliée en deux, genoux contre la poitrine, comme pour se contenir.

« Mais pourquoi as-tu voulu…, commença Isaac.

— Non, l'interrompit-elle. Je t'ai posé une question. Réponds-moi.

— Question ! répéta la jeune fille en bleu, au comble de la jubilation hystérique. Réponse ! Je peux répondre à une question et je peux en poser ! Oui ! Avec ma bouche, et la langue qui se trouve dans ma bouche, oh, quel étrange sentiment ai-je à la sentir frétiller, quel curieux mot que celui-ci, frétiller, avez-vous jamais…

— La ferme, hurlèrent les Yaga en chœur.

— Oh, quel manque de civilité ! Notre bon pasteur en serait bien fâché, marmonna-t-elle avant de se camper devant le miroir.

— Le flacon, reprit Bellatine.

— Le… flacon…, atermoya Isaac.

— Leeeeuh… flâââ… coooon, répéta, extatique, la jeune fille en bleu, avant de fondre une nouvelle fois en larmes.

— Ou tu veux que je récupère la scie pour finir ce que j'avais commencé, Isaac ? »

La menace le visait, il le savait bien, mais il ne put

s'empêcher de baisser les yeux vers le poignet de sa sœur, qu'il avait emmailloté d'un chiffon déjà gorgé de sang. Une flaque rouge s'étalait sur la planche à découper, juste derrière elle. Elle surprit son regard et glissa le bras sous la table.

« Tu me dois des explications », murmura-t-elle.

Une dette, encore une. Qu'il ne pourrait pas payer avec l'une de ses pièces plates.

« Si tu y tiens. Mais c'est une drôle d'histoire.

— Raconte, que je me marre », répondit-elle avec un regard noir.

Il obtempéra. Raconta sa rencontre avec Ombrelongue à l'Asylum Bar. Le liquide versé dans la manche, les questions que l'homme avait posées sur Pieds-de-chardon, la femme bave aux lèvres, les yeux-fumée, blancs de vengeance. Il ne s'étendit guère sur ce qui s'était passé dans le bus noir, mentionna tout de même le sédatif de Sparrow et la description des méfaits d'Ombrelongue par Rummy. Mais Shona ne fut mentionnée qu'en passant. Pourquoi ? Difficile à dire. Mais ce souvenir-là était peut-être trop intime.

Bellatine digéra en silence la « drôle d'histoire » tout en tripotant le chiffon noué à son poignet.

« Nous sommes suivis, donc, finit-elle par dire. Suivis à la trace. Tu le sais depuis des semaines et tu ne m'as pas prévenue.

— Ce n'était pas utile », dit Isaac.

Bellatine laissa échapper un ricanement glacial. Dans le vestibule, la jeune fille en bleu gloussa en écho, puis fut saisie d'un hoquet irrépressible.

« On est à des centaines de kilomètres de ce type.

Il peut toujours jouer les chiens de chasse, c'est mal parti. Ce n'est plus notre problème. »

Ce n'était pas la première fois qu'on lui courait derrière, loin de là. Il avait été pourchassé par les flics, par des inconnus aux portefeuilles envolés, cherchant à récupérer leur bien, par des filles qu'il avait abandonnées avant la fin de la nuit. Et jamais personne ne l'avait rattrapé. Qu'ils fassent ce qu'ils veulent dans son dos, ces gens-là. Ça ne l'intéressait pas.

Bellatine croisa son regard pour la première fois depuis qu'ils étaient remontés chez Pieds-de-chardon avec la jeune fille en bleu. Il fut surpris par la détermination du regard de sa sœur.

« Et s'il y avait un rapport avec Fen, avec l'incendie ?

— Belette, tout n'est pas lié dans l'existence.

— Ça ne t'a jamais effleuré l'esprit que tu pouvais mettre les gens en danger ? Que si nous sommes réellement suivis, ce type dont tu parles visitera tous les lieux que nous avons visités ? Que tous les gens qui ont assisté à nos spectacles, tous ceux qui nous ont reçus chez eux, sous leur toit, dans leurs communautés, sont donc en danger ? Et que tu les as mis dans cette position – et moi de même – sans les prévenir, sans leur demander s'ils étaient d'accord ?

— Je me disais… que ça serait moins compliqué comme ça », répondit-il en se massant la nuque.

Elle s'empara du flacon, le fit tourner entre ses doigts.

« Pendant que j'étais sous l'effet de ce truc… “fumigée”, comme tu dis, j'ai vu quelque chose. Ou plutôt quelque chose m'a vue. Quelque chose a vu par mes yeux.

— Ça veut dire quoi, ça ?

— Il y avait une présence dans ma tête. Et un poids sur mes épaules, comme si quelqu'un m'était monté sur le dos. Et cette personne était aussi à l'intérieur de ma tête, et elle se servait de moi comme d'un télescope, pour regarder au loin. Et puis ça s'est arrêté.

— T'étais en pleine hallucination. Ça rend fou, ce produit.

— Je te dis mon ressenti.

— Ouais, ouais », grommela Isaac.

Mais ses intestins s'étaient noués.

« Cette présence, elle voyait notre maison. Et je peux te dire que ce n'était pas parce qu'elle cherchait une location de vacances. Elle veut la peau de Pieds-de-chardon.

— Quand tu dis présence, c'est...

— Ce n'est pas une personne. C'est dur à expliquer... C'est autre chose. »

Elle serra les dents.

« Et j'ai l'impression qu'elle sait exactement où on est. »

Isaac fit reculer la chaise.

« Il faut que je passe un coup de fil. Occupe-toi d'elle. »

Elle, c'était la jeune fille de pierre qui, curieuse, avait dégrafé le haut de son corsage et glissait des regards effarés sous l'échancrure.

*

« Tu m'évites depuis des semaines.

— Ravi de t'entendre, moi aussi, Shona. Tu continues de prendre soin de mon veston favori, j'espère ? Je t'ai manqué ?

— Tu peux le dire. Chaque fois que je colle un coup de genou dans l'entrejambe d'un de ces connards de fumigés, je pense à toi.

— J'adore. »

Elle avait décroché à la première sonnerie. Malgré tout le venin factice que charriait sa voix, elle et sa bande devaient être contentes d'avoir des nouvelles d'Isaac.

« Qu'est-ce que tu me veux, le Roi caméléon ? »

Isaac ne répondit pas immédiatement. Ah, elle connaissait son surnom.

Ce silence n'échappa pas à son interlocutrice.

« Il n'y a pas qu'Ombrelongue qui s'intéresse à toi, mon chou.

— Et alors ? T'as trouvé des infos alléchantes ?

— Petite délinquance, usurpation d'identité de représentants des forces de l'ordre et de l'armée, quelques complices furieux qui t'accusent de leur avoir piqué leur part du magot – mais pas une interpellation, pas une mise en accusation. Ah, si, une affaire où ta tête a été mise à prix. Idaho, vol d'un cochon en or.

— En plaqué or, la reprit Isaac. Qui était loin de valoir les efforts accomplis pour s'en emparer. D'ailleurs, je suis innocent. Le vrai coupable, c'est (ici la voix d'Isaac se fit nasillarde et chantante, un vrai cow-boy du Midwest) Lyle Lundberg, de l'Association pour la sauvegarde des suidés commémoratifs.

— Mignon.

— Non, je peux mieux faire. Je te montrerai, un jour.

— Que le Seigneur m'accorde de mourir sur le champ de bataille avant le jour en question. Tu m'appelais pour me dire quelque chose ou juste pour me faire perdre mon temps ? Vous êtes où ?

— À Baltimore. Il nous a retrouvés.

— Tu l'as vu ?

— Pas exactement. »

Il allait falloir trier. Shona ne devait rien savoir des aptitudes surnaturelles de Belette. Surtout depuis qu'Isaac en connaissait la véritable amplitude. Il ne s'agissait pas seulement de faire danser les poupées de porcelaine. Si Shona apprenait que Bellatine avait résisté au poison d'Ombrelongue, son gang n'aurait de cesse que de lui coller des seringues dans toutes les veines et de la vider de son sang pour trouver un antidote à la fumigation. Privant Isaac de sa partenaire de tournée. Et l'empêchant de payer sa dette à Benji…

Non, Shona ne devait pas savoir que Belette pouvait redonner vie non seulement au tissu, au bois, à la pierre, mais qu'elle ranimait aussi les os. Les chairs.

« J'avais prélevé une de ses fioles à Sparrow, le soir où je suis passé dans le bus et…

— Pas prélevé. Volé, dit Shona en s'éclaircissant la voix.

— Je vous ai laissé vingt-cinq *cents*.

— On avait remarqué. T'es un vrai petit démon, toi.

— Un homme d'affaires.

— C'est ça.

— Quoi qu'il en soit, ma sœur est tombée dessus, et comme elle avait un peu soif… Disons qu'après ça, la soirée a été assez chaude à la casa Yaga.

— Elle l'a bue ?

— Elle l'a bue.

— Ta sœur, elle est moins dégourdie que toi, non ?

— Dégourdi ? Tu trouves que je suis dégourdi ? »

Silence.

« Hmm. Bon, poursuivit Isaac. Il va falloir que tu me fasses un minimum confiance, même si ce que je vais te dire peut paraître incroyable… Elle a passé le cap, là, sans trop de dégâts… Mais… elle me dit qu'en plein trip, elle a senti quelqu'un dans sa tête. J'ai l'impression que les fumigés ont une espèce de lien avec Ombrelongue, tant que le produit fait son effet. Ça te dit quelque chose ? Il apprendrait des choses qu'il ne peut pas savoir autrement ? Parce qu'il arrive à pénétrer l'esprit de ses victimes ?

— Tu veux dire, une invasion psychique ? »

Le silence revint. Il l'entendait respirer. Passait-elle en revue ses expériences récentes avec les fumigés ? Se demandait-elle quelles informations révéler à Isaac ? Le téléphone, quelle plaie. Impossible d'étudier les mouvements du visage, la tension, le signe annonciateur de telle ou telle parole, de tel ou tel geste. Une voix sans corps, coupée de tout contexte. Il avait l'impression d'errer à l'aveuglette dans un labyrinthe.

La voix supposément rattachée à Shona se fit de nouveau entendre :

« Les fumigés sont exposés aux suggestions, mais je

ne pense pas qu'ils soient complètement sous emprise. Il les manipule par la parole. S'il y avait une invasion psychique, il n'aurait pas besoin de leur parler. »

Long silence.

« Mais il n'est pas impossible, loin de là, qu'il reçoive certaines informations. »

Aucune trace de question dans la voix, aucune surprise. Aucun rejet de l'hypothèse émise par Isaac, aussi bizarre soit-elle. Elle savait depuis longtemps qu'Ombrelongue n'était pas un criminel ordinaire. Qu'en plus d'un domaine, il contrevenait aux lois de la physique ordinaire.

« Shona, dans le bus, vous parliez tous les trois d'un passager. Vous disiez en parlant de moi, "il ne voit pas le passager". Tu peux m'expliquer ? »

Il y eut un bruit de chute dans la cuisine, suivi d'un petit cri de surprise. La voix de Bellatine se fit entendre de l'autre côté du mur.

« Arrête de toucher à tout. Pfff. Seigneur, tu vas rester tranquille, trois secondes ? »

La jeune fille de pierre poussa un gémissement.

« J'aimerais mieux ne pas en parler au téléphone, dit Shona. Cela dit, Isaac… »

Il fut secoué d'un frisson involontaire. N'était-ce pas la première fois qu'il entendait son vrai prénom dans cette bouche ? Les lèvres sombres traversèrent en voletant ses pensées, guêpes cruelles. Il voulut les chasser.

« On va se retrouver, poursuivit-elle. En attendant, ça serait bien que tu puisses trouver de l'info sur votre baraque. D'où elle vient. À quoi elle servait avant que tu la récupères. Tout ce qui peut nous aider à comprendre la raison pour laquelle Ombrelongue la cible.

— Elle a pris la poussière dans un entrepôt au fin fond de la Russie pendant soixante-dix ans.

— Avant ça, alors. Il faut remonter aussi loin que tu peux. »

Avant ça. Ce qui les pourchassait, c'était donc si vieux ? Que savait exactement Shona d'Ombrelongue ?

Il fut tiré de ses pensées par la voix opiniâtre de la fille aux lèvres noir cerise.

« Il faut que vous trouviez un endroit un peu sûr. Où vous puissiez vous cacher sans en avoir l'air. Où la maison puisse passer quasiment inaperçue. Quand vous l'aurez trouvé, cet endroit, envoie-moi les coordonnées. On s'y retrouvera. »

Isaac fit la grimace. Cet endroit un peu sûr, il le connaissait bien. Une ville où la fantasmagorie flotte toutes les nuits dans les rues, nimbée de fumée mauve. Où une maison à pattes de poulet peut se fondre sans difficulté entre les hautes coiffes dégoulinantes de perles, les chars de carnaval de cinq mètres de haut, les bûchers en flammes. Il n'avait pas prévu d'y retourner aussi vite.

« Shona, ma poule, dit-il, tu vas adorer La Nouvelle-Orléans. »

Chapitre 25

« Il faut que je passe un coup de fil. Occupe-toi d'elle », dit Isaac.

Il désigna la statue à laquelle Bellatine avait donné vie avant de s'éclipser dans la chambre. Elle entendit ensuite grincer l'échelle du grenier.

Bellatine n'avait pas quitté une seconde des yeux la fille de pierre depuis leur premier échange de regard.

« Arrête, aboya-t-elle tandis que la jeune fille tripotait les dentelles de son corsage.

— Saviez-vous que le reste de ma personne se trouvait ici, à l'intérieur ? »

La jeune fille commença à dégrafer le haut de son corset avant de plonger le regard dans l'échancrure.

Elle était toute jeune, un ou deux ans de moins que Bellatine, et sa peau irradiait, rose pêche, sous l'éclat argenté de la pierre qui l'avait constituée. Une masse de boucles d'or retombait en cascade sur ses épaules ; d'autres avaient été relevées pour venir nourrir un confortable chignon. Son visage lisse avait la forme d'un cœur, les pommettes encore adoucies par l'enfance. Elle portait une robe qui lui découvrait les chevilles. Oh, ce n'était pas une robe de bal, ni même de fête. La coupe, ajustée, mettait en valeur sa ronde silhouette. La toile de lin bleu était égayée aux épaules de fronces généreuses, au col d'une discrète dentelle. Une robe de cercueil, songea Bellatine, sans pouvoir s'en empêcher.

La jeune fille se pencha pour se regarder, ébahie, dans le miroir, et ce faisant renversa un vase de fleurs séchées, qui se fracassa avec bruit.

« Arrête de toucher à tout. Pfff. Seigneur, tu vas rester tranquille, trois secondes ? »

Bellatine se surprenait elle-même : tant de dureté dans sa voix ! Les yeux de la jeune fille s'écarquillèrent, deux lunes bientôt humides.

« Oui, mademoiselle. »

Elle se laissa tomber en tailleur, les mains croisées sur le ventre, et se mit à pleurer.

Bellatine se mordit l'intérieur de la joue, pour retrouver son calme.

« Je suis désolée. C'est que la nuit a été longue. Pour toi aussi, je pense. Allez, viens, on va te préparer. »

Elle prit soin d'éviter tout contact avec la jeune fille en traversant la chambre pour se rendre dans le salon. La jeune fille gémit, tout en lui emboîtant le pas.

« Me préparer à quoi, mademoiselle ? Allons-nous à un enterrement aujourd'hui ?

— Il faut te rendormir. »

Ça faisait près d'une heure que l'Embrasement s'était emparé de la statue. En général, un objet Embrasé ne restait jamais animé plus d'un quart d'heure. C'était souvent moins. Cette longévité inhabituelle n'étonnait cependant pas Bellatine. La puissance qu'elle avait ressentie dans le cimetière n'avait rien à voir avec ses expériences précédentes. Aiguillonnée par l'effroi de la fumigation, elle avait eu le sentiment à un moment de tenir un soleil brûlant dans chaque main. Mais une heure, c'était trop long. Le moment était certainement venu.

« Suis-moi », dit-elle en faisant signe à la jeune fille.

Elle sauta de la scène au gazon mou qui tapissait le cimetière. Au contact de l'herbe, elle fut parcourue d'un long frisson. Elle s'attendait à sentir la tension renaître dans ses mains : elles restèrent de glace. Il n'y avait plus que des pierres et du vent. Pas de village fantôme. Pas de morts suppliants. Pas de désir.

La jeune fille la suivait d'un pas incertain. Elle marchait comme un petit enfant qui ne sait pas encore vraiment comment ses membres sont reliés à son corps.

« Monte, dit Bellatine en tapotant le piédestal dont la jeune fille était descendue une heure plus tôt. Oui, c'est ça. Monte là-dessus. »

La jeune fille avança d'un pas gauche et glissa. Bellatine, sans réfléchir, tendit les bras. La jeune fille s'affala contre elle. Moment qui sembla flotter hors du temps : la poitrine fraîche contre celle de Bellatine, le battement de deux pouls bien distincts, comme si l'un était l'écho de l'autre. Les doigts de Bellatine s'enfoncèrent dans la taille replète. Elle vit la chair de poule hérisser la peau argentée du décolleté. Puis le fil se rompit. Bellatine repoussa la jeune fille avec un petit cri.

La jeune fille émit un gloussement strident avant de se couvrir les lèvres de sa main, ébahie par sa propre exubérance.

« Je suis désolée, mademoiselle, murmura-t-elle. C'est une drôle de sensation. On dirait qu'on vous pince.

— Monte là-dessus, dit Bellatine en détournant les yeux. C'est tout ce que je te demande. »

Cette fois-ci, la jeune fille y parvint sans mal.

Une heure cinquante-quatre. Une heure cinquante-sept. Deux heures du matin. Bellatine ne cessait de consulter l'heure sur son téléphone. Il s'était passé bien plus de soixante minutes depuis l'Embrasement. La jeune fille se tortillait sur son piédestal.

« Savez-vous s'il doit se passer quelque chose, mademoiselle ? demanda-t-elle.

— Oui. Il faut attendre. »

Bellatine ignora l'aiguille qui trouait de peur son estomac. Surtout, ne pas penser au temps. Ne pas penser à la douceur si humaine de la joue de la jeune fille, aux froissures du lin couleur de myosotis, aux quelques cheveux raides et blonds qui échappaient aux cascades de boucles. Ne pas penser à ce qui faisait de cet Embrasement un phénomène presque à part, le sang fumigé de Bellatine attisant la flamme. Ne pas penser que la jeune fille avait peut-être été ressuscitée pour de bon.

Bellatine se pressa les côtes, tant elle était inquiète. Elle y ressentait encore le frôlement de la chair-pierre, de la peau si fraîche.

La jeune fille en bleu se trémoussait, assise sur

le piédestal, impatiente, les talons de ses bottines se balançant devant les quelques mots gravés sur la pierre :

WINIFRED A. HADLEY
17 ANS
MORTE LE 23 NOVEMBRE 1884

« Winifred. C'est ton nom ? »

La jeune fille se redressa, les épaules bien droites, et récita ce discours digne d'un préau :

« Je suis le souvenir de Winifred Hadley, qui contracta la typhoïde à l'école et qui, la maladie la prenant aux poumons, y succomba malheureusement. Lors des obsèques, le révérend W. L. Miller prit la parole. La tombe était ornée de fleurs envoyées par ses n… ses nombreux… »

La jeune fille bafouilla, avant de se reprendre.

« … envoyées par mes nombreux et fidèles amis. Cette mort si soudaine suscitera un chagrin universel. *Ô bien-aimée ! Élève-toi vers le repos éternel. Pleurent à jamais sa beauté, les âmes pieuses et bénies.* »

Ces quelques mots étaient également gravés sur le piédestal, en guise d'épitaphe.

« Je suis navrée, dit Bellatine. Quelle horrible mort. »

La jeune fille hocha la tête, le visage sombre.

« Oui, je le crains. C'est ce que ne cessait de répéter Everett.

— Qui est-ce ?

— Mon fiancé, soupira la jeune fille. Oh, ce fut un splendide éploré. Pendant un an, il m'apporta tous les jours des orchidées blanches. Il étudiait la cartographie à l'université et s'asseyait ici, à mes pieds, pour me parler de tous les lieux extraordinaires que nous aurions pu visiter ensemble. Il pleurait très joliment, savez-vous ? Certaines personnes ne peuvent s'empêcher de devenir très laides quand elles pleurent, ou peu sincères. Leurs larmes sont factices ; elles cessent de sangloter dès que les autres ont tourné le dos. Ce n'était pas le cas avec Everett. Parfois, il pleurait tant qu'il s'endormait dans l'herbe pour ne se réveiller qu'au matin, dans la fraîcheur de la rosée. »

Everett, sans doute couché dans sa propre tombe depuis plus d'un demi-siècle.

La porte de Pieds-de-chardon s'ouvrit en grinçant. La maison se dandina tandis qu'Isaac apparaissait à la rambarde, une cigarette aux lèvres.

« Tout le monde à bord. On lève l'ancre.

— C'est-à-dire ? demanda sa sœur. On part où ?

— Ça pue ici.

— Qu'est-ce que tu veux dire par là ?

— T'as envie que le fils de pute qu'a foutu le souk dans ta cervelle nous rattrape, ou quoi ?

— Il va falloir attendre un moment, objecta Bellatine en se tournant vers la fille de pierre. Il faut qu'elle retrouve son état initial.

— On n'a pas le temps. Laisse-la ici.

— C'est impossible.

— Alors fais-la monter.

— Ça n'est pas non plus... »

Il se retourna sur la scène, prêt à donner le signal du départ. Sa redingote trop grande flottait dans le vent ; ses cheveux se hérissèrent, ourlés de fumée. Bellatine poussa un lourd soupir. Ce garçon, c'était le bandit nonchalant dans un mauvais remake Netflix des *Sept salopards*.

« *Shtey oyf* », ordonna-t-il.

La maison se leva.

« Oh, quel drôle d'oiseau », pépia la fille de pierre.

Pieds-de-chardon se rengorgea.

« *Greyt* », poursuivit Isaac.

« Eh merde », gronda Bellatine, à voix basse.

Pas une seconde, elle n'avait imaginé qu'Isaac la fasse marcher. Il n'attendrait pas. La maison pouvait démarrer d'un moment à l'autre.

« On arrive », dit-elle en s'emparant du poignet de la jeune fille, qu'elle fit descendre de force de son piédestal.

La jeune fille fit de son mieux pour suivre. Bellatine se mit à courir et rattrapa à temps l'échelle, au moment où la maison levait la patte droite. Elle fourra le montant de métal dans la main de la jeune fille.

« Monte, lui ordonna-t-elle. Une main après l'autre. Voiiiilà. »

La jeune fille, toute tremblante, poursuivit son ascension. Bellatine grimpa après elle.

L'échelle tanguait à chaque pas. Un souffle de vent virevolta, sifflant, sur le cou de Bellatine – on aurait dit la caresse d'une main de glace. Elles se hissèrent enfin sur la scène, pantelantes.

Isaac s'accroupit pour leur faire bon accueil. Il tendit la main à la fille de pierre pour l'aider à se relever. Elle le dévisagea longuement. Elle s'était suffisamment remise de la panique qui avait suivi son réveil pour le considérer avec intérêt.

« Vous êtes venu pour des obsèques ? » demanda-t-elle, candide, en désignant sa redingote noire, d'un chic de croque-mort.

Bellatine dissimula son hilarité. Isaac lui décocha un clin d'œil. Une tulipe de légèreté avait éclos en Bellatine – oui, ici, en plein péril, un prédateur à leurs basques, et ses mains qui lui jouaient des tours. Et cependant, la légèreté ne la quitta pas.

« Parfait ! Bienvenue à bord, petite », dit Isaac à la fille de pierre.

Elle répondit d'une révérence.

« Ne t'attache pas trop, l'avertit Bellatine. Demain, elle ne servira plus qu'à faire joli dans un jardin.

— Ça m'étonnerait », répondit Isaac en jaugeant la jeune fille.

Sentiment de fait partagé par Bellatine.

« Et à qui ai-je l'honneur, mademoiselle ? articula Isaac, en prenant la pose. Mille pardons de ne pas avoir procédé plus tôt aux présentations. Nous avions… un truc merdeux à régler.

— Je suis le souvenir de Winifred Hadley, qui contracta la typhoïde à…

— Winnie ! Génial, l'interrompit Isaac avec un grand sourire. Tu fais partie de l'équipage. »

Chapitre 26

En avril, un petit distributeur de journaux découvre des armes et des tracts communistes dans l'atelier de Haim, le tailleur de pierre.

En mai, les *pogromchiki* pendent Haim à l'arbre qui se trouve derrière cet atelier. C'est un vieux pommier dont les branches se tordent dans tous les sens selon des angles impossibles. Le tronc est fin, mais solide, l'écorce recouverte de mousse. L'arbre ne donne plus de fruits depuis des années. Aujourd'hui, ce n'est pas la même chose.

« Quelle vilaine pomme, ce juif, s'esclaffe un des soldats. Il est trop vert pour qu'on le cueille. »

Quand les soldats ont le dos tourné, le fils de la sœur de Haim essaie de couper la corde. Rien à faire. À chaque tentative, elle devient encore plus dure. C'est du cuir, non, c'est du câble d'acier, non, c'est une chaîne en diamant qui brise toutes les lames qui veulent la trancher. Il n'y aura pas de *kaddish*. Pas d'enterrement. Après sept jours et sept nuits sans *shiva*, plus de chair sur le squelette.

Après quoi plus personne n'entre dans l'atelier de Haim, le tailleur de pierre, ni ne s'approche de cet arbre terrible, avec cette corde terrible, cette forme terrible qui s'y balance encore. Sauf Baba Yaga.

« Bonjour, Reb Squelette, le salue Baba Yaga en passant devant l'atelier, une fois par semaine, pour aller au marché.

— Bonjour, Baba Yaga », répondent les os du tailleur de pierre, dont les pieds ne touchent pas le sol.

Parfois elle emmène Illa et Malka. Illa aime bien déposer des roses trémières sous les pieds du squelette.

Un jour, le squelette demande à Baba Yaga de lui rendre un service.

« Baba Yaga, dit-il. Ça fait soixante jours et soixante nuits que je suis pendu à cet arbre. C'est toujours le même paysage : quel ennui ! J'ai mal au cou, et j'aimerais bien voir le monde. Tu pourrais me couper la corde ?

— Reb Squelette, répond Baba Yaga, tout le monde sait qu'il est impossible de couper cette corde. Pourquoi tu me demandes ça ?

— Pfffuh, se moque le squelette. Tes filles, elles sont bien nées d'une dent, non ? Et ta maison, elle marche sur des pattes de poulet. Si quelqu'un peut couper cette corde, c'est bien toi. Si tu essaies, je t'accorderai trois vœux avant de partir. Je te le promets. »

Ces propos plaisent fort à Baba Yaga.

« Très bien, dit-elle. Je vais te couper la corde. Mais voici quel est mon premier vœu. Dans peu de temps, c'est l'anniversaire de mes filles. De ton vivant, Reb Squelette, tu étais un artiste magnifiquement doué, et j'imagine que tu l'es resté dans la mort. Je veux que tu confectionnes un panneau que je mettrai au-dessus de la porte de ma maison, en l'honneur de mes filles. La plus petite a la taille d'un lièvre, la plus grande est méchante comme la corneille ; il faudra aussi m'honorer. »

Reb Squelette est abasourdi.

« Mais, Baba Yaga, j'étais tailleur de pierre. Je travaillais pour les morts. On ne peut pas faire ça pour les vivants, ce n'est pas correct.

— Les morts ne voient pas leurs tombes, insiste Baba Yaga. Les artistes travaillent pour les vivants. Il en sera ainsi avec moi. Alors ? Marché conclu, ou bien je te laisse sous ton arbre pour que les oiseaux fassent leur nid dans ta cage thoracique ? »

Reb Squelette consent.

Et donc, la nuit suivante, Baba Yaga entre dans le jardin, une paire de ciseaux à la main. Ils brillent comme la neige. Au croisement des deux lames, sur le pivot, une rose est sculptée ; les poignées sont ornées d'épines d'argent, ce qui fait que seule Baba Yaga ose y glisser les doigts. Hop ! elle coupe la corde qui retenait Reb Squelette en un coup de ciseaux.

Le lendemain matin, un splendide panneau orne mon linteau.

Le jour suivant, Baba Yaga rencontre Reb Squelette adossé au puits du village. Il porte un costume neuf, un beau chapeau et des bottes en cuir bien cirées.

« Reb Squelette, la mort ne te va pas mal, à ce que je vois. Mais tu n'es pas encore libre. Il te reste deux faveurs à m'accorder.

— Je n'ai pas oublié, Baba Yaga. Que veux-tu que je fasse, ce soir ?

— Ma grande fille, dit Baba Yaga, elle commence à jouer à ce jeu qu'elle appelle le Verger. Elle se suspend à un pommier, les pommes sont mûres et bien sucrées, mais bien qu'elle ait faim, elle ne peut pas en manger, parce qu'elle est morte. Depuis que les *pogromchiki* t'ont pendu, mes filles ne finissent plus leurs nuits. Il faut leur faire un autre tableau, pour le mettre au plafond, au-dessus de leur lit. Il faut que les soldats soient en déroute et mes filles très heureuses.

— Très bien, dit Reb Squelette. Mais dis quand même à ta fille que quand on est mort, on n'a pas envie de manger : ni des pommes, ni du miel, ni du *matzo*. Tout ce qu'on veut, c'est être moins mort. »

Quoi qu'il en soit, le lendemain matin, j'ai cette fresque terrible et splendide sur le plafond, tout éclatante de peinture d'or, de rubis et d'émeraude. Les soldats ont des ronces qui leur sortent des oreilles et de la bouche, en frisures élégantes. Quand Illa et Malka montent dans le grenier et se couchent sous la fresque, deux gouttes de peinture tombent. *Plic*, l'une sur une joue. *Plic*, l'une sur l'autre joue. Et les gouttes leur laissent des fossettes qui ne s'effacent jamais, même en frottant très fort, et qui leur creusent les joues à chaque sourire.

« Baba Yaga, s'écrie Reb Squelette, aujourd'hui, c'est la dernière faveur que je te dois. Après quoi, je serai libre. Dis-moi ce que tu veux. »

Baba Yaga donne à Reb Squelette les ciseaux avec lesquels elle a coupé la corde. Les lames luisent comme de petits poissons aux premières lueurs de l'aube.

« Ce soir, tu iras trancher la gorge de tous les soldats de l'Armée blanche, et de tous les cosaques, et de tous les paysans qui veulent prendre la torche et devenir *pogromchik*. Quand tu auras fini, rentre au village et tue tous ceux qui t'ont tué, dit Baba Yaga.

— Mais, répond Reb Squelette, furieux, j'en aurai pour cent ans ! Je ne serai donc jamais libre ?

— Mon bon Haim, toi qui apportes la mort, dit Baba Yaga, tu es la liberté. »

*

Comme d'habitude, ce n'est qu'une version possible du souvenir. C'est drôle, la manière dont la vérité évolue au fil des récits. Comment quelqu'un devient un mythe, comment un mythe se transforme en héros. N'allez pas penser que Baba Yaga est l'héroïne de mes histoires. Ce n'est pas le cas. Elle n'est pas non plus ce qu'on appelle la méchante. Baba Yaga, c'est juste une femme. Parfois, on ne peut pas savoir, avant de tout re-raconter, ce qui était vrai et ce qui ne l'était pas. Parfois, on ne comprend pas à temps ce que veut dire cet homme devenu pomme, puis squelette.

Dans une autre version, donc, Baba Yaga ne découpe pas la corde de celui que les soldats ont pendu dans son jardin, derrière son atelier. Elle se couche dans mon ventre en serrant contre elle ses filles. Elle se balance doucement, car l'immobilité, c'est comme la mort. Elle chante, car c'est ce que font les vivants. Sa berceuse : une promesse de sécurité qu'elle ne pourra pas tenir. Sa voix : aussi propre que la pluie.

Puis elle fait bouillir de l'eau sur le poêle et donne le bain à Malka. Elle découpe une pomme en tranches pour Illa. Elle nettoie la table de la cuisine et pose des pièges pour les souris. C'est ce que font les gens en période de guerre. Comme toujours. Quoi ? Si la mort venait dans votre village, vous changeriez vos habitudes ? Non, il faut continuer à couper du bois, à le faire sécher pour l'hiver. Il faut continuer à border les enfants dans leur lit, le soir. Balayer le plancher. La vie, ça reste toujours la vie.

Baba Yaga me ferme les volets. Le monde reste au-dehors. Entre mes murs, les vivants continuent à faire ce qu'ils veulent. Ils rient. Ils se mettent à table. Ils détournent le regard.

Pardonnez-leur.

Chapitre 27

Au moment où Pieds-de-chardon franchit la limite de l'État de Louisiane d'un pas lourd, Isaac Yaga fut saisi par le regret ; il dissimula son malaise sous le paquet de cartes qu'il battait. Une fois, deux fois, trois fois les cartes se mêlèrent les unes aux autres, avec un ronronnement de colibri.

Benji lui avait appris à lire dans les cartes avec un jeu de poker ordinaire, comme celui-ci. Il aimait leur aspect banal, disait-il, le fait que les destinées ne soient pas prisonnières d'un coffret doublé de velours, mais empilées derrière le comptoir d'un bar et poissées par l'alcool. Oracles qui pouvaient, après vous avoir révélé votre avenir, se transformer sur la table en partie de blackjack. Isaac tira une carte du paquet. *Neuf de pique. Déprime, inquiétude, cauchemars.*

« Si tu n'aimes pas les cartes qu'on te tire, disait toujours Benji, change-les. »

Nouveau tirage : six de cœur. *Souvenir, nostalgie, retrouvailles avec un vieil ami.* Il aimait encore moins.

Revenir dans une ville qu'il n'avait quittée que quelques mois plus tôt… C'était contre ses principes. Ça l'irritait avec la force du papier de verre.

Trop rapproché. Trop tôt. Trop grand nombre d'empreintes laissées par ses pas sur ces terres du Sud. Trop d'embrouilles qui n'avaient pas même eu le temps de passer du bouillonnement au feu doux. Ombrelongue allait peut-être perdre leur piste : mais d'autres ennemis ne le débusqueraient-ils pas dans l'intervalle ? Il entendait déjà le calliope moduler sa plainte sur le Mississippi : un chant de bienvenue, un avertissement ? Difficile à dire. On se croise toujours deux fois.

Bellatine le trouva juché sur le toit, jambes ballantes, se grattant la lèvre inférieure du coin du six de cœur. De la scène, en contrebas, elle brandit le téléphone.

« J'ai eu des nouvelles de Mira ! »

Il dressa l'oreille.

« Du nouveau sur notre chère star des Folies-Poulaillères ?

— Non, elle n'a rien pu me dire de plus que ce que nous savons déjà. Et même si elle avait eu d'autres infos, elle n'était visiblement pas d'humeur communicative. Comme toujours. »

Son espoir avait été de courte durée.

La généalogie de Pieds-de-chardon s'était révélée plus difficile à établir qu'Isaac ne l'avait soupçonné. Hormis le port d'embarquement ukrainien par lequel elle avait entamé son voyage vers l'ouest – Pivdennyi, l'un des principaux nœuds de communication de la mer Noire –, le bordereau de livraison ne leur apprenait pas grand-chose. Le testament qui faisait des enfants Yaga les légataires universels de la maison avait été enregistré à Kyiv, où leur arrière-arrière-grand-mère, apparemment, ne s'était installée qu'à la fin de sa vie, dans les quartiers est. Tout ce qu'ils savaient d'elle, c'est qu'elle avait passé son enfance et la plus grande partie de sa vie adulte dans un shtetl, quelque part sur un fleuve. Mais où exactement ? La précision s'était perdue dans le passage du temps et les registres mal tenus.

Bellatine émit un bref ricanement.

« Qu'est-ce qui t'arrive ?

— Je viens d'imaginer Pieds-de-chardon aux Folies Bergère, avec une tour Eiffel. »

Elle leva la jambe, comme pour esquisser un cancan maladroit.

Belette n'arrêtait pas de plaisanter ces temps-ci. Ça ne lui allait pas du tout. Cette désinvolture maladroite n'était qu'une façade, une protection. Depuis qu'ils avaient quitté le Maryland, le non-dit se balançait tel un pendule entre le frère et la sœur, scintillant dans l'air clair de novembre, à portée de leurs mains. Isaac ne ferait rien pour en perturber l'équilibre. Il ne poserait pas de questions. Pas sur les morts. Pas sur ce que devient un corps qu'on a réveillé. Pas sur la transgression, pas sur les miracles que sa sœur, assurément, accomplissait. L'aveu se tortillait sur la langue de Bellatine, lui pinçant les lèvres, lui tirant sur les coins de la bouche, Isaac le voyait bien. Comme si sa gorge était pleine de guêpes, qu'elle refusait de laisser sortir. Très bien. Il n'avait aucune envie de les voir. S'il avait souhaité un jour pouvoir ramener les morts à la vie, ce n'était plus le cas depuis longtemps.

Il posa l'index sur son front, pressa, se concentra sur les muscles de la mâchoire, des sourcils, du cou. En manipula les interrupteurs, un par un, les contraignant à la détente. Si Belette remarquait la moindre tension, elle penserait sans doute qu'elle en était la cause – ce qui serait une cause d'irritation supplémentaire.

« Izzy ! Belly ! À table ! appela Winifred, dont la tête avait surgi à la fenêtre grande ouverte.

— Fichus surnoms. Il va falloir y mettre bon ordre », soupira Bellatine.

Winnie était devenue une source de petits bonheurs ; son chaos enfantin leur procurait des distractions aussi constantes que bienvenues.

« Tu la laisses s'occuper de la cuisine ?

— Laisser est un grand mot.

— Ça va refroidir !

— Cuisine est également un grand mot. »

Winifred avait mis deux couverts : assiette, couteau, fourchette. Bellatine avait droit à six M&M's, Isaac à une grosse poignée de tabac.

« Vous aimez ? » leur demanda-t-elle en battant des cils.

Ayant vécu un siècle sans appareil digestif, Winnie avait conçu une idée très particulière de ce qu'était la nourriture.

« C'est mon plat préféré ! Qui te l'a dit ? » répondit Isaac en se mettant à table. Enjoliveuse miaula avant de lui sauter sur les genoux.

Isaac s'était attendu à ce que sa sœur, les yeux au ciel, aille se préparer un sandwich. Au lieu de cela, elle se mit à table, posa un M&M's sur sa fourchette et se le fourra dans la bouche. Winnie rayonnait. À chaque encouragement de Bellatine, l'éclat gris sous sa peau se faisait soyeuse brillance. Comme si la présence de Belette la rendait de plus en plus vivante, à tout moment. Les bénéfices étaient visiblement réciproques, bien que Bellatine se garde de l'admettre.

« Et toi, qu'est-ce que tu manges ? demanda Isaac.

— Moi ? »

Hésitant à répondre, elle tirait sur le bord du tee-shirt à rayures que lui avait prêté Bellatine et qu'elle emplissait bien plus voluptueusement que sa propriétaire. La robe en lin avait été plongée dans un seau pour une future lessive.

« Je ne crois pas qu'elle puisse…, commença Bellatine, en guise d'avertissement, ce qu'Isaac balaya d'un revers de main.

— Tu as une bouche, Winnie. Mais pas d'intestins ?

— Des intestins ? »

Isaac préleva un M&M's dans l'assiette de sa sœur et le tendit à Winnie.

« Tiens, essaie. »

La fille de pierre le posa timidement sur sa langue, ferma la bouche et attendit un moment.

Un sourire flotta sur les lèvres de Bellatine.

« Il faut mâcher, Winnie. Comme ceci. »

Elle fit claquer ses dents.

Winifred l'imita. La croûte de sucre céda. Elle écarquilla les yeux puis fondit sur la table, s'empara des quatre derniers M&M's et se les fourra dans la bouche.

« Hé ! » protesta Bellatine.

Winifred mâchait avec ferveur, un sourire d'une oreille à l'autre.

« Oh !… On dirait… Des petites planètes !… Avec des secrets à l'intérieur, que je suis chargée de découvrir. Et l'impression est… bien agréable ! »

Elle se tourna vers les Yaga, éberluée.

« Les êtres humains éprouvent de ces bonheurs tous les jours et font comme si de rien n'était ?

— Attends de goûter aux sticks à la mozzarella, répondit Isaac d'un ton grave.

— J'ai mieux », pouffa Bellatine.

Elle fonça dans le garde-manger, en rapporta une tranche de pain à la citrouille emballé dans du papier crépon brun – où donc l'avaient-ils acheté ? À Charlotte ? À Atlanta ? Difficile de garder le souvenir de toutes leurs pérégrinations.

Winifred reçut la tranche comme une hostie et la porta des deux mains à sa bouche.

« Elle ne doit pas avoir besoin de respirer, marmonna Belette.

— Oh ch'est berbeilleux, s'étouffait Winifred. Cobbe un… (elle parvint à avaler) un nuage.

— Tu as créé un véritable monstre », chuchota Isaac.

Et ce n'est qu'alors que Bellatine cessa de sourire.

*

Certes, elle était étrange, cette fille de pierre, mais ses facultés d'adaptation impressionnaient Isaac. Il la surprenait souvent à imiter les gestes de Bellatine : faire un lit, colmater une fenêtre mal jointoyée, lacer ses Converse. Le reste apparemment lui venait d'un siècle à contempler les visiteurs du cimetière : familles dans la peine, joggeurs et leurs chiens, adolescents blasés traînant entre les tombes. De quoi rendre Isaac quasi jaloux. Elle avait eu plus d'opportunités pour étudier et mémoriser le comportement des humains qu'il n'en aurait jamais. Lorsqu'elle s'adonnait à quelque tâche, c'était de tout son corps. Elle se couchait sur le dos et levait la jambe, juste pour tirer sur ses bas. Ou bien plongeait le pouce dans la casserole d'eau bouillante pour tester la température. Si une coccinelle s'aventurait sur son bras, rien n'existait plus pour elle que cet exaltant spectacle. Comme si, dans la résurrection de ses sens, chaque centimètre carré de son corps était un œil sur le point de s'ouvrir.

Puis la lumière changeait, et soudain la feuille d'argent tendue sous sa peau réapparaissait. Ou bien elle passait des heures à regarder droit devant elle, sans cligner des yeux, comme s'il s'agissait d'une corvée volontaire dont elle aurait pu être trop facilement détournée. Elle se gavait de nourriture sans jamais se sentir rassasiée, et pouvait de même passer une journée à jeûner sans éprouver la moindre fatigue. Parfois, elle était si immobile qu'Isaac la croyait retournée à son état de statue. Puis elle apercevait un champ de fleurs sauvages par la fenêtre et se levait d'un bond, posait les mains sur la vitre, émerveillée. Elle restait là, flottante : chez elle, un fil, à peine, séparait l'humain de la pierre.

Pieds-de-chardon s'arrêta en faisant trembler les murs ; les assiettes glissèrent sur la table. Bellatine rattrapa la sienne des deux mains ; Isaac attendit que l'autre soit sur le point de tomber pour la retenir d'un coup de coude. Il se roula une cigarette avec le tabac que Winnie lui avait servi et la coinça sur son oreille.

Une mélodie grave pénétra par les fenêtres ouvertes. Le calliope, aux notes aussi claires et sautillantes qu'un carillon, doublé par la plainte sourde du bateau à vapeur. Les deux femmes se tournèrent vers la fenêtre. Cette fois-ci, ce n'était pas dans le souvenir d'Isaac qu'elle résonnait, cette musique. Ils étaient arrivés à La Nouvelle-Orléans.

*

Hank's n'avait pas changé en quelques mois. À travers la vitrine, Isaac aperçut les rayonnages ployant sous le poids des bouteilles en plastique pleines de vodka. La friteuse à l'éternel sifflement, qui produisait des tonnes de poisson pané. La caisse remplie de tickets de loto et de briquets, posée sur le comptoir. Devant la porte, une bande de punks en gilets déchirés, qui faisait tourner un litron de bière brune. Ils ignorèrent superbement les deux messieurs blonds en polo rose saumon et pantalon kaki qui, les yeux baissés avec mépris, se frayaient un chemin au milieu du groupe. L'allée était remplie de véhicules : moitié coupés jaune citron, immatriculés hors de Louisiane, moitié épaves dont les fenêtres étaient bouchées par de grands sacs-poubelle. Hank's, quoi. Le grand écart, le grand égalisateur, port d'attache des créatures de l'aube et de la nuit.

« On y va », dit Isaac en encourageant Bellatine et Winnie du geste.

Ils traversèrent le parking bondé. Isaac reconnut l'un des routards qui traînaient sur le perron – ils s'étaient croisés à Minneapolis, quand Isaac était artiste de rue – mais la réciproque ne semblait pas vraie. Qui sait quelle version de lui-même avait interprétée Isaac, dans leur semaine de vie commune ? Elle n'avait sans doute aucun rapport avec celle qu'il incarnait aujourd'hui.

« Isaac ! Hé, gamin ! Comment va ? T'es revenu ? »

Une main se posa sur son épaule. Un vieil homme, la peau sombre, une canne dans une main, une sébile dans l'autre. Sa jambe gauche s'arrêtait au genou.

« Justus ! Content de te voir. Je viens juste d'arriver. Ça va ? Tu prends soin de toi ?

— Mouais, opina le vieil homme en se frottant la joue. J'ai plus d'assurance santé, alors je prends plus mes médocs. Mes articulations, elles grincent et elles gémissent comme la croix de Jésus depuis des semaines.

— Oh, ça fait de la peine d'entendre ça.

— Dis-moi, t'aurais pas une cigarette ? »

Isaac prit celle qu'il avait sur l'oreille et l'alluma pour le vieil homme. Ce faisant, il constata que ses tremblements avaient, pour l'heure du moins, disparu – une bénédiction.

« Te laisse pas abattre, hein ? dit-il en tapotant l'épaule de Justus – ce qui lui permit de glisser un billet de dix dans la poche de sa chemise sans que l'autre s'en rende compte. Ils t'auront pas, ces escrocs de Washington.

— Ouais, que Dieu te bénisse. Salut à toi, Isaac. »

Le vieil homme partit en boitant vers les cabriolets jaune citron, dont les propriétaires, sans nul doute, avaient des portefeuilles bien remplis. C'était les pauvres cependant qui donnaient toujours le plus volontiers, ceux qui savaient ce qu'était cette vie. Les riches cadenassaient leurs coffres. Bah : il fallait bien essayer.

Ils franchirent les portes va-et-vient de chez Hank's. C'était un lieu de rencontre, mais il y avait peu de chance qu'il y retrouve d'autres visages connus, après ces deux-là. Il était bien plus de midi, mais les gens qu'il avait fréquentés étaient encore au lit, à cuver les chagrins qu'ils avaient voulu noyer la veille au soir.

Bellatine et Winnie amassaient paquets de bonbons et bonbonnes d'eau, pendant qu'Isaac, au comptoir des plats cuisinés, regardait Miss Jeannie remplir un grand sac en papier de poulet frit et de gâteaux secs. Dans les néons de la boutique, Belette semblait souffreteuse, le teint cireux. Le bel éclat qui l'avait inondée après le réveil de Winnie semblait déjà éteint ; elle marchait de nouveau poings serrés contre les cuisses, phalanges blanches. Lèvres serrées, épaules nouées. Isaac connaissait ça – ce qu'endure un corps qu'on néglige. Auquel on interdit le devoir sacré pour lequel il a été conçu. Quand Isaac ne pouvait pas jouer, il se mettait à trembler. Quand Bellatine n'était pas Embrasée, elle se durcissait, devenait anguleuse, coupante, exsangue. Elle était si désireuse de ne pas donner vie aux êtres inanimés qui l'entouraient que cette contrainte finissait par s'appliquer à elle. Elle se pétrifiait.

Lorsqu'ils s'approchèrent de la caisse, un rectangle rose fluo posé sur le lino attira le regard d'Isaac. Il se baissa pour le ramasser, le retourna : un tract imprimé en sérigraphie, noir et or sur rose bonbon.

DÉFILÉ DES LAMPIONS
VOUS SAVEZ OÙ
ET VOUS SAVEZ POURQUOI.
HAT PIN BRASS BAND / THE HARVEST MOONS
22 HEURES

« C'est quoi, ça ? » demanda Bellatine en surgissant à son côté, les bras chargés de bonbonnes d'eau.

Winifred restait sagement dans son sillage.

« Un bon présage, dit Isaac en tendant le tract à sa sœur. Et une invitation que t'envoie personnellement le linoléum de chez Hank's.

— C'est un enterrement ? demanda Winnie en tendant le cou.

— Une fête, rectifia Isaac.

— Je voudrais être ivre, annonça fièrement Winifred, le menton dressé comme celui d'une duchesse. Je veux être la jeune fille la plus ivre du monde. »

Isaac écarquilla les yeux.

« Eh bien, quoi ? reprit-elle en haussant les épaules. Les gens organisent des fêtes autour de ma tombe depuis un siècle. Je sais très bien ce que font les vivants.

— On n'ira dans aucune fête, objecta Bellatine. On est censés rester discrets.

— Ce n'est pas seulement une fête, dit Isaac. C'est un défilé. »

Bellatine posa les bidons d'eau devant la caisse avec fracas, avant de produire un billet de vingt dollars. Son menton arrivait tout juste à la hauteur du comptoir.

« Parade ou défilé, je n'irai pas.

— Allez, dit Isaac. Un petit défilé, ça n'a jamais fait de mal à personne. »

Winnie ouvrit un paquet de M&M's, prélevé sur la dizaine qu'elle avait recueillie au creux de sa robe.

« Vous vous souvenez de celle de Philadelphie en 1918 ? Elle a fait quatre mille cinq cents morts de la grippe espagnole. Certains sont enterrés tout près de moi.

— Et vous ? demanda Isaac à la caissière, une blonde platine. Si on vous appelle du cosmos, qu'est-ce que vous répondrez ?

— C'est le cosmos qui m'a appelée, ricana-t-elle. Il m'a dit va aux États-Unis. Au pays, j'étais coiffeuse de stars. J'avais mon salon à moi. La bonne vie. Maintenant, je vends de la mauvaise tequila pour sept dollars cinquante l'heure de travail de nuit.

— Vous ne m'aidez pas, toutes les deux », dit Isaac en désignant la caissière puis Winnie du pouce.

Bellatine lui rendit le tract sans le regarder. Il le fourra dans sa poche. Pour plus tard.

*

Ils festoyèrent sur le tas de pierres, à côté des voies de chemin de fer. C'était l'un des coins favoris d'Isaac à l'époque où il vivait à La Nouvelle-Orléans, un monticule de ballast où les gosses pouvaient tirer au fusil à air comprimé sur des cannettes de bière et fumer de l'herbe à l'ombre d'une citerne rouillée. Ici, à quelques centaines de mètres du fleuve, les maisons vivantes, on connaissait ça. Isaac n'avait pas vécu Katrina et les inondations, contrairement à la plupart des gens du quartier. Quand la digue avait cédé, des rues entières s'étaient couvertes de branchies. Pour qui a vu une ville entière apprendre à nager, une maison à pattes de poulet ne devrait rien avoir d'extraordinaire.

Bellatine ramassa un bout de bois dont elle ôta l'écorce à l'aide de son canif, pendant que Winnie plongeait la main dans son troisième paquet de M&M's. Isaac posa une rangée de pièces de cinq *cents* sur les rails et attendit. La vie d'un clodo, c'était ça, la plupart du temps : attendre. Attendre le pouce levé pour grimper dans un wagon. Attendre l'aube dans la gare de triage. Attendre que quelqu'un glisse un dollar dans le bocal à pourboires. Attendre que le temps se décide à démarrer et vous embarque dans le mouvement. Et maintenant, attendre Shona. Ou Ombrelongue. Le premier qui lui tomberait dessus.

Bellatine regardait sans cesse par-dessus son épaule, vers la maison. Dont un orteil, immense et jaune, dépassait d'une rangée de petites maisons tout en longueur. L'orteil gratta délicatement un rat mort avant de se retirer.

« On ne devrait pas laisser Pieds-de-chardon sans surveillance, dit-elle, mal à son aise.

— Oui, c'est une délinquante très recherchée, dit Isaac avec un hochement de tête exagérément inquiet. Son toit est mis à prix. »

Bellatine se retourna de nouveau.

« Je vais aller voir si elle n'a besoin de rien.

— Une pédicure, tu crois ? »

Elle ne répondit pas et se leva en fourrant un petit gâteau dans sa poche. Qui n'était pas pour elle, crut deviner Isaac. Il l'avait déjà surprise qui versait à manger directement dans le poêle. Et Shona qui le prenait pour un misanthrope excentrique ! Que dirait-elle en rencontrant le reste de la troupe ?

Un train siffla, lugubre, de l'autre côté du tas de gravier. Isaac déglutit. Il planta ses talons dans le sol, pour ne pas perdre l'équilibre, tandis qu'un grand tremblement le secouait, comme une rafale qui ploie, ondulante, le blé en herbe. Quand il était plus jeune, cette plainte lui donnait un sentiment d'éternité, de légèreté – une fléchette empoisonnée en plein vol. Comme si le pays était un tapis rouge qu'on leur déroulait sous les pieds, à Benji et à lui. C'était de l'histoire ancienne.

Ici, en Louisiane, les trains de marchandises passaient à petite allure, lourds et pesants, des alligators d'acier vautrés sur le rivage du bayou. Rien à voir avec les trains du Nord, qui filaient entre chaque gare à une telle vitesse que vous pouviez vous briser la nuque en essayant d'en attraper un au passage, le fameux « coup du lapin ». Les trains rapides vous emmènent où vous voulez aller. Mais si vous voulez y arriver vivant, mieux vaut les trains lents. Enfin, parfois.

Il secoua la tête. *Oublie le passé*. Et puis, il n'avait aucun besoin de ressortir son vieux double mètre. Effet collatéral du nomadisme : la vie s'offrait constamment à la comparaison. Une ville se mesurait à une autre. Boise ou Tulsa ? Pour les lignes, la Great Northern ou la Southern Pacific ? Chanter dans quels parcs : Harvard Square, à Boston, ou Union, à New York ? Il y avait en lui cette voix secrète et lasse, cachée au plus profond de lui-même, qui se demandait si ses vagabondages ne provenaient pas d'un désir de tranquillité. Que plus il traversait de vies minuscules, plus il avait de chance d'en trouver une à laquelle s'attacher. Mais parvient-on à les reconnaître, ces vies, quand on est depuis tant d'années sur la route ? Peut-être les avait-il déjà croisées, poussé par son éternelle migraine, l'éternelle gêne dans sa poitrine. S'arrêter, ce n'était pas envisageable. Hier, aujourd'hui, demain.

Le train recracha les pièces d'Isaac sur le ballast. Elles luisaient comme des mini-lunes.

Winifred en ramassa une qu'elle lâcha aussitôt, avec un petit cri.

« Au début, elles sont brûlantes, l'avertit Isaac. C'est à cause de la friction.

— C'est bizarre, cette sensation, remarqua-t-elle en examinant le bout de ses doigts.

— Il faut être plus prudente, Winnie. L'impression que tu décris, ça veut dire que tu as touché quelque chose qui peut te faire du mal. »

Il ne put s'empêcher de remarquer la tendresse avec laquelle sa sœur se penchait sur la main brûlée, soufflait doucement dessus.

« Ah, c'est donc que ma peau écoute, et que le fer parle. C'est merveilleux ! »

Winnie tendit un index assuré, effleura les lèvres de Bellatine.

« Et quand je touche ta peau, j'entends aussi sa voix. »

Belette s'empourpra. Elle recula d'un pas.

« Au fait, dit-elle en revenant, sourcils rigides, aux formalités. J'ai envoyé un mail au consulat d'Ukraine pour leur demander s'ils avaient des idées sur ce que la maison faisait avant Kyiv. Tu as appelé le notaire de là-bas ?

— Moi ? répondit Isaac, sourcils froncés.

— Oui, toi, coupa Bellatine. Ce n'est pas comme si je te l'avais déjà demandé cinq fois.

— Tu vois ? C'est ta faute. Tu en demandes trop. »

Elle dut ravaler son envie de le gifler.

« Et hest pourha que tout le honde debraie avoir une ébidaphe, articula Winifred entre deux poignées de M&M's. Chère bien-aimée… Comme une lettre envoyée du passé. Toutes les informations dont vous avez besoin. »

Bellatine se redressa.

« Une lettre ? Mais quelle idiote je suis ! dit-elle en se frappant le front.

— Pas de commentaire sur ce point.

— Tu sais bien, poursuivit-elle sans se démonter. Quand nous nous sommes installés dans la maison, il y avait tous ces trucs dans le grenier. J'ai trié pas mal de choses, mais il en reste pas mal là-haut. Y compris une caisse entière de paperasse. Et je suis certaine qu'il y a des lettres dans le tas. Si ça date d'avant Kyiv, je suis sûre qu'on pourra trouver une adresse. Ou plus. »

Elle se redressa, referma son canif et épousseta sa salopette. Winnie, de même, avait bondi sur ses pieds, prête à suivre le mouvement.

« Tu viens, ou quoi ? demanda Bellatine à son frère, tout à sa paresse postprandiale.

— J'ai pas fini de déjeuner, marmonna-t-il en s'étirant, un vrai chat.

— Allez, allez », dit-elle en le tirant par le bras.

De retour à la maison, ce fut elle, et elle seule, qui se chargea de descendre la lourde caisse en bois du grenier.

« Bon, eh bien visiblement, tu n'as pas besoin de moi », dit son frère en se dirigeant vers la porte.

Elle vida le contenu de la caisse sur le plancher du salon. La curiosité d'Isaac reprit le dessus tandis que la poussière s'élevait vers le plafond en un nuage pourpre, révélant aux regards un énorme tas de papiers.

« Tu parles d'un jour de congé, soupira-t-il.

— Qui parle de congé ? On n'en a jamais fini avec le travail », grommela Bellatine en secouant la caisse pour en faire tomber les dernières feuilles.

Ils trièrent les papiers un par un.

Winifred eut un frisson. Elle avait frôlé du pouce un des documents, sur papier pelure d'oignon. Le papier bruissait sous sa caresse.

« On dirait une aile de papillon, murmura-t-elle, extasiée.

— Tout ça est… en yiddish, soupira Isaac, penché sur le tas.

— Décidément rien ne t'échappe, rétorqua Bellatine.

— Bingo, petite. J'ai un don pour ce genre de truc. »

Des pages et des pages sur lesquelles l'encre noir de jais se cristallisait délicatement en rangées de caractères hébreux. Au vu de leur aspect général et des tampons variés dont ils étaient frappés, la plupart des documents, jaunis par le temps, semblaient avoir un caractère administratif – relevés bancaires, reçus rédigés à la main par le commerçant, pages arrachées à des calendriers. Leur indéchiffrabilité leur conférait pourtant un caractère mystérieux. Tout était possible. Ce qui n'était sans doute qu'un récépissé cachait peut-être une recette. Un sortilège. Un aveu.

« Oh ! Regarde ! »

Bellatine avait sorti un petit paquet de la pile,

quelques enveloppes nouées par un bout de ficelle. Elle en sortit une du paquet et l'ouvrit. L'enveloppe contenait une lettre minutieusement pliée. En haut, à gauche, une date, un lieu, écrits en anglais : 3 juin 1925, New York.

« Hmm, 1925... Si on cherche la véritable origine, c'est un peu plus tardif, bien sûr. Mais elle devait être encore de ce monde. Les dates correspondent pratiquement, dit Bellatine en chassant un moustique de sa nuque.

— Oui, enfin New York... Il n'y a pas de New York en Russie.

— C'est que cette lettre a été envoyée à Pieds-de-chardon par quelqu'un qui y vivait. Mais il n'y a pas d'adresse, dit-elle en scrutant l'enveloppe.

— Une adresse, pour une maison qui bouge tout le temps ? » remarqua Isaac.

Un minuscule objet glissa de l'enveloppe et tomba sur le plancher avec un claquement ténu.

« Oh ! dit Isaac en plissant les paupières. On dirait... une dent ?

— Non, c'est un haricot, dit Bellatine en récupérant la chose entre l'index et le pouce.

— Bien sûr. Les fameux haricots postaux. Enfin un mystère élucidé. »

Winifred plongea la main dans une autre enveloppe et en sortit une photographie en noir et blanc qu'elle tendit à Isaac. Qui se sentit aussitôt dévisagé par trois paires d'yeux, qu'accompagnaient ces quelques mots, griffonnés en anglais au bas du cliché : *Malka, mère et moi, 1919*. Une femme en chemisier blanc et jupe longue, cheveux noirs coiffés en chignon, qui ne devait pas avoir plus de trente-cinq ans, et dont le regard cependant était si dur qu'elle avait, de toute évidence, dû vivre bien plus que sa part d'infortune. Elle portait à la hanche un bébé aux joues rondes, qui tendait une main floue vers l'objectif. Tout contre la femme se tenait une petite fille de huit ou neuf ans, tignasse aile de corbeau, traits acérés, une poupée sous le bras.

« Cette petite fille, Isaac, c'est ton portrait craché ! » s'écria Bellatine.

La ressemblance était frappante en effet : même nez en bec d'aigle, mêmes membres anguleux, même étincelle de ténébreuse espièglerie dans le regard. Il ressentit ce qu'il infligeait aux passants dont il empruntait la forme : leur visage reflété dans celui d'un autre. Leur histoire volée et restituée sous une autre forme. Impression guère confortable, qui lui donnait le sentiment étrange d'être regardé par la fillette de la photographie.

« Elle, elle me ressemble un peu, tu ne crois pas ? dit Bellatine en désignant la femme. La bouche, non ?

— Et ça ? demanda Winifred. Qu'est-ce que c'est ? »

Une forme s'élevait en arrière-plan, en haut à droite derrière les trois personnages. Bellatine actionna la lumière de son téléphone pour mieux la voir. C'était une maison. Murs passés à la chaux. Toit d'herbe. Véranda bordée de barbelés. Trois petits animaux sur le linteau de la porte. Pas de pattes de poulet, pas encore en tout cas, mais on ne pouvait guère s'y tromper : c'était Pieds-de-chardon.

Les enfants Yaga échangèrent un regard par-dessus la photo.

« Il faut qu'on sache ce que racontent ces lettres.

— Ça va nous prendre des siècles, pour traduire tout ça, soupira Bellatine en faisant craquer ses phalanges. Il va falloir tout transcrire, lettre par lettre ? Puis taper les mots que ça donne en phonétique dans une appli de traduction ?

— Ou bien, suggéra Isaac, les lire en yiddish.

— Oui, bien sûr, répondit-elle, les yeux au ciel. C'est vrai que tu l'as étudié pendant dix ans.

— Moi, non. Mais je connais quelqu'un qui le pratique.

— Quelqu'un d'ici ?

— Eh oui, madame. Snap Piernes. Il a monté un centre d'archives sur l'histoire de la ville dans un vieil entrepôt de Saint-Claude, mais avant de débarquer à NOLA, il avait étudié dans une école rabbinique. Donc, non seulement il lit le yiddish, mais en plus, il sait y faire avec les vieilles lettres.

— On y va, dit Bellatine.

— Je ne pense pas qu'il y soit en ce moment, répondit Isaac en secouant la tête. Il ferme souvent boutique pendant des semaines. L'entrepôt, c'est surtout pour stocker. »

Ses lèvres s'incurvèrent en un lent sourire.

« Puis-je te demander ce qui te donne cette mine réjouie ? s'enhardit Bellatine.

— Oh, simplement ceci : je ne sais pas où l'ami Snap se trouve à l'instant même, mais je sais exactement où il sera ce soir. »

Isaac sortit le tract rose fluo de sa poche. *Défilé des lampions. Vous savez quand. Vous savez pourquoi.*

« Il ne manquerait ça pour rien au monde. »

Chapitre 28

Les quatre garçons filaient dans Old East Baltimore et les réverbères s'allumaient après leur passage, comme si la nuit les poursuivait en personne. Devant eux : un portail de fonte, majestueux, entre ses piliers de pierre. Un premier garçon se faufila souplement entre les barreaux, puis un deuxième – de vraies petites salamandres, dans l'obscurité. Le troisième hésita.

« Percy, grouille, espèce de limace, tu vas nous faire repérer », chuchota Ronan, le quatrième, en poussa son copain.

Percy grimaça.

C'était la bande de Barclay Street. Ils avaient grandi dans le même immeuble, à six pâtés de maisons de là, plein nord. C'étaient les rois de l'embrouille de Lafayette Middle School et, ce soir-là, ils étaient en quête de frissons.

Luke se balançait sur la pointe de ses Nike vertes, flambant neuves, dont les semelles couinaient comme des souris excitées. Son frère jumeau, Connor, quelques mètres plus loin, tendait l'oreille. Percy, de l'autre côté, aperçut les stèles, les centaines de stèles, d'une pâleur de maïs dans la pénombre de la nuit. Il frissonna. S'il y avait des portails et des barreaux, ça n'était pas pour rien. C'était pour se protéger. Faire en sorte que les vivants et les morts restent chacun à leur place.

« Allez, mec, amène-toi », insista Ronan.

Le pire, c'est quoi ? Les fantômes, ou une réputation de trouillard ?

« Euh… J'arrive », marmonna Percy.

Il rajusta son sac à dos, rempli de pétards, sur son épaule droite, se vida les poumons et s'introduisit entre les barreaux les plus écartés. Il n'était pas petit et agile comme les jumeaux, lui : deux fois plus large qu'eux, et plus grand d'une tête. Le passage fut laborieux. Les barreaux lui martyrisaient le ventre. Son tee-shirt se prit dans une volute de fonte. Il prit son élan, trébucha et se retrouva, tee-shirt déchiré, à quatre pattes sur le gravier.

« D-d-désolé. »

Il se releva péniblement en se frottant les mains.

Ronan, accroupi, franchit le portail à sa suite.

« T'es prêt ? » demanda Connor.

Percy hocha la tête.

À l'autre extrémité du cimetière, une lueur vacillante apparut – une bougie, peut-être ? Des gloussements se firent entendre.

« Allez, chuchota Luke, les yeux pétillants. On y va. »

Sans laisser à Percy le temps de reprendre son souffle, les jumeaux détalèrent, disparaissant bientôt entre les tombes de Green Mount Cemetery. Ronan claqua les doigts et leur emboîta le pas, laissant Percy à la traîne.

Keisha avait passé le mot à Jordan, qui l'avait répété à Tan, qui l'avait raconté à Luke : des filles de la classe allaient entrer dans le cimetière en pleine nuit, pour faire des trucs de sorcière.

« C'est débile », avait tranché Connor quand Luke en avait parlé à la bande.

C'est dangereux, surtout, avait pensé Percy, mais il garda ses réflexions pour lui. Les gosses de Barclay Street avaient un code d'honneur : Ne jamais se dégonfler.

« On va leur foutre la trouille », avait proposé Ronan avec un grand sourire.

Et quand Ronan proposait, les autres garçons suivaient.

Percy, hors d'haleine, se mit à trotter pour rattraper les copains. Il se sentait maladroit, trop visible, trop massif pour détaler discrètement entre les tombes comme les autres. La crainte de se faire distancer le fit accélérer. Un faux pas sur le traître gazon, et il tomba une deuxième fois, en poussant un couinement.

« Mince, encore ? » gémit Connor.

Percy s'était étalé de tout son long dans un fossé peu profond. Une… Une tombe fraîchement creusée, peut-être ? Un frisson de panique l'envahit. Non, le trou n'était pas assez profond, trop irrégulier. Percy en se relevant constata de plus que la dépression avait certainement été causée par le passage d'un objet volumineux et très lourd. Le contour en étoile évoquait plutôt une empreinte – une empreinte laissée par un colossal oiseau. Il sentit quelque chose lui frôler le mollet avant de tomber à terre, et le ramassa : c'était une plume, longue et duveteuse.

« On n'abandonne jamais nos blessés », ironisa Ronan en lui tendant la main.

Percy s'en empara. Il fourra la plume dans sa poche, caressa les barbules soyeuses tout en se relevant.

Avant de reprendre sa boitillante progression, il se retourna une dernière fois sur l'empreinte. Elle se remplit d'ombre et s'effaça dans la nuit.

Bientôt, ils eurent atteint un petit groupe de tombes isolées du reste du cimetière – lieu idéal pour des préparatifs secrets. Ces stèles ne ressemblaient pas aux autres : elles étaient plus anciennes, ornées de feuilles de vigne, de plumes stylisées. Sur certaines, les visiteurs avaient posé de petits galets. Les garçons se regroupèrent sous un obélisque dont la base était assez large pour qu'ils puissent tous s'y accroupir.

« Tu crois qu'elles seront à poil ? chuchota Connor.

— Espèce de taré, pourquoi elles seraient à poil ? rétorqua Ronan en lui donnant une tape sur la nuque.

— Comme dans le film où toutes les sorcières dansent autour du feu, avec cette fille qui enlève toutes ses fringues.

— Ça sera pas le cas.

— Pourquoi pas ? »

D'un sac en papier, Ronan sortit quatre masques en plastique achetés en discount chez Spirit Halloween : transparents, avec les moustaches et les sourcils peints par-dessus, ce qui créait un étrange effet de double visage. L'élastique claqua sur les cheveux ras de Percy. Quand il avait un masque sur le visage, ce n'était pas la même chose. Il pouvait se cacher. C'était comme si quelqu'un d'autre s'occupait de son corps. Quelqu'un de plus courageux que lui. Il allait y arriver. Cette nuit – oui, cette nuit, il ne serait pas l'éternel froussard.

Percy ouvrit son sac à dos.

« *Zdraviya zhelayou* », articula une voix d'homme dans les ténèbres.

Percy recula si brutalement que sa nuque percuta la pierre tombale derrière lui. Les trois autres se raidirent.

« Merde, siffla Luke. Y a quelqu'un qui… »

Connor posa la main sur la bouche de son frère.

De l'autre côté de l'obélisque des pas, lourds et réguliers, arpentaient le chemin. Se rapprochaient-ils ? Impossible à dire. Percy regarda à l'intérieur de son sac à dos. Le sac en papier rouge. Les mèches de pétards qui dépassent. Déjà, se balader dans la nature à cette heure de la nuit, ce n'était pas bien malin. Mais si les flics le pinçaient avec ce genre de matériel… Il connaissait des gosses de son âge qui s'étaient retrouvés en détention chez les mineurs pour moins que ça. Son audace l'abandonna. Il aurait voulu que le masque le rende entièrement invisible. Ses oreilles vibraient de trouille.

En fait, non, pas de peur… Il y avait un curieux crépitement dans les airs. Comme lorsque sa mère allumait la radio de la vieille Ford, si antique qu'il n'en sortait plus que ce bruit blanc. Des pas se mêlèrent aux grésillements. Des pas de plus en plus proches.

« Qu'est-ce qu'on fait ? chuchota Percy, tout bas.

— Je suis content que vous posiez la question », répondit la voix de l'homme.

Les garçons firent un bond en l'air. Il avait surgi devant eux, grand, les membres longs et robustes, nimbé de lumière grise. Il portait un long manteau qui ondulait comme un nuage de fumée, bien qu'il n'y ait pas un brin de vent.

Ronan avança vers l'intrus sans se laisser impressionner, comme toujours, les mains sur les hanches.

« On peut vous aider ? »

Percy se pencha légèrement, histoire de cacher dans son dos le sac rempli de pétards. Parfois, ça servait à quelque chose d'être corpulent.

« Toujours prêt à se rendre utile ! sourit l'homme. C'est bien. Une qualité de soldat !

— Euh, m'sieur, on rentrait juste chez nous, bafouilla Connor, en surgissant derrière Ronan. Le cimetière, c'est un raccourci, on…

— Ouais, on prenait le raccourci, dit Luke. Pour rentrer chez nous. »

L'homme embrassa le cimetière du regard.

« Vous cherchez quelqu'un ? » demanda Ronan, le menton fièrement levé.

Lui, c'était les ennuis qu'il cherchait. Une constante, chez Ronan. Percy commença à se tasser contre le socle de l'obélisque, avant de se raviser. *Cette nuit, ça ne sera pas moi, le trouillard.*

« Je marche sur les empreintes de mon destin. De très grandes empreintes, qui laissent des traces dans le temps. Vous les avez effleurées. Je le sais, en voyant la terre sur vos genoux et la douceur dans vos poches. »

Le sourire de l'homme, qui s'adressait plus particulièrement à Percy, se fit plus éclatant encore.

« Et il se trouve que vous avez, vous aussi, laissé des empreintes dans le temps, ce que je dois prendre en compte. Dans une histoire, la quantité des pas est comptée. La quantité des témoins. »

La voix de l'homme était aussi solide que la pierre contre laquelle Percy était adossé. Les grésillements, plus insistants. On y décelait des craquements, des branches qui cassent. Ou plutôt le crépitement du feu, les flammes qui lèchent un mur. Percy regarda autour de lui. Il n'y avait rien. *Mais ça vient d'où, ce bruit ?*

L'homme sortit quelque chose de la poche de son manteau et Ronan, méfiant, recula.

« Je ne voulais pas vous faire peur, dit l'inconnu. Ce n'est qu'une proposition que je vous fais, en signe de bonne volonté. »

Il tenait une bouteille en verre bleu-noir, fermée d'un bouchon en liège. Il la tendit aux garçons.

« *Za vstretchou*, dit-il en la débouchant et en avalant une gorgée.

— Ça veut dire quoi ? marmonna Luke.

— C'est un toast, dit Percy. Ça veut dire, “À notre rencontre”.

— Comment tu sais ça, toi ? » demanda Connor.

Oui, comment savait-il ça ? La voix de l'homme lui était familière, comme une chanson qu'il aurait écoutée des centaines de fois et apprise par cœur. L'inconnu tendit le flacon à Ronan.

« Alors, mon ami ? »

Ronan hésita. Comme s'il avait… Percy n'alla pas au bout de sa pensée. Non. Impossible. Ronan n'avait jamais eu peur de la moindre chose que ce soit dans sa jeune existence. C'était le roi des fouteurs de merde ; rien ne l'arrêtait. Percy l'avait vu un jour sauter des gradins les plus hauts du terrain de foot américain, juste pour montrer qu'il en était capable. Mais en cet instant, il y avait indéniablement une lueur inquiète dans son regard. Percy faillit éclater de rire. Il avait la trouille ! C'était lui, le dégonflé, pour une fois.

Il vint une idée à Percy. Explosive, un pétard dans son cœur.

C'était l'occasion ou jamais. L'occasion de leur montrer, une fois pour toutes, sa vraie personnalité. Ce soir-là, il allait leur faire comprendre qu'il était plus courageux qu'eux trois réunis.

Il se leva, les poings serrés, s'avança vers l'homme.

« J'en veux bien un peu. »

Le front de Ronan se plissa.

« Mec, je ne sais pas si… »

Percy s'empara du flacon et but une longue et téméraire gorgée du liquide, tiède, fumé. Le goût du courage.

Puis tout devint blanc devant ses yeux.

« Hé ! s'exclama Ronan en lui touchant l'épaule. Ça va ? »

Mais ce fut à peine si Percy l'entendit. Les grésillements l'avaient submergé. C'était l'homme au long manteau qui les produisait. Ces crépitements d'incendie… S'y mêlait maintenant le cliquetis des fusils. Des martèlements des sabots sur le sol. Des gémissements.

« Tu es un courageux jeune soldat », dit l'inconnu.

Courageux. Oui. Oui. Le roi de la bande de Barclay Street. Son cœur tonna dans sa corpulente poitrine. L'adrénaline courut dans ses veines à la vitesse de l'électricité. Il se chargeait de guerre.

« Tes amis, si petits… Ils peuvent en dire autant ? »

Ses amis… Son poing se serra sur le goulot de la bouteille. Ils s'étaient toujours crus supérieurs à lui, ceux-là. Pas assez mec, disaient-ils. Ils voulaient le rabaisser, pour se sentir plus forts. Ses épaules se ployèrent sous un fardeau nouveau mais qu'il sentit à peine tant ses muscles étaient bandés. Il se tourna vers eux. Ils étaient petits, c'est vrai. Plus petits que lui. Plus faibles.

« Mec, qu'est-ce qui se passe ? Ça va pas ? »

Ronan plissa les paupières, pivota vers l'homme au manteau.

« Qu'est-ce que vous lui… »

L'inconnu recula. Une voix, juste derrière l'oreille de Percy, une voix grésillante lui souffla quelques mots à l'oreille, brûlante comme la braise. Et Percy l'écouta.

Des volutes de fumée blanche, épaisses, crémeuses, tourbillonnaient entre les garçons.

Je suis le roi. Je ne me laisserai pas mettre de côté. Je ne me laisserai pas rabaisser. Je suis le plus fort de nous tous. Et je vais leur faire comprendre.

Percy, tête baissée, chargea, heurtant Ronan à l'estomac. Le garçon retomba contre l'obélisque en poussant un gémissement.

« Un bon soldat », fredonna l'homme.

Et cela sonnait comme un chœur où les voix se chevauchent et font tout pour être entendues.

« Il est temps de reprendre ce qui t'appartient. »

Ce qui m'appartient. Prendre ce qui m'appartient.

Percy ne sentit pas les jumeaux se ruer sur lui, l'un à droite, l'autre à gauche, pour le retenir. Uniquement le poids sur son dos, les épaules accablées. Et l'effort de ses muscles, développant leur puissance. Des cheveux sous ses doigts, un visage repoussé vers l'arrière, le flacon bleu dans son autre main. Montrer ses faiblesses c'était mourir. Il en était conscient, maintenant. Il écrasa la tête de son ennemi sur la pierre tombale avec un craquement humide. La bouteille lui échappa des mains. Une vapeur s'éleva autour des garçons, les agrippa de ses tendrons. Un parfum de foin brûlé. De cendre. De putréfaction. Ils en avaient plein les poumons. Plein les épaules. Trois longues et pâles créatures sur leur dos, bras et jambes de fumée resserrant leur étreinte. Trois paires d'yeux remplis de fumée, de visions brouillées par une brume blanche. La quatrième : inerte, aveugle, contre la pierre, la flaque de sang qui s'agrandit.

Je ne suis pas faible. Ils ne pourront plus jamais dire ça.

Percy ne s'était jamais senti aussi bien.

À l'autre bout du cimetière, la bougie solitaire vacillait. Des rires de jeunes filles flottaient au gré de la brise. Les garçons et leurs passagers levèrent la tête. Ils flairèrent l'air. *On va prendre ce qui nous appartient.*

Ombrelongue était déjà parti.

Chapitre 29

Ça doit ressembler à ça, la mort.

L'idée était venue à Bellatine sans grand effort. Un simple fait, pas une théorie. *Enfin, la mort douce, le purgatoire, un endroit dans lequel on flotte pour l'éternité.*

Ils étaient rassemblés dans un bois de chênes de Virgine, au cœur du bayou. Les arbres étaient très vieux, et leurs branches si longues qu'elles reposaient, tels des coudes perclus, sur le sol. Un gémissement cuivré d'instruments en train de s'accorder bruissait dans les frondaisons et se mêlait aux murmures des conversations. Dans l'obscurité, Bellatine ne distinguait que de vagues formes humaines, silhouettes sombres, floues qui se mouvaient et pouffaient en grappes tandis que d'autres formes ne cessaient de les rejoindre. Cinquante personnes ? Soixante-dix ? Cent ? Des lambeaux de tillandsia pendaient au-dessus de leurs têtes – *comme si les âmes des arbres nous tombaient dessus*, songea-t-elle.

Avant de rejoindre le Défilé des lampions, Isaac avait tenu à faire escale dans un Dollar General, pour les accessoires : des guirlandes LED. Une couronne de pivoines en plastique. Une palette de maquillage enfant.

« Si tu veux te confondre avec la foule, il faut que tout le monde te remarque », avait-il expliqué en dessinant deux cercles cramoisis sur ses joues blanches et deux larmes noires sous chacun de ses yeux, comme l'Idiot. Puis il enfonça la couronne de pivoines roses sur sa tignasse noire. Bellatine avait consenti, à contrecœur, à dessiner des étoiles bleues sur ses joues et des cœurs sur celles de Winnie, parsemées de paillettes argentées.

Ils garèrent Pieds-de-chardon à un kilomètre et demi de la forêt, derrière un bosquet de grands magnolias. Isaac leur avait juré qu'il connaissait le chemin – il n'avait pas menti : c'était un sentier invisible, qui n'était signalé que par une unique bougie votive se consumant dans un bocal en verre, suspendue à une branche de cyprès. Bien que les dernières lueurs du crépuscule se soient éteintes une heure plus tôt, ils avaient pu, guidés tout de même par les empreintes de pas et les vélos cadenassés aux buissons, parvenir au rassemblement.

Et cela faisait maintenant près d'une demi-heure qu'ils traînaient sous les chênes, invisibles et aveugles. Bellatine n'arrivait pas à se défaire de ce sentiment de vie après la mort, réduite à un moment d'éternité. Elle ressentait la même chose, enfant, dans le théâtre de ses parents, avant que le rideau se lève. La salle plongée dans le noir. Un auditoire qui retient son souffle collectif. Le temps, jambes ballantes… Et dans cet instant l'idée que tout, vraiment tout, peut arriver.

« Qu'est-ce qu'on attend ? chuchota-t-elle à l'oreille de son frère.

— Ça vient », se contenta-t-il de répondre.

Et comment retrouver Snap Piernes dans ce magma ?

Une trompette perça la pénombre. Tous les sons étouffés de la nuit se regroupèrent et s'aiguisèrent ; les murmures furent remplacés par un interminable et réverbérant accord. Une section de cuivres commença à jouer.

« On y va », dit Isaac.

Il alluma sa guirlande, qu'il avait roulée en boule dans un baluchon de tissu blanc fixé à un bâton ; il avait l'air de porter une lune en coton. Il s'agenouilla pour activer la babiole clignotante sur la queue d'Enjoliveuse, laquelle n'avait cessé de se faufiler entre leurs jambes pendant toute la balade. Bellatine et Winnie leur emboîtèrent le pas, pourvues de leurs propres serpentins lumineux : celui de Bellatine sinuait autour de son crâne, auréole dorée ; celui de Winnie était tressé dans ses longs cheveux. Ils n'étaient pas les seuls : dans tout le marécage, les fanaux s'allumèrent. Il y avait des lampions sphériques sécrétant des lueurs bleu pâle, une couronne hérissée de cierges qui brûlaient d'une vraie flamme, un parasol rempli d'étoiles scintillantes… Et tandis que la forêt s'illuminait, les ombres floues s'incarnèrent à leur tour : c'étaient bel et bien des humains. Des centaines d'humains, à présent, riant, allumant des briquets qui grésillaient comme de vieilles radios. Winnie poussa un petit cri de ravissement.

Le défilé commença. La fanfare le menait, tête

d'un immense serpent. Rythmique ardente, hachée, les cornets claironnant des ragtimes.

« On avance, Belette », dit Isaac en lui prenant le bras.

Elle ne s'était pas rendu compte qu'elle restait sur place, que la procession allait lui passer sous les yeux comme une irrépressible marée.

« Comment on va le reconnaître, ce Piernes ? hurla-t-elle à son frère, par-dessus le son du trombone.

— Toi, non, moi, sans problème. Toi, t'es là pour t'amuser. »

Il lui fourra quelque chose dans les mains – une bouteille dans un sac en papier.

« C'est du whisky, pas du poison. Promis-juré. »

Elle crut voir un clin d'œil plisser le visage de son frère, pourtant plongé dans le noir. Avant qu'elle puisse le retenir, il avait détalé dans la foule, qui se referma sur lui. Le clignotant rouge sur la queue d'Enjoliveuse suivit en se balançant puis disparut à son tour.

Merde. S'il était un art dans lequel Isaac excellait, c'était celui de la volatilisation. Elle pouvait plonger dans cet océan humain tant qu'elle le voulait, filet à la main, elle ne le retrouverait que lorsqu'il l'aurait décidé. Elle serra les dents et se tourna vers Winnie pour lui annoncer la mauvaise nouvelle. Les mots restèrent coincés dans sa gorge.

Un nimbe argenté environnait la jeune fille, comme si sa peau était illuminée de l'intérieur. Autour de ses yeux écarquillés dansaient des étincelles multicolores, larmes retenues prisonnières par ses cils.

« C'est si beau », soupira-t-elle d'une voix de petit oiseau.

Oui, se rendit compte Bellatine, oui, c'était beau.

Son estomac se révolta contre cette résurgence de joie. *Je ne peux pas me permettre cette distraction. Je ne peux pas me permettre la moindre rechute*. Les bouts de ses doigts fourmillaient d'une chaleur nerveuse. Elle ferma très fort les yeux. À travers les paupières, elle voyait encore les halos pâles refluer, roses, mauve lilas, vert luciole. Elle voulut étouffer cette part de son être qui désirait, le lampion enfermé dans sa cage thoracique, de plus en plus chaude : il n'en brilla que plus fort. Elle était exténuée. Lasse de s'accrocher. Lasse de se retenir.

Puis une main fraîche s'introduisit dans la sienne. La fièvre fut chassée de ses paumes. Ses yeux s'ouvrirent immédiatement sur le sourire de Winnie, une torche ardente. La porte que Bellatine avait cherché à fermer en elle avec une telle résolution s'ouvrit entièrement. Le monde était radieux, tout était lumière. La procession les poussa vers l'avant.

Winnie la conduisit au cœur de la foule, à tel point que Bellatine n'aurait pas su dire où commençait et où finissait la parade. Les deux jeunes femmes se faufilaient entre les apparitions : une femme dont la jupe à crinoline était recouverte de roses. Une chouette masquée portant un chandelier. Un homme qui jonglait avec des soleils. Et pendant ce temps-là, la fanfare se lamentait, grasse et dorée, dans les frondaisons. Des centaines de corps célestes se déhanchaient en rythme sur la musique. De la lumière, des flammes, des éclats de chaleur partout – mais la main de Bellatine était froide dans celle de la fille de pierre.

Elles continuèrent. Traversèrent la forêt. Puis un ruisseau, sur un petit pont en contreplaqué. Longèrent un lagon dans lequel les reflets des lampions se fronçaient comme une seconde procession. Des bribes de conversation se nouaient les unes aux autres et s'interrompaient en pleine réflexion. Un aboiement – et deux chiens frôlèrent au galop les mollets de Bellatine, des LED pendant à leurs colliers. Elle vacilla, frôla une méduse phosphorescente de deux mètres de haut, s'en écarta immédiatement de peur de la ranimer. Winnie lui vola la bouteille de mauvais whisky qu'Isaac leur avait confiée, dévissa le bouchon avec ses dents et but une rasade. Le nez plissé, elle toussa, retrouva sa respiration au bout d'un moment et eut un rire de ventre qui sonnait comme un carillon d'église.

« Je suis vivante, je suis vivante, vivante ! » chantait-elle, plus pour elle-même que pour Bellatine, songea cette dernière.

Le ragtime finit par ralentir. La musique se fit plus mélancolique, plus langoureuse, hymnes funèbres aux accents baltiques, riches en accords mineurs. Depuis combien de temps durait la parade ? Une heure ? Deux ? Dix ? Bellatine avait mal aux pieds, mais elle continua à marcher jusqu'à ne plus les sentir. C'était, comme au début, cette légèreté de la vie après la mort. Le temps les avait dépassées. L'aube peut-être ne viendrait plus jamais. Il n'y avait plus d'horloges, hormis le gémissement de l'euphonium. Plus d'arrivée, plus de départ, seulement le flot. Des robes de soie flottantes, aquatiques. Des torches sifflant dans la nuit. Le corps de Bellatine, changeant, intangible. Elle était brouillard. Elle était fumée éclairante. La seule chose qui la retienne à la réalité était la main de Winifred dans la sienne, solidement serrée, certaine.

Elles atteignirent enfin une clairière, puis un champ. La musique s'interrompit, remplacée par les rires et les bavardages. Les musiciens posèrent leurs instruments et se passèrent un joint. Des silhouettes quittaient la procession, se regroupaient en grappes ; les amis se retrouvaient et s'asseyaient ensemble dans les graminées. Bellatine et Winnie s'installèrent sur un tapis de pissenlits. De là, elles voyaient les fêtards répartis dans le champ – les mille carrés d'un patchwork incrusté de joyaux. Spectacle qui lui rappela des étés dans le Vermont, les lucioles qui se reproduisaient dans le pâturage derrière l'atelier de Joseph. Au crépuscule, la prairie tout entière scintillait de myriades de petites lumières, comme si la terre s'était inversée pour voler les constellations.

Peut-être fallait-il à présent lâcher la main de Winnie, songea Bellatine. *Ce n'est pas un être humain. C'est une erreur. Mon erreur. Elle n'existe pas pour de vrai.* Mais ce soir-là ne semblait pas davantage enraciné dans le réel. Ce qui lui conférait sa magie, non ? Bellatine n'avait pas envie de s'en détacher. Pas tout de suite.

Elles étaient assises si près l'une de l'autre que Bellatine sentait les côtes de Winnie se tendre et se contracter à chaque respiration. *Ah, donc elle respire pour de bon. Ça, c'est bien réel.* Mais l'était-ce vraiment ? La jeune fille de pierre respirait sur le même tempo que Bellatine, comme s'il lui fallait un modèle à suivre. Elle avait les yeux tournés vers un homme déguisé en raton laveur, qui embrassait une femme-renard. Des diamants étincelaient à la pointe de leurs oreilles et dans leurs moustaches.

« Comment c'était ? demanda Bellatine, arrachant Winnie à sa transe. Avant… Avant que tu te sois réveillée. »

Elle déboucha la bouteille de whisky et but à son tour d'un geste maladroit. Sa gorge brûla – loin cependant de l'Embrasement. C'était plutôt le feu des lampions.

« Oh, c'était affreusement ennuyeux, dit Winnie. Rien de comparable à ta vie.

— Ma vie ? ricana Bellatine.

— Tu as déjà tant voyagé ! Ce doit être excitant au possible.

— Voyagé ? Non. Excitant ? Pas du tout. »

Et j'aime mieux ça.

« Moi, je ne faisais que rester immobile, soupira Winnie. Je regardais les gens. Les nuages. Et les animaux. Je regardais les arbres pousser. »

Elle cueillit une fleur des champs et l'introduisit dans sa tresse blonde, qu'illuminait encore sa guirlande.

« Auparavant, il y avait eu l'enterrement, Everett. Les bouquets, une femme, sa… Ma mère, tout en noir. Et moi, pendant tout ce temps-là, je… je regardais, c'est tout.

— Et avant ? dit Bellatine en opinant du chef. Avant tout ça ? Avant que tu sois Winifred ?

— Je suis le souvenir de Winifred Hadley, murmura Winnie, le front plissé, qui contracta…

— Je sais. Je sais qui tu es. Mais avant Everett, les fleurs, ta mère, il y avait quelque chose ? »

Elle tendit la bouteille à la fille de pierre.

« Dans notre cas – le cas des humains, je veux dire –, on commence bébé, on grandit ; toi, ce doit être le contraire. Tu étais dans la terre, énorme, puis on t'a taillée, sculptée. Tu t'en souviens ? »

Le regard de Winifred se perdit dans le lointain, au-dessus du champ. Les mots qui suivirent avaient du mal à sortir.

« Avant Winifred Hadley… »

Elle se retourna vers Bellatine, hésitante.

« Tu es sûre que j'ai le droit de me souvenir de ça ?

— Les souvenirs, murmura Bellatine, surprise, ça n'a rien à voir avec des droits, des autorisations. Soit ils sont en toi, soit ils n'y sont pas. »

Winnie ne répondit pas. Bellatine se mordit les lèvres. Zut, elle l'avait vexée, sans le vouloir. S'il fallait surveiller son langage devant les statues, maintenant…

Winnie but une gorgée de whisky et inspira profondément.

« Je me souviens de… Fusion. Rouge, bouillonnante. Et la pluie. Je n'avais pas les mots pour ça, alors, mais maintenant que je les ai, je sais que c'était ça. Mille ans de pluie. »

Elle but une autre gorgée et passa la bouteille à Bellatine.

« C'est étrange. Les mots, ils ne m'appartenaient jamais. J'entendais les gens parler, mais ça glissait en moi. Mais quand tu m'as réveillée, c'est comme si j'avais toujours su le nom des choses. C'est amusant, non ? »

Bellatine porta la bouteille à ses lèvres. Le monde était de plus en plus confus et doux.

« Après la pluie, poursuivit Winnie, ces énormes feuilles de glace m'ont martelée, comme d'immenses limaces rampant sur la terre. Elles étaient si lourdes ! C'était presque insoutenable. Et il faut comprendre, Bell, que le temps pour moi ne passait pas à cette époque comme il passe aujourd'hui. Cela a duré une éternité, comme...

— Comme ce soir, dit Bellatine tandis qu'un héron de papier attaché à un homme monté sur des échasses passait à tire d'ailes, rayonnant.

— Comme ce soir, acquiesça Winnie.

— Et ensuite ?

— Des hommes sont arrivés. Oh ! si délicats. Je n'avais jamais rien vu de si fragile. Et je ne pensais pas que des créatures à ce point mortelles et... molles... puissent me briser, mais c'est pourtant ce qui s'est produit. D'abord, par l'explosif. Puis par les pioches. Il y avait un chariot, il y avait des chants de travail pendant qu'ils me transportaient. Et ce moi, il... enfin je... j'avais changé soudain. Plus petit. Séparé. Avant cela, je faisais partie de quelque chose de... tellement plus vaste. Je me rappelle le ciseau qui pianotait le long de ma joue. »

Elle passa le doigt sur celle de Bellatine, comme si le souvenir à présent leur appartenait à toutes les deux.

« Il m'est toujours arrivé des choses. Je ne suis pas allée à elles. C'était autour de moi. J'ai regardé les vivants. J'en ai tiré des leçons. Mais je ne me suis jamais mêlée à eux. Enfin, pas avant ces jours-ci. »

Moi non plus, songea Bellatine. Le monde tournoyait autour d'elle et cependant, ses mains restaient immobiles, muettes.

Winnie cueillit une autre fleur.

« Touche ! »

Bellatine se hâta de frôler les pétales du bout des doigts. Le contact était doux, cireux ; sa peau fourmillait dans le sillage de la fleur.

« N'est-ce pas la chose la plus douce que tu aies jamais touchée ? »

Bellatine aurait voulu répondre tout aussi poétiquement, mais ne parvint à articuler qu'un terne :

« Je crois, oui.

— Tu ne te concentres pas assez ! s'esclaffa Winifred. Allez, ferme les yeux et touche-la vraïment. »

Winifred pressa la fleur contre la joue de Bellatine, à l'endroit même qu'elle avait caressé.

Cette fois-ci, Bellatine ne pensa qu'à la jonction des pétales avec sa peau, et aux bouts des doigts de Winifred, si frais, juste derrière. Winnie sentait bon : terre de jardin et zeste de citron, avec un soupçon de rosée. Il y eut un chatouillement au point de contact. Elle fut traversée d'un long frisson. Elle recula.

« Alors ?

— C'est super doux », bafouilla Bellatine.

Elle but une nouvelle gorgée de l'abominable whisky ; dès qu'il parvint dans son estomac, ses nerfs se relâchèrent, pétillants.

Winifred passa la fleur sur sa lèvre inférieure, tout sourire.

« Pour moi, c'est comme si tout ce qui advient dans le monde était une conversation. Chaque fois que quelque chose me frôle, j'ai l'impression que cette partie de moi-même se réveille de nouveau, complètement, pour écouter. »

Elle parcourut du regard la prairie, ses yeux voletant de lampion en lampion.

« J'ai vu bien des choses, ne serait-ce qu'au cours du dernier siècle. Des armées de femmes en larmes, sous des voiles noirs, et des enfants en rangs bien sages, et des prêtres au visage sévère engoncés dans leurs imperméables. On parlait beaucoup de la manière dont on doit se comporter dans un cimetière. *Ne marche pas sur les pierres tombales. Ne parle pas trop fort. Ne mange pas, ne bois pas, ne grimpe pas sur les stèles.* Mais tu sais quoi, Bell ? Ces gens qui ont inventé ces règlements, ils n'ont rien compris. Ce n'est pas ça, le respect des morts. Tu sais comment il faut montrer son respect à des gens dont la vie a pris fin ? Ou qui, comme moi, n'en ont jamais eu ?

— Comment ? » souffla Bellatine.

Elle voulait savoir. Soudain, elle voulait tout savoir. Elle pensait Winifred frivole, désinvolte, écervelée. Elle se trompait. Winnie était un être très ancien. Elle avait fait partie de la planète.

« En leur montrant que vous n'allez pas gâcher la vôtre », dit Winnie, le regard soudain brillant.

Le cœur de Bellatine battait contre son sternum. Winnie l'entendait sans doute.

« Il y avait des jeunes gens, des jeunes filles. Adolescentes. Ils s'introduisaient dans le cimetière la nuit. Ils marchaient sur les tombes, ils organisaient de fausses cérémonies et faisaient exploser des pétards et… et… (sa voix baissa d'un ton) ils organisaient d'autres choses, là, dans le noir… Des rites que les prêtres n'auraient pas autorisés. Mais eux, ils comprenaient. Ils savaient que la vraie différence entre les vivants et les morts, c'est ça (elle brandit la fleur). C'est pouvoir toucher, goûter, sentir. C'est être réveillé. C'est la seule chose qui compte, Bell. La seule chose qui appartienne vraiment aux gens. Et moi, je n'avais jamais… (Bellatine sentit la main de Winnie serrer plus fort encore la sienne) je n'avais jamais eu accès à ça. »

Winifred récupéra la bouteille, la colla à ses lèvres et avala une bonne rasade, avant de retrousser ses lèvres sur un sourire frénétique.

« Je crois que je suis ivre ! Viens, je vais te confier un secret. »

Elle se retourna vers Bellatine et, à la manière d'une conspiratrice, posa le front sur celui de cette dernière.

« J'aime vivre. Je veux vivre encore plus. Je veux tout essayer ! »

Une de ses mèches se détacha de son chignon et frôla la joue de Bellatine. Le front de Winnie, contre le sien, était doux et frais. Sur son haleine dansaient des arômes d'alcool et de miel. Le souffle de Bellatine se perdit dans sa gorge. Le désir se cabra dans son ventre comme un cheval sauvage. Pas l'Embrasement, cette fois-ci. Quelque chose d'autre. De sirupeux, de sucré. Elle voulait plonger dans cette fille comme dans un lac. Elle voulait sentir le contact de ses lèvres – ni la pierre, ni la mort, ses vraies lèvres, d'où le maquillage commençait à s'effacer, laissant une paillette à la commissure. Elle voulait délacer cette robe de lin à l'odeur propre de lessive, elle voulait caresser ses clavicules, sa poitrine, ses hanches. Elle voulait pour une fois dans sa vie se servir de ses mains pour quelque chose de doux. Pour quelque chose de bon.

Bellatine ôta sa main de celle de Winifred. Terrible déchirement. Quelle erreur. Puis sa paume se plaqua sur le bas du dos de la fille de pierre, ses doigts se serrèrent sur un poing de tissu. Winifred frissonna. Ses lèvres s'entrouvrirent. Elle se blottit contre Bellatine.

La lune, lourde, rose pêche, émergea du bout du champ. Bellatine ne se souvenait pas d'avoir lu qu'elle devait être pleine ce soir-là – mais la chose prenait tout son sens à présent. Le premier lampion. En pleuvaient des rayons perlés qui traversaient la chevelure de Winnie. La lune se rapprocha, bondissante. Elle avait des bras. Elle avait des jambes. Et un corps.

« Oh, des lotophages », dit Isaac.

Bellatine retira son bras et s'écarta brusquement de Winifred. Le globe rose du baluchon de son frère lui sautillait joyeusement sur l'épaule. Vacillant, il se laissa tomber à côté des deux filles.

« Désolé de vous interrompre, dit-il en dévisageant brièvement Bellatine puis Winifred, mais qu'est-ce que je m'ennuie. »

Le monde se figea. Si Bellatine s'était sentie un instant ivre, cette sensation soudain lui parut très lointaine.

« T'as mis la main sur Piernes ?

— Il est dans le coin, dit Isaac avec un geste vague de la main.

— Mais où ?

— Dans le coin. »

Il prit la bouteille, la finit d'une rasade. Sa couronne de pivoines lui pendait sur une oreille, déséquilibrée. Il avait sur la bouche le rouge à lèvres violet de quelqu'un d'autre.

« T'es bourré.

— Nous ne sommes pas des ivrognes, bafouilla-t-il, nous sommes des anges. »

Il se redressa sur ses coudes.

« Hein, Winnie ? Tu en dis quoi ? Le monde, c'est pas mal, non ?

— C'est une merveille ! Il y a tant à voir, à toucher, à…

— Ah ça, dit-il en donnant un coup de coude à sa sœur, c'est sûr. C'est sûr.

— Piernes, dit Bellatine. Vite. »

Il soupira puis parcourut la prairie du regard.

« Là-bas. »

Là-bas, c'était un serpent vert, lumineux, qui se tendait à la verticale vers le ciel. Bellatine plissa les paupières. Le serpent était attaché à un bras, le bras à une épaule, l'épaule était celle d'un homme noir, de haute taille, tête rasée, membres longs et décharnés comme ceux d'un squelette.

Bellatine traversa la prairie à grands pas. Son champ de vision était quelque peu brouillé par le whisky, mais elle ne trébucha pas. Ses poumons s'emplissaient. Puis ils se vidaient. Très bien. Une tâche à accomplir et toute son attention focalisée sur cet objectif.

« Monsieur Piernes ? » dit-elle en lui tendant la main.

L'homme au serpent se retourna. Il se saisit de la main ainsi offerte mais, au lieu de la serrer, se courba pour l'embrasser.

« Comment puis-je vous venir en aide, petit elfe ? »

Bellatine ôta le bras et se mit à frotter les jambes de sa salopette, trempées.

Snap Piernes portait un costume vert sapin, une chemise à volants déboutonnée jusqu'au bas des côtes et des gants blancs. Il devait avoir une quarantaine d'années et son visage s'agrémentait d'une moustache en spirale soigneusement cirée et si mince qu'elle aurait pu être tracée au crayon. Les dandys du XIXe siècle l'auraient certainement considéré comme particulièrement voluptueux. À la grande surprise de Bellatine, ce qu'elle avait pris pour une guirlande d'ampoules vertes imitant la forme d'un serpent s'enroulait de fait autour d'un véritable python, bien vivant et solidement arrimé au bras gauche de Piernes.

« On me dit que vous lisez le yiddish, déclara Bellatine.

— Le yiddish, l'hébreu, l'allemand, le latin, le français, le créole haïtien et… (il passa l'index sur le crâne du serpent) le babylonien ancien. »

Bellatine réprima un ricanement. Comment s'étonner de ce qu'Isaac aime cet endroit ? Quel festival de poseurs !

« J'ai besoin d'aide pour traduire quelques lettres, et on me dit aussi que vous pourriez m'aider. Des vieux papiers de famille, poursuivit-elle en sortant le paquet de lettres de sa poche. Les v…

— Cher elfe, on fait la fête, ici. Revenez me voir aux heures de bureau. »

Le serpent darda sa langue fourchue.

« Snap, mon vieux copain ! » le héla Isaac qui approchait d'un pas nonchalant, bras dessus bras dessous avec Winnie.

Une flèche brûlante traversa les mains de Bellatine.

« Captivant », marmonna Snap avant de se pencher vers Bellatine.

Puis il désigna Isaac d'un geste du menton.

« Avez-vous déjà vu une tarentule ? Sa morsure est parfois fatale.

— Oh, mais je vois que tu as fait connaissance avec ma petite sœur », susurra Isaac en passant son bras libre sur la taille de Bellatine.

Snap la considéra d'un autre œil et recula d'un pas.

« Enchanté.

— J'en doute. Elle n'est pas réputée pour son savoir-vivre.

— C'est une malédiction familiale, à ce que je vois. »

Isaac lâcha les deux jeunes femmes et joignit les mains, sans relever la pique.

« Alors, tu voudras bien nous faire cette petite faveur. »

Un ordre, bien plus qu'une question.

« Faveur, s'esclaffa Snap Piernes. Du latin *favere*, synonyme de chérir, qui signifie aimer, apprécier. Seulement, constat tragique et regrettable, je ne te chéris ni ne t'apprécie ; toute assistance de ma part relèverait de la tromperie. Or, contrairement à d'autres, j'aspire à la sincérité. »

Tout le monde aime Isaac Yaga / Des Philippines à Cuba.

Isaac sortit son antique téléphone et l'ouvrit d'un coup de pouce. Il composa lentement un numéro et porta l'appareil à son oreille. Puis il sourit et leva l'index, pour obtenir le silence.

« Bande de radins ! Vils suceurs de bite ! articula-t-il, d'une voix qui, curieusement, semblait soudain celle d'un ivrogne et dont la texture même avait changé. Avez-vous la moindre idée des documents rarissimes que je conserve ? De la valeur inestimable (il hoqueta) des expertises que j'offre sur un plateau à votre institution minable, à bout de course. Et vous osez appeler ça une donation ? Avec tout le respect que je vous dois, messieurs, je gerbe sur votre aumône et sur… »

Le discours s'acheva sur des bribes inarticulées.

« Qu'est-ce que c'est que ces conneries ? » siffla Piernes, pétrifié.

Bellatine, elle, avait dressé l'oreille, comprenant l'acrobatie. La voix d'Isaac… était celle de Snap Piernes, imitée avec une précision surnaturelle. Chaque inflexion, chaque intonation était restituée, de même les élégantes modulations, l'énonciation des syllabes… Le tout agrémenté d'un fort nuage de whisky.

Une voix de synthèse se fit entendre à l'autre bout du fil.

« Si vous souhaitez confirmer votre message, tapez un. Si vous souhaitez l'effacer et le réenregistrer, tapez deux. »

Isaac tenait le téléphone comme un revolver dont il aurait ôté le cran de sécurité.

« C'était le Louisiana Antiquarian Institute. Ils ont

dû t'envoyer leur subvention annuelle cette semaine, non ? C'est tellement généreux de leur part, de te soutenir des deux mains. Ce sont les seuls, hein ? Enfin, c'est dommage d'avoir diminué la somme. Tss-tss. Quelle frustration.

— Ils se rendront compte que c'est un canular, dit Piernes en rejetant la tête en arrière avec une désinvolture forcée. Je vais les prévenir.

— Excellente idée. Ils ne penseront pas une seconde que tu t'es soûlé la gueule après avoir reçu un chèque moins généreux que prévu et que tu n'as évidemment aucun souvenir de cette protestation un peu… singulière.

— Merci d'appuyer sur la touche correspondante. Si vous souhaitez confirmer votre message… »

Les narines de Snap frémirent.

« Je vais perdre ma subvention. Sans elle, les archives… » Isaac fit tourner le téléphone entre ses doigts agiles, comme l'as de pique d'un numéro de prestidigitation. Snap inspira sèchement.

« Tu m'as mal compris, tout à l'heure, et c'est ma faute, dit Isaac. Le Roi caméléon ne réclame pas de faveurs, il exige un paiement. Désolé de ne pas avoir été assez clair. »

L'autre s'affaissa légèrement puis tendit la main vers Bellatine, les yeux baissés.

« Les lettres. »

Elles changèrent de main.

« Simple comme bonjour, non ? dit Isaac.

— Vous ne vous attendez tout de même pas à ce que je traduise tout ça ? s'affola Snap en considérant l'épaisseur du paquet.

— Non, trie, regarde ce qui a vraiment de l'intérêt. Tiens », reprit Isaac en sortant de la poche de son veston une feuille de papier froissée et un stylo qu'il tendit à Snap.

L'archiviste, penché sur le paquet, parcourut tous les documents un par un.

« Non, dit-il en secouant la tête. Pour l'essentiel, c'est de l'air. Du bavardage. Des descriptions banales de la vie dans une usine de vêtements. Des plaisanteries sans intérêt. Bon, dans celle-ci, il y a une voix un peu plus personnelle.

— Traduis », ordonna Isaac.

Piernes se pencha sur le bout de papier jauni puis, à la lumière du lampion d'Isaac, son regard courant sans cesse de la lettre à sa page, il se mit au travail. Les musiciens s'étaient remis à jouer ; la trompette avait entonné une marche et la fanfare avait suivi.

« Grouille-toi », le pressa Isaac.

Dans toute la prairie, les fêtards avaient commencé à reconstituer un fleuve sinueux de bêtes et de merveilles nourries aux guirlandes, qui se serraient les unes contre les autres pour constituer une immense ligne – le fil d'or qui coud la chrysalide. Le stylo de Snap courait sur la page. Au moment où la procession se remettait en marche, il releva la tête et tendit à Isaac le paquet de lettres et la feuille sur laquelle il avait griffonné sa traduction. Isaac glissa le tout dans la poche intérieure de son veston.

« Un plaisir, comme toujours, Mister Yaga, siffla-t-il entre ses dents. À toi de jouer, maintenant. »

Isaac, théâtral, appuya sur son clavier.

« *Votre message a bien été envoyé*. »

Piernes écarquilla les yeux, horrifié.

« Ça, *monsieur* Piernes, c'est pour avoir reconnu que tu ne me chérissais pas. »

Isaac rajusta sa couronne avec un grand sourire et, pivotant sur ses talons, s'en fut rejoindre le défilé.

Bellatine et Winnie suivirent le mouvement.

« Pourquoi lui faire un coup pareil ?

— On avait besoin de cette lettre, non ? On l'a.

— Mais le message vocal ! C'était carrément inutile. Maintenant, il va perdre son…

— Il ne va rien perdre du tout. Tiens, je crois que tu as reçu un appel en absence, Belette. »

Il lança dans sa direction un petit objet qu'elle parvint à rattraper. Son téléphone. Et, sur l'écran, l'icône signalant un nouveau message audio. Un message d'Isaac.

« Mais comment t'as mis la main dessus ? grommela-t-elle en plaquant la paume sur sa poche… vide.

— Il fallait que je puisse le mettre en mode silencieux, dit Isaac en haussant les épaules.

— Ah… Tu ne les as pas appelés, ces gens, finit-elle par comprendre.

— Tu vas sûrement trouver ça fou, mais figure-toi que je ne connais pas le numéro du Louisiana Antiquarian Institute par cœur.

— T'es un vrai *schmuck*. Mais ça, tu le sais.

— Tu me flattes », dit-il en s'inclinant bien bas en soulevant des deux mains une jupe invisible.

Enjoliveuse les rejoignit d'un bond, incitant Winifred au faux pas. Bellatine retint la fille de pierre avant qu'elle ne trébuche. Le contact la fit rougir, sous couvert, heureusement, de la nuit.

« Et comment tu savais, pour sa subvention ? demanda-t-elle.

— Avant d'arriver, je l'ai entendu sur le chemin qui se plaignait à quelqu'un. Belette, il faut toujours écouter les geignards. Nos plaintes dressent la carte de nos faiblesses.

— Tu l'avais repéré dès le chemin et ce n'est que maintenant qu'on lui met la main dessus ?

— Tu ne voulais quand même pas manquer la fête ? »

Bellatine avait l'œil fixé sur le paquet de lettres dans la poche d'Isaac. Dans la lueur de mille lampions, la feuille sur laquelle Snap avait noté la traduction semblait émettre son propre et fiévreux rayonnement. Une étoile possédant sa propre gravité. Ses lunes. Bellatine. Isaac. Pieds-de-chardon. Winifred, également. Leur arrière-arrière-grand-mère et ceux qui suivaient. Ombrelongue. Tous tournant en cercle. De plus en plus proches. Tous reliés par des liens invisibles, comme une caisse de marionnettes aux fils entremêlés. Bellatine sentait la lettre l'aimanter, sentait son poids, par-delà le temps et par-delà le sang, attirant à elles ses lunes – jusqu'à la collision.

Une tortue charnue en papier mâché déambulait dans la foule. Isaac percuta sa carapace luisante de paillettes ; une tête humaine en émergea aussitôt.

« Désolé, mec, je suis encore un peu… », commença la tortue.

Isaac se contracta imperceptiblement.

« Oh, Max ! Dis, ça fait un bail…, répondit-il en faisant claquer ses paumes sur la colossale armure.

— Isaac ! Isaac. Est-ce que t'aurais… Je veux

dire…, bafouilla Max. Euh, c'est pas pour t'embêter, mais mon camion, tu sais… Est-ce que t'aurais… Putain, ce que j'essaie de te demander, c'est si… »

Une frêle rouquine avait surgi près de la tortue, des étoiles phosphorescentes aux oreilles, un sac banane à paillettes sur la hanche. Elle dévisagea Isaac, bouche bée. S'il était aussi surpris qu'elle, il le dissimula plus habilement.

« Nina », dit-il en s'inclinant.

Elle attendit qu'il se soit redressé pour lui coller une gifle.

« Espèce de connard. Qu'est-ce que t'as fait du camion de Max ? » siffla-t-elle en prenant la tortue par la main.

Isaac se frotta la pommette et baissa les yeux sur les doigts enlacés. Bellatine crut alors voir briller dans son regard quelque chose qui ressemblait à de la douleur – cela ne dura guère.

« Mais chuis sûr que t'avais de bonnes raisons, gémit la tortue d'une voix tremblante, suraiguë. C'était une urgence, mec, c'est ça ?

— Putain, Max, gronda la rouquine. Il t'a piqué ton camion. Arrête de lui trouver des excuses !

— Elle a raison. Je n'en ai pas », dit Isaac.

La tortue ouvrait et fermait la bouche comme un poisson.

« Mais tu peux le récupérer, poursuivit le Roi caméléon. Il doit être quelque part sur un bas-côté, en Caroline du Nord, si la fourrière n'est pas encore passée par là. »

Bellatine sentit le pied de son frère titiller le sien. Un signal.

« Ravi en tout cas de vous avoir revus, tous les deux. Nina, radieuse, comme d'hab. Max, j'aime beaucoup ce nouveau style. »

Nina avança vers lui au moment même où un mille-pattes de trois mètres de long apparaissait en se trémoussant sur ses bâtons de bois. Isaac empoigna sa sœur par la taille. Sa sœur prit le bras de Winnie. En deux secondes Isaac avait fait passer les deux filles derrière l'arthropode géant ; ils se perdirent aussitôt dans la foule. Nina et Max auraient pu n'être que des mirages dispersés par le vent.

Et c'était la façon de vivre d'Isaac. Un jour trop pleinement dans votre vie, le lendemain déjà parti, emportant exactement ce qu'il voulait. C'était la première fois qu'elle considérait ses disparitions sous cet angle, qu'elle savait ce qu'il advenait d'Isaac après volatilisation. Plus jeune, elle se disait toujours qu'il n'était pas parti, mais qu'il était devenu… autre chose. La pluie sur le rebord de la fenêtre. Un lambeau de brume dans le parking du collège. Le sifflement d'un train dans le lointain. Tout sauf un frère abandonnant sa sœur. Une présence plutôt qu'une absence. Mais le volatilisé était bien là. Tangible. Vivant. Traversant la foule avec l'assurance d'un faucon en chasse. Du point de vue d'Isaac, Max et Nina étaient la brume, si ténus, si immatériels qu'on pouvait les traverser. Comme s'ils n'avaient jamais existé. La considérait-il de la même manière ?

« Qui étaient ces gens ? demanda Winnie en lançant un regard derrière elle. Ils semblaient t'en vouloir.

— Ouais, grommela Isaac. De Charybde en salades.

— Tu nous fais un AVC, Isaac ? commenta Bellatine, les yeux au ciel.

— Oh, ce n'est qu'une citation. D'un vieil ami. »

Isaac épousseta les revers de son veston comme pour en chasser un fantôme et reprit sa course incertaine.

Winifred caressait de nouveau le poignet de Bellatine, lentement, du bout de l'index. Bellatine ferma les yeux. Elle sentit la fille de pierre se faufiler derrière elle, sentit ses lèvres se poser sur sa nuque. Elle laissa échapper un petit soupir. Et pendant un instant – instant unique, suspendu – elle oublia de se contraindre.

À la seconde, ses mains grésillèrent de chaleur. Elles se mirent à vibrer à l'unisson des masques, des marionnettes lumineuses, des créatures en papier mâché avec leurs yeux de lanterne, suppliant qu'on les ranime. Elle vit, devant elle, la biche sur le bas-côté. Elle entendit son brame de mort. *Non.*

Elle se retourna, repoussa Winifred.

« Je suis désolée, je peux pas. C'est une erreur. »

Elle rattrapa son frère au trot. Ses ongles avaient découpé des demi-lunes dans ses paumes. Son cœur battait au rythme des percussions.

Chapitre 30

Très chère mère,

Je sais, c'est naïf de ma part de continuer à t'écrire. Onze de mes lettres sont restées sans réponse. Quel plaisir tu auras d'obtenir avec celle-ci le chiffre rond de la douzaine ! Tu en as peut-être fait un calendrier, un joyeux Non ! *par mois que tu accroches dans ta chambre. Ou mes lettres peut-être ne t'arrivent pas.*

Comment suis-je censée t'écrire à une adresse qui refuse de rester tranquille ? Tant pis. J'essaierai encore et toujours.

Maman, quel pays dégoûtant que l'Amérique. Je rentre tous les soirs à pied après l'usine et tout en marchant, je regarde par les fenêtres. Des dizaines de femmes, d'hommes et d'enfants entassés dans des pièces pas plus grandes que des assiettes à soupe. Des draps froissés, des ampoules couleur de jaunisse. Et dans les rues, personne ne se dit bonjour. On voit même des juifs, avec des charrettes à bras, qui vendent leurs produits – le jour du shabbat ! Ici, il n'y a pas de jours saints. Ici, on trime tous les jours. Je suis devenue une shiksa *en Amérique. Mes cheveux, tu ne me croiras pas, ils sont presque blancs, tellement je passe de temps au-dessus de la cuve où on teint les chemises pour homme. J'ai seize ans, bientôt cent.*

Je n'ai que deux réconforts :

Un : j'ai réussi à convaincre le petit garçon du contremaître que je suis un démon (d'ailleurs il pense que tous les juifs sont des démons) et que s'il ne m'apporte pas du papier, des enveloppes, des bouts de ruban et des chocolats qu'il prend dans le bureau de son père, je le mangerai.

Deux : la glace ! Je n'avais jamais mangé de glace avant le printemps de cette année. C'est splendide. C'est sucré et froid, et on peut en acheter à un étal qui est dans Hester Street *pour quinze* cents. *En économisant, je peux m'acheter une glace avec deux boules tous les mois. Jusqu'ici, j'ai pu essayer la vanille et le chocolat. Le mois prochain, ça sera fraise.*

Maman, tu me manques. Parfois, je me dis que je vais enduire mes lettres de colle : comme ça, quand tu les recevras, elles se fixeront sur toi et tu ne pourras plus les jeter. C'est un peu sale, mais ça vaut la peine. Parfois, je me dis que je vais aller à pied à Long Island *et m'introduire dans le hangar où ils gardent les vieux avions de la guerre, les* Jenny *; je monterai dans le cockpit, et je trouverai comment manipuler tous ces leviers, et je m'envolerai dans les cieux pour rentrer chez nous. Tu imagines ? Ton petit oiseau qui vole pour de bon ?*

Mais ce ne sont que des fantasmes, je sais. Même si j'arrivais à te retrouver, nous n'avons plus de chez nous. Il n'y a plus de Gedenkrovka.

J'ai revu les soldats. Ils m'apparaissent dans mon sommeil, et leurs reflets clignotent dans des lieux en moi, quand je regarde dans une bassine remplie d'eau ou une vitrine de magasin. Parfois, je vois des juives toutes jeunes, fraîchement descendues du bateau, des gosses serrés contre la poitrine, qui traînent leurs caisses, leurs valises, leurs casseroles en cuivre, et mon cœur est comme une guêpe entre mes côtes. Là, dans ces groupes, je vois les visages des soldats. Parfois ils ressemblent au jeune, près du fleuve. Parfois au petit avec son bec-de-lièvre, celui qui a tué Reb Haim. Parfois, juste à une torche qui brûle. Et puis je cligne des yeux et ils disparaissent. Ce n'est qu'une nouvelle vague d'immigrants, comme moi, qui fuient un malheur pour un autre. Ils portent leur fatigue comme un tallit.

Dans mes rêves, j'ai un soldat qui s'assied sur ma poitrine et qui fait tomber des allumettes en feu dans ma bouche. Je ne veux pas les avaler, je les lui recrache. Mais, maman... Parfois je voudrais bien que le dibbouk me prenne, qu'on en finisse. Je suis peut-être folle. Si c'est le cas, pourquoi pas ? Quand on est femme, il y a pire. Je ne serai pas mécontente de perdre la tête. Je n'aurais plus besoin de voir le monde tel qu'il est. Je n'aurais plus besoin de me souvenir de ce qui nous est arrivé.

Regarde : je t'écris tout ce que je pense, avec dans l'idée que tu ne me liras jamais. Où est-il, mon espoir ?

Maman, j'espère qu'un jour tu pourras manger de la glace dans une tasse en argent. J'en mettrais bien un peu dans ma lettre, mais ça ne tiendra pas bien dans une enveloppe. Je te hanterai jusqu'à nos retrouvailles. Pour nous deux.

Ta corneille,
Illa

*

La nostalgie enveloppait les mots comme un linceul : Isaac avait toutes les peines du monde à empêcher ce voile de lui retomber sur le cœur. Il préféra se concentrer sur la colère d'Illa, son mordant.

« C'est une diablesse, non ? dit-il en relisant entièrement la lettre pour la deuxième fois, le lendemain matin. Je l'aime bien.

— Il faut bien que tu tiennes ça de quelqu'un », marmonna Bellatine, en donnant un coup de marteau sur un clou, ce qui fit sursauter Isaac.

Elle renforçait le système de fixation d'une des bibliothèques de leur salon.

« Miséricorde, mon enfant. Miséricorde ! gémit-il, les tempes palpitantes, en joignant les mains – prière de mante religieuse.

— Le travail – *boum* – est le remède – *boum* – le plus efficace.

— Oui, si tu aimes te flageller. Arrête ! Ça m'attendrit la cervelle ; j'ai l'impression d'avoir du blanc de poulet dans le crâne. »

Le texte de la lettre lui apparaissait plus réel, plus tangible ce matin que la veille au soir, maintenant que la cervelle en question, imprégnée de whisky, avait pu sécher durant la nuit. Il avait dû cajoler au petit déjeuner les quelques écrous encore plantés dans ses tempes à l'aide d'une cafetière pleine et d'œufs sur le plat graillonneux, mais ces maux de tête là ne lui faisaient pas peur. S'y exprimait encore la satisfaction causée par son numéro d'imitation. Ce retour à son art favori, aussi éphémère soit-il, l'avait fait se sentir aussi vif, aussi fatal qu'un coup d'épée.

Bellatine enfonça un dernier clou dans la planche et glissa le marteau dans sa ceinture à outils.

« Dis-moi, et toutes ces belles déclarations sur l'authenticité et la menuiserie sans clous, tu en fais quoi ?

— Il peut y avoir des clous dans les meubles. C'est la maison elle-même qui doit s'en passer. Tu peux réparer ça ? »

Du bout du pied, elle poussa vers lui le Renard, dont le pantalon était décousu.

« Donc, cette Illa, c'est notre arrière-grand-mère, c'est ça ? La *bubbe* de maman ? » clarifia Isaac en introduisant un fil d'or dans le minuscule vêtement.

Enjoliveuse surgit, telle une panthère, et sauta vers l'aiguille.

« Tout juste, confirma Bellatine. Sa mère, à laquelle elle écrit, c'est celle qui nous a légué la maison. Donc cette dame. »

Elle poussa vers Isaac la photo des trois Yaga.

« Celle-là, ajouta-t-elle en tapotant le petit visage de l'index, c'est Illa, qui plus tard écrira cette lettre. Elle est arrivée en Amérique à douze ans, sans doute pour rejoindre un de ses oncles à New York. Et pour le peu que j'en sais, elle et sa mère ne se sont jamais revues. »

Les trois Yaga regardaient les deux autres depuis le passé. La jeune Illa avait une acuité d'oiseau de proie – mais aussi quelque chose d'enfantin encore dans les yeux. Rien de la souffrance que l'autrice de la lettre semblait exprimer. Que lui était-il arrivé, à cette enfant, entre l'éclair de l'ampoule de flash, et la plume appliquée à cette feuille jaunie ? Plus qu'un simple océan, certainement.

« C'est maman qui t'a raconté ça ?

— Tu parles ! Tu as déjà entendu maman nous parler de nos ancêtres ?

— Mais si. Il y avait toutes ces histoires sur la Troupe Vilna, un théâtre yiddish. Un de ses oncles et une de ses tantes en avaient fait partie pendant un moment, je m'en souviens... Elle disait toujours que c'était à cause de ça qu'elle avait eu envie de devenir marionnettiste. »

Bellatine se raidit.

« Elle ne m'a jamais raconté ces histoires. »

Le silence enfla dans la pièce, étouffant.

« Je la forçais, je pense, mentit Isaac. Je refusais de m'endormir. »

Il était parti depuis si longtemps qu'il avait oublié la distance qui les séparait, sa mère et sa sœur, barreaux lustrés. Avant ou après le début de l'Embrasement ? Il ne s'en souvenait plus. Mais la chose était tangible, une vraie présence. Elie, hôte silencieux à la table familiale pendant Pessah.

« J'ai appris tout ça ce matin sur Internet avant que tu te réveilles, poursuivit Bellatine, sans s'arrêter à cet accroc. Il n'y avait pas grand-chose sur ce shtetl dont elle parle, Gedenkrovka. À peine un village, si j'ai bien compris. Mais il était quand même question d'un pogrom en décembre 1919, organisé par l'armée impériale. La population juive a été soit massacrée soit chassée.

— Gedenkrovka. »

Isaac fit rouler le nom dans sa bouche. Pas très agréable, un son en dents de scie. Les syllabes avaient du mal à s'installer sur sa langue. Curieux de penser que pour des générations du même sang que lui, le mot avait eu un goût familier. Le goût du foyer.

« J'ai également retrouvé une Illa Yaga dans les registres d'Ellis Island, 1922, en relation avec un tuteur chez lequel elle allait vivre, un certain Amos, qui avait la nationalité américaine. Et d'après les informations que j'ai pu extorquer à l'avocat du legs – car je l'ai appelé, puisqu'on ne peut pas compter sur toi –, la mère d'Illa n'a habité notre maison que quelques années après ça, jusque dans le milieu des années 1920, après quoi elle l'a reléguée dans un entrepôt à Kyiv – où elle a servi d'attrape-poussière jusqu'à son grand voyage transatlantique. »

Isaac haussa les sourcils.

« Le travail, dit Bellatine en secouant l'étagère pour en tester la solidité. Le travail, il n'y a que ça de bon. »

Winifred les rejoignit sur la pointe des pieds, s'affala sur le banc d'argile et se mit à tripoter un sachet de pop-corn, étrangement silencieuse. Le bas de sa robe bleue était raide de boue séchée, ce qui ne semblait pas la gêner.

Bellatine détourna le regard, soudain fascinée par l'étagère qu'elle venait de réparer.

« Partie en 1922, médita Isaac. Peu de temps après la guerre civile en Russie, donc, et la Première Guerre mondiale… Sans compter le pogrom auquel elle avait dû assister. »

Il coupa le fil d'or entre ses dents, le pantalon du Renard une fois recousu.

« Tant de tragédies à surmonter. Je comprends pourquoi sa famille l'a envoyée en Amérique.

— Notre famille, le corrigea Bellatine.

— J'aime bien ce qu'elle écrit sur la crème glacée, marmonna Winnie. Je n'ai jamais mangé de crème glacée.

— Ce qui expliquerait pourquoi elle voyait des soldats à New York », murmura Bellatine, sans prendre garde à la remarque de Winnie.

Des fantômes. C'était comme ça que Benji aurait appelé ces mirages. Il faut dire qu'il utilisait ce terme pour bien des choses : compagnons de voyage, anciennes petites amies, villages qu'il aurait voulu revoir. Fumée des feux de camp. Chagrins qui vous suivaient à la trace pendant des années...

« Et ça explique aussi peut-être la fresque dans le grenier, extrapola Bellatine, le pouce levé vers le plafond.

— Tu veux dire, une sorte de célébration macabre ? Drôle de souvenir de vacances, tout de même. »

Il se coucha de tout son long sur le plancher, regard tourné vers le plafond.

« Je comprends que la maison ait eu envie de se laisser pousser une paire de jambes. Pour mieux les prendre à son cou, vu l'ambiance. Mais le rapport avec notre Terminator à casquette ?

— On continue à creuser, répondit Bellatine, déterminée. Ce n'est pas insoluble.

— On va demander d'autres traductions à l'ami Snap.

— Mmh, il me semble que les négos ont été totalement rompues, de ce côté.

— Avec ce bon vieux Snap ? Mais non. Il suffit que je lui cause, ça ira beaucoup mieux. Il y a une autre fête ce soir, un feu de joie à La Fin du Monde, sur la digue, ajouta Isaac, en donnant un coup de coude à Winnie. On va s'amuser.

— Non ! » répondirent en chœur les deux jeunes femmes.

Winnie, les yeux baissés, gratouillait Enjoliveuse entre les oreilles. Belette secoua la bibliothèque. Une fois de plus.

« Vous deux, pourtant, vous n'aviez pas l'air de vous morfondre, la nuit dernière », testa Isaac.

Sans doute était-ce imprudent de pousser Bellatine à bout, mais la frustration engendrée par la lettre lui donnait la bougeotte. Et réveillait son goût du risque.

« On n'aurait pas dû, répondit Bellatine. On n'aurait pas dû laisser Pieds-de-chardon seule aussi longtemps. Ce n'est pas le moment de jouer les écervelées.

— Écervelées », répéta Winnie en opinant vigoureusement du chef.

Elle faisait de son mieux pour ne pas relever la tête. Ne pas regarder Bellatine. *Ce qui est sans doute signe qu'elle meurt d'envie de la dévorer du regard.* Winnie redoubla d'attentions pour Enjoliveuse, qui finit par pousser un gémissement de protestation.

« D'ailleurs, poursuivit Bellatine, il y a une fuite dans le plafond de la cuisine dont je devrais m'occuper avant la prochaine averse. J'y vais de ce pas. »

Elle s'éclipsa sans leur accorder un regard.

De toutes les émotions dont Isaac avait pu contempler les effets au cours de sa carrière, la culpabilité était celle qui lui plaisait le moins. Trop dense, trop huileuse, une olive Kalamata non dénoyautée. Les rares fois où il avait commis l'erreur d'imiter quelqu'un que la culpabilité torturait visiblement, il s'était senti si sale qu'il avait dû filer immédiatement sous la douche, pour se purifier. La culpabilité, ça ne servait à rien. Ça ne redressait aucun tort. Ne rétablissait aucune justice. Se contentait bêtement d'enfoncer celui ou celle qui l'éprouvait.

« Ne te laisse pas impressionner par Belette, dit Isaac à Winifred. Elle déteste s'amuser. Pourtant, ça lui ferait du bien, une compagnie amicale. Si tu vois ce que je veux dire.

— Cela n'aurait pas dû se produire, chuchota la fille de pierre. Je n'avais pas les idées claires.

— Si c'est parce que vous êtes toutes les deux des filles, c'est pas grave, hein. Les temps ont changé.

— Mais je suis fiancée ! explosa Winnie, le visage enfoui dans ses mains.

— Hein ?

— Oui, Everett !

— Oh. Mais enfin, Winnie…

— Je ne puis le trahir. Nous nous sommes juré fidélité. Il m'a dit…

— Winnie, rien ne te lie à cet Everett, l'interrompit Isaac. Et d'une, je ne pense pas qu'il soit possible d'épouser un rocher dans l'État du Maryland. Et de deux, il est mort, ton Everett. Et de trois, ce n'est pas à toi qu'il avait juré fidélité.

— Mais il venait tous les jours ! Et il me disait que…

— Winnie. Qu'est-ce qu'il t'a dit, exactement, quand il t'a demandé ta main ?

— Je… »

Winnie plissa le front.

« Je n'arrive pas à…

— Et votre premier rendez-vous en amoureux ? C'était comment ?

— Il m'a dit que nous étions allés dans un jardin, répondit-elle, soudain rayonnante, et…

— Je ne te demande pas de me répéter ce qu'il t'a dit. Toi, dans ton souvenir, c'était comment ? Quel temps faisait-il ? Comment était-il habillé ? Il y avait des tulipes, dans ce jardin, ou des coquelicots ?

— Des… Pffff, soupira-t-elle, irritée. C'est trop loin. Je n'arrive pas à m'en souvenir.

— Tu ne t'en souviens pas parce que tu n'étais pas là. C'était l'autre.

— Quelle autre ?

— Winifred Hadley.

— Mais c'est moi, Winifred Hadley, protesta Winifred, exaspérée.

— Non, Winnie. Crois-moi, j'en connais un bout sur les doppelgängers. Quand tu ressembles à quelqu'un, ou quand tu décides de lui ressembler, c'est très facile de croire que tu es vraiment cette personne. Mais ce n'est pas le cas. Tu n'es pas la petite Hadley. On t'a sculptée à sa ressemblance, c'est tout. Elle, celle qui aimait tant Everett et qu'Everett adorait ? Elle est six pieds sous terre. Revenue à la poussière. Aussi morte que possible. »

Il s'empara du bras de la fille de pierre et lui donna un coup d'aiguille.

« Aïe ! pépia Winnie.

— Tu vois ? Toi, tu es loin d'être poussière. Tu es même bigrement vivante. »

Winifred regarda son bras, bouche bée ; elle était sur le point de répondre lorsque la clochette de Pieds-de-chardon sonna à trois sèches reprises.

Bellatine réapparut immédiatement dans le salon.

Et trois paires d'yeux se levèrent vers la clochette suspendue au-dessus de la porte d'entrée.

« Tu vas ouvrir ? » demanda Bellatine à Isaac.

Elle n'avait apparemment pas vraiment envie de savoir qui se tenait de l'autre côté de la porte.

« Ouais, c'est ça, comme si c'était moi, le golem, dans cette histoire, à t'obéir au doigt et à l'œil. Oui, maîtresse, bien, maîtresse, soupira Isaac en se redressant.

— Pieds-de-chardon n'est pas un…

— Ce n'est pas elle dont je te parle », grommela Isaac en tendant le pouce vers Winnie.

La fille de pierre n'avait pourtant pas grand-chose à voir avec la mythique brute des contes anciens, mais toutes les occasions étaient bonnes pour faire marcher Bellatine. Dont les yeux s'écarquillèrent.

Isaac ouvrit la porte, un grand sourire aux lèvres.

« Oh ! Mais c'est la teinturière qui livre à domicile ! Quel sens de la clientèle ! Alors, ce veston ?

— Je l'ai gardé pour moi. Il me va à la perfection », répliqua Shona en écartant Isaac pour pénétrer dans le salon.

Le col du veston en question pointait sous celui de son blouson de jean.

« Y a pas, c'est mimi tout plein chez vous. Vous avez à bouffer ? Du beurre moulé à la main et des tartelettes aux amandes maison, non, j'imagine, dans ce genre d'ambiance ? »

Elle s'arrêta net en apercevant Bellatine près de l'étagère.

« La frangine, je suppose ?

— Mais vous êtes qui, vous ? » gronda l'intéressée.

Bon. Il aurait peut-être dû prévenir sa sœur qu'il avait invité les traqueurs d'Ombrelongue à leur donner un coup de main. Mais mieux valait demander l'absolution que la permission, hein.

« Shona, dit-il en s'éclaircissant la voix, je te présente ma petite sœur, Bellatine Yaga. Et voici (il tendit la main vers le siège aux amoureux) notre amie Winnie. Winnie, Belette, je vous présente Shona. »

Pourquoi ne pas tapoter sur l'épaule de cette dernière, pour la bonne mesure ? Mmh, non. Autant caresser un scorpion géant.

« C'est la dame qui m'a enlevé, ligoté et interrogé à l'arrière d'un véhicule en mouvement. Je l'ai invitée, ainsi que ses amis, à nous rendre visite pendant quelques jours.

— Tu te fous de ma gueule ? » gronda Bellatine.

Sparrow et Rummy venaient d'apparaître dans le salon.

« Pour vous, dit Rummy en tendant à Bellatine un bouquet hirsute de fleurs des champs. Merci de bien vouloir nous accueillir chez vous. »

Bellatine regarda les fleurs, bras croisés. Rummy fit un pas vers elle puis, la main sur la poitrine, se recroquevilla légèrement. Elle fronça les sourcils.

« Ce sont eux qui devraient nous remercier, remarqua Shona.

— Oui, merci, merci de bien vouloir nous gratifier de votre humble présence et de votre expertise », ricana Isaac en s'emparant du bouquet, un mélange de verges d'or et de pervenches des bas-côtés noué d'un bout de ficelle.

Il s'effaça pour laisser passer le reste du gang. Sparrow n'hésita pas, mais Rummy préféra rester sous l'embrasure de la porte.

« Ça me va très bien, ne vous inquiétez pas, hoqueta-t-il.

— Vous êtes un vampire, vous, c'est ça ? Il vous faut un carton d'invitation, ou quoi ?

— Non, c'est juste que je ne suis pas tout à fait dans mon assiette. Le grand air me fait du bien, précisa-t-il avec un sourire gêné.

— Ah ! Ça tue ! proclama Sparrow en effleurant le mur de la paume. Matières organiques et non organiques fusionnées. »

Sparrow sortit un carnet et un crayon à papier de sa poche et commença à prendre des notes.

« À votre avis, la maison, quand les pattes ont poussé, elle a muté sur le plan génétique ? Ou est-ce que c'est de l'ordre de la tumeur ? Si ça ne vous ennuie pas, j'aimerais faire quelques prélèvements pour…

— Hors de question », l'interrompit Bellatine d'un ton sec, les bras toujours fermement croisés sur la poitrine.

Les trois membres de la bande n'avaient pas changé de tenue, toujours aussi dépenaillés : Sparrow immense dans sa longue redingote bordeaux, Rummy en pull et bretelles de livreur de journaux, Shona et ses godillots militaires, plus tranchante et caustique que jamais. Et tous arboraient le blason du groupe, le crâne de cheval. Isaac surprit le regard de sa sœur les passant en revue.

« C'est une secte, votre truc ? demanda-t-elle. Ça veut dire quoi ? »

Rummy eut un petit rire, sous l'embrasure.

« Quoi, vous n'avez jamais entendu parler du Duskbreaker Band ? feignit de s'offusquer Sparrow. Pourtant, c'est le combo le plus adorablement et le plus apocalyptiquement folk-swing qui puisse vous faire danser, madame.

— Ah, dit Isaac en se rappelant les instruments disséminés dans le bus scolaire dans leurs étuis passablement malmenés. Vous êtes des musicos.

— On était. Avant d'être embringués dans ce merdier.

— Mais tant qu'il y a de l'essence dans le réservoir et du crin sur l'archet du violon, on le reste, objecta Sparrow.

— Isaac, mettons les choses au clair, siffla Bellatine, trop sèchement pour ne pas faire sursauter son frère. Ton escadron d'élite, c'est un trio à cordes ?

— Ah non, moi, c'est l'accordéon, protesta Rummy, les mains levées. Pas les cordes. »

Le regard de Bellatine se fit assassin.

« Tu permets ? » grommela Shona en arrachant le sachet de pop-corn des mains de Winnie, sans attendre sa réponse.

Elle poursuivit, bouche pleine, après s'être généreusement gavée :

« Bon, les amis. Qu'est-ce que vous pouvez nous apprendre de nouveau ?

— Détends-toi, dit Isaac. Respire un bon coup, ma jolie. Vous venez juste d'arriver. »

De Shona se dégageait un nuage poussiéreux et odorant, camomille et sueur mêlées, aussi apaisant qu'une dionée attrape-mouche. *Ça ne serait pas si déplaisant d'être son moucheron...*

« Pfff, exhala-t-elle.

— Excuse-moi une minute, dit Bellatine en tirant son frère par le bras. On va avoir besoin d'un moment en tête à tête. »

Elle l'entraîna dans la chambre et fit claquer la porte derrière elle.

« On s'en sortait très bien tout seuls.

— Oh, vraiment ?

— Ils ne sont pas fiables.

— Oh, je vois que tu apprends de tes erreurs », ironisa-t-il en lui caressant la tête.

Elle serra les poings.

« Écoute, Belette, on s'en fiche, qu'ils ne soient pas fiables. Mais fais-moi confiance, à moi. Ils peuvent nous servir. Les ennemis de tes ennemis en valent deux.

— Ça n'est pas du tout le...

— Qu'ils s'occupent d'Ombrelongue. Ça nous fait des vacances.

— C'est tellement toi, ça, ricana-t-elle. Refiler les bébés aux autres. Est-ce qu'il y a une responsabilité dans ce bas monde que tu n'as pas fuie ?

— Oh, c'est méchant », dit-il en serrant le bouquet contre son cœur.

Réplique qu'il aurait voulue humoristique, mais il fut le premier surpris par le sérieux de sa propre voix.

Elle a pas tort, susurra la voix de Benji dans sa tête.

T'es un trouillard sans principes. Isaac ferma les yeux et chassa le fantôme.

« Je ne me débarrasse pas du bébé, je le confie à des gens qui suivent et qui étudient ce monstre depuis des mois. Pourquoi ne pas laisser aux pros ce qui leur revient, et poursuivre tranquillement notre petit bout de chemin ? soupira Isaac. Écoute, ma douce, je ne vais pas revenir là-dessus, mais je te signale qu'il y a cinq jours, tu étais en pleine crise genre *L'Exorciste*. On est en plein dans le caca, ma poulette. Ou plutôt dans le vomi vert. »

S'il s'attendait à une objection, celle-ci ne vint pas.

« Bon, gémit Bellatine, en se pressant les paupières des paumes de ses mains. D'accord. T'as raison. »

Il ravala son accès de mélancolie, loin des regards.

« Euh, tu peux répéter ? Je viens de faire un arrêt cardiaque, j'ai mal entendu.

— Oui, t'as raison. On est dans la merde. Parce qu'effectivement, c'est la première fois de ma vie que je me fais pister. Et pister par… par… On ne sait même pas vraiment quoi. »

Elle émit un curieux gloussement de pie.

« Moi, tout ce que je voulais, c'était une jolie maison dans mes prix !

— Il paraît qu'il y a des offres sympas en enfer, à cette époque de l'année. »

L'accès de joie hystérique de Bellatine s'acheva sur un hoquet. Elle brandit un index menaçant sous le nez de son frère.

« Je veux bien qu'ils restent. Mais c'est toi qui les gères.

— Vos désirs sont des ordres », répondit-il en s'inclinant profondément.

Elle feignit de ne pas l'avoir entendu, un art dans lequel elle était passée maîtresse ces trois derniers mois, depuis leurs retrouvailles au port de New York – et surtout au cours de leurs quatre semaines de tournée. Elle rouvrit la porte de la chambre et, sans lui accorder un seul regard, retourna dans le salon.

Un grain de pop-corn traversa les airs et atterrit sur le front de Sparrow, avant de rejoindre la petite pile qui s'était amassée à ses pieds.

« Zut ! Encore raté ! Recommence ! »

Shona lança un nouveau projectile que Sparrow intercepta cette fois-ci dans la bouche. Winifred poussa un cri de joie.

« Toi, hurla Bellatine à Sparrow, droite comme un adjudant à l'entraînement, ramasse-moi ça. Toi (elle se tourna vers Rummy, resté dans le vestibule) merci pour le bouquet. Magnifique. Isaac, mets-le dans l'eau, les fleurs vont faner. Et toi (elle pointa l'index sur Shona), assieds-toi et raconte-nous tout ce que tu sais sur ce merdier.

— Et… Et moi ? » demanda Winnie.

Bellatine feignit de ne pas l'avoir entendue.

Ils s'installèrent tous les six dans le salon pour la mise à niveau.

« Pousse-toi, Pinocchio, dit Shona en s'installant, les jambes à cent soixante degrés, sur le banc de plâtre dont elle occupait ainsi la plus grande partie, reléguant Isaac sur l'accoudoir.

— J'aime bien quand tu me donnes des ordres »,

dit-il sur son perchoir de corneille avec un clin d'œil appuyé.

Elle eut une exclamation de dégoût.

Sparrow ne tenait pas en place, examinant planchers, coins de table et rebords de fenêtre, le carnet à la main. Rummy s'était installé en tailleur de l'autre côté de la porte. Bellatine refusa de s'asseoir et resta le plus loin qu'elle le put de Winifred. La fille de pierre était allée chercher une chaise dans la cuisine pour s'y affaler, inerte, poupée de chiffon.

Isaac leur fit lire la traduction de la lettre.

« Vous nous aviez conseillé de remonter dans le passé. On n'a pas trouvé grand-chose, mais on connaît quand même le nom du village dont est originaire Pieds-de-chardon, et on sait vaguement ce qui s'y est passé. »

Shona avala les derniers pop-corns du sachet et s'essuya les mains sur son jean.

« C'est-à-dire ?

— Ce village a été effacé de la carte par les pogroms dans les années 1910.

— Les pogroms ?

— *Oy vey*, tss-tssta Isaac. Les jeunes, qu'est-ce qu'on vous apprend à l'école, de nos jours ?

— Euh… Que Christophe Colomb est un héros, que la guerre de Sécession a permis l'abolition du racisme et (Shona refit sa queue-de-cheval) qu'on peut tomber enceinte après une simple pipe.

— Dieu bénisse l'Amérique, murmura Bellatine.

— C'étaient des massacres concertés, non ? s'interposa Rummy en tripotant ses bretelles. Dont ont été victimes les juifs d'Europe centrale ?

— Bingo, s'exclama Isaac. Et notre candidat Oliver Twist marque dix points. Les soldats du tsar entraient dans les villages juifs, embêtaient deux, trois personnes, cassaient quelques fenêtres et brûlaient quelques boutiques. Et ils n'oubliaient pas au passage d'exciter les fermiers non juifs du coin, en les convainquant du fait que ces juifs, c'était vraiment de l'engeance. Et quand la température montait, ils regardaient ailleurs. Ou venaient donner un coup de main.

— La température qui monte, ce sont les gens qui meurent, c'est ça ? ricana Shona.

— Exactement. Et ce qui a incité notre amie Pieds-de-chardon ici présente à entamer sa brillante carrière de danseuse de claquettes, c'est peut-être ça, ou bien la Première Guerre mondiale, ou bien la guerre civile en Russie.

— Et tu penses que ce qui a poussé la maison à prendre vie, c'est ce pour quoi on veut la détruire ? demanda Rummy.

— Ça, ça reste à voir. Pour le moment, c'est tout ce qu'on sait.

— Des lettres comme celle-là, vous en avez d'autres ? » s'enquit Shona, un cure-dent dans la bouche.

Isaac s'efforça de ne pas penser aux rondeurs de ses lèvres, ainsi mises en valeur.

« Oui, mais d'après ce qu'on a compris, il n'y a pas grand-chose de croustillant. Cela dit, on a toute une caisse de paperasse dans laquelle on n'a pas vraiment mis le nez.

— Eh bien, il faut qu'on en fasse traduire davantage, suggéra Shona.

— “On” ? » grommela Bellatine.

Belette, songea Isaac, avait autant envie de se faire aider par ces inconnus que de se glisser dans un bain moussant pour se faire nourrir de raisin par Shona grain par grain. Un sort que d’aucuns auraient accepté avec joie.

« Je me souviens que quand j’ai croisé Ombrelongue dans ce bar, il a sous-entendu qu’il travaillait pour le gouvernement russe. Que Pieds-de-chardon avait été passée en contrebande, que c’était un des problèmes. Il y a peut-être un peu de vrai là-dedans, non ?

— C’est n’importe quoi, répliqua Shona. Un gros bobard, pour se donner l’air sérieux, que les gens lui fassent confiance. Les vrais officiels, je les repère tout de suite. Lui, ça n’a rien à voir.

— Comment tu peux en être sûre ?

— Je le sais, c’est tout.

— Stop, les interrompit Bellatine en fourrant ses mains dans ses poches. On vous a filé nos infos. À vous, maintenant. Et puis j’ai l’impression qu’on oublie le plus important. On va recommencer par le début, si vous voulez bien. Ce type, c’est quoi ?

— Qui ? demanda Shona.

— Le tueur du Zodiaque, ironisa Isaac. T’as un avis sur la question ?

— On vous a déjà dit qu’on ne savait pas qui c’était.

— J’ai pas dit “qui”, aboya Bellatine. J’ai dit “quoi”. »

La nuance n’avait pas échappé à Isaac. Qui s’était rendu compte qu’elle le hantait depuis sa première rencontre avec le Russe au long manteau. Ce soir-là, à l'Asylum Bar, Isaac avait été incapable de s'en emparer. L'autre était trop lisse, imperméable, un plumage de canard. Les pires abrutis de la terre ont leurs clignements d'yeux, leurs tics nerveux, les souillures de l'enfance dans la voix – toutes subtiles marques intimes, idiosyncrasies auxquelles il pouvait s'accrocher pour ses imitations. Ombrelongue n'en possédait aucune. Isaac avait compris dès cet instant, même s'il ne se l'était pas avoué, ce que sa sœur n'hésitait pas à postuler. Oui, il n'avait pas voulu se l'avouer. Les humains, ça pouvait encore aller. Il aurait pu inciter un prêtre à se défroquer si le jeu en avait valu la chandelle. Ces bêtes-là, il les connaissait : il en avait incarné un si grand nombre. Mais Ombrelongue ? La chose, la créature, l'entité lui donnait l'impression d'une voix sans corps, à l'autre bout d'un fil. Pas de prise. Pas d'échelle à laquelle se cramponner quand le train démarre.

« On sait déjà tout ce qu'il n'est pas, déclara Rummy avec un optimisme de façade.

— Ombrelongue n'est pas un beignet à la confiture, confirma Sparrow.

— La question, reprit Isaac à voix basse, est de savoir si c'est un homme. »

Mais d'interrogation, il n'y en avait guère dans sa voix et ses mots résonnèrent avec une brutale certitude.

« Voyons voir, dit Sparrow. Vous connaissez beaucoup de gens qui existent aussi à l'état de vapeur ? À travers lesquels on peut voir ? Parce que parfois, quand on le regarde…

— Il vacille, comme la flamme d'une allumette en bout de course, acheva Rummy.

— Il fait également naître le feu, reprit Sparrow. Crée la chaleur de ses mains. »

Bellatine se raidit imperceptiblement, mais cela n'échappa pas à Shona qui plissa les yeux.

« Et puis il y a les fameux passagers », dit Rummy.

Toujours ce mot.

« Eh oui, tu as dû avoir cette sensation pendant ta petite aventure », dit Shona à Bellatine, qui lança à son frère un regard assassin. Et éloquent.

Putain, tu lui as raconté quoi ?

« Quelle sensation ? s'enquit Winifred.

— Alors, dit Sparrow en joignant les mains. Quelqu'un accepte de boire ce qu'il y a dans la bouteille d'Ombrelongue. C'est la première étape. Et c'est vraiment à déconseiller. Mais bref. Le liquide se transforme en fumée. Il circule en intraveineuse dans le corps. Et il ressort au bout d'un moment par les pores de la peau, les yeux, la bouche. Et pour vous la faire courte, la fumée crée des démons-fumée. Et hop, vous vous retrouvez avec un passager sur le dos.

— Ce que Sparrow veut dire, traduisit Rummy, c'est que la fumée forme une sorte de créature humanoïde qui rampe jusqu'aux épaules de la victime et qui s'y installe. Les fumigés deviennent les hôtes de ces parasites. »

Bellatine en avait parlé, de ce poids sur ses épaules. De bras serrés autour de son cou, quand elle avait été elle-même fumigée. Mais Isaac avait assisté à la crise et n'avait pas vu l'ombre d'un passager sur elle.

« Tout maigres, horribles, dit Shona. De vrais crampons.

— Le truc, intervint Sparrow, c'est qu'on ne les

voit que si on a été soi-même intoxiqué. Comme si l'exposition au poison créait une sorte d'immunité – sauf que là, c'est une capacité à voir ces atrocités millénaires agrippées au cou des victimes.

— C'est ça qui nous a fait comprendre que t'avais pas bu à sa bouteille, dit Shona à Isaac. Tu te souviens, dans le bus ? Tu ne voyais pas le passager sur la bonne femme.

— Et, bien sûr, tu n'en avais aucun sur les épaules, ajouta Rummy.

— C'est donc que vous les voyez, vous ? » demanda Bellatine aux musiciens.

Shona opina du chef.

« Vous avez été empoisonnés ?

— Au bout d'un moment, on a compris que les fumigés détenaient certaines informations et qu'essayer de voir les choses de leur point de vue pouvait nous aider à progresser, expliqua Shona.

— J'ai donc mis au point une formule atténuée du produit que nous nous sommes injecté, tous les trois. Suffisamment pour nous donner des pistes, mais pas assez, bien sûr, pour nous faire dérailler, compléta Sparrow en exhibant sa mallette d'échantillons. Ce qui me rappelle (iel souleva le couvercle, s'empara d'une seringue et donna un petit coup à l'aiguille) que si vous voulez goûter à la chose, ceux qui sont encore vierges, vous êtes les bienvenus. Si ça vous dit de faire connaissance avec les spectres…

— Oups, non, répondit Isaac en se plaquant contre le mur. Moins j'en sais, mieux je me porte.

— C'est pas faux, soupira Sparrow.

— De toute façon, ce n'est pas une obligation, dit

Shona. Les passagers sont immatériels. On ne peut ni les toucher, ni les tuer. Notre cible, ce n'est pas eux. C'est Ombrelongue.

— Mais ils sont liés, non ? demanda Bellatine. Comment, à votre avis ?

— Oui, nous estimons en effet qu'ils font partie de la même entité, d'une certaine manière, dit Rummy.

— Quand la fumigation prend fin, les passagers se détachent. Et ils retournent vers lui. En lui, en fait, dit Shona.

— En lui ?

— On les a vus ramper jusqu'à lui et s'introduire dans son corps. Comme s'ils faisaient partie de lui. Qu'ils émanaient de lui.

— Même s'ils sortent de la bouteille ? demanda Winifred. Je n'y comprends plus rien.

— C'est une confusion qu'on retrouve souvent dans le folklore, expliqua Rummy. Ma mère me mettait souvent en garde contre les pretas. Les esprits affamés. Comme notre ami, ils ont forme humaine, et sont la plupart du temps intangibles, mais ils peuvent s'alimenter, boire. Sauf que comme ce sont des mendiants, ils ne vous offriraient jamais un coup à boire.

— Quand je bourlinguais, dit Isaac, il y avait encore une légende que les vieux de la vieille se racontaient à voix basse. L'histoire de la Bouteille noire. Quand un vagabond du rail se retrouvait à l'hosto, on lui refilait un médicament qui était en fait un poison mortel. Histoire de se débarrasser des pauvres.

— C'est le merveilleux système de santé de notre

grand pays, roucoula Sparrow en joignant les mains, les yeux levés vers le plafond.

— Règle numéro un, ne jamais boire quelque chose qui sort d'une bouteille sans étiquette, dit Shona. C'est pour toi que je dis ça, *chica*, ajouta-t-elle à l'attention de Bellatine, qui lui répondit d'un regard mauvais.

— Les fumigés, ils me rappellent toujours ces gens qui se mettent à parler dans la langue des anges, chez nous, dans les églises pentecôtistes du Mississippi, dit Sparrow. Il y a une dame qui se met à brailler, puis une deuxième, une troisième, et cinq minutes plus tard c'est tous les fidèles qui beuglent des insanités avec leurs jolis chapeaux et leurs chaussures bien cirées. »

Et ils comparèrent traditions et monstres, rumeurs et mythes, pour essayer de rapprocher de ce qui leur était familier Ombrelongue et ses passagers. Pour leur trouver un nom, une histoire. Un point faible. Mais aucune de ces histoires ne correspondait vraiment. Et puis, les pires créatures du folklore s'attaquent aux hommes – pas aux maisons.

*

Ombrelongue n'avait besoin d'aucun nom plus exact pour avancer sur son chemin, pas à pas. Qu'est-ce donc qu'un nom, quand on a le feu, frémissant dans une chair impossible ? Quand on peut lever une armée de fumée ? Quand les autres vous offrent joyeusement le leur ? Des sacrifices. Des offrandes. Des libations. Qui a besoin d'un nom, quand on a toutes les proies ?

« Dites-moi, murmura Ombrelongue en se penchant sur le comptoir. Qu'est-ce qui vous rend si triste, *devouchka* ? »

La serveuse fronça les sourcils tout en essorant un torchon humide.

« J'ai rencontré un type que j'espérais ne jamais revoir, hier soir. C'est tout. »

La créature opina du chef.

« Mais oui, et il y a des souvenirs qui sont de vraies maladies. Mieux vaut ne pas les réveiller, pour qu'ils ne se répandent pas. »

Il sortit un flacon bleu de son manteau. Le porta à ses lèvres. Puis l'offrit à la serveuse.

« Pour ne se souvenir que de ce que nous voulons. Pour que ne survivent que les histoires vraies.

— Hmm ! C'est moi qui sers à boire, ici, en général.

— Ah, dans ce cas... »

La créature fit mine de ranger son flacon.

« Attendez ! On s'en fout, après tout », dit la barista en tendant la main.

Nina but une longue gorgée.

Dehors, le calliope du bateau à vapeur entonna sa lente et sirupeuse mélopée.

Chapitre 31

Vous avez certainement entendu parler du Ziz, dont il est question dans les Psaumes, cet oiseau immense qui est le roi de tout ce qui vole. Il est tellement grand qu'alors que ses pieds reposent sur le fond de la mer, sa tête nous cache le soleil. Et ses ailes sont tellement vastes que quand il les ouvre, le ciel devient plus noir que les trois nuits que Moïse infligea à l'Égypte. La légende dit qu'après avoir volé mille ans, le Ziz décida de nicher sur terre pour y pondre un œuf – et l'endroit qu'il avait choisi, c'était Gedenkrovka. La coquille était plus dure que le mur d'un temple, et l'œuf était si lourd que tous les bœufs du village ne suffirent pas à le faire bouger. L'œuf était trop gros pour rentrer dans aucun nid. Il roula, il finit par se casser ; il y avait tellement de liquide à l'intérieur que ça inonda trente Seder. Et une fois l'inondation finie, j'apparus. Toute tremblante et couverte de plumes. Une fille de roi !

Alors, hein, chers naïfs ? J'ose espérer que vous appréciez cette version de mes origines. Ça ferait du bien à mes vieilles poutres, d'être traitée en héritière d'un royaume ! Pas la peine de s'en faire pour mon ego. Pour chaque histoire qui me fait naître tsarine, il y en a une où j'émerge de la boue, comme un golem. Et c'est très bien, ça me permet de rester humble.

*

Un matin, des années après cette naissance soit de la poule, soit de l'oiseau, soit de la forêt abattue, Baba Yaga se réveille entre des murs de glace. Un démon de l'hiver a dû s'installer dans la maison, cette nuit. Vilaines créatures qui prolifèrent dès la fin novembre. Il a passé son doigt tout maigre le long de mes fenêtres et de ma porte, et sur tous les brins d'herbe de mon toit.

« Mère, dit le bébé Malka. J'ai grand froid. Aurais-tu la bonté d'aller me chercher une couverture ?

— Illa, tu as entendu ? s'écrie Baba Yaga. Notre petite Malka a prononcé ses premiers mots ! Elle veut une couverture, elle aura une couverture – la plus chaude, la plus belle de Gedenkrovka, une couverture de reine ! »

Et Baba Yaga crache en l'air, et les molécules d'eau se cristallisent et retombent sur le sol pour former un petit crapaud de glace.

« Cours dire à mes amis que bébé Malka a prononcé ses premiers mots, dit-elle au petit animal, et que je projette de lui tisser un châle superbe pour fêter cela. »

Le crapaud s'en va d'un bond.

Il faut savoir que les enfants goys naissent avec des *soudjenitsi* pour les guider – les trois esprits ou trois fées penchées sur leur berceau, qui proclament à voix basse le destin des enfants, que tout le monde puisse entendre. Les nouveau-nés du peuple élu, cependant, ils doivent faire avec ce que le sort leur apporte, au jour le jour. Ou, dans le cas des deux filles de Baba Yaga, faire avec les faveurs qu'avaient décidé de leur accorder les trois cavaliers.

Une heure plus tard, alors que le soleil du matin irradiait déjà, jaune bouton d'or, le bas du ciel, le Cavalier de l'aube arrive. Baba Yaga l'accueille avec du thé, du miel et des *hamantaschen* au pavot et au beurre. Bien sûr, le Cavalier de l'aube n'en mange pas, il n'a ni ventre, ni bouche, ni gorge, il n'est que rênes et lumière. Mais son cheval blanc dévore les offrandes de Baba Yaga avec reconnaissance. Le Cavalier de l'aube a apporté un cadeau, comme il se doit. Emballé dans un papier tout fin, tout délicat, on dirait du duvet de caneton, et noué avec de la corde à licol. Baba Yaga le met de côté, pour plus tard.

Mais qu'est-ce que c'est ? Qu'est-ce qu'il y a dans ce paquet, allez-vous me demander. Si vous m'interrompez encore une fois, je vous répondrai *bubkes*. Et cette histoire, je peux la changer comme je veux, ajouter et retirer des détails si j'ai envie. Et s'il y avait une merveille dans ce paquet, quelque chose de si beau que l'histoire ne pourrait que bien finir, hein ? Mais que pour vous apprendre à vivre, je décidais de ne pas vous en parler ? Vous auriez l'air malin.

Bon, mais je vous l'accorde : Baba Yaga décide d'ouvrir le paquet. Qui contient une araignée jaune et noir, une *karakurt*, la plus venimeuse de toute la Rus, recroquevillée sur son écheveau de fil de soie. Des gouttes de rosée y pendent ; elles scintillent dans le matin, tandis que Baba Yaga teste la solidité de la toile en enroulant un petit bout autour de son index. Satisfaite du résultat, elle pince entre son index et son pouce calleux le thorax de l'araignée ; la petite créature se débat. Plus Baba Yaga appuie, plus l'araignée sécrète de fil : pour finir, il y en a plus d'un kilomètre, que Baba Yaga recueille dans un seau en bois.

Est-ce vraiment ce qu'il y avait dans le paquet avant que vous posiez la question ? Qui suis-je pour le savoir ?

Quoi qu'il en soit, Baba Yaga remercie le Cavalier de l'aube de son cadeau et le salue en amie.

Dans l'après-midi, le Cavalier du jour arrive sur un cheval rouge avec un cadeau emballé dans des peaux de bête. (Ah, ah, vous voilà bien discret à présent, petite souris ? Plus de questions, à ce que je vois.) C'est un bol de cerises violettes, bien écrasées, encore tièdes d'avoir mariné au soleil. Baba Yaga plonge le petit doigt dans le jus de cerise, en goûte un peu ; ses dents sont rouge sang, ce qui signifie que les cerises sont bonnes. Elle autorise le cheval rouge du Cavalier du jour à boire une petite gorgée de ce jus, et prend congé de ce deuxième ami.

Le soir même, après que le soleil est descendu derrière l'horizon, le Cavalier de minuit arrive sur son cheval noir. Il offre à Baba Yaga un métier à tisser fabriqué avec les côtes d'un soldat. C'est une solide machine, assez volumineuse : elle n'est emballée dans rien, si ce n'est le soldat lui-même, encore vivant, qu'il faut peler couche par couche, d'abord les vêtements, puis la peau, puis les muscles. Elle donne tout cela à manger au fin et puissant étalon noir du Cavalier de minuit, qui en est très heureux.

Après quoi, le Cavalier de minuit repart au galop vers la lune.

Baba Yaga teint le fil de l'araignée avec le jus de cerise, pour lui donner une belle couleur de pivoine rose, puis se met au travail sur le métier d'os et tisse, tisse, tisse pendant la moitié de la nuit. Elle tisse jusqu'à ce que ses doigts saignent, et qu'elle ne sache plus ce qui est rose de la cerise et rose du sang de la mère, mais peu lui importe. Lorsqu'une aube nouvelle se lève sur Gedenkrovka et que l'étalon du Cavalier de l'aube hennit à des verstes de là, Baba Yaga a fini son ouvrage.

« Malka, dit-elle, je t'ai tissé la couverture que tu as demandée, avec l'aide de tous nos amis. Ils sont très fiers que tu aies commencé à parler. »

Malka gazouille, car elle a de nouveau oublié l'usage des mots, mais cela n'embête pas Baba Yaga. La petite a tout son temps. La vie devant elle, de fait, pour commander aux chevaux et aux hommes, pour serrer sur ses épaules des couches et des couches de ce monde. Baba Yaga emmitoufle la petite Malka dans la couverture, et la berce sur ses genoux, pendant qu'Illa prépare le petit déjeuner, des pêches et des gâteaux. Aujourd'hui, tout va bien. Aujourd'hui, elles ne se préoccuperont pas des mauvaises nouvelles venues de Smela, à trois villages de chez nous. Ce sont les mauvaises nouvelles des autres, les morts des autres.

J'ai quand même l'impression que je vous dois des excuses. Ce n'est pas dans mes habitudes, mais j'ai manqué de sincérité à votre égard. Je mens souvent, mais il y a l'art et la manière. Je vous ai dit que le cadeau du Cavalier de l'aube aurait pu contenir une fin heureuse pour ce récit. Je crains que ce ne soit un mensonge. Je ne voudrais pas que vous pensiez que ce qui va suivre est de votre faute. Je ne veux pas que vous pensiez que la fin aurait pu être différente. Ce n'est pas votre faute. Ce n'est pas ma faute, ni celle de Baba Yaga, ni celle de ses filles, ni celle de Haim, ni celle des commerçants du marché. Ce n'est pas notre faute. Ne l'oubliez pas, je vous en supplie, quand le temps sera venu de vous souvenir. La faute – je vous en supplie, je vous en supplie – la faute n'est pas nôtre.

Chapitre 32

Bellatine descendit l'échelle. La maison, trop pleine, était devenue étouffante. La réunion stratégique avait dégénéré en débats mesquins, puis en parties de poker sur la table de la cuisine, tandis que le soleil de midi commençait à prendre de l'âge. Shona, la femme-papier-de-verre, venait tout juste d'émettre un de ses caquètements métalliques, sans doute parce qu'elle venait de gagner un pli. Un bruit sourd : Isaac, lançant sa chaise par-dessus la table, une fois de plus ? C'était un mauvais perdant.

Les pieds de Bellatine atterrirent dans le gravier. Ils avaient garé Pieds-de-chardon près des voies de chemin de fer, au creux des monticules de ballast, là où Isaac les avait emmenées prendre le petit déjeuner la veille. Les tas de pierres dissimulaient l'essentiel de la maison aux regards ; côté est, il y avait les voies et les trains qui ne cessaient de passer. Ce qui faisait trembler les bocaux et les fenêtres.

« Qu'est-ce que tu en penses, *bashert* ? » demanda-t-elle en caressant une des chevilles de Pieds-de-chardon.

La peau des pattes était rugueuse, pleine de cals, aussi résistante que le cuir tanné. Combien de pays avait-elle arpentés ? Combien de kilomètres encore à franchir avant de trouver la sécurité ?

« C'est une créature extraordinaire », proféra une voix douce, dans le dos de Bellatine.

Qui fit un bond.

« Désolé, poursuivit la voix. Je ne voulais pas te faire peur. »

C'était le troisième intrus, le jeune homme frêle au visage brun.

« T'en fais pas, ça va... C'est juste que... Je pensais que j'étais seule. C'est bien Rummy, toi, c'est ça ?

— Oui, c'est ça. La solitude, c'est quelque chose d'assez rare quand on partage un bus avec deux autres personnes.

— Je connais », dit Bellatine, le sourire aux lèvres.

Rummy avait érigé un petit cairn avec quelques galets du ballast. Il ramassa une pierre et, les paupières plissées, la posa en équilibre sur les autres. Elle vacilla quelques secondes sur le faîte.

Rummy n'avait pas grand-chose à voir avec les deux autres musiciens. Il était doux, poli ; sa physionomie respirait la gentillesse. Aucun rapport avec la gueularde tatouée, ou la savante folle qui tenait absolument à tester le moindre centimètre carré de Pieds-de-chardon.

« Comment tu fais pour supporter ces connards ?

— Tu ne perds pas de temps en bavardages, toi, dit Rummy, hilare.

— C'est une perte de temps. Il faut dire ce qu'on pense ou fermer sa gueule.

— Ils ne sont pas si méchants que ça, dit Rummy. Sparrow est du genre excité, c'est vrai, et Shona…

— C'est une vraie connasse, siffla Bellatine.

— Non, non, elle est vraiment bien. Il faut apprendre à la connaître. »

Bellatine avait noté un certain nombre de tâches à accomplir dans la semaine – réparer la fuite du toit, repeindre la cuisine, envoyer une carte postale à Carrie et à Aiden, échapper à un poursuivant surnaturel. Apprendre à connaître Shona n'en faisait pas partie.

« C'est une combattante, dit Rummy. Elle a été élevée comme ça. Son père… Il est mexicain, c'était un zapatiste, un syndicaliste (Rummy posa une autre pierre sur son cairn) mais l'étau s'est refermé sur lui, et toute la famille est partie aux États-Unis quand Shona était petite. Il a continué à lutter, de ce côté-ci de la frontière. »

Tac, *tac*, tintaient les pierres, à mesure que le cairn montait.

« Et puis, il y a quelques années, il a été arrêté pour un phare arrière défectueux. Mais comme il n'avait pas de papiers… Il a été renvoyé au Mexique.

— C'est horrible, dit Bellatine.

— Et il n'a plus jamais donné signe de vie après ça. Personne ne sait ce qui lui est arrivé. »

Des bruits de voix résonnèrent dans la maison livrée à ses chaotiques invités.

« Mais pourquoi tu me racontes ça ? demanda Bellatine.

— Histoire que tu saches. Pourquoi elle fait tout ça, je veux dire. Pourquoi elle mène ce type de combat, soupira-t-il en glissant les pouces sous ses bretelles. Un jour, après un concert, on rentrait au bus quand on a vu… On ne savait pas trop quoi, au début. Mais c'était pas clair. Pas bien. Et Shona, elle a été élevée pour réagir quand quelque chose ne va pas. Quand quelque chose lui paraît injuste, elle intervient. Elle essaie de régler ça. Pour son père.

— Et toi, tu suis ?

— Bien sûr. On est comme une famille.

— Putain. C'est super généreux, soupira Bellatine.

— Euh, dit Rummy, pas un mot à Shona de ce que je viens de te dire, hein ? Juré ? Elle me tuerait, si elle savait.

— Juré », dit Bellatine, main tendue.

Rummy sursauta et balaya le cairn d'un coup de pied.

« Désolé, dit-il en reculant. Si tu pouvais rester où tu es… »

Bellatine se pétrifia.

« Je… Je ne peux pas te serrer la main, c'est tout. »

Les oreilles de Bellatine étaient brûlantes, soudain. Il avait réagi de la même manière sur le seuil de la maison.

« T'as un problème avec moi, Rummy ?

— Je te demande pardon, dit-il, le souffle court.

— Sérieusement, mec. On se connaît à peine, et tu me traites comme si j'avais la lèpre ?

— Ce n'est pas contre toi. »

Ses intestins se nouèrent. Il savait. Oui, il savait. Et il avait peur.

« Cet enfoiré, fulmina Bellatine. Isaac… Qu'est-ce qu'il t'a raconté sur moi ?

— Mais non, rien ! protesta le jeune homme, les mains tendues en signe d'apaisement. Il ne nous a rien raconté du tout. C'est simplement que… Je ne suis pas comme tout le monde. J'arrive à… lire dans les pensées. À ressentir ce que les gens éprouvent. Et en ce moment, ce… ce radar est réglé au maximum, parce que je m'en sers pour pister les fumigés. Je sens leur peur. Elle m'appelle, comme on siffle un chien.

— Et… Tu me sens ? »

Bellatine vit les murs se dresser de nouveau autour d'elle, comme le cairn de Rummy.

« Oui. Et je vois bien que tu es différente, toi aussi. Spéciale. Je ne sais pas comment, je ne sais pas ce que tu sais faire, mais je me rends bien compte que tu as des pouvoirs que les autres n'ont pas. C'est ça, hein ? Mais je n'ai pas besoin d'en savoir plus. Tu me donnes une impression… C'est difficile à dire. Lourde. Comme quelque chose qui te tire vers le sol. Une gravité intense. C'est tout. Et quand tu t'approches, c'est trop intense, pour moi. Mais je t'en prie, ne m'en veux pas. Ce n'est pas une mauvaise chose. »

Qu'était-il donc advenu du monde qu'elle avait tant cultivé ? Du monde de la raison, où l'on construisait les maisons sur le béton et non pas sur l'os ? Où elle n'était guère traquée que par ses prêts étudiants ? Où ses amis étaient des maçons, des charpentiers, des gens qui travaillaient – magnifiquement – de leurs deux mains, et dormaient sur leurs deux oreilles ? Qu'est-ce que c'était que ce nouveau monde de monstres, de télépathes, de statues vivantes ? *La marionnettiste de Dieu*, dit une voix dans sa tête. Celle de son père. *Tu auras une vie extraordinaire*. Après tout, c'était peut-être elle qui avait eu tort de penser qu'elle pouvait y échapper.

Elle recula. Rummy poussa un soupir de soulagement.

« Et tu as toujours eu cette… capacité ?

— Hmmm, répondit-il en se mordant l'intérieur des joues. En fait, ça a commencé à la puberté. Ma mère et ma tante, elles ont le même truc. C'est ce qui leur a sauvé la vie pendant le génocide, au Cambodge. Elles arrivaient à lire dans les pensées des gens qui les approchaient. Elles ont pu fuir, se cacher, en suivant ces indications. C'est ce qui me permet d'être là aujourd'hui, en somme. »

Il se mit à construire un nouveau cairn.

« Toi aussi, c'est un don héréditaire ?

— Non. Enfin, je ne sais pas, hésita Bellatine. Je n'ai jamais demandé. »

Après tout, oui, peut-être n'était-elle pas la première de la famille à éprouver ces Embrasements. Tout de même, sa mère lui en aurait parlé ? Mais avant sa mère ? Quid d'Illa, de la petite Malka et de leur mère ? Et quid de la famille de son *zayde* ? Ou de la famille de leur père, un tout autre réseau d'absences, de deuils, de triomphes, de naissances et de morts ? Bellatine se pencha sous la maison pour caresser la cuisse de Pieds-de-chardon, qui lui répondit par un grincement réjoui.

« Je ne sais pas, en fait.

— Je veux dire, ton frère, il a quelque chose, lui aussi. Ça n'est pas aussi bruyant que toi – excuse-moi, hein ? – mais c'est bien là.

— Hein ? Non, non. Tu veux parler de la manière glauque dont il imite les gens ? C'est un talent d'acteur, rien de plus. Il y travaille depuis qu'on est tout gosse.

— Parfois, ce sont les dons que nous avons reçus à la naissance que nous devons perfectionner avec le plus de constance, déclara Rummy.

— Exact, oui. Il a un don. Moi, j'ai… le contraire d'un don.

— T'es sûre que c'est le contraire ? »

Elle se hérissa, irritée ; le garçon, tête baissée, devait être conscient de sa colère. Ils restèrent un instant silencieux à contempler les solides hanches emplumées de la maison.

« C'est dingue, quand même, finit par dire Rummy, comment tout ça se rattache à des histoires d'avant nous. Leurs vestiges sont autour de nous, mais nous ne nous en rendons pas compte. Moi aussi, de temps en temps, je me demande ce qui est vraiment moi, en moi. Tu vois ce que je veux dire ?

— Oui, ricana Bellatine. Isaac plaisante toujours sur le fait que s'il fait ses valises avec une telle rapidité, c'est qu'il est juif et que chez nous, c'est un trait génétique.

— Il n'a peut-être pas tort.

— Tu crois vraiment, dit Bellatine en se mordant les lèvres, que mon frère est… est comme nous ? Différent ?

— Ce qui est sûr, c'est qu'il ne ressemble à personne. »

On entendait de la musique, sous la maison. Violon et banjo, et la voix râpeuse de Shona susurrant des paroles trop diluées dans la brise pour que Bellatine puisse les entendre. Ils devaient être sortis sur le balcon, car des flocons de terre tombaient entre les interstices comme une neige brune. Ils aperçurent les jambes ballantes d'Isaac par-dessus la balustrade, son pied qui battait la mesure.

« Dès la première rencontre, j'ai compris qu'on pouvait lui faire confiance, dit Rummy. Et j'ai senti ce qu'il avait perdu.

— Ce qu'il avait perdu ? Qu'est-ce que ça veut dire ?

— Hé ! »

Isaac, le cou tendu, se baissa vers eux, cigarette aux lèvres.

« Vous montez faire la fête, ou quoi ?

— Il semble que notre précieux moment de solitude ait pris fin, dit Rummy en se redressant d'un bond. Mademoiselle Yaga, ajouta-t-il en portant la main à sa casquette, j'ai été ravi de discuter avec vous. »

Il empoigna l'échelle et commença à remonter.

« Attends ! s'exclama-t-elle, la tête levée. Tu n'as jamais essayé de guérir ? De te débarrasser de tes pouvoirs, je veux dire ? »

Les yeux du jeune homme se plissèrent.

« Me débarrasser de qui je suis vraiment ? Ça ne me viendrait pas à l'esprit. »

C'était n'importe quoi, cette musique. Notes grinçantes, contradictoires, pulvérisant la poussière, quittant les instruments par des voies sans logique. L'accordéon de Rummy bramait un air nocturne, limoneux, préparant à la venue d'un crépuscule encore lointain, tandis que le banjo de Shona cueillait des sons rayonnants comme des pissenlits dans une prairie de jadis. Coincé entre ces deux chronologies, le violon de Sparrow crissait avec tant d'ardeur, tant d'intensité que les deux extrêmes s'y réunissaient en un présent aveuglant. Mais la musique ne pouvait pas distraire Bellatine du souvenir, soudain pesant, de l'effroyable intrus qui s'était faufilé dans son crâne le soir où elle avait vidé le flacon en plastique. Le poids irréel sur ses épaules, la poussant vers les tombes. La musique apocalyptique du trio rendait la menace encore plus imminente. Jamais Bellatine n'avait vu la haine et la détermination s'allier avec une telle précision. Elle en avait encore le goût sur la langue – une brûlure. Était-ce ce que Rummy éprouvait lorsqu'il côtoyait les fumigés ? La peur goûtée comme un arôme, aussi réelle, aussi tangible qu'une odeur, qu'un gémissement d'accordéon ? Bellatine sentait la fin d'après-midi s'aiguiser à chaque coup d'archet. Les limites du monde s'affermissant, la rendant particulièrement consciente des points où ses genoux, repliés sous elle, s'arrimaient aux planches de la scène. Elle caressa le bois de ses doigts. *Je vais te protéger*.

Assise près d'elle, Winifred se tapait sur les cuisses, aussi exacte qu'une montre de précision. La sentait-elle aussi, Winnie, cette extrême tangibilité du moment ?

Et comme elle pensait à Winifred, revinrent à Bellatine des bribes de la veille au soir. Même si le défilé des lampions avait été lui aussi nourri de musiques et d'inconnus, il lui avait laissé l'impression inverse : au lieu de sembler plus réelle, la nuit dans le bayou n'avait cessé d'onduler comme un mirage, aux confins effilochés et flous. Alors, ce qui avait scintillé entre elle et Winnie, n'était-ce donc qu'une autre illusion, un jeu d'ombre et de lumière ? Un rêve porté par le whisky et les charmes du marécage ?

Depuis quelques heures, une autre pensée ne cessait de la tenailler – une remarque désinvolte d'Isaac. Winifred vue comme un golem, prisonnière des désirs de sa maîtresse. Bellatine les connaissait, ces légendes. Les golems étaient des créatures d'argile rouge sur le front desquelles il fallait écrire un mot hébreu pour les animer. Dans les contes anciens, les golems étaient soumis aux caprices de leurs créateurs. S'il fallait travailler aux champs, ils allaient travailler aux champs. Défendre une ville, ils défendaient la ville. Aimer… eh bien, ils n'avaient d'autre choix que d'aimer. Elle n'avait jamais considéré l'Embrasement sous cet angle : mais n'était-ce pas une excellente comparaison ? Elle pose les mains sur la pierre et la pierre parle. Et que se passe-t-il ensuite ? La pierre suit. Quand elle prend la pierre par la main, la pierre la serre. Quand elle se penche vers la pierre, qu'elle frôle le dos de la pierre… Que peut faire la pierre, si ce n'est s'abandonner à la caresse ?

Et si l'étincelle dans le regard de Winnie, ses sourires, ses cajoleries n'étaient que cela – une obligation, une soumission ?

La chanson s'acheva sur une note discordante et Sparrow éclata de rire, abattant son archet sur la corde la plus aiguë en un trille exagéré.

« Celle-ci, ce sont des copains du Nebraska qui

nous l'ont apprise, annonça Shona en réglant les chevilles de son banjo. On est le jour de la fin du monde, et c'est la seule chanson qui reste. »

Elle gratta l'instrument, encore plus désaccordé.

« Ferme les yeux, chantonna Rummy, imagine la fin.

— Imagine la fin ou plutôt le début », poursuivit Shona.

Bellatine garda les yeux ouverts mais Winnie fit exactement ce qu'on lui suggérait.

« Winnie », souffla-t-elle à l'oreille de la fille de pierre.

Celle-ci ne répondit pas. Pourvu qu'elle m'ignore, songea Bellatine. Qui appela de nouveau. Cette fois-ci, Winnie leva la tête, le regard vif. Bellatine, pendant quelques secondes, oublia ce qu'elle voulait lui dire. Puis la mémoire lui revint.

« J'ai soif. Va me chercher la carafe d'eau », lui ordonna-t-elle.

Réponds non, bon sang. Dis-moi d'y aller moi-même. Mais Winifred hocha la tête, se leva et rentra dans la maison, pour revenir quelques minutes plus tard avec une bonbonne, comme on le lui avait demandé. Lorsque Bellatine but, elle se renversa un peu d'eau sur les genoux, à dessein.

« Winnie ? Tu peux aller me chercher une serviette ? »

Et Winnie se leva, Winnie disparut, Winnie revint avec une serviette avant même que l'eau ait pu traverser le tissu de la salopette.

« Ça va mieux, comme ça ? demanda Winnie, tout sourire.

— Oui, merci », répondit Bellatine, deux mots qui lui laissèrent un goût de cendres.

Une aigrette passa à tire d'ailes au-dessus de la maison, aussi imposante, aussi éclatante qu'un cerf-volant blanc, mais Bellatine ne la vit même pas. Elle faisait de son mieux pour calmer les battements de son cœur. Ce moment, la veille au soir, où elle avait posé la main sur les fesses de la fille de pierre, où elle s'était penchée… Ses intestins se nouèrent. L'intimité de ce contact, elle l'avait inventée. Plus cruellement encore, elle l'avait imposée. Elle avait toujours aimé garder le contrôle. Mais pas dans ces circonstances-là – dégradantes. La marionnettiste et son pantin.

Que pouvait sentir Rummy quand il côtoyait Winifred ? La loyauté d'un être humain ? Ou l'obéissance forcée ? Ou pire : le néant en Winnie, un silence de pierre ?

La musique se fondit en une valse lente, lancinante, dégoulinante d'ornementations : l'accordéon de Rummy comme une louche qui plonge dans un baquet d'eau de rose, le violon de Sparrow imitant les oiseaux, le banjo de Shona invoquant le lent balancement d'arbres sans âge, comme ceux, antiques, à l'ombre desquels Isaac et Bellatine avaient grandi dans les forêts de l'Oregon.

Une main se glissa dans celle de Bellatine, qui sursauta.

« Tu veux danser avec moi ? souffla Winifred.

— Je… Non, pas tout de suite. »

Bellatine retira son bras puis elle se releva d'un bond pour aller chercher le réconfort entre les murs de Pieds-de-chardon, où aucun de ses désirs ne pourrait la retrouver.

Elle avait espéré s'y trouver seule, mais Isaac s'était affalé devant la table de la cuisine, les paumes plaquées sur les paupières.

« Y a quelque chose qui ne va pas ? »

Il se redressa brièvement, avant de se tasser contre le dossier de la chaise, nonchalant. Puis il lui décocha un de ses clins d'œil maison, assez roublard pour hérisser dans la seconde le poil de Bellatine, et se croisa les mains derrière la tête. Ses coudes écartés lui faisaient comme un joli chapeau de Thanksgiving.

« Non, rien, ma poulette. Ça boume. »

S'il avait la minute d'avant ployé sous un quelconque souci, il le cachait au mieux. Bellatine repensa à la réflexion de Rummy. *Et j'ai senti ce qu'il avait perdu*.

Elle s'attabla face à lui.

« Tu sais, une fois qu'on aura réglé cette affaire, je veux retourner à Baltimore.

— Baltimore ? Si c'est à cause de la représentation qu'on a ratée quand tu nous as fait le coup de Massacre au Guyana (il leva un flacon invisible à ses lèvres), ne t'inquiète pas. De toute façon, on ne jouait que pour les pourboires, là-bas.

— Ce n'est pas pour ça. Il faut qu'on raccompagne Winifred.

— C'est elle qui te l'a demandé ? s'étonna-t-il, le front plissé.

— Non, mais…

— Ah. Une décision unilatérale.

— Ça va mieux, je crois. Je vais trouver un moyen

pour qu'elle revienne à… Et même si ce n'est pas possible, elle ne peut pas rester avec nous. »

Isaac émit un sifflement.

« Hier soir, je vous ai donc vraiment interrompues en pleine… Dieu sait que j'en ai plaqué, des filles, en mon temps, mais je dois dire, chère Méduse, que je n'ai quand même jamais eu recours à la bonne vieille pétrification pour éviter les explications sur l'oreiller. Je retiens la méthode.

— Ça n'a rien à voir, dit-elle sans se démonter. Nous ne sommes pas… »

Que n'étaient-elles pas, au fait ? Elle inspira profondément.

« Nous ne sommes pas amies. »

Isaac se mit à la scruter. Elle avait l'impression d'être couchée dans un appareil d'IRM, où les yeux d'Isaac l'auraient traversée sous toutes les coutures avec une précision électronique. Elle en fut presque gênée.

« Bingo, finit-il par dire. Pas amies du tout. Tu es le docteur Frankenstein, elle est ta créature. Quand quelqu'un te fabrique, il est responsable de toi, de ce que tu fais. Sur tous les plans. Tu ne peux pas y échapper. Bon sang, Belette, tu l'as réveillée rien qu'en la touchant. Quand tu lui as pris la main, j'ai bien vu. C'était du poison, ça te brûlait à l'os, mais tu ne disais rien. Je ne sais pas ce que cette fille est pour toi, mais tu as raison sur un point : ce n'est pas ton amie. C'est ton destin. »

Le rire de Winnie filtra jusqu'à la cuisine. Il traversa Bellatine comme une maladie.

« Tu ne sais pas de quoi tu parles. »

Il la jaugea longuement, les mains toujours croisées derrière la tête.

« T'aimes vraiment te faire du mal, toi.

— Et toi, tu aimes faire du mal à tout le monde. »

Il eut son grand sourire de loup, lèvres retroussées.

« Pourquoi se torturer seul dans son coin alors qu'on peut organiser une soirée à thème ? »

Une soirée… Elle serra les dents.

« Je suis incapable de traverser le monde en dansant, comme si ça n'était qu'une confiserie géante où je peux bourrer mes poches de tout ce qu'il me plaît. Je ne suis pas comme toi.

— Ça te plairait ? »

Elle ne répondit pas immédiatement. Une autre sorte de désir se faisait jour en elle. Tout lâcher… Ne prendre que ce qu'elle voulait. Se foutre de tout le reste. Le goût du soulagement sur la langue. Elle baissa les yeux.

« Peut-être.

— Non, non, ma poule, dit-il en s'emparant du jeu de poker avec lequel ils avaient joué pour le battre. Franchement, je ne le recommanderais même pas à mon pire ennemi. Pourquoi t'essaierais pas d'être toi, tout simplement ?

— Je ne sais pas ce que tu veux dire.

— Oh que si.

— Non.

— Tu as toutes ces capacités à ta disposition », dit-il.

Elle était sur le point de protester quand il poursuivit :

« Il y a des gens qui passent leur vie à chercher

ne serait-ce qu'un centième de ce que tu as dans les mains, Belette. Bien sûr, on ne parle pas du type de capacités qu'ont les présidents et les membres de club. On ne parle pas non plus de celles qui servent à opprimer son prochain. Je te parle de ton vrai pouvoir. Qui est celui de faire arriver des choses magnifiques. T'es entêtée comme une mule, tu veux tout contrôler, et c'est très bien comme ça. C'est toi, ça. Tu peux t'en servir. Tu as tout ce qu'il faut pour. Mais tu gâches tous ces talents, toute cette obstination, parce que tu te rabaisses tout le temps. Parce que tu essaies d'être quelqu'un que tu n'es pas. »

Ce qu'elle aurait voulu dire, c'était ceci : *Ce qui est en moi n'a rien de magnifique. Ce n'est pas un pouvoir. C'est une horreur. Et si je me laissais aller, tu ne verrais plus que ça, l'horreur.* Mais elle resta muette.

Il lui tendit le paquet de cartes, les étalant devant elle, comme une queue de paon, dos levés – qui représentaient une locomotive à vapeur d'un noir de pois dans un cartouche ovale et argenté, terni par les nombreuses manipulations.

« Choisis une carte.

— Pourquoi ?

— Fais ce que je te dis. »

Elle tendit la main vers une carte au coin légèrement déchiré à la gauche de la main puis changea d'avis au dernier moment et, d'un geste vif du pouce et de l'index, en tira une autre, presque cachée sous sa voisine.

« Pour quelqu'un dont la préoccupation principale est d'être d'autres gens que lui, c'est incroyable ce que tu as comme avis sur les choses, lui décocha-t-elle.

— Touché, dit-il en retrouvant le sourire. Qu'est-ce que t'as pioché ? »

Elle retourna la carte. Six de cœur.

« C'est marrant, dit Isaac.

— Quoi ?

— J'ai tiré la même l'autre jour. Souvenir et nostalgie. Le passé qui déteint sur le présent.

— Et c'est mal ?

— Bon, mauvais, fit-il avec un geste désinvolte de la main. Est-ce qu'il faut vraiment faire la différence ? »

Elle passa le pouce sur l'encre rouge, pâlie, du cœur ; bien malgré elle, un rire fragile se fraya un chemin jusqu'à ses lèvres.

« Ça t'arrive de penser qu'il y a des gens dans ce monde qui vivent des vies normales, sans jamais se laisser tourmenter par des questions métaphysiques ? Comme mes amis dans le Vermont. Ils se lèvent le matin. Ils vont bosser. Ils regardent la télé. Ils ne sont ni dans le passé, ni dans l'avenir. Ils sont dans le présent, ici. Et ça leur va. C'est fou, non ?

— Si tu veux mon avis, c'est n'importe quoi, dit Isaac en battant à nouveau les cartes, avant de reposer le paquet sur la table. Une heure sans me pencher sur mon immarcessible et grouillant *ennui*[1] ? (Il feignit un bâillement.) Quelle banalité.

— Tu imagines ?

— Pas une seconde.

— Écoute… Isaac, tu t'es déjà posé la question de

1. En français dans le texte.

savoir si ces imitations, ta manière de te transformer en ces gens… ce n'est peut-être pas tout à fait naturel ? »

Il récupéra les cartes.

« Non, c'est la chose la plus naturelle du monde.

— Mais si… si… si c'était également une sorte de pouvoir ?

— Bah. Ça ne m'a jamais effleuré l'esprit. Je m'en fiche.

— Comment tu peux dire ça ?

— Fastoche. Je vais te montrer. »

Il ferma les yeux, claqua des doigts, rouvrit les yeux.

« Hop, c'est parti.

— Ah oui, s'esclaffa Bellatine. Simple comme bonjour. »

La musique s'insinua sous la porte et monta en volutes dans la cuisine, des vibrations dans son sillage. Pieds-de-chardon se balançait en cadence, ce que Bellatine ne remarqua pas, car les mouvements de la maison lui étaient devenus aussi imperceptibles que sa propre respiration.

« Isaac…

— Oui, Méduse ? »

Elle plissa les yeux, visage fermé.

« Oups, pardon. Bellatine, sœur bien-aimée et première de ce nom.

— C'était bien, ce moment. Apprendre à mieux te connaître, je veux dire. C'est plutôt chouette de retrouver son frère. »

Elle fut aussitôt saisie par les affres de la gêne et baissa les yeux vers le six de cœur, brûlant soudain de faire quelque chose d'utile de ses dix doigts.

« Hé », reprit Isaac d'une voix plus ferme que de coutume.

Elle leva la tête.

Il se tenait bien droit, les épaules légèrement tournées vers sa sœur, son attention rivée sur elle avec l'intensité d'un projecteur – franchise qui la rendit nerveuse. Mais l'énergie qui déferlait vers elle était chaleureuse, solide.

« Tu ne l'as jamais perdu, ce frère. »

Et ce fut à cet instant précis que les fenêtres explosèrent.

Chapitre 33

Pour fabriquer du verre, il faut faire chauffer les matériaux entrant dans sa composition à 1 300 °C. Le sable, la chaux, le carbonate de sodium se transforment en lumière liquide, souple, malléable : on peut la tordre pour en faire des cygnes presse-papiers aux becs transparents, des vases lilas au long col, des miroirs en ogive, doublés d'une feuille d'argent. Lorsque le verre refroidit, la tension calorique y reste prisonnière. Elle se frotte contre les barreaux comme un animal en cage, retrousse les babines pour qu'on la libère. Elle s'acharne, pousse, lèche les murs trop lisses, à la recherche d'une fissure, d'une fente, d'une faille par laquelle s'introduire, se répandre, s'enfuir.

Lorsque la première pierre fit irruption par la fenêtre de la cuisine de Pieds-de-chardon, le verre se pulvérisa comme un feu d'artifice.

Bellatine était paralysée. La pierre traversa les airs au ralenti, suivie d'une queue d'échardes cristallines. Une comète étrangère. Une fiancée inconnue et sa traîne de dentelle assassine.

La maison se redressa. Pluie de livres sur le plancher. Un plat glissa de la table et se brisa en mille morceaux au moment où la deuxième pierre fusait dans la pièce. Suivie d'une troisième, d'une quatrième... Une averse venue de toutes les directions, la pierre et le verre s'épanouissant en obus-chrysanthèmes. Bellatine se réfugia sous la table. Chaque pierre lancée sur Pieds-de-chardon était une balle dans son corps.

« Oh, *sheifale*, ça va aller, ça va aller », psalmodia-t-elle en plaquant ses paumes sur le sol.

Mais elle sentait la peur de la maison déborder des lattes. Elle aurait voulu la bercer, avoir de si grands bras qu'elle l'aurait enlacée, pour la garder saine et sauve. Une poignée de gravier explosa contre le mur du fond de la cuisine. Pieds-de-chardon eut un spasme.

La dernière souillure, articula une voix lointaine, logée au plus profond de bribes de souvenirs chauffées à blanc.

*

Isaac se plaqua contre le mur, hors de la ligne de tir. Lorsqu'il voulut lancer un regard par la fenêtre, repérer, peut-être, leurs assaillants invisibles, le projectile suivant le frôla de si près que le souffle lui souleva les cheveux. *Quel manque de considération.*

Était-ce Max, venu se venger de l'emprunt de son camion ? L'ancien coloc d'Isaac n'avait guère l'énergie de monter une telle opération, mais Nina avait de tout temps aimé jouer les dynamos – Isaac n'était pas près d'oublier le jour où elle l'avait laissé menotté à son lit pendant près de deux heures pendant qu'elle allait retrouver un autre type. Elle aurait pu sans difficulté inciter Max à la rébellion. Ou était-ce Snap ?

Mais Isaac ne le voyait pas se livrer à une distraction aussi peu élégante que cette volée de pierres. À vrai dire, des victimes de ses talents désireux de lui rendre la monnaie de sa pièce, ce n'était pas ça qui manquait à NOLA.

Mais l'avalanche de pierres qui s'abattait sur la maison ne relevait pas de la vengeance ordinaire. Une deuxième rafale suivit, et il resta collé au mur, tête baissée.

« Ce salopard nous a retrouvés », grommela Shona en se ruant à l'intérieur de la maison, Sparrow sur ses talons.

Elle essuya son menton ensanglanté d'un revers de la main.

Inutile de demander qui était « ce salopard ». Isaac connaissait déjà la réponse.

« Laitier, laitier, prends mon bol… »

Bang !

« Le batteur marque un point », hurla Sparrow.

Un livre à couverture cartonnée en guise de batte, iel renvoyait les pierres à leur expéditeur.

Par-dessus le fracas de cette terrible averse, Bellatine entendit un moteur démarrer – Rummy, qui avait dû les sentir approcher, avait eu le temps de se réfugier dans le bus scolaire. Isaac et Shona cherchaient à boucher les fenêtres par tous les moyens possibles.

Mais… Et Winnie ? Où était-elle passée ?

Bellatine eut un haut-le-cœur. Elle était responsable de la fille de pierre. Puisqu'elle avait été assez imprudente pour lui redonner vie. Puisqu'elle l'avait accueillie dans la maison, exposée au danger. Elle quitta son abri, sursauta lorsque la batte improvisée de Sparrow lui frôla le visage, lui évitant une rencontre brutale avec le projectile qui fusait vers elle.

« Merci, exhala-t-elle.

— C'est mon côté Babe Ruth. »

Un caillou frappa Sparrow à l'épaule ; iel siffla de douleur en basculant vers la fenêtre. Bellatine se mit à courir.

Les rideaux de la chambre n'étaient plus que de la charpie, les lits étaient noirs de poussière.

« Winifred ! » hurla-t-elle, au pas de course.

Seul le martèlement des pierres sur le bois lui répondit. Pieds-de-chardon se débattait si violemment sous les coups que Bellatine avait du mal à rester debout. Elle s'affala à quatre pattes, pieds et mains percés d'éclats de verre. Elle doit être restée dehors, constata-t-elle, la gorge serrée, en se dirigeant vers le salon, désert. Mais pourquoi Pieds-de-chardon ne levait-elle pas le camp ?

« *Loyf !* » hurla Bellatine.

Cours ! Mais la maison se contenta de tanguer sans avancer d'un pouce.

Isaac releva la table à la verticale et la plaqua contre la fenêtre la plus grande, tandis que Shona posait une poêle à frire devant le hublot de l'évier. La maison fit une embardée et la jeune femme glissa, se cognant au passage la tête sur le coin du plan de travail. Elle s'affala à terre ; une petite mare de sang, bientôt, se formant autour de sa tête. Des flammes dansaient dans le liquide rose-noir.

Isaac était fasciné par l'enfer minuscule reflété par le sang, les flammes tourbillonnant dans cet écran de violence. Quelque chose brûlait dans la maison, peut-être ? Mais ce n'était que le reflet du poêle et de son éternelle flambée, plus vive que d'habitude, comme si on y avait versé de l'essence. Le feu cependant était contenu. Était-ce le cœur de Pieds-de-chardon, stimulé par la panique ? L'air était devenu brûlant et les pierres semblaient voyager sur des vagues tangibles.

Shona poussa un gémissement.

« Allez viens, petite, assez plaisanté. »

Isaac lui passa le bras sous la taille et la traîna dans la salle de bains, dont il ferma la porte. Il alluma la lampe solaire fixée au mur, illuminant d'une lueur verte le réduit sans fenêtre. Les bouteilles de gel douche et de shampoing s'entrechoquaient à chaque spasme de la maison. La porte se mit à trembler, frappée par une volée de pierres ; le battant tenait bon. Ils étaient en sécurité. Il sortit son bandana de sa poche et l'appliqua sur la plaie de Shona.

« Ça va aller, poulette ? »

Elle s'affala contre le lavabo, les yeux fermés. Quelques mèches de cheveux s'étaient échappées de sa queue-de-cheval et lui collaient aux joues, poisseuses, sombres.

Isaac aperçut sur l'une des étagères une bouteille d'alcool à 70 °C qu'il déboucha avant d'en humecter généreusement son mouchoir. Puis il tamponna la blessure de Shona.

« Hop, poupée, sniffe-moi ça », ordonna-t-il en lui glissant la bouteille sous le nez.

Elle fut prise d'une quinte de toux, mais le remède suffit cependant à lui faire ouvrir les yeux.

« Ah, la revoilà, c'est bien. »

Dehors, une énième salve frappa la maison.

« Où est-ce qu'on… Où est-ce qu'on est ? bafouilla Shona.

— Bien cachés, en attendant la fin de ce merdier. Ou bien dans notre cercueil, si les choses se gâtent vraiment. »

Elle se redressa et rendit à Isaac le mouchoir dont il s'était servi pour désinfecter sa plaie.

« Faut qu'on sorte de là.

— Je soupçonne le traumatisme crânien. Pour ce qui me concerne, je préfère garder ma peau attachée en tout point à ma personne.

— T'es pas seulement un Pinocchio, lâcha-t-elle avec mépris. T'es le dernier des lâches.

— Désolé, Shona, si je préfère éviter les affres de la lapidation.

— Mes potes sont dehors, siffla-t-elle. Et ta sœur n'a pas hésité une seconde, elle non plus. »

Ma sœur.

Il avait tellement l'habitude de ne se soucier que de son sort. Quand ça tournait mal, il pouvait toujours s'esquiver. Se volatiliser. Se transformer en quelqu'un d'autre. Mais quant à s'inquiéter de ce que devenaient ses compagnons… Ça ne lui était pas arrivé depuis longtemps. Pas depuis que…

L'égoïsme. C'est comme ça que tu m'as tué, murmura Benji. *Comme ça que tu vas la tuer, elle aussi*.

De l'autre côté, au crissement des pierres sur le plâtre se mêla un ululement distant. Un train passait. Isaac fut secoué comme par un tremblement de terre. Il se força à respirer. À bouger. À se tordre en quelqu'un d'autre, quelqu'un qui ne fuirait pas, qui ne disparaîtrait pas, quelqu'un qui se battrait. Quelqu'un qui ne laisserait pas mourir les gens qu'il aimait.

Mais aucun muscle de son corps ne répondit à son appel.

« Laisse-moi passer. »

Shona ouvrit la porte d'un coup de pied et, le sang lui ruisselant sur les yeux, se précipita au cœur de l'ouragan de pierres.

*

Mais pourquoi Pieds-de-chardon ne s'enfuyait-elle pas ? Bellatine eut la réponse en passant la tête par la fenêtre du salon. La maison était encerclée par une foule d'une cinquantaine de personnes. Des hommes, des femmes, et même des enfants. Bellatine en eut le souffle coupé. Ils avaient tous un passager sur le dos, blanc comme le lait. Des lambeaux de fumée qui emmaillotaient leurs montures, membres d'ombre, coudes acérés comme des couteaux, genoux caves. Des doigts de brume s'enfonçaient dans les clavicules des fumigés. Les passagers ondulaient dans le vent. Et la foule homicide ne semblait pas percevoir ces fardeaux, même si tous ceux qui la constituaient marchaient voûtés, comme accablés par un terrible poids. Et c'étaient des mains humaines qui ramassaient les pierres et les lançaient : une centaine de petites catapultes avides. Quelques visages vaguement familiers dans cette cohue : l'homme-tortue du défilé des lampions, la femme qui avait giflé Isaac. Et la caissière de chez Hank's. Les autres : que des inconnus. Des dizaines d'inconnus. Ils ramassaient les cailloux à même le tas de ballast et les faisaient pleuvoir sur la maison, par poignées, sans relâche. Bellatine distinguait parfaitement leurs visages, même à six ou sept mètres de haut : blêmes comme des coquilles d'œufs cassés, veinés de volutes blanches. La fumée leur parlait tout bas à l'oreille.

Un objet ovale atteignit en pleine tête la tortue qui s'effondra de tout son long.

Un cri de joie retentit dans les hauteurs. Winifred. Sur le toit.

Bellatine parcourut la pièce du regard, à la recherche d'un bouclier de fortune. Son choix se porta finalement sur le couvercle du banc. Au prix de quelques efforts, elle parvint à détacher la planche de ses gonds. Elle ouvrit la porte d'entrée et se précipita sur le balcon, brandissant la planche à la verticale, enserrant de sa main libre la balustrade de Pieds-de-chardon. Qui vacilla, mais Bellatine tenait bon.

« Ma douce, ma chère, murmura-t-elle, en guise de bénédiction, tiens bon. Je te poserai des fenêtres neuves, je suspendrai une guirlande de jasmin au-dessus de ta porte quand on aura réglé cette affaire. Je te balaierai matin et soir. Je t'en prie. Aide-moi, pour Winnie. »

La maison sembla s'apaiser. Tandis que Bellatine escaladait tant bien que mal le toit, un autre projectile traversa les airs en direction des assaillants. Mais… N'était-ce pas… Une pomme de terre ? Un bruit sourd se fit entendre en contrebas, suivi d'un cri de douleur.

À mi-chemin du faîte du toit, la pluie de pierres sur le bouclier s'interrompit. *Je dois être hors de leur portée*, songea Bellatine en poussant un gémissement de soulagement. Elle poursuivit son ascension.

Winnie était juchée à califourchon sur la cheminée, jambes solidement arrimées. Du conduit s'élevait une épaisse volute de fumée qui lui faisait comme un immense halo de poudre violette. Des deux mains, elle arrachait les patates du toit pour les lancer une à une sur les fumigés en rage. La maison se remit à tanguer, et Bellatine dut redoubler d'efforts pour garder son équilibre. *Elle va tomber*, se dit-elle, alors que Winifred griffait la terre pour déterrer de nouveaux projectiles.

« Descends tout de suite », lui hurla-t-elle.

Winnie, sans même lui accorder un regard, projeta une patate vers la foule, le visage résolu.

« Non ! Je viens juste d'arriver, je reste là où je suis ! finit-elle par beugler en retour.

— Descends, c'est un ordre !

— Non ! J'aime ça. J'aime vivre, j'aime avoir les yeux ouverts. Et j'espère bien que ça va durer. »

Non. Winnie avait dit non. Et si ce mot faisait partie de son vocabulaire, si elle était vraiment animée par ses propres désirs, était-ce donc que… ? Le cœur de Bellatine fit un bond dans sa poitrine.

Les ongles de Winnie étaient cernés de terre. Non pas celle de la tombe, mais celle du jardin, grouillante de vie. La pomme de terre suivante prit son envol.

*

Isaac était pris au piège.

Si tu n'avais pas été là, Bleu, je chanterais encore,

dit Benji. *Tu l'aimes toujours, ma chanson? On va l'apprendre à ta sœur, qu'elle chante en chœur avec moi. Ça serait chouette, ça.*

Il fallait qu'il réagisse. Belette, elle n'avait que vingt ans. Elle ne connaissait rien au vrai monde. À peine une adulte.

Et juste un an de plus que Benji au moment où.

Pourtant c'est ce en quoi il excellait: contracter un muscle, en tordre un autre, jusqu'à ce qu'il ait réintégré sa propre enveloppe. Commencer en douceur. Le pied, d'abord. *Parfait. Vois-toi comme une machine. Des leviers, des poulies.*

Le sifflement du train enfla au-dehors.

Quand on laisse un vide, fredonna la voix enrouée de Benji, *le cosmos rétablit l'équilibre. Mais alors, le gouffre que ça a causé quand tu m'as laissé crever.*

Isaac ferma les yeux, paupières serrées. Le hurlement du convoi lui inonda le crâne, chassant tout le reste. Il s'affaissa, genoux à terre, le visage enfoui dans ses mains tremblantes.

*

Un vieil homme corpulent s'empara d'une pierre de la taille d'un pamplemousse et prit son élan en ahanant. Le navet que balança Bellatine sur la créature qui le chevauchait traversa sans résultat la fumée dont elle était faite.

« Que je suis bête, grommela Bellatine.

— Quoi ? » hurla Winifred.

La fille de pierre visa, aussi experte qu'un lanceur au baseball ; la patate douce atteignit le gros homme entre les sourcils. Il trébucha, lâcha son projectile. La créature sur ses épaules frémissait.

« Les passagers !

— Mais de quoi parles-tu ? »

Bien sûr. Winnie ne pouvait pas les voir. Bellatine, elle, avait ce douteux privilège, effets à long terme du poison d'Ombrelongue.

Winnie catapulta un tubercule, lequel entra en collision avec une étonnante précision avec la pierre qu'une fumigée venait de lancer. Pierre qui lui revint en pleine figure.

« Mais où est-ce que tu as appris ça, toi ?

— C'est… Ça fait partie de la terre, tu sais, dit Winnie en rougissant. Je sais d'instinct comment faire, c'est tout. »

Un projectile ennemi approcha, tournoyant, vers leur position, et Bellatine baissa la tête. Winifred l'intercepta à mains nues. Sans autre cérémonie. Comme si ç'avait été un étourneau de retour au nid.

Sur la scène de Pieds-de-chardon, en contrebas, Sparrow continuait à se démener, batte-livre à la main. Le bus noir s'était garé de l'autre côté de la foule et Rummy était parvenu à se poster sur le toit. Bellatine le vit brandir un objet rectangulaire, bigarré, qu'il fixa ensuite à sa poitrine. Une… Une bombe ? s'affola-t-elle. Puis, des deux mains, il se mit à… Non ! *N'importe quoi !* Une mélodie s'élevait dans les airs. C'était son accordéon.

« Putain, mais qu'est-ce qu'il fout, lui ? hurla Bellatine aux combattants de la balustrade.

— Il joue ! hurla Sparrow en contrant un énième projectile. La musique passe par l'amygdale, tu sais ?

— La quoi ?

— L'amygdale ! C'est une partie du cerveau – *boum* – qui gère les peurs – *boum* – de sorte qu'on peut – *boum* – influer sur les réflexes de fuite... »

La mélodie s'éleva dans les cieux, sinueuse, se mêlant bientôt au grand air d'un convoi approchant. C'était un air funèbre, qui évoquait les amours perdues, les étés passés, les pétales de rose et la nostalgie. Quelques fumigés, émus, oublièrent les pierres qu'ils avaient dans les mains. Certains passagers perdirent en consistance. *Mais c'est que ça fonctionne*, songea Bellatine, sidérée. D'autres se balançaient au rythme des soupirs de l'accordéon. La foule s'amenuisa visiblement – mais pas encore assez. Il y avait encore trop de lèvres retroussées sur des crocs luisants, des épaules ployant sous des jockeys spectraux. Trop de regards étincelants, renards affamés rendus fous par la perspective de la proie.

En face : des patates et des valses tristes. Tu parles d'une armée !

Certains fumigés, qui se tenaient sur les rails, n'avaient même pas prêté attention au convoi approchant. Le conducteur fit hurler son sifflet, pour faire dégager la voie. *Dégager la voie*... Bellatine faillit pleurer de soulagement. Pour éviter le train, il faudrait bien que la foule se déplace. Et, ce faisant, elle allait nécessairement... créer un vide. Une fois le train passé, il leur faudrait sans doute quelques secondes avant de resserrer les rangs. Une occasion à saisir pour Pieds-de-chardon. Ça ne durerait pas : bientôt, les fumigés se regrouperaient, comme le fil referme la plaie chirurgicale : mais pour peu que la maison réponde aux prières de Bellatine, ça pouvait marcher.

Le train arrivait. Encore trente secondes. Vingt. Quinze. Bellatine retint sa respiration, les poings enfouis dans les herbes folles du toit de Pieds-de-chardon.

« *Greyt* », murmura-t-elle.

Prête.

Dix secondes. Cinq.

Les notes de l'accordéon se fondirent dans le hurlement assourdissant du train.

Trois secondes. Deux.

Et, comme Bellatine l'avait prévu, les fumigés s'écartèrent en courant de la voie mais, ce faisant, se précipitèrent vers la maison. Certains même se cramponnaient à ses pattes. Pieds-de-chardon s'en débarrassa vigoureusement et Bellatine vit des corps voler, mais d'autres suivirent. Toujours plus nombreux. Des grappes sur les chevilles de la maison, attaquées à coups de dent, d'ongles avides, de cailloux pointus ; les fumigés ôtaient leurs ceintures pour mieux s'y accrocher et leurs cavaliers fantômes suivaient le mouvement.

Le convoi déboucha enfin. La locomotive poursuivit son chemin sous l'averse de pierres aussi tranquillement qu'une cuiller dans un bol de crème. Combien de temps fallut-il au train pour traverser cette scène de guerre ? Cinq minutes ? Une heure ? Une vie ? Bellatine ressentait dans sa chair chaque blessure infligée à Pieds-de-chardon, chaque coup de griffe. Patience. Elle serra les dents. Enfin, le dernier wagon !

« C'est le moment », murmura-t-elle en yiddish.

Le wagon s'éloigna à son tour, laissant dans son

sillage un vide aussi scintillant qu'une gencive après l'arrachage de la dent.

« *Loyf !* »

La maison détala. Bellatine se vit dévaler vers le bord du toit, mais une main, robuste, familière, la retint à temps. Elle se cramponna à Winifred tandis que la maison galopait, suivie de son cortège de fumigés en rage. À chaque vaste enjambée des grandes pattes jaunes, Bellatine voyait encore des corps agrippés aux chevilles de la maison, refusant de lâcher prise.

Pieds-de-chardon dévala Saint-Claude en trombe, forçant les voitures à remonter sur les trottoirs à grand renfort de klaxon. Un fumigé grimpa sur le capot d'un camion et fit voler le pare-brise en éclats d'un coup de poing. Une cycliste passa en zigzaguant, bouche bée devant le spectacle. Puis Bellatine entendit un moteur vrombir : Rummy avait fait démarrer le bus et s'était engagé dans une ruelle secondaire, suivi par une partie des fumigés. Pieds-de-chardon continua droit devant elle. Les carrefours passaient à toute allure : Clout, Piety, Pauline. Devant eux, un immense pont basculant, qui enjambait un affluent du Mississippi, venait tout juste d'entamer sa manœuvre de levage.

« Allez, allez, murmura Bellatine à la maison. Plus vite. »

Que le mouvement s'accélère, et ils seraient coincés entre le fleuve et la meute. Il fallait faire vite – et Pieds-de-chardon n'en prenait pas le chemin. D'autres fumigés étaient venus, revêtus de leurs capes de fumée, s'agripper aux pattes de la maison, comme des fruits de bardane ; ils l'obligeaient à ralentir.

« Sparrow, essaie de les chasser ! » hurla Bellatine.

Sparrow opina du chef et passa la jambe par-dessus la balustrade avant de disparaître sous la scène. Le pont continuait de se lever avec force gémissements.

Pieds-de-chardon posa la patte sur la chaussée en pente. Les efforts de Sparrow n'avaient sans doute pas été vains : la maison se déplaçait plus vite, plus agilement, vers le sommet de la chaussée ; déjà les deux moitiés du pont s'étaient séparées. Juste avant de franchir le pas, la maison hésita. L'écart était trop grand. Et chaque seconde rendait le franchissement plus périlleux encore.

Comment dit-on « Saute » en yiddish ?

Bellatine ouvrit la bouche, mais les mots ne suivirent pas.

Et cependant… Pieds-de-chardon sauta.

*

Lorsque la gravité abandonna son corps, Isaac sentit l'air se soulever dans ses poumons. La maison volait avec de curieux à-coups, et Isaac lui aussi était porté vers les hauteurs, les pieds se désolidarisant du plancher. Le temps s'arrêta quelques instants. Chaque seconde – mise à la torture, rouée, écartelée au-delà de ses limites. Pieds-de-chardon était en suspension dans les airs. Isaac, les yeux fermés, le sentit bien. Légèreté totale. Absolution. Puis… Le choc de l'atterrissage.

Il retomba à terre, sans forces. Un tremblement à vous déchausser les dents secoua la maison du plancher à la cheminée. Le mur de la salle de bains s'était en partie fendu lors du retour sur terre et ce fut par la fissure ainsi créée qu'Isaac put se rendre compte de la situation, du côté du pont. S'ils avaient pu atteindre l'autre côté du fleuve, leurs poursuivants étaient restés cramponnés à la première moitié du pont levant, tendant leurs mains ensanglantées vers le ciel. Les dents grinçaient. Une silhouette se détacha de cette grappe humaine, et poussa un hurlement sauvage, des volutes de fumée s'échappant de ses lèvres.

Nina.

Nina, je ne sais pas ce que tu cherches, mais arrête. Arrête tout de suite.

Mais ces mots qui tonnaient dans sa tête, il ne pouvait pas les prononcer. Et tandis que cette fille qu'il avait aimée autrefois grimpait jusqu'en haut de la chaussée et se hissait sur le rebord, il resta muet.

Puis elle sauta.

« Non ! »

C'était la voix de Bellatine, quelque part sur le toit de la maison. Ce cri qu'il aurait voulu pousser semblait sortir de toutes les gorges, sauf de la sienne. Le pont gémit comme un ours blessé et continua de monter. La foule des fumigés se mit à onduler, corps unique, vague se courbant en son milieu tandis que les corps nappés de brume se précipitaient les uns après les autres par-dessus le rebord de la chaussée pour s'abîmer en contrebas dans les eaux rocailleuses du fleuve.

*

Une meute n'a pas d'oreilles auxquelles on puisse parler, juste une bouche qui hurle.

Une meute n'a pas de mains qu'on puisse tenir, juste un doigt qui accuse.

Une meute n'a pas de tête, juste un corps immense, sans logique, agissant suivant son bon plaisir.

Les fumigés tombèrent. Ce n'étaient pas des monstres, ces gens. Encore quelques heures, et ils auraient émergé de leur mauvaise passe ; leur vision naguère brouillée par le poison aurait retrouvé sa netteté. Ils seraient rentrés chez eux. Auraient fait cuire du pain. Caressé leur chien. Regardé la télé. Ils étaient de la même chair, du même sang que Bellatine. La preuve en était cette balafre de scie sur son poignet gauche.

Le vent rabattit vers la maison une puanteur de sang et de bile. Bellatine s'agenouilla, la joue contre le toit. Foin humide, pluie, un parfum doux et simple.

« *Loyf*, pria-t-elle, de nouveau. *Loyf !* »

Et Pieds-de-chardon courut. Loin de la ville scintillante. Loin des corps désarticulés, gisant en des poses de cauchemar au fond du fleuve. Loin, et hors de portée des pierres. Partie, la maison.

*

C'était fini.

Au bout de quelques minutes, Isaac comprit qu'ils étaient sans doute à présent à bonne distance du danger. De l'autre côté du mur, le calme n'était pas pour autant revenu : il y avait sûrement des blessures à panser, des troupes à recompter. Les grommellements de Shona lui parvenaient, de même les gloussements triomphants de Sparrow. Au bout d'un moment, un ronronnement mécanique se mêla au martèlement régulier des pattes de Pieds-de-chardon ; Rummy, après un long détour par des ruelles tortueuses et parsemées de nids-de-poule, les avait rejoints. La porte d'entrée s'ouvrit et Isaac entendit des pas légers, délicats – Winnie – et ceux plus fermes de Belette. *Oh, merci mon Dieu.* Elle était saine et sauve.

Et le serait plus durablement sans lui.

Il attendit que le vestibule soit, selon toute probabilité, désert, sortit de la salle de bains et remit la table de la cuisine à sa place en prenant soin de faire le moins de bruit possible.

Après avoir retiré les plus gros éclats de verre du cadre de la fenêtre, il passa une jambe par-dessus le rebord. Puis l'autre. Le sol, en contrebas, tanguait fortement – la distance n'était pas si grande, se rassura-t-il. En se roulant soigneusement en boule, genoux pliés, il atterrirait sans doute sans trop de douleur.

Il sortit une de ses pièces fétiches de sa poche, aussi lisse, aussi lustrée qu'un élytre de scarabée et la posa sur le rebord de la fenêtre d'une main tremblante, côté face visible.

« Pour le trajet », dit-il à Pieds-de-chardon.

Puis il inspira profondément et plongea dans le vide.

Est-ce qu'elle avait eu cette impression-là, Nina, avant de…

Le choc fit vibrer ses poumons, mais il se releva sans une égratignure.

Et tandis qu'il époussetait son pantalon, un petit chat noir s'approcha d'un pas suspicieux et s'arrêta à quelques mètres de lui pour lécher sa patte d'un noir d'encre.

« Fiche le camp, grommela Isaac. Arrête de me suivre partout. J'en ai ma claque. »

Enjoliveuse se frotta contre son tibia. Il eut beau la repousser du pied, elle revint immédiatement en miaulant. Il avança d'un pas. Elle fit de même. Ah, tant pis. Il savait très bien qu'il était inutile d'essayer de la semer. Où qu'il aille, et sous quelque identité que ce soit, son ombre le suivrait.

Pieds-de-chardon courait toujours, sans penser à lui, de plus en plus petite dans sa ligne de fuite. Le visage de Benji lui apparut, tremblotant. *Tu croyais vraiment que ça allait marcher, cette fois-ci ?* Alors oui, adieu, Isaac Yaga. Ce triste sire n'était resté que trop longtemps dans son corps. Il n'était pas cet anti-héros à l'ironie ravageuse, cette adorable canaille. Pas davantage cet escroc malin jouant sans cesse avec la chance. Il était un minable. Une vraie cloche. Un bon à rien, un bon à personne.

Il était temps de passer à quelqu'un d'autre. Il se roula une cigarette à la lavande et tira une longue bouffée.

La voix de Bellatine cria son nom dans le lointain, au moment où la maison aux pattes de poulet disparaissait de l'autre côté de l'horizon courbe. Celui qui avait été Isaac lui tourna le dos et rebroussa chemin. Dans quelques minutes, il aurait disparu sans laisser de traces.

Chapitre 34

Il y a une scène dans *L'Idiot qui se noie* où l'Idiot se lie d'amitié avec la Lune. Ils se rencontrent devant un arrêt de bus en carton – les horaires sont calligraphiés sur une pancarte minuscule – et passent la soirée à faire les boutiques pour trouver des chapeaux. C'est une scène comique. Manœuvre s'amuse en général énormément avec tous ces couvre-chefs qui frétillent sur leurs étagères, désireux d'être choisis, et les spectateurs trouvent très drôle la scène où la Lune ne sait plus dans quel sens prendre sa propre tête. La Lune achète un chapeau melon en feutre rouge, et l'Idiot un haut-de-forme à paillettes, du genre de ceux que portent les danseurs de claquettes dans les comédies musicales à la Ziegfeld. Puis ils vont se balader tous les deux, le soir, sur la promenade en planches, se font prédire leur avenir par une machine Zoltar ; ils mangent des beignets et font des tours en manège, tant et si bien que la Lune est prise de vertige et que la marée se trompe de sens.

La Lune rétrécit jour après jour (l'effet est assuré par un morceau de velours noir que Manœuvre déplace petit à petit sur le visage de la Lune) mais l'Idiot ne le remarque pas. Jusqu'au jour où, lui rendant visite chez elle, il constate son absence. Il revient le lendemain : elle n'est toujours pas là. Pouf ! Partie, la Lune.

Deux semaines plus tard, l'Idiot croise la Lune dans un pique-nique, au bord de la mer.

Mais où étais-tu passée ? lui demande-t-il.

J'étais ailleurs, répond la Lune.

Mais où ?

Ailleurs. Je vais, je viens, c'est ainsi que je vis. Admirable, non ?

L'Idiot ne trouve pas. L'Idiot attrape la Lune et la met sous cloche. Une cloche en verre. Voilà ! Comme ça, on pourra aller acheter des chapeaux tous les jours.

Mais la Lune étant prisonnière de sa cloche hermétique, elle ne peut plus parler aux océans. Sans sa présence, les eaux échappent à tout contrôle. Enragées, elles achètent des chapeaux, envahissent la promenade, inondent les cinémas. L'Idiot, lui, il longe le fleuve en se demandant pourquoi son cours est si haut, si furieux.

Vous imaginez sans peine ce qui arrive ensuite.

*

La pièce d'argent sur le rebord de la fenêtre suffit à Bellatine. Il n'avait pas été enlevé. Il n'avait pas été blessé, n'était pas tombé de la maison. N'avait pas perdu la vie dans la fureur de la bataille, contrairement aux fumigés. Il avait décidé de faire une pause. Sorti la pièce de sa poche, lustré le métal d'un coup de pouce, positionné la pièce au centre du rebord, doucement, comme on ferme les yeux des morts. Ah, peut-être avait-il décoché un ultime et cruel clin d'œil à la maison dévastée. Puis il était parti.

Comme toujours. Comme toujours quand la situation se corsait. Cette fois-ci, elle ne se noierait pas dans le chagrin de son absence. Elle ne jouerait pas les Idiotes.

Elle lança la pièce par la fenêtre. Et se mit à ramasser les plus gros morceaux de verre. Il y avait tant à faire.

Une main vigoureuse s'empara de son bras, la contraignant à pivoter.

« C'est quoi, ce coup de merde ? À quoi tu joues avec nous ? siffla Shona en l'attirant à elle.

— Qu'est-ce que tu racontes ? »

Shona l'accusait-elle d'avoir invité les émeutiers ? Ou d'avoir aidé Isaac à leur fausser compagnie ?

« Je n'y suis pour rien. Il est parti. Il finit toujours par partir.

— Ta gueule. »

Shona la traîna dans la chambre.

La pièce était méconnaissable : plancher scintillant d'éclats de verre et de bois, rideau de séparation des deux lits en lambeaux. Bellatine, qui avait cru au premier regard la chambre inoccupée, aperçut bientôt les jambes robustes de Sparrow, dépassant de la trappe du grenier.

« Qu'est-ce que vous fichez là-haut ?

— On cherchait un balai, dit Shona. On a trouvé ça, à la place. »

Elle poussa Bellatine vers l'échelle et les deux femmes rejoignirent Sparrow.

Qui regardait le plafond. Les ronces tueuses de

soldat semblaient se fondre dans les dégâts de la maison, comme si le chaos représenté par la fresque avait simplement conquis de nouveaux territoires. Pieds-de-chardon, le lion, la corneille et le lièvre continuaient à danser au milieu du massacre, comme si de rien n'était.

Bellatine plissa les paupières.

« Je ne comprends toujours pas.

— C'est lui, dit Sparrow.

— Lui, qui ?

— Ombrelongue », répondit Sparrow, l'index posé sur l'un des suppliciés.

Bellatine se haussa sur la pointe des pieds. Et tandis que son regard passait de corps en corps, de soldat en soldat, de mort en mort, elle se rendit compte qu'ils avaient tous le même visage : lisse, la mâchoire anguleuse et les lèvres retroussées, malgré leurs tortures, en un éternel sourire.

« Tu nous as dit que tu n'avais jamais rencontré Ombrelongue, dit Shona, d'une voix que brodait la menace.

— Et c'est la vérité.

— Alors explique-nous comment tu t'es démerdée pour le peindre à je ne sais combien d'exemplaires sur ton putain de plafond, comme un putain de dieu dans un putain de temple ?

— Ce n'est pas moi. »

Shona plissa les paupières.

« Isaac, alors. Lui, il l'a rencontré. C'est lui qui a peint ce bordel, hein ? Il bosse pour lui ? Et c'est pour ça qu'il s'est tiré ? Pour l'aider ? Putain, j'aurais dû m'en douter. J'aurais dû m'en rendre compte.

— Non, il n'y est pour rien, lui non plus. La fresque était déjà là quand on a reçu la maison. Regarde. »

Elle glissa la main dans sa poche et Shona recula, comme si elle s'attendait à voir surgir un revolver. Bellatine, d'un geste lent, sortit la photo trouvée dans les lettres – la femme et ses deux filles, la maison en arrière-plan, avec le panneau au-dessus de la porte, les trois animaux.

« Tu vois ? C'est le même artiste, c'est visible. Ces peintures, elles sont dans la maison depuis au moins un siècle.

— N'empêche que ton frère a quand même fichu le camp quelque part, insista Sparrow.

— Je te dis qu'Isaac n'a rien à voir avec Ombrelongue.

— Qu'est-ce que t'en sais ? grommela Shona.

— Isaac n'a qu'un allié et c'est lui-même. »

Une nuance fugitive apparut dans la rage qui aiguisait les traits de Shona. Regret, douleur ? Elle disparut trop vite pour être déchiffrée.

Ils levèrent tous les yeux au plafond. Les soldats lilliputiens continuaient à se tordre de douleur, prisonniers à jamais des ronces.

« C'est lui, j'en suis sûre, insista Shona. Cette sale tronche, je la reconnaîtrais n'importe où. C'est lui qui te suit à la trace. »

Pieds-de-chardon grinça. Qui que soit Ombrelongue ou quoi qu'il soit, elle le connaissait. De même l'arrière-arrière-grand-mère de Bellatine. La ronde dans les ronces, elles y étaient entrées des années plus tôt. Et à mieux regarder les personnages au centre de la fresque, le cœur de Bellatine se serra. Ils ne commémoraient pas une victoire. Ils ne cherchaient pas à expier les péchés d'une conscience coupable. La fresque exprimait au contraire un souhait. C'était un talisman. Une prière – un jour, disait-elle, un jour, on sera sain et sauf. Un jour, on dansera.

« Qu'est-ce que c'est, pour toi ? » demanda Sparrow.

Des ombres ondulèrent sur la fresque. Bellatine déglutit avec force.

« Un avertissement. »

*

Le temps de panser leurs plaies et de nettoyer le plus gros des dégâts, et la fatigue s'était enracinée en Bellatine comme une mauvaise herbe. Pieds-de-chardon avait ralenti sa course pendant quelques minutes pour laisser le temps aux Duskbreakers de débarquer afin de rejoindre Rummy dans leur bus. Le reste du temps, ce fut une progression à bride abattue. Plus question de temporiser. Pourtant Bellatine n'avait qu'un désir : s'effondrer, éclater, se faire nuage de poussière et disparaître dans les interstices du plancher, à jamais. Elle se contenta de s'asseoir sur l'une des chaises de la cuisine qui avaient résisté à la bagarre et se massa longuement le cou pour dompter ses tensions.

Une forme bleue se matérialisa, venue du salon – puis rebroussa chemin devant Bellatine. Celle-ci se raidit. Elles étaient seules à présent, ce qui ne s'était plus produit depuis le défilé des lampions.

Je lui ai ordonné de descendre, et elle a refusé.

« Attends. »

Winifred se retourna.

« Je… Excuse-moi, bafouilla Bellatine en se levant.

— Qu'as-tu fait ? »

Winnie croisa sans baisser les yeux le regard de Bellatine.

« Je ne t'ai pas fait confiance. J'ai eu tort.

— Douter, c'est humain. »

Bellatine hocha la tête. Une douce chaleur s'insinua dans sa poitrine.

« Toi aussi, semble-t-il.

— Pas complètement. »

Silence.

« Tu sais, l'autre soir, à la fête…, reprit Bellatine.

— Ne t'inquiète pas. Nous avons eu un moment d'égarement – ces lumières, cette musique. Tu as clairement exprimé ta volonté. Je ne t'importunerai plus.

— Ce n'est pas une question de volonté, dit Bellatine, le souffle tremblant.

— Vraiment ? » murmura Winnie en tortillant une mèche de ses cheveux blonds.

Tant de souffrance, ces derniers jours. La mort, les corps écartelés sur les rives du fleuve. Le démon approchant. Le corps de Bellatine, qui ne lui avait offert que trahisons depuis son enfance. Les désertions en série de son frère. C'en était trop. Les murailles de Bellatine, qui depuis si longtemps empêchaient ses désirs de rentrer en elle, se fendillaient sous le poids des catastrophes. Une tour s'effondra. La lumière se fit dans la ville assiégée.

« Je veux que tu me le dises, Winnie. Spontanément.

— Que je te dise quoi ?

— Ce que tu attends de moi. »

Winifred resta un instant muette. Son regard se porta sur un objet lointain, comme si elle se remémorait quelque vieux souvenir, une contrainte oubliée qui n'avait d'ailleurs peut-être jamais été sienne. Puis elle redressa la tête. Sans nulle hésitation.

« Tout. »

Les jambes de Bellatine se mirent en marche de leur propre chef, lui semblait-il ; un destin déjà connu les avait mises en branle. En trois pas, elles anéantirent l'espace qui séparait les deux femmes. Elles s'embrassèrent. Il n'y avait aucune indécision dans leurs gestes, aucun doute dans la manière dont Bellatine plaqua Winnie contre le mur, dans la manière dont Winnie planta les poings sur le front de Bellatine. Sa bouche était douce et froide. Bellatine tendit les mains vers le visage de la fille de pierre, se retint. Ses mains… Mais avant qu'elle puisse se rétracter, Winnie s'était emparée de son index et l'avait glissé dans sa bouche. Bellatine poussa un petit cri. Une étincelle espiègle passa dans le regard de Winnie. Elle mordit la peau, délicatement.

Puis elle fit glisser des épaules de Bellatine les bretelles de sa salopette, lui ôta son tee-shirt. Bellatine, moins habile, s'attaqua à la jupe de lin bleu, se noya dans les volants avant d'établir le contact. La cuisse replète et moelleuse de la fille de pierre. La main de Bellatine remonta vers la hanche ; un soupir échappa à Winnie. En guise de réponse, une vague de chaleur envahit Bellatine, puis une autre, puis une troisième ; et tandis que Winifred lui empoignait les seins à deux mains, elle fut prise de frisson. Puis elle tendit les lèvres pour un nouveau baiser.

Winifred se déroba.

« Pourquoi ? »

Le cœur de Bellatine battait la chamade. S'était-elle méprise ? Winnie regrettait-elle déjà leur étreinte ?

Elle leva les yeux vers la fille de pierre – non, non, la jeune fille, simplement –, se préparant à une nouvelle désertion.

Mais Winifred rayonnait avec la puissance d'une étoile. Elle prit la main de Bellatine et la fit se lever. La conduisit jusqu'à la porte de la cuisine, et dans la chambre, sous le grenier, comme si les périls qui s'y logeaient n'avaient plus d'importance. Arpentant les planchers que la course de Pieds-de-chardon faisait grincer. Et jusque dans le lit.

Et, pour une fois, Bellatine se laissa guider.

Chapitre 35

« Franchement, les gens qui croient pas aux fantômes, c'est qu'ils ont jamais foutu les pieds ici », dit Benji, ses cheveux roux gominés par le vent.

Un tourbillon de poussière, d'une pâleur d'os, dansait sur le sable ivoire. Il accompagna de sa sarabande le convoi tandis que Benji jouait « Tennessee Waltz » sur sa vieille guitare.

« "*La Dame en blanc, si jolie dans sa robe de mariage*" », brama-t-il, tandis que le tourbillon s'éloignait dans le désert au crépuscule.

C'était la dernière nuit chaude du mois d'août. Après trois jours à traîner sur la Sunset Line, les garçons avaient conquis le Nouveau-Mexique au moins jusqu'aux montagnes de Doña Anna, les vêtements raides de sueur et noircis de puces écrasées. C'était les nuits qu'Isaac aimait entre toutes. Ben et lui avaient contemplé le réveil des étoiles, l'Amérique à leurs pieds, l'air de l'été filant au-dessus de leurs têtes comme si la brise elle-même ne pouvait les rattraper. Il avait beau bourlinguer depuis trois ans, il ne s'en lassait toujours pas.

Trois ans. Sur la route, le temps n'était plus le

temps. Il n'avançait pas en ligne droite, comme une voie de chemin de fer. Il enflait et se contractait, se repliait sur lui-même à tel point qu'Isaac avait le sentiment que Benji et lui vivaient hors de ses lois. Ils avaient descendu le Grand Canyon dans le blizzard, des muletiers sur les talons. Avaient admiré une éclipse de Lune au-dessus des baraques de Slab City, tandis que les coyotes hurlaient sur les vieux champs de tir. Ils avaient joué dans les rues de New York à San Francisco, circulé dans les trains de quarante-trois des cinquante États, avaient été débarqués dans cinq d'entre eux seulement et s'étaient débrouillés pour ne jamais tomber dans les griffes de la police des rails, protégés par la chance et Dieu savait quels charmes. Vu des couchers de soleil si immenses et si dorés qu'on aurait cru qu'une main titanesque avait cassé le ciel pour en faire un œuf sur le plat. Isaac avait vécu mille vies et Benji mille chansons.

« Et si on jouait, Bleu ? » proposa Benji d'une voix forte, pour se faire entendre dans les gémissements du train.

« Quel jeu ?

— Pense à une chanson, penses-y super fort, et je dois deviner laquelle et la chanter.

— Ah, ah, gloussa Isaac. Bonne chance, petit. Tu te planteras à tous les coups.

— Mais non, mais non. Le diable est dans mes cordes. »

Benji plaqua un accord majeur.

« OK. C'est bon, j'en ai une. »

Benji ferma les yeux et battit une mesure fantôme du bout du pied.

« Hop, je l'ai. Je l'ai, c'est sûr. »

Il se mit à jouer une chanson de Hank Williams, sèche et métallique, sauta le début pour entonner son passage favori :

S'il pleuvait de l'or, ça ne serait pas sur ma tête/
Avec la chance que j'ai…

« Nan, raté. T'as perdu. Qu'est-ce que je gagne ? demanda Isaac.

— Mais maintenant, c'est bien elle que t'as dans le crâne ?

— Ça compte pas. C'est pas à celle-là que je pensais.

— Pensais. Tu sais très bien qu'y a pas de passé. C'est maintenant, l'important.

— Ouais, gros malin. C'est maintenant. »

Un autre tourbillon s'était formé dans le désert, qui s'étendait à perte de vue, soyeux, blanc comme le talc. Ils avaient peut-être quitté la Terre, songea Isaac, et roulaient à présent sur la Lune. Il coinça entre ses lèvres la cigarette qu'il avait gardée sur l'oreille et, après trois vaines tentatives de l'allumer dans le vent, finit par pouvoir tirer sa première bouffée.

« Tu m'en files une ? demanda Benji en posant sa guitare près de l'étui, dans lequel Enjoliveuse s'était endormie, tout en rond.

— Tiens. Je vais m'en rouler une autre, dit Isaac en tendant la cigarette à Benji.

— T'es un vrai gentleman, Bleu. »

Benji se redressa et passa le bras sur l'échelle du wagon porte-autos. Il se pencha au-dehors, surplombant le désert, ses collines pâles à l'infini. La fumée de la cigarette lui faisait un halo argenté, tremblant, avant de se disperser dans la brise. Une étoile filante passa dans le ciel et disparut derrière l'horizon.

« T'as vu ? hurla Benji. Ça va nous porter une chance de… »

Mais Isaac ne sut jamais à quelle chance pensait Benji.

Le convoi avait peut-être roulé sur une pierre. La cargaison avait peut-être glissé sur le puits du train, les troncs d'arbres cherchant leur point mort. Ou bien cette foutue étoile filante avait décidé de leur offrir un sort bien différent.

Le train se cabra et Benji lâcha l'échelle. Son regard croisa celui d'Isaac. Lequel se figea une seconde, pétrifié par la panique. Puis il tendit les bras à son ami, n'étreignant que le vide. Benji était tombé. Le vent avala son cri de surprise et il fut happé sous les roues féroces de la bête d'acier. Effacé.

Isaac hurla le nom de Benji jusqu'à en perdre la voix. Il essaya même de sauter, mais le train roulait trop vite. Hank Williams et la « Tennessee Waltz » résonnaient en boucles fiévreuses sous son crâne.

Benji avait réussi à éviter les roues. Il avait glissé sur le bas-côté, s'était relevé, discutait le bout de gras avec un de ces tourbillons de poussière fantôme. Il avait sûrement pu remonter sur le dernier wagon et quand ils arriveraient à El Paso, il se ferait réveiller et secouer les puces par un flic du rail. Quelle histoire ! Plus tard, ils raconteraient ça avec force détails à de jolies brunes dans un bar perdu. Sûrement. Peut-être.

Il fallut deux jours à Isaac pour remonter jusque-là.

Il longea la voie une semaine de plus, jusqu'à se sentir si assoiffé, si carbonisé par le soleil qu'il avait l'impression d'être suivi par les vautours. Son espoir s'éroda dans les dunes, sa quête se muant de sauvetage à recherche du corps puis veillée. Le désert ondulait. Il revêtait à chaque regard un visage différent, resculpté par le vent. Ce qui pouvait rester d'un garçon écrasé par un train avait sans doute été enseveli sous des centimètres de sable ou picoré par les charognards et dispersé dans les étendues du grand Ouest. Pas de croix pour cette tombe : juste une traverse. Isaac ne le retrouva jamais.

Tous les soirs, quand il fermait les yeux, Isaac se retrouvait sur le train. Dans l'un de ses rêves éveillés, il ne tendait aucune cigarette à Benji, de sorte que le garçon ne s'écartait pas de l'échelle. Dans un autre, il le retenait par le col de son tee-shirt ; Ben écrivait sur cet incident une chanson intitulée « Le blues d'Il était moins une ». Dans un troisième, Isaac le rattrapait par le bras. Par les cheveux dans un quatrième et Benji lui reprochait, furieux, d'avoir osé tirer son emblématique tignasse. Dans un autre rêve, Benji mourait tout de même, mais Isaac priait avec tant de ferveur l'étoile filante que le garçon faisait sa réapparition en sifflant un air appris dans l'au-delà. Et ces fantasmes avaient beau prendre tous les visages de la terre, célébrer toutes les méthodes de sauvetage possible, ils avaient une constante : Isaac n'y hésitait pas une seconde.

Deux ou trois semaines plus tard, émacié par la faim, Isaac gagea la vieille guitare de Benji dans une échoppe de Fort Stockton. Il fit cadeau d'Enjoliveuse à la fille de la laverie automatique de la rue, mais l'ombre aux crocs acérés de Benji le rattrapa presque aussitôt. Il essaya de la semer à Fort Worth, à Shreveport, à Jackson, mais elle réapparaissait toujours, le réveillant de ses miaulements insistants ou lui laissant des passereaux morts dans le sac à dos. Isaac finit par céder, ne chercha plus à se débarrasser de la misérable bestiole.

Et le reste de Benji ? Sa part électrique, son grésillement hurlant ? Ce lieu en lui où souvenirs, deuils, désirs étaient conservés ? Ils traînaient certainement encore quelque part, là où sont exilées les âmes abandonnées. Errant dans les plantations brûlées de l'Alabama, les champs aigris par le chagrin des hommes et femmes réduits en esclavage. Bourlinguant le long de voies construites par des ouvriers chinois fusillés en masse le jour de la paie, pour économiser une poignée de dollars. Dans des cimetières trop remplis, derrière les internats réservés aux enfants autochtones, et sous les ombres laissées par les croix en feu, encerclées de cagoules blanches comme les sommets des Rocheuses. Sur les ruines de Manzanar, dans les fosses communes où pourrirent les migrants cueilleurs de pêches. Quels noms survivent dans le grand creuset américain ? Quels autres sombrent et disparaissent ? Que deviennent les noms de ceux qui redeviennent poussière ? *Les gens qui croient pas aux fantômes, c'est qu'ils ont jamais foutu les pieds ici*. Quand Isaac avait abandonné les recherches, s'affalant sur le trottoir devant une borne de recharge pour routiers, le téléphone à la main, il s'était rendu compte qu'il n'avait personne à appeler. Benji n'avait pas de famille qui puisse le pleurer. Pas de mère qui s'effondre à genoux comme une veuve de guerre, pas de père qui aille hurler son nom dans le jardin. Le garçon avait quitté ce monde comme il y était entré, invisible. Abandonné. Un gosse sans nom né dans un berceau d'épingles, sans la moindre trace qui puisse montrer qu'il ait jamais vécu.

Isaac resta des heures à la station-service. Les semi-remorques arrivaient et repartaient, traversant le parking dans leur trajectoire vers le néant. Une corneille solitaire picorait un emballage de bonbon. À une cinquantaine de mètres de là, un routier faisait le plein, une main sur la hanche et l'autre manipulant le tuyau de la pompe. Isaac le contempla avec l'acuité d'un conservateur de musée. Il remarqua les grosses chaussures de l'homme, la déviation en spatule de ses gros orteils. Le rythme de sa respiration rendu manifeste par les mouvements de ses épaules. Le léger sourire au coin de ses lèvres, causé peut-être par la pensée d'une fille, dans une autre ville, ou d'un bain chaud, ou d'une vieille blague. Isaac se sentait revenir à l'état liquide. Transformation, sublimation. Il avait déjà testé ses dons d'imitateur, en avait çà et là usé pour accéder à quelques poches de veston, à quelques sacs à main. Mais ce n'était pas la même chose, ici. Une fois qu'il fut devenu le routier, ses os absorbèrent si complètement ce rôle qu'il ne resta plus rien d'Isaac. Le poids qui l'accablait disparut. Il était libre. Il rembobina. L'ultime souvenir de Benji disparut. De même leurs parties de cartes, leurs petites escroqueries, les centaines de kilomètres parcourus.

Et ce garçon qui avait laissé mourir son ami. Ne resta plus que le Roi caméléon.

*

Au fil des années, alors que les souvenirs de la Sunset Line avaient été tellement picorés par sa mémoire qu'il n'en restait plus que le squelette, Isaac se demanda souvent ce qu'il se serait passé s'il avait retrouvé le corps de Benji. Il l'imaginait : intact, terni par le sable aux lueurs d'étoiles, étendu sur le sol comme un hors-la-loi abattu d'un coup de fusil. Il aurait fermé les yeux de son meilleur ami. Il lui aurait déposé un baiser sur le front. Il l'aurait enterré en fredonnant leur chanson favorite. Il aurait pu lui dire adieu.

Chapitre 36

Bellatine se réveilla avec l'impression que quelque chose ne tournait pas rond.

Sans ouvrir les yeux, elle entendit un doux brouhaha de voix auquel se mêlait un bruissement ténu, de tissu froissé peut-être. C'était sans doute ça qui l'avait réveillée, son frère se retournant dans le lit d'à côté. Pendant un instant de pur bonheur, elle resta suspendue entre sommeil et veille. Un royaume sans souvenir, sans passé, sans présent menaçant – juste le roulis de Pieds-de-chardon naviguant plein ouest.

Isaac n'est pas là.

Les événements de la veille firent irruption dans sa conscience avec la violence d'un pied-de-biche lui fracassant les côtes. Isaac était parti. C'était Winnie qui fredonnait dans son sommeil, enlaçant Bellatine dans le petit lit de leur chambre. Sa robe bleue d'enterrement gisait sur le plancher. Le bruissement venait des fenêtres sur lesquelles elles avaient scotché des sacs-poubelle. Elle se souvint du frottement régulier du balai rassemblant les éclats de verre. De la morsure de la glace sur chacune de ses ecchymoses. De ces choses à califourchon sur les épaules des fumigés. Pieds-de-chardon avait été attaquée, ils s'étaient enfuis, elle avait vu la vie quitter, hurlante, une dizaine d'êtres humains plongeant du pont. Le sacrifice des fumigés, c'était comme voir un film à l'envers : mouvements spasmodiques, anormaux. Au lieu de plonger la main dans un objet pour y retrouver l'étincelle de l'esprit, la ranimer, elle avait vu des fantômes arrachés à des corps, jetés au rebut. L'inverse de ce que ses mains savaient possible.

Une clochette tinta doucement dans le vestibule.

Ah, mais ce n'était pas les murmures endormis de Winnie qui l'avaient réveillée, ni le plastique des sacs claquant sur les murs blanchis à la chaux. C'était la sonnette, la sonnette d'entrée.

Un.

Deux.

Était-ce le vent qui tirait sur la serre de hibou ? Ou l'un des trois Duskbreakers, désireux d'attirer son attention ? Cette intrusion civile ne leur ressemblait guère… Et puis, elle entendait, au-dehors, le vrombissement tranquille du bus roulant au côté de Pieds-de-chardon.

Trois.

Le son était doux, cristallin, tout bas, vibrant comme celui qu'on fait naître en soufflant sur l'embouchure d'une bouteille. Les planches de Pieds-de-chardon gémirent. La maison poursuivait sa course, mais la tension suintait de tous ses murs. Un frisson la saisit, des fondations au toit. Bellatine entendit les dents de Winnie s'entrechoquer tout contre son épaule. *La maison a peur.*

Quatre.

Bellatine s'arracha délicatement à l'étreinte de Winnie et se leva, puis enfila une chemise de nuit et un pull. Elle sortit de la chambre. Il faisait si sombre dans le vestibule qu'elle craignit un moment de devoir marcher jusqu'à la fin des temps sans jamais atteindre la porte dans un vide sans bornes, sans limites. Il n'y avait plus que son corps dérivant dans l'espace, que seule la sourde douleur de ses muscles froissés amarrait encore au monde. Et la sonnerie insistante.

Devant elle apparut un rectangle de lumière, l'éclat des réverbères filtrant par les interstices de la porte. Elle savait, même à tâtons, retrouver le verrou. C'était elle qui l'avait installé, une pièce de fonte récupérée dans une vieille grange.

Ses mains se souvenaient du vrombissement de la perceuse, de la pression de l'index sur la gâchette, des pièces soigneusement assemblées. Ça paraissait si lointain à présent.

Elle leva le bras. Effleura le loquet, passa le pouce sur les creux de la fonte, cicatrices laissées par le marteau du forgeron. Longea le métal là où il s'allie au bois. Puis elle fit glisser la tige. Et la porte s'ouvrit.

« Bonjour, madame Yaga », dit l'homme.

Casquette de général serrée sur le cœur, il s'inclina.

« Puis-je entrer ? »

Juste au-dessus de lui, la mezouzah accrochée au chambranle se retourna lentement, face au mur.

Bellatine connaissait cette voix. Elle ressemblait à celle qu'elle avait entendue dans le cimetière de Winnie. Mais pas seulement. Ça venait de plus loin : cette voix, son sang l'identifiait depuis des générations, bien longtemps avant qu'elle soit venue au monde. Cette voix la suivait depuis un siècle.

Ils s'étaient installés dans le salon. Elle ne se souvenait pas de l'avoir vu entrer, ni de s'être assise sur le banc de plâtre, tandis qu'il choisissait un fauteuil en osier, face à elle. D'où venait-il, ce fauteuil ? Elle ne l'avait jamais vu dans la maison à laquelle, indubitablement, il appartenait, de même que la petite table en acajou qui les séparait et le samovar qui trônait sur cette table, avec son décor de fleurs peintes, rouge et bleu. Une créature de fumée, semblable aux passagers, flottait à leur côté. Elle se pencha pour ouvrir le robinet d'argent du samovar. Un liquide brûlant se déversa dans une tasse à anse d'argent ; lorsque la tasse fut remplie, la créature la posa devant Bellatine.

« Ne vous inquiétez pas, dit Ombrelongue avec un geste désinvolte de la main. Ce n'est que du thé. Je suis civilisé, madame Yaga. Mon souhait est d'avoir avec vous une conversation qui le soit tout autant. »

Bellatine huma la fumée mais se garda de boire. Elle s'efforçait de ne pas regarder le domestique spectral. Le thé avait une odeur de tisane, avec un soupçon de miel et d'eau de rose.

« Je suis venu vous présenter mes excuses », poursuivit Ombrelongue en baissant la tête.

Une tasse apparut entre ses mains, que la créature avait remplie au samovar. Ces mots prirent place à l'intérieur de la tête de Bellatine, comme ceux qu'elle avait entendus après avoir bu le poison.

« Vous n'êtes pas vraiment ici, dit-elle. C'est un rêve.

— Vous avez raison, dit-il, et vous avez tort, comme la chose arrive fréquemment lorsque l'on émet une supposition. Mon corps se trouve-t-il à cet instant en compagnie du vôtre ? Non. Mais pour autant, suis-je un rêve ? Non. Vous et moi, nous partageons un petit secret, n'est-ce pas ? Un petit lien, une ligne téléphonique directe. Alors je suis là. »

Ces mots, il les étira longuement, comme un carré de guimauve.

« Allô ? »

Un papillon de nuit voleta autour du samovar, attiré par sa chaleur. Il atterrit dans la tasse du visiteur. Bellatine le regarda lutter, les ailes de plus en plus lourdes, de plus en plus poisseuses. Puis il s'abîma dans le liquide sombre.

« Sans compter que nous jouissons à présent du luxe de la solitude, poursuivit le visiteur. Quel soulagement de n'être plus encombré par la présence du jeune caméléon. Nous voilà enfin libres de profiter de la compagnie l'un de l'autre sans… interruption. C'est généreux de sa part, de nous offrir cette opportunité.

— La solitude ? »

Bellatine s'autorisa à lancer un regard à la créature de fumée. Ses bras étaient si longs que ses phalanges frôlaient le plancher.

« Ah. Certes. Elles ont de quoi inquiéter. Toutes mes excuses. J'ai pour votre bien-être la plus grande considération. »

Ombrelongue entrouvrit le pan gauche de son pardessus et la créature se blottit contre sa poitrine, pour s'y éteindre comme une bougie. La fumée fut bientôt absorbée par ses vêtements et par son corps. Disparue, elle aussi.

« Vous nous avez envoyé cette foule, dit Bellatine, d'une voix qui lui sembla lointaine, comme portée par l'eau. Ces gens que vous aviez empoisonnés. Vous avez fait couler notre sang. »

Une cuiller en argent ornée de fines ronces apparut dans la main de l'homme.

« Oui, ce fut bien plus brouillon que je ne l'aurais souhaité, ce dont je suis bien désolé, répondit-il en fronçant le nez avec dégoût. Mais il faut bien parfois envoyer des messages clairs, madame Yaga, non ? »

Il remua son thé dans le sens inverse des aiguilles d'une montre ; la cuiller cliquetait contre la paroi de la tasse.

« Vous devez comprendre que je suis ici pour accomplir une tâche. Faire le ménage, pour ainsi dire. Le lit est presque fait, ne reste plus qu'à rentrer la couverture sous le quatrième angle. Vous qui êtes une femme d'ordre, à l'esprit logique, vous comprendrez sûrement cela. »

La dernière souillure, se souvint Bellatine.

« *Malenkaya*, je voulais simplement vous expliquer ceci : je suis un homme épris de justice, et ma mission en est le reflet. Mais vous avez refusé le dialogue, si bien que j'ai dû vous envoyer mes serviteurs pour décourager à l'avenir cette obstination à ne pas m'entendre. Ne désirez-vous pas, comme moi, un monde sans tache ? Un monde protecteur ? »

L'homme porta la tasse à ses lèvres fines. Il but. Un éclair fit scintiller la pièce. Partis, soudain, les sacs-poubelle sur les fenêtres, qui laissaient à présent passer l'éclatante lumière du jour. Bellatine aperçut au-dehors un village, sa place du marché – il ressemblait à celui qu'elle avait entrevu dans le cimetière de Winnie. Pourtant ne se trouvaient-ils pas la minute d'avant en pleins champs de pétrole ? En ouvrant la porte pour faire entrer le visiteur, elle avait vu le piston d'un chevalet de pompage s'activer au loin, dans la lumière électrique. Ils longeaient à présent des ruelles bordées de maisonnettes aux murs blanchis à la chaux, toits en flammes. Des virevoltants embrasés traversaient, roues infernales, le monde. Un peu plus loin, ce fut un grand arbre aux branches desquelles pendaient une dizaine de corps. Elle cligna des yeux. Les images laissèrent place à la nuit – où flottait encore une odeur de brûlé.

Bellatine songea soudain à Li Fen. Aux orgues réduits en cendres.

« Ah, oui, reprit Ombrelongue, serpentant entre les pensées de la jeune femme, y cueillant ce qu'il voulait. Ces mondes purifiés, ils exigent des sacrifices. »

Vous l'avez tuée…

« Madame Yaga, savez-vous ce que signifie le terme de sérotineux ? demanda l'homme en se tapotant les lèvres d'un petit mouchoir. Cela concerne un certain nombre de conifères et d'eucalyptus de l'hémisphère sud, et quelques arbres du genre macadamia. Ces plantes, elles enferment leurs graines à l'intérieur de cônes scellés à la résine. Et cela reste étanche jusqu'à ce que… »

Il claqua des doigts, et une flamme apparut entre

son pouce et son index, comme s'il tenait une allumette.

« … ça brûle ! »

Pieds-de-chardon eut une embardée inquiète.

« Et lorsque le cône brûle, les graines sont libérées. Elles germent, elles prennent racine, elles croissent et prospèrent. Mais uniquement si le cône est entièrement carbonisé. »

Il referma les doigts et la flamme s'éteignit.

« Nous n'avons pas de ces plantes en Russie, notre climat est trop froid, trop humide pour cela. Mais c'est fabuleux, non ? Un être vivant que Dieu a conçu pour qu'il prospère quand il a été brûlé. Vous voyez : parfois, ce que l'on prend pour un acte de destruction est en fait un bienfait pour la santé de la terre. Cette maison, voyez-la comme le cône d'une de ces plantes. Le dernier cône, oui, l'ultime vestige de tout un village détruit par le feu pour que la plante, ma Russie, puisse prospérer. Cela ne se fait pas, vous êtes bien d'accord, de ne pas finir un travail ? Pour le bien de ce qui pousse dans les sols fertiles ? »

Il se leva et replia sa serviette – en deux, puis en quatre.

« Je crois, madame, que nous nous sommes compris. Lorsque je reviendrai, ne cherchez pas à vous échapper, que nous puissions nous rencontrer en personne. J'ai grande hâte d'avoir ce plaisir.

— Mais vous êtes quoi ? » demanda Bellatine, d'une voix qu'elle aurait voulue de chêne, puissante, invincible, mais qui tenait plutôt du cri de souris.

« Ah, petite, je ne suis pas un quoi », dit l'homme.

Sa voix sembla se réverbérer non seulement sous

le crâne de Bellatine mais encore dans le moindre recoin de la maison. Elle l'entendit dans les poutres et dans les murs, se faufiler le long des chambranles et entre les lattes du plancher, perçut son grésillement dans les placards ; elle la sentit s'insinuer dans ses veines qui la reconnurent, cette ancienne et familière terreur.

« Je ne suis pas un quoi, répéta l'homme. Je suis un quand. »

Elle cligna de nouveau des yeux. Et lorsqu'elle les rouvrit, la table d'acajou, le samovar, le fauteuil en osier et l'inconnu au long manteau avaient disparu.

Chapitre 37

Réfléchissez un peu. Les fantômes, ça n'existe pas.

Mais, petite maison, me direz-vous, *et les ombres sinistres dont nos mères nous parlaient ? Agrat bat Mahlat qui dansait sur le toit ? Les mazzikin qui font faire long feu aux fusils, qui empoisonnent l'eau des puits ? Alukah qui suce tous les jours à l'encolure des chevaux son petit déjeuner ?*

Ce à quoi je vous répondrai : vous ne m'écoutez pas ! Ça, ce sont des démons, pas des fantômes. Et qu'il y ait des démons parmi nous, c'est une certitude. Il vous suffit de regarder par mes fenêtres. Mais les fantômes ? Les esprits des morts ? Vous pouvez toujours vous peler les yeux, vous n'en verrez pas un.

Mais, petite maison, vous insistez, *et Shaoul hamelekh, qui, avec l'aide d'une sorcière, invoqua l'esprit de Shmouel ha-navi pour anéantir les Philistins, tu en fais quoi ? C'est dans la Torah !*

Pffh ! C'était un tour de magie, comme tout ce que font les sorcières. Pas un miracle. Des miracles, ce n'est pas ça qui manque dans notre monde et dans l'autre, mais des morts qui se promènent parmi les vivants, c'est non. N'importe quel rabbin vous le confirmera.

Mais, petite maison, vous insistez, *et les* dibbouks *qui nous montent sur le dos, qui nous donnent des convulsions et qui nous font nous tordre de migraine jour et nuit, hein ? Ils existent pour de bon, tout de même ?*

Ce à quoi je vous répondrai que ce genre de question me donne mal au crâne, et que pour autant ça ne fait pas de vous un *dibbouk*, je crois. D'ailleurs, je n'ai pas de crâne.

Mais, petite maison, vous continuez, *et les souvenirs ? Ce sont bien des fantômes, les souvenirs ?*

Il est une fois une femme qui habite dans le shtetl de Gedenkrovka, région de Tcherkassy, pays de Russie. Les gentils qui vivent aux confins du village, ils pensent que cette femme est un démon, car elle vit dans une maison qui ne ressemble à aucune autre. Elle peut fabriquer un enfant à partir d'une dent, qu'elle nourrit ensuite avec une soupe de nouilles dont le bouillon provient des os de voyageurs égarés. *Ne vous approchez pas de la maison de Baba Yaga*, disent-ils, *sinon elle vous plantera une bougie dans le crâne pour vous transformer en lanterne*. Les juifs du marché, eux, ils se fichent bien de savoir si Baba Yaga est une sorcière ou un concombre, du moment qu'elle n'est pas une *shiksa*, que les œufs qu'elle vend ne sont pas pourris et que ses filles ne mordent pas les autres enfants. Les juifs, ils ont l'habitude de s'entendre appeler démons. Ils ont appris à ne plus faire attention à ça.

Vous retenez ce que je vous raconte, là, hein ? C'est un peu comme des fantômes, non, les histoires qu'on répète sans cesse et qui ne se taisent pas ? Les histoires qui dansent déjà sous votre crâne avant même que je parle ?

Vous connaissez celle de Baba Yaga et d'Ombre-longue ?

Un jour, Baba Yaga va au village, en laissant Illa à la maison s'occuper de Malka. Quand elle arrive au marché, elle se rend compte qu'il n'y a plus personne au village. Elle va à l'épicerie : personne pour lui vendre des petits pois et des bocaux pour les conserves. Quand elle va chez la couturière, il n'y a plus que des chapeaux qui bavardent entre eux. Quand elle va chez le boucher, elle trouve le sol trop propre : pas une tache de sang. Puis elle se dirige vers la synagogue et aperçoit bientôt un homme qui traîne, solitaire, près du puits.

« Excusez-moi, l'inconnu, dit Baba Yaga, mais pouvez-vous me dire où est passé le reste du village ? J'espère que ce n'est pas jour de fête aujourd'hui, et que j'ai complètement oublié d'aller à la *shul*…

— Mais oui, dit l'inconnu en portant la main à sa casquette, un sourire aux lèvres. C'est fête en effet. C'est le premier jour de la fin. »

Baba Yaga n'a pas de temps à perdre avec les énigmes et les inconnus ; elle s'apprête à poursuivre son chemin.

« Attendez, dit l'homme. Je vais vous accompagner à la synagogue.

— Je préfère grandement y aller seule », réplique Baba Yaga en s'éloignant.

L'air est froid, piquant ; le cliquetis de ses semelles sur les pavés le traverse à la vitesse du télégraphe.

« Oh, sœur, répond l'homme, je t'en prie ! Je serais un bien piètre voisin si je ne t'ouvrais pas au moins la porte ! »

Et sur ces mots, l'homme lève le bras.

Et son bras s'allonge, s'allonge comme une volute de fumée, pour bientôt faire deux fois, trois fois, quatre fois, cinq fois sa taille ordinaire ; et la manche de son manteau s'allonge aussi. Le bras passe sous le nez de Baba Yaga, traverse la place et monte les marches en granit ; il arrive bientôt à la porte de la synagogue et sa main se referme sur la poignée de cuivre ; elle tape doucement.

Baba Yaga n'a pas attendu cela pour comprendre que l'homme n'en est pas du tout un.

« J'ai bien réfléchi, dit-elle, j'attendrai demain pour voir le rabbin. »

Elle a dans la paume un petit haricot blanc, qui tourne sur lui-même et finit par lui indiquer ma direction.

Mais quand elle relève la tête, elle remarque que l'autre bras de l'inconnu s'est lui aussi démesurément allongé, tout maigre, tout blanc, comme du petit bois, tant et si bien qu'elle n'en voit pas la fin. Mais il est parti dans la direction qu'indique le haricot.

« Oh, dit Ombrelongue, qu'elles sont jolies, tes filles. Elles ont les cheveux si doux. »

Et Baba Yaga se met à courir.

*

Les hommes de Dénikine arrivent à l'aube.

Le premier juif à mourir est un gamin de dix-sept ans, qui avait couru chez son père, à l'épicerie, pour le prévenir. Un soldat le tue d'une balle dans la tête. Ils jettent son corps dans le puits, pour qu'il y pourrisse.

*

Les esprits des morts, ça n'existe pas.

Et pourtant la souffrance a sa manière à elle de supplier pour qu'on s'en souvienne. Parfois sous la forme d'un conte. Parfois sous celle d'un fantôme.

Aujourd'hui, on dit que l'air, dans ce qui était autrefois Gedenkrovka, est plus lourd que la normale, et si différent qu'il vous pèse, humide, sur la peau. On dit aussi que la douleur peut se transmettre par le sang. Qu'un chagrin peut être si intense parfois qu'il transforme toute une lignée, qu'il peut réapparaître dans les corps des générations plus tard, longtemps après que le nom même de ce chagrin a disparu. Combien de temps faut-il au corps pour se rendre compte qu'il est indemne ? L'est-il d'ailleurs jamais ?

Une inquiétude peut-elle se faire fantôme ? Ou bien une paire de mains ?

Les esprits des morts, ça n'existe pas. Votre grand-mère ne s'installe pas à votre chevet pour chanter des berceuses. Ne soyez pas naïf. Les enfants n'apparaissent pas aux fenêtres dans leurs petits costumes victoriens. Ça, ce sont des hallucinations, ou des démons. Le *dibbouk* qui possède votre mari, ce n'est que sa colère et un peu d'alcool. Les esprits des morts, ça n'existe pas.

Et pourtant : ceci est une histoire de fantômes.

Les esprits des morts, ça n'existe pas. Mais les événements ? Quand ils ont charrié trop de lamentations, ils peuvent laisser une cicatrice. Ils peuvent se tordre, se contorsionner en d'effroyables positions ; il peut leur venir des bras, des jambes, une tête sur laquelle on peut poser un chapeau, des pieds qui vont vous suivre.

Les événements – ils ont tendance à se reproduire.

Chapitre 38

Le feutre vert ondulait aux confins du billard ; une boule n° 13, rayée, traversa la table comme un Saturne de poche. Il était presque sept heures du matin. Le Roi caméléon avait investi le bar vers quatre heures ; un routier du nom de Joe Pill l'avait débarqué à Fayetteville, dans l'Arkansas, après l'avoir régalé pendant tout le voyage des *Quatre saisons* de Vivaldi en boucle. Avant cela, il lui avait fallu deux virées distinctes pour aller de La Nouvelle-Orléans à Baton Rouge, et trois autres pour atteindre le Mississippi. Au nombre de ses chauffeurs, deux sœurs d'âge mûr qui se rendaient en ville pour acheter des perruches (*Ne vous mariez jamais, petit, les oiseaux c'est bien mieux*), une strip-teaseuse avec une douteuse collection d'écureuils morts dans le coffre de sa voiture et un flic à la retraite dont le pare-chocs arrière était orné d'un autocollant, *L'Amérique, tu l'aimes ou tu la quittes*. Tous ces visages, tous ces noms, toutes ces mains sur le volant, ces têtes penchées vers l'autoradio, il les avait mémorisés. Stockés dans sa mémoire. Fait sécher, les avait salés, conservés comme une tranche de jambon.

« Tu penses à un truc en particulier ? » ricana son adversaire.

En revenant à lui, le Roi constata qu'il enduisait convulsivement le bout de sa queue de craie depuis deux bonnes minutes. Il excellait au billard, sport qui exige une musculature subtile, précise, mais ce n'était pas le cas de Clarence Utah – et c'était dans le corps de ce dernier qu'il habitait ce matin.

« Euh, je réfléchissais à mon prochain chapitre. »

Il visa une poche d'angle et rata son coup.

Clarence, avait-il décidé, était un romancier débutant originaire de Tulsa ; il était venu à Fayetteville faire des recherches sur les chasseurs de serpents des Ozarks.

« T'sais, je m'disais qu'un d'ces jours, j'allais écrire un bouquin sur ma vie, moi aussi. Il paraît que c'est pas plus dur qu'autre chose. Enfin c'est ce qu'on dit. »

L'adversaire, une barrique sur pattes dont la ceinture s'ornait d'une tête de tigre en laiton, marqua quatre coups de suite et se pencha sur la huit.

« Ah ouais ? Vraiment ?

— Ben ouais. Genre à la portée de n'importe quel idiot. »

Un commentaire de nature à faire réagir Clarence Utah. Qui n'avait peut-être plus du tout envie de jouer au billard, mais d'entamer une bagarre. N'était-ce pas un mauvais perdant, ce Clarence ? Oui, pourquoi pas ? Le Roi caméléon s'empara de la bière de Tête de tigre avec un grognement et la vida.

« Qu'est-ce que tu fais, mec, putain ? »

Le Roi lança la bouteille à terre, qui s'y brisa en mille morceaux. Le fracas résonna en lui comme un tocsin. Ça suffirait peut-être à le réveiller. À faire détaler les fantômes : trop discordant, ce bruit, pour les oreilles délicates de Benji. Ça suffirait peut-être à couper le lien entre ce qu'il avait été et ce qu'il serait.

Le barman le prit par le col de son veston et le traîna hors du bar, ce qui lui laissa le temps de piquer une autre bière sur une table voisine et vingt-trois dollars dans le pot à pourboires. Comme il n'avait plus de clopes, il ramassa un mégot dans un cendrier qui traînait sur le perron et tira une bouffée. Le ou la fumeuse d'origine avait ceint le filtre d'un nuage de rouge à lèvres rose. Le tabac était doux, à la Jolly Rancher. Clarence Utah lui sortit des os et se volatilisa avec la fumée.

Il n'avait pas fermé l'œil de la nuit, les poumons rongés par ce fichu renard enragé, affamé. Impossible de dormir avec ça dans la poitrine. *Avance, avance*, jappait-il. *Oublie la maison aux terribles pattes jaunes. Oublie ton ancien nom. Oublie.* Il leva le pouce.

*

« Si tu vois Dieu, tu le sauras tout de suite. Compris ? »

La dame s'était présentée sous le nom de Jo. Elle avait les mains sales de quelqu'un qui a déterré des carottes dans un potager. D'épaisses gouttes d'eau s'abattirent sur le pare-brise de son pick-up Toyota, et elle actionna les essuie-glaces.

« Je l'ai vu quand j'étais toute gamine, tu sais ? Une petite gosse de Little Rock. Mais on n'est jamais trop jeune pour porter le regard sur la sainte lumière de Dieu. »

Après la mort de Benji, il avait évité les trains, remplacé le rail par l'auto-stop et la marche. Ça lui manquait parfois, les kilomètres solitaires sur un convoi de marchandises. Le hurlement des freins, trop bruyant pour qu'on puisse causer. Mais l'auto-stop avait ses plaisirs. Les histoires. Les gens. Les étranges pièces en un acte qui se jouaient sur le siège avant d'une guimbarde rouillée, les cabines de poids lourds transformées en confessionnal. L'anonymat apaisait les esprits. Vous pouvez confier à un parfait inconnu quelque chose que vous ne vous raconteriez pas devant un miroir. Quand vous livrez un secret à un ami, vous le retrouverez à jamais coincé entre ses lèvres. Mais offrez-le à un auto-stoppeur : il vous rendra ce service inestimable de disparaître avec dès qu'il descendra de votre voiture, emportant ce tendre fragment de votre cœur dans un autre État, sur une autre autoroute. Un petit exorcisme accompli le pied sur la pédale de l'accélérateur.

Isaac remonta la vitre, pour se protéger de la pluie.

« Je ne sais pas si je Le reconnaîtrai, si je Le vois. »

Enjoliveuse, lovée sur ses genoux, déchiquetait un bout de bœuf séché que la femme était allée pêcher dans sa boîte à gants.

« Oh, pas de problème, je te le garantis. Quand je L'ai vu, la première fois, c'était une grenouille, figure-toi. Une petite grenouille-taureau bien ronde, avec une patte en moins. J'avais… quoi, sept ou huit ans, un truc dans ce genre. C'était mon chien qui l'avait croquée, la pauvre bête, et qui lui avait mangé la patte. Je l'ai ramassée et je l'ai mise dans une mare. Et là, elle m'a regardée de ses deux gros yeux, et j'ai compris. J'ai compris ce que j'avais devant moi. Le Seigneur qui est aux cieux, en personne ! Ça t'est arrivé déjà de comprendre les choses comme ça ? T'as déjà trouvé la réponse, enfin la vraie, la grande réponse, là, comme ça, juste devant toi ? »

Jo plissa les paupières avant de passer un chiffon sur le pare-brise pour se débarrasser de la buée.

Les réponses… Une réponse, c'est une crevaison sur une route de campagne. Une impasse. Dès qu'on l'obtient, il n'y a plus d'errance. Plus d'émerveillement. Plus de miracles, plus de sacré. Aucun endroit où on puisse aller. Le sacré, Isaac ne savait pas vraiment où le trouver, mais ce dont il était certain, c'était qu'il ne se trouvait pas dans les réponses.

Les questions, ça, c'était autre chose. Posez-en une, et se déroule sous vos yeux un paysage infini, riche de mille possibilités. Nord, sud, ouest, est : tout un réseau d'inconnues, disposant chacune de ses propres sorties, de ses propres aires de repos, de ses virages. Vous pouvez voyager le long d'une question toute votre vie sans jamais avoir envie de vous arrêter. Quand il vagabondait, Isaac pouvait se réveiller le matin sans savoir où il irait dans la journée. Où il dormirait la nuit à venir. Et ça, ça le poussait. La curiosité. La sainte ignorance.

Il pensait avoir trouvé une réponse dans la maison aux pattes de poulet, la maison maudite. Une réponse à sa dette. Une réponse à sa pauvreté. En gagnant sa vie pendant un an, en prenant un peu d'avance sur lui-même, il pourrait peut-être commencer à rendre justice à Benji. D'abord, lui ériger une vraie tombe. Racheter sa guitare. Peut-être même faire circuler ses chansons dans le monde. Un modeste legs. Il aurait dû savoir que tout ce que font les réponses, c'est de vous enfermer dans des cages. Et le renard dans sa poitrine lui labourait les côtes, sans relâche. Soudain, il eut l'impression d'être pris dans un étau.

« Jo, tu t'arrêterais trois secondes ? J'ai des fourmis plein les genoux. Vaut mieux que je marche un peu.

— Sous cette pissée ? Mais t'es fou ! »

La pluie tombait si fort maintenant que tout n'était plus que lames d'argent ; le plafond du pick-up chantait comme un serpent à sonnette.

« Oh, j'aime assez les intempéries, répondit Isaac. Merci beaucoup pour le bout de chemin. »

Il était content de ne plus avoir de sac à dos. N'avait plus à se soucier de tremper quoi que ce soit – Enjoliveuse, naturellement, n'était pas d'accord, et gémissait, la fourrure hérissée par l'averse. Il la serra contre lui, redingote boutonnée, et elle se pelotonna contre son ventre pour trouver un peu de chaleur tandis qu'il avançait sur le ruban noir et scintillant de la route, les phares du pick-up de Jo disparaissant dans le lointain. On était à peine en fin de matinée, mais les nuages étaient si sombres que le ciel avait des lueurs sourdes de crépuscule. Et devant lui, le brouillard, aussi dense qu'un lac de mercure. Ce qui l'attendait était invisible – et chacun de ses pas était une question. Ses mèches se collaient à ses tempes, ses semelles clapotaient au rythme de sa progression.

Au bout de quelques kilomètres, le froid commença à l'envahir. Ce furent d'abord ses orteils, puis ses chevilles, puis ses jambes et bientôt tout son corps, mangé centimètre par centimètre, comme une mèche qui s'affaisse dans la petite flaque de cire d'une bougie. L'insomnie le laissait sans défense. Les frissons se succédaient, le secouant avec la force de l'orage : il serra Enjoliveuse contre lui encore plus fort, dents serrées pour les empêcher de claquer. Mais c'était une bonne chose. Le confort, ce n'était pas pour lui. Dormir dans un lit avec un toit au-dessus de sa tête... Avec quelle facilité le lit devient cercueil !

Une heure passa. Puis une autre. Bien sûr, il n'allait pas tarder à arriver en ville, à passer devant un relais routier. Un peu plus tôt, il avait été dépassé par un semi-remorque : c'était la dernière manifestation d'humanité depuis un bon moment. La pluie avait fait place à la neige fondue ; le moindre brin d'herbe se parait à présent d'un fourreau argenté. Les bas-côtés scintillaient, comme sculptés dans le verre. Le froid, humide, profond, rongeait Isaac comme une armée de charançons, sensation qu'il parvint à chasser de son esprit. Dans les champs de pétrole les pompes à tête de cheval opinaient sans relâche. Les vautours tournoyaient, traçant dans le ciel des blessures noirâtres. Bientôt les paupières d'Isaac se firent si lourdes qu'il avait toutes les peines à les garder ouvertes, et marchait à l'aveuglette, battant de temps en temps les cils pour rester sur sa trajectoire. Ses jambes étaient engourdies. S'il avait pu, au moins, trouver un pont, un bosquet, pour s'y réfugier et passer le reste de l'orage au sec – mais la route se poursuivait sans interruption, avec pour seule compagnie le ciel. Encore un pas, se força-t-il. Et puis un autre. Voilà.

Il ne serait pas Orphée. Il ne serait pas la femme de Loth, transformée en statue de sel. Il ne se retournerait pas. La mémoire n'était qu'une laisse à son cou.

Il tremblait si fort à présent qu'il avait du mal à garder son équilibre. Et ce n'était pas l'inquiétude. Ses lèvres exsangues étaient passées au bleu, ses mèches figées par le gel se dressaient en ressorts sur son crâne. Bientôt, les muscles trop raides pour le porter, il s'effondra sous un panneau publicitaire, adossé à l'un des piliers de métal chromé. Il ne savait qu'une chose de cette route : il était le seul à l'arpenter. Pas une voiture, pas une lueur à l'horizon lui promettant une nouvelle ville. Si seulement il avait eu un peu de whisky sur lui, un Thermos de café… Ah, quel luxe. Il sentit presque la chaleur de son fantasme lui réchauffer la poitrine et se répandre dans le reste de son corps, molécule par molécule.

Il parvint tout juste à déchiffrer le message du panneau, brouillé par les rideaux de pluie : OÙ ALLEZ-VOUS ? AU PARADIS OU EN ENFER ? TÉLÉPHONEZ AU 1-800-VERITE-VRAIE.

Au paradis ou en enfer ? Et s'il y avait d'autres destinations ? songea-t-il. Des espaces interstitiels, dans lesquels les morts ne mouraient jamais, mais flottaient dans le temps ? Un temps-ouroboros, se dévorant la queue à jamais. Certains souvenirs sont si puissants qu'ils ne s'effacent jamais. Ils ne cessent de se replier sur eux-mêmes pour être vécus de nouveau, et sans fin. Était-ce là que Benji se trouvait ? Un univers de poche où il tombait, tombait, tombait de son échelle durant l'éternité ? Isaac ferma les yeux. Le froid l'enveloppait comme un linceul, dont il ne sentit bientôt même plus le poids. Quelque part, une guitare jouait, accords doux et métalliques ; il s'en fallait de très peu pour qu'il ne la voie. Il avait trahi Benji. Il l'avait laissé mourir et, pire encore, l'avait laissé sombrer dans l'oubli. Il avait condamné sa sœur au même sort. Rien d'étonnant à ce qu'il se sente comme un fantôme. Il en était plus proche que des vivants.

Où vas-tu ? Au paradis ou en enfer ?

Il soupira et son souffle se cristallisa immédiatement. Il n'aurait pas besoin d'appeler le numéro indiqué sur le panneau : il allait bientôt pouvoir faire l'expérience en direct. Il n'avait qu'à se coucher sur le sol, à laisser le givre broder sa dentelle sur son corps. La seule véritable manière de payer sa dette.

Il se carra contre le poteau. Il était fatigué. Fatigué de courir. Fatigué d'héberger des fantômes. Fatigué de changer si souvent de vie. Dire qu'il aurait pu rester à côté de Jo, à baigner dans les vagues de chaleur du radiateur. Il aurait pu se trouver en fin de journée un bon repas, un lit chaud. S'il avait pu revivre sa matinée, ç'aurait peut-être été son choix. Mais les dés étaient lancés et, en professionnel du spectacle, il fallait bien qu'il s'adapte à son auditoire. Le vent, glacial, se mit à souffler. Isaac avait chaud désormais.

« Hé, salut, Bleu, dit une voix qu'il connaissait bien. Prêt à monter dans l'Ouest Express ? »

Il referma les yeux.

Chapitre 39

Un train traversa en bringuebalant le crâne d'Isaac. Ah, non, ce n'était pas un train, et d'ailleurs, il ne passait pas dans sa tête. Le boucan l'avait réveillé. Il cligna des yeux. Une carriole apparut dans le brouillard, comme Moïse traversant la mer Rouge. Elle était attelée à un puissant cheval de trait noir, et chargée de bottes de foin. Un homme en manteau de laine en tenait les rênes. Un soulagement dont il ne se croyait pas capable submergea Isaac. Son heure n'était pas encore venue. Ce café, ce whisky, ce repas chaud, ce lit sous un toit… Tout n'était peut-être pas perdu.

« Hé », articula Isaac d'une voix faible.

Puis, avec un peu plus de vigueur, envoyant dans le froid une fléchette sonore :

« Hé ! »

Le paysan tourna la tête et fit arrêter son cheval. Il leva le bras, et Isaac parvint à lui répondre d'un geste de la main.

« L'ami, vous pouvez me prendre ? » demanda-t-il d'une voix éraillée.

L'autre opina et Isaac parvint à se relever, les articulations percées de mille pointes d'épingle.

« Vous avez souvent des gens qui vous demandent ça ? » s'enquit Isaac.

L'homme secoua la tête.

« Et où on va, comme ça, patron ?

— À la maison. »

Et l'homme pinça les lèvres sous sa moustache broussailleuse.

« Pas très causant, dit Isaac en claquant les dents. Pas de problème, je respecte. »

Cette carriole, elle allait quelque part. Où que ce soit, ça lui convenait amplement.

Ils cheminèrent en silence. Isaac et Enjoliveuse étaient montés à l'arrière, avec le foin. Il s'adossa aux meules, dont certaines étaient miraculeusement sèches. Elles exhalaient à chaque cahot un parfum doux, entêtant. Il avait le plus grand mal à ne pas s'endormir.

Au bout d'un long moment, une lueur dense et jaunâtre perça le rideau de neige fondue. Elle flottait devant eux, immatérielle, comme un petit soleil. Lorsqu'ils furent plus près, Isaac vit émerger un rectangle plus sombre autour de la lueur, comme si elle était contenue dans un cadre ornemental. C'était une lampe à gaz, se rendit compte le jeune homme, fixée au battant d'un grand portail en bois.

N'avaient-ils pas circulé sur une grande route de l'État ? Et pourtant, il vit que la chaussée les conduisait jusqu'à la grande porte, devant laquelle elle s'arrêtait net. Était-ce le portail d'un ranch ? Curieux endroit ! On était en plein champs de pétrole ; la terre avait été tellement creusée, tellement retournée qu'on n'aurait pas pu y faire pousser un radis.

Était-ce le lieu de vie d'une secte religieuse, alors, d'un culte millénariste attendant un messie qui lui viendrait à cheval sur une comète ? Ou peut-être un village fermé pour magnats de l'or noir, érigé grâce à la fortune qu'ils avaient amassée et blanchie sur le dos des autochtones ? Quoi qu'il en soit, les communautés isolées accueillent en général d'assez mauvais gré les étrangers sans bagages, trempés jusqu'aux os. Pas grave. Il allait faire en sorte de ne pas être étranger à ces gens.

L'air avait dû se réchauffer, car il n'avait plus de givre sur les cheveux, ni dans les vêtements ; ses membres lui semblaient bien plus légers, sensation surprenante. Il se redressa, chassa de son front ses mèches trempées. Le portail s'ouvrit et le fermier bourru fit entrer sa carriole. Isaac laissa son identité se disperser, comme un gaz, prêt à en introduire les molécules dans le récipient qui conviendrait.

Dès qu'ils eurent franchi le portail, un grand brouhaha se fit entendre sous l'averse comme un taureau qu'on vient de libérer. Cris d'enfants, clapotis de leurs bottes dans les flaques, voix de femmes qui filaient comme les navettes d'un métier à tisser, tandis que les hommes se disputaient avec ces accents sacrés réservés aux désaccords politiques. Le bétail et les chevaux jouaient impatiemment du sabot dans la boue, tambours humides et graves auxquels se mariait le tintement plus aigu des transactions commerciales.

La carriole poursuivant son chemin, d'autres scènes surgirent du brouillard. Un toit de chaume. Puis un mur de brique apparaissant sous le stuc écaillé d'une maison. Des enseignes grinçant sur leurs gonds – des lunettes de géant. Une machine à coudre pyrogravée. Un panier de pommes peintes en vert radium. Devant les boutiques, de hauts réverbères en fonte. D'autres carrioles comme celle de son guide, chargées de bonbonnes en fer-blanc et de caisses en bois, attelées à des paires de bœufs. Le brouillard, se retirant peu à peu, donnait l'impression que le village était non pas révélé mais créé, pièce par pièce, pour le seul bénéfice d'Isaac.

La carriole s'arrêta enfin et Isaac sortit par l'arrière, avant de remonter jusqu'au siège du fermier pour lui lancer une de ses pièces plates.

« C'est un porte-bonheur, lui dit-il. Gardez-le précieusement. »

Il caressa le museau du cheval et prit congé de la bête et du bonhomme. Un peu plus loin, il remarqua un homme qui faisait à peu près sa taille et l'observa un moment pour lui voler quelques-uns de ses gestes, de ses postures. Oh, bien sûr, l'imitation ne résisterait pas longtemps à l'inspection, mais au premier coup d'œil, on le jugerait familier : c'est l'un des nôtres, assurément ! Il n'était pas mécontent de s'être trouvé une redingote aussi indémodable : trop grande, certes, et encore dégoulinante de pluie, elle ne jurait pas, au milieu des costumes quelque peu datés des villageois. On se serait cru chez des Amish, ne serait-ce la mise bigarrée des femmes. Les hommes portaient de longues barbes grises et de lourdes pelisses en drap au col relevé, pour les garder du froid. Les femmes s'emmitouflaient dans des couches de châles et de foulards à rayure, à carreaux, à petit pois, des paniers sur le bras regorgeant de fruits et de fromage. Benji aurait dévoré ce village tout cru, songea Isaac. Il imaginait sans peine les yeux vert trèfle de son ami scintillant de ferveur, prêt à se camper au centre de la place pour extorquer à ces inconnus toutes les ballades, tous les contes et tous les poèmes qu'ils connaissaient. *Incroyable ! Un patelin comme celui-ci, c'est comme le Disque d'or de la sonde Voyager ! Chanté, scellé et expédié dans l'espace, tout un monde sous cloche. Et nous, on est comme les extraterrestres qui l'écoutent pour la première fois.* Benji avait toujours eu un faible pour le désuet, l'obsolète. C'était sûrement son côté voyageur du temps.

Il traversa la place du village, la glaise humide lui collant aux semelles. Enjoliveuse, sous la redingote, lui grattait la peau du ventre.

« Psst ! Si tu préfères patauger dans la boue, je te débarque ici ! »

Elle se trouva une autre position, non sans lui lancer un regard mauvais.

Le village avait la forme d'un vaste cercle ; les boutiques tournaient toutes leurs vitrines vers la place centrale, laquelle n'était plus qu'un océan de boue, de plus en plus liquide sous la pluie battante. Un puits y trônait, entouré de quelques étals de fermier et autres stands improvisés, où l'on vendait du lait, de gros poulets déjà plumés, des vases en céramique et des pommes de terre grosses comme le poing. La faim formait un nœud solide dans le ventre d'Isaac. En passant devant un étal chargé de miches dorées, il subtilisa un gâteau couvert de miel et de miettes de noix. Il avait donné sa dernière pièce au fermier et laissa un petit galet pour tout paiement. Mais aussitôt qu'il eut planté les dents dans le gâteau, il dut tout recracher, pris d'une quinte de toux. La friandise était pourrie, fourrée à l'asticot.

Un objet rond le percuta sous l'oreille. Il pivota sur ses talons, vit le ballon rouge atterrir dans la boue, poursuivi par trois jeunes garçons. Ils s'arrêtèrent à cinq ou six mètres de là. Les deux plus vifs devaient avoir sept ou huit ans ; les suivait, non sans difficulté, un bambin de quatre ou cinq ans. Tous les trois portaient des casquettes et des pantalons de drap. L'un des deux grands avait un mégot au coin des lèvres.

« Désolé, m'sieur, dit l'autre grand, considérant avec une grimace d'effroi les taches de boue sur le costume d'Isaac.

— Oui, ça en a tout l'air », marmonna Isaac.

Le petit rattrapa ses compagnons, éternua et s'essuya le nez d'un revers de main.

« Elye, papa dit que j'ai le droit de jouer avec vous. Tu avais juré !

— Mais oui ! C'est pas ma faute si tu n'arrives jamais à avoir la balle ! T'es trop maladroit.

— Je suis pas maladroit.

— Alors t'as qu'à l'attraper. »

Le petit garçon secoua la tête.

« T'as peur, hein ?

— Non !

— Alors va la chercher.

— Non, c'est toi qui vas la chercher. »

Isaac lança un regard au ballon, qui avait atterri au pied du puits. Il sursauta à la vue du blason enchâssé entre les briques : un aigle à deux têtes, les ailes déployées. Le symbole figurait sur de nombreux écussons, de nombreux drapeaux, il le savait fort bien – mais cette coïncidence le mit quand même mal à l'aise. Il ne voulait pas penser au flacon bleu, ni à celui qui l'avait en poche.

« Hé, le mioche, dit-il au gamin qui fumait. Tu es un peu jeune pour ce genre de cochonnerie, non ? Jette-la.

— Je suis plus vieux que toi, Yaga », rétorqua le garçon.

L'estomac d'Isaac se retourna.

« Comment tu m'as appelé ? »

Une voix forte retentit de l'autre côté du marché, et les gamins partirent en courant. Il avait dû mal entendre. Il était épuisé, ses sens émoussés. Mais il y avait quelque chose d'étrange dans la manière dont ces gosses s'égaillaient sur la place, comme s'ils ne sentaient pas l'averse. D'ailleurs aucun des villageois ne se promenait avec un parapluie, ni ne semblait se soucier du temps.

Isaac ne craignait pas la faim : il en avait fait plusieurs fois l'expérience. Le froid mordant, la fatigue mortelle : pas de problème. Mais s'il lui était facile de renoncer au confort, il en allait différemment de ses vices. Il traversa la place marécageuse et monta les quelques marches qui conduisaient au bazar du village, en espérant pouvoir s'y procurer du tabac et – si possible, si possible – une tasse de café chaud.

« … trente roubles ? Trente ! Ça ne va pas ? Et pourquoi pas mon cheval, avec ça ? Et ma maison ? Et mon pantalon ? Tiens, le voilà ! »

Deux hommes se tenaient devant le comptoir.

L'un était long et maigre comme deux brins de paille, l'autre petit, les épaules trop larges pour son veston, dont les coutures avaient cédé.

Le maigre pointait son index osseux sur le caissier, les cheveux blancs, les lunettes rondes et l'air distingué.

« Feh, c'est un très juste prix, Zurach, rétorqua ce dernier, en écartant de la paume le doigt accusateur.

— Un très juste prix ! Tu entends, Reb Mendl ? Trente roubles pour un rouleau de corde ? Si elle était en or, je veux bien. Mais là !

— Ah ! Avec une corde en or, Zurach, tu pourrais enfin t'attraper une femme. »

Les trois hommes hurlèrent de rire et la tension disparut soudain. Isaac joua des coudes et parvint au comptoir, cherchant du regard le paquet turquoise de ses American Spirit – ou celui rouge des Pall Mall. Ah, ils n'en avaient visiblement pas.

« Dites, messieurs, s'interposa-t-il, l'un de vous trois aurait-il un peu de tabac, dont je puisse le délester pour un dollar ? »

Les rires s'éteignirent comme une allumette sous la pluie.

« Vous, là, dit Zurach, l'homme maigre, en tournant vers le nez d'Isaac son index de prédilection. Qu'est-ce que vous fichez là ? »

Ah, peut-être avait-il surestimé ses talents d'imitation. Les trois hommes le considérèrent avec méfiance.

« Il est venu pour l'Événement, murmura celui qu'on appelait Reb Mendl. Yahweh nous a envoyé un témoin. »

Ses yeux s'étaient écarquillés sous la broussaille de ses sourcils.

« Ça suffit, Reb Mendl, gronda Zurach le maigre, tremblant de fureur. Il n'y aura pas d'Événement, ni aujourd'hui, ni hier, ni demain. Tu devrais te couper la langue plutôt que de proférer de tels blasphèmes. Et toi, ajouta l'homme en se tournant vers Isaac, fiche le camp. »

Le quincailler passa sous le comptoir et écarta les deux clients d'un geste éloquent des deux mains.

« Est-ce ainsi qu'on traite les visiteurs ? Est-ce ainsi que vous accueillerez le prophète Élie ? Quelle piètre hospitalité ! »

Il inspecta Isaac des pieds à la tête, sourcils froncés.

« Regardez ses chaussures, usées comme un enfant d'Israël égaré dans le désert ! Ami, viens te réchauffer et enfiler des chaussettes sèches. »

L'homme fit asseoir Isaac à une petite table au fond du bazar. Les deux clients sortirent en lançant des regards muets par-dessus leur épaule. Ils avaient oublié le rouleau de corde.

« Tu dois être frigorifié, dit le quincailler, gentiment réprobateur. Ne fais pas attention à ces deux idiots. Ils ne se souviennent pas de ce que c'est d'avoir froid et d'être trempé. »

Et la pluie continuait à tomber comme si de rien n'était.

Isaac se prépara mentalement à l'interrogatoire qui ne manquerait pas de suivre : d'où venait-il, qui était-il, que faisait-il dans la vie et quelle était la raison de sa visite au village. Il fit tourner sous son crâne la roue d'un jeu télévisé ; chaque tranche du camembert portait un nom différent, une vie différente. Elles défilèrent, les unes après les autres. Un cousin venu voir la parentèle. Un médecin ambulant. Un inspecteur des travaux publics. Un missionnaire mormon qui avait perdu son chemin. Clac-clac-clac, les identités défilaient et lorsque la roue arrêta sa course effrénée, ce fut sur un triangle qui portait le nom d'Isaac Yaga. Non. Il fut pris de tremblements et donna un nouveau coup à la roue.

« Tiens, dit l'homme en tendant une épaisse couverture de laine à Isaac. Et donne-moi, si tu veux bien, tes chaussures et ta veste. Je vais les faire sécher là-bas. »

Isaac s'exécuta et l'homme disparut quelques instants dans l'arrière-boutique. Isaac en profita pour empocher une poignée de noisettes grillées et deux boîtes de sardines – une pour lui, l'autre pour Enjo – avant de se remettre à table.

Dès qu'il se fut emmitouflé dans la couverture de laine, la fatigue le quitta comme beurre fondu. La laine dégageait une odeur musquée et graisseuse qui lui donnait l'impression d'être empaqueté dans une prairie invisible où paissaient des moutons. La chaleur l'envahit. Ses os soudain lui semblèrent de plomb – ils étaient si lourds ! Ce fut tout juste s'il se rendit compte qu'Enjoliveuse s'était extraite de la protection de sa chemise et que le quincailler était revenu à son côté, non sans avoir posé un bol de crème devant la petite chatte sans poser la moindre question à son compagnon humain.

« C'est une bonne chose que tu sois venu, dit-il

(c'est du moins ce qu'Isaac crut entendre). C'est une bonne chose que quelqu'un puisse témoigner. »

Le rideau rouge de ses paupières retomba.

Il se réveilla en entendant les cloches sonner.

Les caisses et les étagères du bazar projetaient des forêts d'ombres sur le sol. La boutique était vide; sa redingote soigneusement pliée était posée sur la table, de même que ses chaussures, à présent sèches, le cuir huilé et scintillant, et qu'une paire de chaussettes propres. Combien de temps avait-il dormi ? Enjoliveuse n'était pas là : sans doute se repaissait-elle de moineaux replets sous quelque porche du village. Il vit, par la fenêtre, une longue bande violet crépuscule entre les nuages.

Les cloches retentirent de nouveau.

Isaac se faufila sous le comptoir et ouvrit le tiroir de la caisse, que le quincailler n'avait pas fermée à clef. Il y trouva des paquets de billets, rouges, jaunes, verts. Les clients, se souvint-il, s'étaient disputés sur un prix en... roubles, non ? Il était si fatigué alors qu'il ne s'en était pas étonné. Mais où était-il tombé ?

Il referma le tiroir sans rien prendre – à quoi bon ? –, enfila chaussettes, chaussures et redingote et sortit sur la place.

La cloche sonna une troisième fois. Les villageois se précipitaient tous vers un bâtiment de belle stature, à la proue du village. Les commerçants du marché abandonnaient leurs étals, les boutiques se vidaient de leurs clients, et tous allaient dans la même direction. Isaac suivit le mouvement. Bien qu'elle soit, comme le reste de la ville, construite simplement en briques passées à la chaux, la grande bâtisse était agrémentée de colonnes sculptées et de hautes fenêtres en ogive, qui lui donnaient une allure majestueuse, à la Grand Central Station. Une horloge large comme un bras d'homme était incrustée, tel un diamant, sous la plus grande arche. Sous son verre couleur jade, elle indiquait deux heures. Au pied de cette arche immense, une double porte aux battants d'acajou et d'ivoire s'ouvrit, et la foule entra dans le bâtiment.

Du coin de l'œil, Isaac surprit des mouvements contraires. Une femme courait dans la direction inverse, s'écartant de la noble bâtisse et se dirigeant peu à peu vers l'extrémité du marché. Elle serrait contre sa poitrine un bébé dans ses langes et, de sa main libre, traînait derrière elle une petite fille aux traits délicats et aux cheveux aile de corbeau. Il y avait dans cette famille en fuite quelque chose d'insupportablement familier. Des personnages qu'Isaac aurait incarnés autrefois, des visages auxquels il aurait emprunté les yeux pour pleurer, des voix avec lesquelles il aurait chanté, des pieds qu'il aurait fatigués de ses errances. Il croisa le regard de la femme et fut pris de frisson. Sombre résolution. Elle était animée d'une telle énergie qu'aucune rage, aucun subterfuge au monde n'aurait pu la dissimuler. Énergie qui l'enveloppait comme un nœud coulant autour de l'animal pris au piège. Cette femme, elle se serait arraché la jambe d'un coup de dent pour retrouver sa liberté.

La fillette aux cheveux noirs tenait une poupée dans sa main libre. Les vêtements n'étaient pas les mêmes, le col à froufrous et les larmes noires peintes par la mère d'Isaac manquaient, mais la poupée, avec ses chaussures cramoisies et ses petites mains en bois, ressemblait comme deux gouttes d'eau à l'Idiot qui se noie. Isaac s'approcha des fuyardes.

Puis quelqu'un dans la foule le poussa vers la haute bâtisse et Isaac se laissa entraîner sous l'arche. Lorsqu'il put se retourner, la femme et ses deux enfants avaient disparu. Les grandes portes se refermèrent.

Il se trouvait à présent dans une grande salle. Des rangées de bancs la meublaient ; à chaque coin étaient tendus des rideaux de soie garnis de glands bordeaux, qu'on aurait dits d'ambre liquide. Le plus bel ornement des lieux était cependant une tour dorée qui s'élevait à plus de six ou sept mètres, entourée d'un filigrane scintillant représentant des volutes, des feuilles de vigne, des bêtes ailées, dignes du paradis, finement entrelacées – pièce qui n'aurait pas déparé dans le palais d'un tsar. La tour était coiffée d'une couronne sur laquelle des mots étaient inscrits en hébreu ; la surmontait un oiseau de feu à deux têtes, un rubis dans chaque bec.

C'est une synagogue, comprit Isaac.

Bien que sa mère ait été élevée dans la religion juive, il n'avait jamais mis les pieds dans une *shul*. Il lui revint un souvenir d'enfance : pendant une de leurs tournées, il était passé devant un temple à Montréal, avec sa mère. Il avait voulu l'y entraîner, attiré par la magnificence du bâtiment et les chants qui s'échappaient par les portes ouvertes, mais elle l'avait pris par le bras avant de poursuivre sa route, comme si la musique l'insupportait.

Les femmes et les jeunes enfants étaient expédiés

à l'étage par un escalier ; Isaac demeura au rez-de-chaussée avec les hommes et les garçons les plus âgés. Il reconnut le quincailler aux lunettes rondes, un peu plus loin, tête baissée. Loin devant, le garçon qu'il avait surpris à fumer se retourna et tira la langue.

Dans toute la synagogue, ce n'était que prières. Mais pas une seule ne ressemblait à l'autre. Il était difficile de s'y retrouver dans le brouhaha des voix. Cependant, quelle que soit la langue que ces gens parlaient, ce ne semblait pas être l'hébreu. Isaac se pencha vers un de ses voisins, énorme, un véritable ours, pour l'écouter.

« Moshé Leiser, Moshé Leiser, Moshé Leiser », marmonnait le géant, et ce n'était qu'une incantation parmi les centaines de la caverneuse salle.

Il prononçait ces syllabes comme si elles lui appartenaient en se tapotant la poitrine. Lentement, d'autres voix se joignirent à la sienne, libérées. Shmuel Genzl, disaient-elles. Sarah Rovner. Chaya Rabinowitz. Chaque fidèle tenait un nom contre sa poitrine, en guise de bouclier.

L'ours à côté d'Isaac se mit à bafouiller.

« Moshé… L-l… Mosh… »

Un homme à la barbe d'un blanc de neige, portant un chapeau noir – le rabbin, sans doute, se dit Isaac – posa la main sur l'épaule du géant.

« Oui, chuchota-t-il en souriant. Tu es Reb Moshé Leiser.

— Moshé Leiser », répéta l'homme.

Cinq minutes passèrent. Puis cinq autres. Les chants : aussi drus que la pluie.

Au moment même où le mal de tête naissant

indiquait à Isaac qu'il était resté assis trop longtemps, une sourde pression se fit sentir dans la salle, qui venait de l'extérieur de la synagogue. Comme si un bélier invisible avait commencé à marteler les murs. C'était la pression des grands fonds sans lumière, celle que ressentent les plongeurs. Les oreilles d'Isaac se bouchèrent. Comme pour repousser cette force extérieure, les psalmodies se firent plus fermes, plus sonores. Asher Tasman. Leib Cohen. Zidel Koenig. Les noms se nouaient les uns aux autres, mélangés, tordus, recroquevillés. La pression augmenta. Shimon Ackerman. David Feldsher. Esther Frum. Plus fort ! Plus fort ! Les paumes frappaient les poitrines. Yosef Geffen. Motie Adler. Le nom d'Isaac se cognait contre ses dents, avide de jaillir de la bouche, de rejoindre les autres, mais Isaac ne le prononçait pas. Il y avait trop de noms dans la salle, trop d'histoires, trop de vies déferlant d'un seul élan dans son corps. Il était submergé, saturé. Elles s'agrippaient à lui comme des fruits de bardane, des mains minuscules, innombrables, qui voulaient qu'on les prenne. Et la force au-dehors ne cessait de pousser, de presser, de peser. Dangereuse, sans doute, soutenue par une énergie née de la peur distillée. Isaac voulait sortir.

Il se faufila le long du banc, puis longea le mur jusqu'aux grandes portes. Il les entrouvrit juste assez pour qu'elles livrent passage à sa maigre carcasse, traversant la force inconnue qui faisait ployer les murs extérieurs.

Quel soulagement, d'être sorti ! La pluie avait cessé, l'air était fragile et sec. Les portes furent aussitôt refermées sous ses yeux.

« Tu devrais pas t'en faire autant, ça va te donner des ulcères. C'est ce que dit toujours mon *zayde*. »

Le gamin à la cigarette l'avait suivi sur le perron. Il s'y jucha, le genou levé, jaugeant Isaac d'un regard amusé. Puis Enjoliveuse réapparut, comme une promesse ; le garçon l'attrapa par la queue, ce qui la fit feuler.

« T'aurais pas une cigarette pour moi ? » demanda Isaac.

Le gamin lui en passa une allumée.

« Dis-moi, demanda Isaac en tirant une bouffée reconnaissante, ces noms, c'est quoi ?

— Les prières, tu veux dire ?

— Oui, les prières.

— Si on se rappelle nos noms, on gagne.

— Ah ouais. Bingo. Puisque tu le dis. Et toi ? Tu t'appelles comment ? »

Le garçon plissa le front.

« Je m'appelle… »

Son regard se fixa sur un point précis, comme si cela pouvait l'aider à se souvenir. Il secoua la tête.

« Mais c'est bien que tu sois là. C'est bien que tu puisses servir de témoin. »

Servir de témoin. On le lui avait déjà dit.

« Qu'est-ce que ça veut dire ? Témoin ? Témoin de quoi ? De l'office, là ?

— Ça vient, dit le garçon en tapant des talons contre le perron.

— Qu'est-ce qui vient ?

— L'Événement.

— Et c'est ça que je suis censé voir ?

— Pas voir, gronda le garçon, exaspéré. Je t'ai dit. Servir de témoin. »

Isaac remonta le col de sa redingote. Une bise griffue avait pris la place de la pluie ; au loin, des nuages d'orage se rassemblaient, annonçant une nouvelle tempête.

« C'est quoi, la différence ?

— Eh bien, dit le garçon en se rongeant l'ongle, voir, c'est juste voir, regarder. Tu peux regarder un spectacle et t'en aller ensuite comme si tu n'avais jamais été là. Servir de témoin… C'est clair. C'est dire ce qu'on a vu. »

Il leva la tête.

« Si nous avons un témoin, c'est comme si nous n'étions pas morts. »

Le cœur d'Isaac se serra de nouveau.

« T'es un drôle de gosse, toi, tu sais ? » dit-il avec une désinvolture largement feinte.

Les nuages d'orage étaient de plus en plus sombres, leurs contours d'une précision anormale.

« Regarde ! » dit le garçon.

Il se leva et commença à marcher le long du perron, comme sur une corde raide. Les bras tendus, il avançait en se mordant les lèvres, concentré.

Isaac regardait la tempête, et non l'enfant.

Les nuages se rapprochaient, enflaient, se chevauchaient, se rapprochaient du village. Curieuse couleur : non pas du gris cotonneux des cumulus, ou du bleu-noir d'ecchymose des nuages-murs. Ceux-là étaient épais, chargés de suie, noirs comme le charbon. Ce n'étaient pas des nuages.

Fumée.

« Il doit y avoir un incendie quelque part, murmura Isaac en descendant le perron.

— Mais non, c'est idiot, dit le garçon, tout à son exercice de faux équilibriste. Il n'y a rien qui brûle ici. »

Des éclairs vacillaient dans le voile immense de fumée. Celui-ci s'éclaircit soudain, se désagrégea en quelques dizaines de formes aux contours précis. Des cavaliers. Bientôt, Isaac put distinguer les bords de leurs écharpes, les torches noircies dans leurs poings. Les sabots des étalons s'abattant sur la terre.

Le garçon lui passa les bras au cou et l'étreignit par-derrière, comme une cape.

« Yaga, ne t'inquiète pas. Moi aussi, j'avais peur, la première fois. »

Il avait le vertige. Comment comprendre ce qu'il avait sous les yeux ? Le froid et la fatigue l'avaient-ils entraîné dans un voyage hallucinatoire ? Il cligna des paupières, pour chasser ce mirage. Et le sol, sous lui, tremblait au passage des chevaux.

De l'autre côté des murs, les fidèles chantaient toujours : leurs noms, mélangés les uns aux autres, immense et amorphe mélopée.

« Il faut qu'on parte », dit Isaac au garçon, tandis que la peur s'insinuait en lui.

Quoi qu'il advienne, il n'avait aucune envie d'y assister. Il se leva et prit le garçon par le bras.

« Quel comédien, dit le gamin, qui se tortillait pour échapper à la poigne d'Isaac.

— T'es fou ? Arrête tout de suite », gronda Isaac en l'attirant à lui.

Le garçon finit par se libérer et considéra Isaac, bras croisés.

« Non. »

Les soldats de brume étaient de plus en plus proches. Et c'étaient bel et bien des hommes, et non pas des êtres de fumée. L'un d'entre eux portait un drapeau à rayures horizontales blanc, bleu et rouge. La plupart étaient armés de fusils. Isaac n'avait plus aucun mal à distinguer les traits de visages parfois dissimulés par des favoris blonds, ou d'épaisses barbes noires, ou des toques de fourrure. Il y avait aussi des physionomies plus ordinaires, veste de drap en haillons, poings durcis par de rudes labeurs, cols noirs de crasse.

Au centre de tout cela, un homme qu'Isaac reconnut, avec sa casquette impeccable et son long manteau. Immobile, au contraire de ses soldats, qui passaient devant lui, liquides – qui passaient à travers lui. Il hocha la tête et leva les bras, magicien présentant la scène à un auditoire dont il veut stimuler la curiosité. Bienvenue ! semblaient déclarer ses gestes. Le spectacle de ce soir va être merveilleux, vous allez voir.

« Cot-cot-codec ! piailla le gamin en sautillant sur place, les coudes écartés, comme pour exciter l'ennemi. Hé ! Cocorico !

— Mais qu'est-ce que tu fiches ? siffla Isaac. Il faut partir, maintenant, et vite ! »

Le garçon dévisagea Isaac, l'œil insolent.

« L'Événement se produira quand même. Ça ne sert à rien de fuir. Mais il faut hurler, il faut se moquer, rire et crier fort. Même si ça se finit toujours de la même façon. »

Des volutes blanches s'élevaient sous les pieds des soldats et remontaient le long de leurs jambes en tendrons roussis par les flammes. Tandis qu'ils traversaient le village, les maisons s'effondrèrent toutes en cendres. Et la charrette du boulanger, et la quincaillerie dans laquelle Isaac s'était reposé. Des virevoltants échappés se faisaient roues de feu. Si Isaac s'était tourné vers l'est, il aurait sans doute vu un toit d'herbe, qu'il connaissait bien, dépasser, sautillant, du faîte des arbres, filer aussi vite que pouvaient le porter ses pattes couleur de paille, et disparaître à l'horizon. Les soldats étaient si proches à présent qu'Isaac percevait la chaleur de leurs torches. Les reflets sur leurs joues et dans leurs yeux des flammes. La cendre pâle qui recouvrait d'un manteau presque neigeux leurs uniformes. Le garçon prit Isaac par la main.

« Tu es prêt à servir de témoin ? »

Et la fumée fantôme s'abattit sur eux ; bientôt Isaac ne vit plus que cela.

*

À deux États et un siècle de là, Pieds-de-chardon s'arrêta et se tourna vers l'est, comme pour répondre à un appel inaudible. Ses planchers frémirent.

« *Geyb merb* », lui ordonna Bellatine, sans percevoir ce pouls lointain qui s'amenuisait. Un cœur où circulait le même sang qu'elle, déterminé par la même histoire. Elle montra la route à Pieds-de-chardon, qui ne lui obéit pas. Un flocon se posa sur la joue d'Isaac, et n'y fondit pas. La maison repartit au galop.

Chapitre 40

Il y a dans *L'Idiot qui se noie* une scène où notre héros meurt.

Un jour, il se présente devant la Femme verte de la forêt, qui rôde sur tous les oreillers de mousse, au sommet de tous les sycomores et sous toutes les feuilles de chêne, et lui demande si elle aimerait entendre une de ses blagues.

Mais je les connais toutes, tes blagues, petit clown, lui répond-elle.

Ah, ça n'ira pas, alors, dit l'Idiot.

Le fait est qu'une blague, on ne peut l'écouter qu'une fois. Il faut qu'elle soit nouvelle, toute fraîche, pleine de surprise, sans quoi elle ne vous fait pas rire. En un sens, c'est l'histoire la plus vivante qui soit.

Bon, mais tu ne m'as certainement jamais vu jongler, poursuit l'Idiot. *Je vais lancer trois fruits d'or dans les airs et reléguer la gravité aux oubliettes de l'histoire.*

De son sac il tire une poire d'or, une pêche d'or et une nectarine d'or, lesquelles flottent au-dessus de ses mains de bois grâce à des fils invisibles.

Je ne souhaite pas te voir jongler aujourd'hui, dit la Femme verte, *car je t'ai déjà vu jongler avec des fruits*, *des bouteilles, des téléphones et des escabeaux. Il n'est pas un seul objet au monde que je ne t'ai déjà vu lancer et rattraper au cours de tes visites dans mes forêts.*

L'Idiot ne se laisse pas décontenancer.

Ah ! s'écrie-t-il avec un grand sourire, *alors je vais danser pour toi la plus sotte de mes gigues. Sotte à rire ou à pleurer, tu peux choisir.*

Mais la Femme verte de nouveau secoue la tête.

Cher Idiot, je t'ai vu danser déjà toutes tes danses.

L'idiot est bien ennuyé, cette fois-ci, car si la Femme verte a entendu toutes ses blagues, l'a vu défier la gravité avec tous les objets possibles et danser toutes les danses, c'est donc qu'il n'est pas une forêt sur cette terre qui ne soit lassée de lui.

Tu devrais être fier, dit la Femme verte. *Tu as visité toutes les contrées boisées de ce monde et au-delà. Tu as ri, jonglé, et dansé avec tous les arbres et tous les châteaux d'eau, tous les petits oiseaux et tous les avions. Je ne connais personne qui puisse se vanter d'avoir eu une si riche existence !*

Mais est-ce bien vrai ? N'y a-t-il plus rien à découvrir ? Aucune chute à révéler ?

L'Idiot sort de la forêt, traverse un champ, puis arrive dans une ville industrielle, sombre, sous un ciel noir de brume et de fumées. Il se rend compte que la Femme verte a raison. Il a déjà tout vu. Il a raconté toutes ses blagues. Il a lancé dans les airs tous ses fruits, dansé toutes ses danses. Bientôt, il parvient au bord d'un fleuve et se met à genoux, les larmes ruisselant sur ses joues.

Pourquoi pleures-tu, l'Idiot ? demande le fleuve.

Ne me tourmente pas, dit l'Idiot. *Tu sais très bien*

pourquoi je pleure, de même que tu connais toutes mes blagues, tous mes tours, tous mes pas de danse.

Je suis navré, dit le fleuve, *mais ce n'est pas le cas, j'en ai bien peur. Tu sais, depuis que la Lune est partie, mon cours n'a plus de loi. Je suis très froid, et très profond, et je ne vois plus grand monde ; tout le monde a peur de moi.*

À ces mots l'Idiot retrouve espoir.

Alors... C'est que nous ne nous connaissons pas ?

Le fleuve acquiesce. Effectivement, ils ne se connaissent pas.

Oh, s'écrit l'Idiot en sautant de joie. Ses chaussures rouges brillent comme les pommes d'automne. Les larmes noires sur ses joues sont des diamants sombres, étincelants.

Cher fleuve, tu veux que je te raconte une blague ?

Oh oui, j'adorerais. Viens, j'écoute.

Et l'Idiot entre dans le fleuve glacial. Jusqu'aux chevilles. Jusqu'à la taille. Jusqu'à la gorge. Il a de l'eau par-dessus la tête. Le fleuve lui entre dans les poumons et l'attire vers son lit de pierre. Et pendant tout ce temps l'Idiot rit, il rit aux éclats, car il sait qu'il y a un endroit qu'il n'a pas encore visité. Une blague qu'il n'a pas racontée. Une chute qui manque.

Et ses chaussures rouges lui glissent des pieds, l'une après l'autre.

Chapitre 41

Les mains de Bellatine perçurent la tache noire avant son cerveau. Ça avait commencé par des démangeaisons dans ses paumes, des morsures de fourmis de feu. Ensuite, la sensation de chaleur.

Pieds-de-chardon avait galopé pendant des heures et commençait à ralentir ; elle s'arrêta près d'un vieux panneau publicitaire détaillant les choix de l'au-delà : OÙ ALLEZ-VOUS ? AU PARADIS OU EN ENFER ? Au pied du panneau, un amas sombre. Une rupture, après les kilomètres et les kilomètres de plaines d'où le givre avait chassé toutes couleurs.

Le temps que son cerveau rassemble suffisamment d'informations pour comprendre ce qu'elle avait sous les yeux, elle s'était déjà précipitée au bas de l'échelle et courait vers le panneau.

« Qu'est-ce que c'est ? Qu'est-ce que tu as vu ? » lui demanda Winnie, de la balustrade, mais Bellatine ne l'entendit pas.

Elle courait vers son frère, qui gisait raidi et blême comme une calamité.

Pieds-de-chardon avait compris. *C'est elle qui m'a conduite ici*.

Une fine couche de neige s'était posée sur Isaac ; il scintillait dans la lumière de l'aube. Il avait la même apparence que trois mois plus tôt, lorsqu'elle l'avait trouvé endormi dans le port. Sa silhouette anguleuse, son costume élégant et boueux dégageaient alors une certaine insouciance, annonçant une aimable canaille, un dieu des coups fourrés, un voyageur avec quelques bagages. À présent, il avait simplement l'air petit.

Les mains de Bellatine étaient en feu – chaleur d'ébène, chairs plongées dans le métal en fusion. La douleur était si forte qu'elle ne tenait plus debout. Elle se força pourtant à avancer. Lorsqu'elle ne fut plus qu'à quelques pas d'Isaac, Enjoliveuse surgit, feulante, et se mit à tourner autour de son compagnon, le poil hérissé en une nuée d'aiguilles. Bellatine vit des traces félines tout autour d'Isaac, des centaines de boucles entremêlées. Elle devait avoir patrouillé ainsi toute la nuit. Pour le protéger.

Le désir s'épanouit en Bellatine, une corde attachée à chacun de ses poignets et qui la tirait vers l'avant. Elle avait déjà éprouvé de ces brûlures, mais cela n'avait aucun sens ici. Un Embrasement de cette force – il fallait qu'il y ait à proximité quelque chose de vaste à animer, la dépouille d'un animal dans le coffre d'un chasseur, ou bien quelque ours empaillé dans un musée poussiéreux. Une biche sur le bas-côté, éviscérée par la putréfaction.

Un Embrasement de cette force ne pouvait lui venir que pour les morts.

Isaac était si maigre qu'elle devinait les côtes sous son tee-shirt. Ses yeux étaient ouverts. Une toile de glace cousait ses lèvres.

Non. Non, non, non.

Elle franchit le cercle d'empreintes qui enchâssaient son frère, rond de sel des sorcières. Ses pas transformaient le givre en vapeur. Elle tomba à genoux, les mains sonnantes comme les cloches d'un temple en feu. Aucun souffle ne sortait, blanc, des lèvres d'Isaac, ni n'ordonnait à sa poitrine de se soulever. Elle plaça sa paume droite au-dessus du cœur de son frère : elle touchait presque le silence, un chant de sirène la suppliant d'approcher. L'herbe sous ses genoux commençait à fumer.

Au moment où elle allait abaisser les mains vers le torse d'Isaac, une vision de la biche sur le bas-côté s'insinua dans son esprit. Entrailles scintillantes qui rampaient vers elle. Brame terrible comme d'une roue qui se sépare de l'essieu. *Je ne peux pas*, songea-t-elle, alors que ses mains lentement descendaient. *Je ne peux pas*. À cet instant, son petit doigt frôla la saillie anguleuse que faisait la clavicule d'Isaac. Elle était d'un froid de glace. Cireuse. Une nausée monta en Bellatine. C'était la pire des choses. La pire. Isaac était son frère. Seul. Brisé. Il avait besoin de soins. La biche hurlante, elle la chassa de son esprit, de toutes ses forces. C'était elle qui contrôlait la situation, elle qui dictait les lois, pas ses mains. Pas les morts. Pas l'entité cruelle qui lui avait infligé l'Embrasement. Ce démon, cette divinité, elle ne le savait peut-être pas, mais quand un outil tombait dans les mains de Bellatine Yaga, il devenait sien. Pour qu'elle le façonne au gré de sa volonté.

La plus jeune survivante de la lignée Yaga posa les mains sur la poitrine d'Isaac et son propre corps devint un enfer. L'Embrasement déborda de ses veines, pénétra ses épaules, courut dans ses bras et fleurit dans ses mains. Il entra dans Isaac, qui trembla sous l'assaut. Des cristaux de givre fondirent de nouveau sur ses joues. Sa redingote s'imbiba de dégel. Elle écarta les doigts, lui malaxa la peau, écouta.

« Reviens, connard, sifflait-elle entre ses dents serrées. Me fais pas ce coup-là. Reviens. Ne refiche pas le camp. »

Les larmes qui perlaient à ses cils se faisaient vapeur avant de pouvoir quitter ses yeux. L'Embrasement gagnait tant en chaleur qu'elle craignit qu'Isaac ne prenne feu. Elle ne s'accorda pas de pause. Elle approchait du but…

Bientôt elle entendit une vibration basse, une corde de violoncelle qu'on pince. Il y avait quelqu'un d'autre avec elle. *Je te vois*, malenkaya, murmura une voix sous son crâne. *Je te vois. Et lui, il m'appartient.*

Ombrelongue. Elle le chassa. Se concentra uniquement sur ses mains à elle, creusa plus profondément, sa chaleur se propageant à tous les atomes du corps de son frère, s'engouffrant dans les tunnels des veines, des artères, crissant contre ses os. Elle approchait, elle approchait… Et l'Embrasement vibrait.

Je te vois, geignit de nouveau la terrible voix.

Vraiment ? rétorqua-t-elle. *Eh bien, regarde.*

Enfin, elle l'avait trouvé.

Le battement.

Le pouls.

Le givre se fit vapeur. Dans sa gorge pourtant un lombric d'effroi : et si l'Isaac qu'elle ressuscitait était un étranger ? Un non-Isaac ? Un être venu de cet

Autre lieu, vêtu du costume d'Isaac, aussi élégant, aussi impeccable qu'un jeune marié. Elle vit des démons aux membres décharnés, aux langues jaunes, recroquevillés dans la poitrine de son frère. Des créatures qui bêlaient comme des chèvres malades. Zoos des morts, débordant de la carcasse d'Isaac comme d'un manège de foire. Et pourrait-elle jamais faire la différence entre le vrai Isaac et ses imposteurs, après tous les visages qu'elle l'avait vu revêtir et abandonner – son propre et affreux manège à lui ?

Et s'il retournait sous sa vraie forme – en avait-elle vraiment envie ? Retrouver son frère le menteur. Son frère le bonimenteur. Son frère, ce crétin qui s'était sauvé, qui s'était tué. Le frère qui ne tenait pas en place. Et dont le pouls reprenait force.

Oui. Elle se rendit. Oui. Elle voulait que revienne cet Isaac-là.

Le cœur battait avec plus de vigueur. Il palpitait contre ses mains, creux comme une pierre jetée dans un puits de mine. Comme une voiture qui bringuebale sur un chemin de terre. Un pétard parti trop vite dans la main qui le tenait. Il y avait du chagrin dans ce battement – la conclusion malheureuse d'une recherche acharnée ? Mais la voix spectrale s'éteignit sous son crâne, de même le feu dans ses mains. Isaac commença à bouger. Il cligna des paupières.

« Seigneur, bafouilla-t-il en se redressant sur les coudes. Il me faut un café. »

Et Bellatine sut alors qu'Isaac, le véritable Isaac, lui était revenu. Entier.

Un rire de triomphe naquit dans sa gorge. Isaac avait traversé la mort comme il avait, sans doute, traversé les gares de triage et les villes abandonnées de l'Ouest. Il était sorti de l'au-delà en levant le pouce sur le bord de la route – et tout ce qu'il voulait après cela, c'était un café.

La paume plaquée sur les lèvres pour ravaler sa joie effrénée, elle comprit ceci : Il ne sait pas qu'il a été mort. Et il ne le saura jamais. Ni aujourd'hui, ni demain. Jamais.

Jamais elle ne le lui dirait.

Il regarda alentour, perplexe. Aperçut le cercle de cendres, les herbes noires de suie, ses vêtements roussis par les flammes.

« Qu'est-ce qui…

— Il ne faut pas fumer au lit, l'interrompit Bellatine en ramassant un mégot de cigarette dans l'herbe carbonisée. C'est dangereux. Si tu avais fait ça dans la chambre, tu aurais pu mettre le feu à la maison. »

Il cligna des paupières, comme pour épousseter un souvenir presque oublié.

« Et tu as du pot que je sois arrivée à temps, poursuivit Bellatine. Ton manteau fumait comme une vraie cheminée. Tu as dû t'endormir la cigarette encore allumée.

— M'endormir… », murmura-t-il en écho, la voix encore embrumée par son passage dans l'Autre endroit.

Cette vibration fit courir un frisson sur l'échine de sa sœur. Il leva la tête vers elle, comme s'il venait seulement de remarquer sa présence.

« Mais qu'est-ce que tu fais là ?

— Je te sauve la vie.

— Tu me sauves la vie ?

— Eh oui, dit-elle, et sa voix se fêla. On est frère et sœur, non ? »

Les sourcils d'Isaac se froncèrent avec une surprise si totale et si résignée qu'elle faillit fondre de nouveau en sanglots. Il n'avait pas pensé un seul instant qu'on puisse venir à son secours. Cet écho solitaire dans le battement de son cœur, cette mélancolie poisseuse dont elle avait perçu le poids lorsqu'elle avait posé les mains sur lui… Il n'y avait pas pensé, parce qu'il ne se savait pas aimé.

« Allez, dit-elle. On te le prépare, ce café ? »

Il prit la main qu'elle lui tendait, se releva avec son aide. Enjoliveuse poussa un miaulement strident.

« Bellatine ! »

C'était Winnie qui l'appelait, de la maison. Le monde était encore bien là.

« Dis-moi, chuchota Isaac en lançant un regard derrière son épaule. Le village… Tu l'as vu ?

— Quel village ? »

Bellatine n'avait vu que des champs de pétrole à perte de vue.

« Non, rien. T'en fais pas. »

À quoi rêvent donc les morts ? se demanda Bellatine. Question à laquelle, un jour, bien sûr, elle aurait une réponse.

*

« Tiens, dit-elle en tendant la tasse à son frère. Désolée, ce n'est pas du café. On n'en a plus, visiblement. »

Il but le thé vert à petites gorgées, l'esprit ailleurs.

Enjoliveuse était couchée sur ses genoux, le museau fourré contre son ventre. Elle ronronnait ; Isaac, cependant, n'avait d'yeux que pour la fenêtre. Un pan du sac-poubelle s'était soulevé dans les courants d'air ; le monde s'offrait à lui. Son regard erra jusqu'à l'horizon, scrutateur.

« Ça va aller ? chuchota Winifred qui les avait rejoints.

— Oui, je pense. »

Elle l'espérait, du moins.

Le vent donnait des coups de lame dans le sac plastique, jouait dans la maison comme dans une flûte. Il sifflait sous les auvents : c'était Pieds-de-chardon, peut-être, qui essayait de leur parler.

En repartant dans la cuisine, Bellatine entrevit son reflet dans le miroir du vestibule. Ses joues étaient roses. Ses cheveux lustrés, épais. Et même les traits de son visage semblaient plus jeunes, moins anguleux ; les rides inquiètes qui s'étaient depuis peu creusées sur son front et autour de ses yeux avaient disparu. Elle passa l'index sur ses lèvres, sa gorge. Sa peau était si éclatante, si lisse ! Il n'y avait que ses mains qui n'avaient pas changé : la peau aussi rêche, les paumes toujours aussi calleuses. Des mains qui se souvenaient. Des mains qui savaient. Des mains qui servaient. Un sourire naquit sur ses lèvres. Elle le laissa s'épanouir.

Chapitre 42

Le soleil se couchait déjà lorsque Pieds-de-chardon arriva sur le parking du Walmart où les Duskbreakers devaient les retrouver. Lorsque la maison s'était élancée au galop, le bus avait bien cherché à la suivre, mais son moteur asthmatique n'avait guère pu soutenir l'effort. Shona les attendait assise à califourchon sur le capot, le crâne de cheval entre les jambes, un beignet de saucisse à la main. Sparrow était adossée au pare-chocs, grattant de l'archet les cordes de son violon, pour passer le temps. Pieds-de-chardon louvoya avant de ployer les genoux.

« Le retour du fils prodigue », grommela Shona en fusillant Isaac du regard.

Il haussa les épaules et s'alluma une cigarette. S'il n'avait guère parlé depuis son réveil, son regard commençait à retrouver tout son vieil éclat canaille.

Rummy sortit du bus, une brosse à dents aux lèvres, et se dirigea vers Pieds-de-chardon, avant de s'arrêter net, comme s'il venait de heurter un mur de verre. C'était l'intense énergie, sans doute, songea Bellatine, que sécrétait Isaac. Une émission de radio diffusée depuis l'au-delà.

« Alors, dit Sparrow en égrenant un trille sur sa corde de *mi*, maintenant que le cirque est au complet, on fait quoi ? »

Shona avait fini sa saucisse. Elle sortit son bâton de rouge pour réparer les dégâts, se tapota les lèvres à l'aide d'un mouchoir en papier.

« C'était sympa, cette escapade, Pinocchio ? T'es allé où, d'ailleurs ?

— Aucune importance, l'interrompit Bellatine avec une hâte excessive. Ce qui compte, c'est que nous soyons tous réunis à présent. Il va falloir élaborer une stratégie.

— C'est simple, dit Shona. Il faut le tuer.

— Euh, s'interposa Isaac dans un nuage de tabac à la lavande. "Le", c'est bien l'autre type, hein ? »

Dieu merci, il avait retrouvé sa langue.

« C'est difficile de le tuer tant qu'on ne sait pas exactement ce qu'ils sont, lui et ses horribles créatures, objecta Rummy.

— Un quand… », marmonna Bellatine.

Les souvenirs de la visite reçue la veille au soir lui revenaient.

« Qu'est-ce que tu dis ? demanda Shona.

— "Je ne suis pas un quoi, je suis un quand", se souvint Bellatine. C'est ce qu'il m'a dit. »

Ces souvenirs, ils étaient restés toute la journée hors de sa portée, bien qu'il s'en faille de très peu pour qu'elle puisse les retrouver. Un rêve oublié au réveil. Elle s'était levée avec un effroi dans le cœur qu'elle ne comprenait pas, la mâchoire endolorie à force de s'être crispée – mais pour quelle raison ? Plutôt que de chercher la réponse à cette question, elle s'était mise au travail : il y avait encore à faire après la bataille ; la menuiserie avait souffert du grand bond de la maison. Puis il y avait eu la folle cavalcade de Pieds-de-chardon vers Isaac. L'apparition de minuit avait été reléguée dans des recoins encore plus reculés de son esprit tandis qu'elle s'agrippait à la balustrade, paniquée, ne sachant où la maison allait les conduire – ou bien ce qu'elle fuyait. La visite d'Ombrelongue lui semblait appartenir à un passé lointain ; elle avait vécu une vie entière depuis sa venue. Son regard se posa sur Isaac – n'était-ce pas la vérité ? Pourtant tout maintenant lui revenait. Le tintement de la sonnette. Les volutes odorantes qui s'échappaient du samovar. Le majordome-fumée. L'homme au long manteau assis face à elle, aussi stérile, aussi précis qu'un scalpel. Scène qu'elle se remémora à haute voix tandis que ses compagnons l'écoutaient.

« Et dehors, par la fenêtre, ajouta-t-elle, il y avait des maisons en feu. Je me suis rappelé alors que je les avais déjà vues, dans le cimetière, après avoir bu le poison. Ces maisons n'étaient pas là, pourtant. Elles tenaient du mirage.

— Un endroit que tu connais ? suggéra Sparrow.

— Non, c'étaient de vieilles maisons, un autre pays. Elles ressemblaient un peu à Pieds-de-chardon, mais pas complètement. Et il y avait une grande place, avec un marché. »

Isaac plissa le front, comme s'il cherchait à se souvenir, lui aussi, d'une vision perdue.

« Il y a quelque chose que je ne comprends pas, dit Shona. Ombrelongue nous pourchasse, nous traque, et quand il vient ici, il entre et ressort sans laisser de traces ? Pourquoi n'a-t-il pas détruit la maison à ce moment-là ?

— Je crois qu'il n'était pas vraiment là, répondit Bellatine. Tout semblait immatériel. Presque irréel. Et…

— Ce n'était pas encore le moment, l'interrompit Isaac. L'Événement est encore à venir.

— Le quoi ?

— Belette, tu m'as dit qu'il y avait eu un pogrom à Gedenkrovka, non ? Quand ? On le sait ? demanda Isaac, en proie à une nervosité croissante.

— 1919, mais je ne vois pas en quoi…

— Quelle date, précisément ?

— Je ne sais plus. Attends. »

Elle alluma son téléphone et retrouva le site sur lequel elle avait pu déjà rassembler quelques informations sur le shtetl.

« Le 1er décembre.

— C'est dans trois jours », murmura Rummy.

Je suis un quand…

« *Le pogrom débuta au coucher du soleil, le lundi soir,* lut Bellatine à haute voix. *Des menaces avaient été proférées contre le village depuis des semaines ; un tailleur de pierre, suspecté de collaborer avec les bolcheviques, avait été exécuté. La menace se concrétisa le premier décembre ; l'attaque débuta avec le meurtre en pleine rue d'un adolescent de dix-sept ans, abattu d'un coup de fusil. Un moulin local fut alors incendié et quatre autres juifs tués, puis le village incendié durant la nuit et ses habitants pourchassés et massacrés. Quarante-deux juifs perdirent la vie, douze autres furent blessés ; les survivants durent chercher refuge à Tcherkassy et à Smela. Les quatre cinquièmes d'entre eux succombèrent à la famine et à la maladie dans l'année qui suivit.*

— Et vous pensez qu'Ombrelongue a un lien avec ce massacre ? demanda Shona.

— Oui », déclara Isaac.

Il y avait une telle certitude dans sa voix que Bellatine en eut le frisson – nuée d'épingles le long de son épine dorsale. Le savoir peut s'acquérir par l'étude. Ou par l'expérience. Par les journées passées dans l'atelier, à essayer telle ou telle solution, à collectionner les échardes. Le savoir peut vous être transmis par des amis, des maîtres. Ou par des erreurs fécondes. Mais d'où venait celui d'Isaac ? Probablement pas des vivants.

Pieds-de-chardon se trémoussa sur sa place de parking. La lumière du soir caressait, mouchetée, ses murs passés à la chaux ; sa cheminée se détachait avec une précision sévère sur le ciel crépusculaire. Une relique. Souvenir vivant d'un lieu disparu. D'un peuple massacré. D'un village brûlé de la carte. Pieds-de-chardon était un monument sur pattes. La dernière survivante. *La dernière souillure*, disait l'autre.

Et la vérité frappa Bellatine au cœur. Quelle sorte de bête transforme des citoyens ordinaires en meute enragée, en éveillant leurs peurs ? Dans le monde réel, ce ne sont pas des monstres. Ce sont des hommes en quête de pouvoir. Ce sont des guerres. Ombrelongue s'était enorgueilli de l'incendie du village. À Isaac, il avait parlé d'eugénisme, à Bellatine de purification de la nation, de l'anathème du génocide. Il ne venait pas armé d'un fusil ou d'un couteau, mais d'une invitation civile à boire à un monde meilleur. La peur qui vous tenaille. Illa, dans sa lettre, décrivait des soldats-mirages, des *dibbouks* porteurs de flamme accroupis sur sa poitrine. Visions d'une enfant traumatisée, avait conclu Bellatine : mais s'il s'agissait de démons plus tangibles ? Si la peur avait pris corps ? Bellatine avait cru jusqu'ici que la réalité l'avait abandonnée. Qu'elle était traînée de force dans un royaume aux lois magiques. Elle avait tort : c'était le monde, le vrai monde dans toute sa cruauté. Ombrelongue, ce *dibbouk*, et ses spectres domestiques, ce n'était ni un qui, ni un quoi – il le lui avait clairement expliqué. C'était un quand. Un événement incarné.

« Ombrelongue n'est pas lié au pogrom, murmura Bellatine. Il est le pogrom.

— Qu'est-ce que tu veux dire par là ? la pressa Shona.

— Ce que je veux dire, répondit-elle, vibrante, c'est ça : un fantôme ne représente pas nécessairement qu'une personne. Il peut y avoir des fantômes d'expériences. D'événements. Le temps s'est brisé sur un point… Et il s'est transformé. Il s'est solidifié.

— Oui, dit Rummy. S'il a suffi d'un seul désastre pour créer une maison vivante, alors tout un massacre…

— Il appelle tout le temps Pieds-de-chardon la dernière tache, la dernière souillure. Et si c'était la dernière survivante ? Les survivants humains, depuis le temps, ils sont morts, non ? Et le village a été entièrement détruit.

— Il parachève son massacre, compléta Sparrow. Il se parachève.

— Il faut en savoir plus sur ce qui est réellement arrivé à Gedenkrovka, dit Bellatine.

— On ne peut pas trouver quelqu'un pour nous traduire le reste des papiers ? proposa Rummy. En supposant qu'ils racontent des choses intéressantes. Mais c'est un peu hasardeux.

— C'est surtout trop tard, dit Isaac. Il ne va pas tarder à nous retomber dessus. »

Nous. Il y avait dans ce simple mot une promesse qui se posa sur Bellatine comme une libellule, étrange et belle. Son frère, pour une fois, élaborait des stratégies communes. Des solutions pour *nous*.

« Comment tu sais ça, toi ?

— Allons, allons, ma chère. Et ton sens poétique ? Les souvenirs, qu'est-ce qu'ils veulent ?

— J'sais pas, moi, dit Sparrow en se laissant tomber au bas du bus. Un sandwich jambon-beurre ?

— Ils veulent qu'on ne les oublie pas, murmura Winnie. Ils veulent être commémorés.

— Eh ! Cette môme, elle a littéralement des cailloux dans le cerveau, mais elle réfléchit, elle. »

Aucun des Duskbreakers ne releva la pique, au grand soulagement de Bellatine – encore plus heureuse de voir que son frère retrouvait toute sa verve acerbe.

« Et quoi de mieux que de se recréer le jour de son anniversaire, poursuivit Rummy. La remémoration ultime.

— Se recréer, et achever son œuvre, dit Shona en se retournant vers Pieds-de-chardon.

— Bingo. Il ne résistera pas à cette envie », dit Isaac en claquant les doigts.

Bellatine vit la maison dévorée par des flammes bleues. Ses murs réduits en cendres. La maison n'était pas seulement sa planche de salut. C'était son ancêtre, sa famille.

« On ne le laissera pas faire, dit-elle. On va prendre des mesures.

— Parfois, ça ne suffit pas, dit Rummy d'une voix douce.

— Alors on continuera à fuir. Méthode Isaac. On fichera le camp et on bougera jusqu'à ce qu'il se fatigue.

— Pour qu'il continue à foutre des gens en l'air ? gronda Shona, dont la fureur croissait. Tu as vu le nombre de cadavres dans son sillage ? La fuite, ça ne fera qu'allonger la liste de ses victimes. Des gens qui n'y sont pour rien.

— Mais s'il nous retrouve, c'est Pieds-de-chardon qui pourrait y passer ! Et nous avec !

— Si ça pouvait sauver une personne, une seule, je n'hésiterais pas à brûler la maison. Mille fois, s'il le faut, décréta Shona.

— Un peu de calme, les amis ! »

Rummy, épaules rondes, leur tendit les mains.

« On est dans le même camp, ne l'oubliez pas.

— Ce que je ne comprends pas, dit Winnie, c'est la raison pour laquelle il semble s'en prendre à ses victimes au hasard. S'il est vraiment la manifestation d'un souvenir ou d'un événement précis, c'est étrange.

— Ce n'est pas toujours au hasard », marmonna Bellatine.

Ombrelongue l'avait lui-même reconnu, la chose lui revint à la mémoire.

« Notre amie Li Fen.

— Et Nina, que je connaissais aussi, dit Isaac.

— Il nous suit – et donc, il s'en prend aussi à des gens avec lesquels nous sommes entrés en contact. »

Sparrow se tapota la joue, plongée dans une méditation intense.

« Si Isaac dit vrai pour l'anniversaire, c'est qu'Ombrelongue reflète la manière dont les traumatismes se comportent dans le cerveau, sur le plan neurologique, en tout cas. La mémoire traumatique est plus intense lors des dates anniversaires, c'est un fait, et c'est même ce qu'on appelle l'Effet Anniversaire. Sauf que, bien sûr, on ne pense pas à ces moments catastrophiques une seule fois par an. Ils hantent le cerveau en permanence. Ils se reproduisent. Ils enflent et se déforment. Ils vous submergent.

— Ils veulent qu'on les raconte, une fois, dix fois. Comme toutes les histoires, murmura Isaac en joignant ses mains tremblantes.

— Pour Ombrelongue, c'est une question de souvenir, dit Sparrow. Et ce sont des répétitions. Il se fiche peut-être de savoir qui sont ses victimes. C'est simplement, pour lui, le moyen de rejouer la scène.

— Quant à celles que vous connaissiez, dit Rummy, c'est une manière pour lui de limiter les dégâts. Afin que sa version de l'histoire soit la seule qui compte.

— Il se recrée, intervint Shona. Il oblige les fumigés à jouer d'autres versions de son pogrom.

— C'est ça, opina Sparrow. Des reconstitutions.

— Si vous dites vrai, comment pouvons-nous être certains qu'il arrêtera de nuire, une fois qu'il aura Pieds-de-chardon ? demanda Bellatine, le cœur serré.

— Effectivement, dit Rummy.
— Il n'y a qu'un moyen pour en être sûrs, trancha Shona, le menton dressé. Le confronter. Et lui faire la peau.
— Ne plus fuir, souffla Rummy.
— Ne plus fuir », répéta Sparrow, les yeux brillants.
Pieds-de-chardon se balança sur ses hanches. Une énorme plume se détacha de son ventre et atterrit, légère, sur le sol. La brise s'en empara et la fit rouler – curieux virevoltant de duvet. Bellatine frémit.
Ne plus fuir.
« Quand j'étais au cimetière de Green Mount, déclara à son tour Winnie, on y avait enterré une femme du nom d'Anne Bratchett. Drôles de funérailles ! Il n'y avait que son mari et le prêtre, et ce dernier avait, dans son discours, rapporté qu'Anne avait succombé à une possession par un démon. Qu'un exorcisme avait été pratiqué, mais qu'il avait échoué.
— Tu es bien pimpante, je trouve, pour une employée des pompes funèbres, grommela Shona en considérant la jeune fille d'un œil suspicieux.
— Mais je ne travaillais pas au cimetière, je…
—… Winnie habitait juste à côté, l'interrompit Bellatine. Mais tu voulais en venir où, Win ? »
Winnie fronça le nez, pensive. Bellatine dut chasser de son esprit le surprenant désir de le lui lécher.
« Dans le cas présent, est-ce qu'il n'en faudrait pas un ? Je veux dire, un exorcisme ?
— Hum, grommela Sparrow. En général, l'exorcisme n'est qu'un prétexte pour taper sur les personnes qui ont des troubles mentaux et pour rappeler

les petites filles à l'ordre. Crois-moi, j'en ai vu de mes yeux.

— Certes, dit Isaac. Mais notre démon, lui, il est bien réel. »

Un exorcisme. Ombrelongue pouvait n'être que l'incarnation d'un événement, il n'en était pas moins… Un fantôme, tout simplement. À ce titre, ne pouvait-on pas le chasser du monde ?

« Est-ce que ça revient à exorciser les fumigés ? demanda Bellatine. À s'en prendre aux passagers ?

— Je ne sais pas, dit Winnie, dubitative. On peut toujours s'en prendre à eux : mais quel effet cela produira sur lui ? Cela revient à écraser une abeille ouvrière pour s'en prendre à la reine.

— Mais les exorcismes purifient les corps. Et Ombrelongue n'en possède pas, si je puis dire.

— Ta maison, dit Shona. Elle est vivante, non ? C'est un peu curieux, mais c'est comme ça. Si Ombrelongue y entre, c'est une sorte de possession. Non ?

— Je ne veux pas, bafouilla Bellatine. Hors de question de le laisser entrer ici.

— Ma chérie, tu sais, dit Sparrow en lui tapotant l'épaule, un jour ou l'autre, il se pointera, avec ou sans carton d'invitation. »

Le cœur de Bellatine se contracta horriblement. Elle sortit la photo en noir et blanc de sa poche – Illa, Malka, leur mère et Pieds-de-chardon, alors sans pattes, en arrière-plan. Elle caressa du pouce leurs visages, comme si elles pouvaient revenir d'entre les morts pour répondre à toutes leurs questions.

Isaac lui prit la photo des mains et la regarda,

paupières plissées. Longuement – si longuement que son esprit semblait s'être absenté.

« Hé, *zonzo*, grommela Shona en claquant des doigts tout contre l'oreille du jeune homme, si tu veux bien revenir parmi nous ? »

Rummy lui décocha un regard réprobateur, ce à quoi elle répliqua d'un fier mouvement de tête.

Bellatine avait la gorge si serrée ! Son frère était-il reparti dans l'Autre lieu ? Et si cet Embrasement n'était que temporaire, comme tous ceux qu'elle avait accomplis avant Winifred ? Auquel cas Isaac s'éclipserait de nouveau et redeviendrait ce pantin immobile.

« L'Idiot qui se noie », marmonna-t-il soudain en posant le doigt sur la photographie, avant de la rendre à Bellatine et de se diriger d'un pas résolu vers Pieds-de-chardon.

L'Idiot qui se noie ? Allons bon. Elle l'aurait volontiers giflé, nonobstant son récent séjour au fond du Styx. Il n'avait donc que ça en tête – les représentations, son petit projet, l'argent.

« Isaac, merde, finie, la comédie.

— Je ne parle pas de la pièce, Belette. Je parle de la marionnette. »

Il passa la jambe par-dessus la balustrade, se hissa sur la scène et disparut dans la maison. Ils entendirent des bruits d'objets que l'on déplace. Le claquement du vinyle sur le bois. Des gonds qui gémissent.

Elle se pencha sur la photo. Sur ce qu'avait voulu leur montrer Isaac. La petite Illa, ses yeux fixés sur Bellatine, ses cheveux noir de jais descendant en cascade sur ses épaules. La poupée qu'elle tenait à la main. La poupée… Oui, c'est ça qu'avait à l'esprit Isaac. Elle plissa les yeux. C'était une assez grande poupée, d'une quarantaine de centimètres, qui portait un pantalon et une veste en drap, passablement rapiécés. Un personnage masculin. Curieux, non ? La tête et les mains en bois. Et à mieux les regarder, elle fut prise d'une curieuse nausée. Elle la connaissait, cette poupée. Si petite sur la photo qu'elle n'avait pas remarqué jusqu'ici la ressemblance, d'autant que le cliché, en noir et blanc, ne faisait pas justice aux souliers rouges de la figurine.

Isaac revint, la marionnette à la main.

« Mira, notre mère, nous a dit qu'elle l'avait toujours connue… Qu'elle était bien plus ancienne que les autres marionnettes, dit-il. Mais nous n'avions pas demandé de précisions. »

Effectivement, ils n'avaient jamais su d'où Mira la tenait. Depuis combien de temps elle était dans la famille. L'Idiot… Oui, comprit Bellatine. Il avait vécu le pogrom. Il avait certainement tout vu.

« Réveille-le », gronda Isaac.

Il lança la marionnette dans les airs. Elle tournoya sur elle-même, bras et jambes écartés comme une étoile qui va prendre sa place au firmament. Bellatine, aimantée par cette apparition, leva les mains. L'Idiot entama un tranquille et ferme atterrissage, guidé par la poigne assurée de Bellatine.

La chaleur était revenue dans son corps, épaisse comme du sucre fondu, grésillante. La marionnette fut saisie de convulsions, mais Bellatine ne pouvait pas l'abandonner au milieu du gué. L'Embrasement s'était emparé d'elle – et de la créature ; il fallait accomplir son œuvre. Elle se surprit à galoper entre les fibres de laine des manchettes et de la veste de l'Idiot, sur le fil de ses joues de bois et les angles de ses articulations sculptées. *Boum boum. Boum boum. Boum boum.*

Elle poussa un léger cri. L'Idiot atterrit sur les lattes. Il se releva et épousseta d'un geste gracieux ses épaulettes.

« Doux Jésus », souffla Sparrow.

Shona recula d'un pas.

L'Idiot rajusta son chapeau, bien qu'il soit cousu à ses cheveux. Il s'inclina vers l'est, puis vers l'ouest.

« *Nobles voyageurs ! Bonjour ! Voulez-vous que je vous raconte une plaisanterie ?*

— Pas de blague aujourd'hui, l'ami, dit Isaac en se laissant tomber de la scène, avant de s'agenouiller devant le petit homme en bois. Mais si tu pouvais nous raconter une histoire…

— *Oh, alors ça, oui*, dit l'Idiot, *j'en ai justement une bien bonne ! Vous connaissez celle de la baleine qui vivait dans l'estomac d'un homme ? Croyez-moi, elle est excellente.* »

Bellatine inspira profondément. Ses poumons semblaient en parfait état de marche. Sa vision était nette.

« Nous aimerions entendre une histoire bien particulière, articula-t-elle, bien que sa voix soudain lui parût venir d'une bouche qui n'était pas la sienne. Tu connais celle de la maison aux pattes de poulets ? Celle de Gedenkrovka ? Et de ce qui s'est passé là-bas ?

— *Oh, mes bons amis*, s'écria l'Idiot, *je sais jongler !*

Je peux chanter des chansons du monde entier ! Je peux faire rire les gens si fort qu'ils en oublient de respirer et qu'ils passent dans l'autre monde, sans cesser de rire, bien sûr ! Pourquoi me demander une histoire aussi lugubre, alors que je peux vous en narrer de merveilleusement drôles ?

— S'il te plaît, dit Bellatine. C'est de celle-ci dont nous avons besoin.

— *Très bien*, soupira l'homoncule. *Parfois, l'histoire dont on a besoin n'est pas celle que l'on veut. Mais je respecte votre désir. Je me contenterais d'un avertissement. Il n'y a pas du tout de blagues dans cette histoire-là. Compris ?*

— Compris », dit Isaac.

L'Idiot respira, sa petite poitrine fièrement gonflée.

« *Il y a, dans le district de Smiliansky, rattaché à la région de Cherkassy, elle-même partie de la nation russe, un shtetl du nom de Gedenkrovka*, commença-t-il, d'une voix aussi lisse, aussi dangereuse qu'un fleuve. *Une femme vit dans ce village*, poursuivit-il en fermant ses yeux peints, comme si le souvenir lui revenait. *Elle s'appelle Baba Yaga.* »

Chapitre 43

Je sais que l'Idiot la racontera bien, cette histoire. Qu'il ajoutera les détails qu'il faut, ceux qui font pencher les spectateurs. Et les bonnes devinettes, et les cadences d'usage. Mais vous n'allez pas m'abandonner pour lui. On se connaît depuis le début, vous et moi. Franchement, quel genre de conteuse serais-je, si je vous confiais à un autre beau parleur pour le dernier acte ? Non. Restez avec moi. J'ai été construite pour recevoir du monde, après tout.

Voici donc : c'est la véritable histoire de mes origines. Cette version, contrairement aux autres, n'est pas revêtue de fanfreluches. Pas de joli ruban autour du cou. Pas d'essence de vanille sur le poignet, pour qu'elle sente meilleur. Pas d'œufs pondus, pas de corneilles sacrifiées. Pas de monstres, hors ceux que nous engendrons. Pas de ravissants mensonges, pas de contes populaires. La vérité, ni plus, ni moins, et sobrement narrée.

Vous, vous n'avez qu'un rôle à jouer. Vous asseoir devant mon foyer, qui ne cesse de brûler, nuit et jour. Écouter le vent chanter dans mes murs comme la famille qui vivait chez moi autrefois. Servir de témoin.

Il y a, dans le district de Smiliansky, rattaché à la région de Cherkassy, elle-même part de la nation russe, un shtetl du nom de Gedenkrovka. Un shtetl des plus ordinaires, un village avec son marché, ses commerçants en abondance, ses tailleurs, ses cordonniers. On le trouve sur la route qui va de Chpola à Cherkassy, à sept verstes seulement de la gare de Vladimirovka, ce qui facilite grandement le commerce. Les familles juives du village, trois cent cinquante, environ, elles vivent bien. Il n'y a jamais eu de troubles à Gedenkrovka. Pendant la Grande guerre, pas un dégât. Et si la révolution d'Octobre a vu quelques paysans piller les villages, les gens de Gedenkrovka ont pu continuer à célébrer le Kippour en paix et à souffler dans le *shofar*. Il y a des familles de gentils aux confins du village, des paysans qui restent dans leur coin ou se montrent même amicaux. La paix a toujours régné entre les Juifs et les paysans. La paix a toujours régné entre Gedenkrovka et Dieu. Rien n'arrive jamais à Gedenkrovka et ça continuera longtemps comme ça. Il n'y aura jamais de pogrom chez nous. C'est une certitude inébranlable.

Une petite fille naît. On lui donne un nom qu'elle ne garde pas. Dès son plus jeune âge, elle se comporte comme une vieille grand-mère ; son caractère est bourru et elle aime rester seule. Par exemple, à garder les poules alors que les autres enfants jouent. Quand Reb Asher Tisman arrive avec le lait de la semaine, elle discutaille avec lui et marchande comme aucun adulte ne le ferait, bien qu'elle soit aussi menue, aussi sauvage qu'une chatte de ferme. Oh, disent les femmes d'un air réprobateur, la petite Babouchka Yaga, elle ne supporte pas les autres gosses. Peut-être bien qu'elle va grandir à l'envers, et s'adoucir avec le temps. Mais ce n'est pas le cas. Elle devient de plus en plus acerbe et le surnom lui colle à la peau ; il s'use, il est tout lisse, comme une pierre qu'on caresse pour se calmer ; il est si petit qu'il tient sur la langue. Très bien, on l'appellera donc Baba Yaga.

Baba Yaga se marie tard. La marieuse lui trouve un homme qui ne parle pas beaucoup. Il ne pense pas beaucoup non plus ; il a de petites mains et de petits pieds, comme un rat, et n'est presque jamais à la maison, ce qui convient très bien à Baba Yaga. Sa femme et lui s'installent dans une petite maison aux confins du village ; il s'en va juste après sur les routes pour un mois. Il vend du zinc pour les toits aux familles plus riches des autres villes (c'est un luxe dont je ne bénéficie pas moi-même, d'ailleurs). Quelques jours à la maison, un mois sur la route, et ainsi de suite. C'est la routine qui s'installe. Le mari et la femme n'ont pas beaucoup de sentiment l'un pour l'autre. Alors, quand Baba Yaga apprend qu'il a été emporté par la grippe à Odessa, elle pleure pendant une journée, et pas une minute de plus.

On est alors en 1919. Ce n'est pas il y a si longtemps, bien que la manière dont je raconte les choses leur donne plus de patine. C'est étrange : quand on raconte, on leur ôte leur caractère de réalité. Leur matérialité présente. C'est l'époque du grille-pain à ressorts, des radios à ondes courtes. Buster Keaton fait ses débuts à l'écran. La Première Guerre mondiale prend fin avec le Traité de Versailles. Industrie et progrès. Tranchées débordant de cadavres. L'époque moderne arrive, avec ses coups de projecteurs et ses mitrailleuses, ses contrebandiers de la prohibition, ses télégraphistes du Stock Exchange. En Amérique, le pays des descendants de Baba Yaga, le jazz affole Chicago. La Ford Motor Company passe du père au fils, nouvelle génération d'inventeurs. Les moteurs braillent aussi fort que les trompettes.

Pour les juifs de Russie, le temps passe plus lentement. Ils étudient le Talmud. Ils travaillent jusqu'au shabbat et se reposent pendant un jour. Dans les grandes villes, les villes des goys, les gens se pressent dans les cinémas. Ici, c'est la synagogue qui ne désemplit pas.

La veuve est seule avec deux filles. Illa, la plus âgée, est vive comme sa mère, et portée sur la cruauté. C'est une enfant colérique et bien qu'elle ne sache pas pourquoi, elle a souvent l'impression d'avoir dans la poitrine une corneille affamée, qui voudrait sortir à coups de bec. Illa garde près de son lit une boîte en fer pleine de guêpes mortes. Parfois, elle en trouve une encore vivante et lui arrache les ailes. Baba Yaga ferait n'importe quoi pour Illa, pour qu'Illa soit heureuse.

La plus jeune des filles, Malka, n'est encore qu'un bébé. Elle est rose et ronde, elle engraisse jour après jour. Baba Yaga lui offre du miel, de l'eau de rose et un petit morceau de soie. Illa lui offre une aile de guêpe, toute scintillante. Pour nourrir ses enfants, Baba Yaga élève des poules dont elle vend ou troque les œufs au marché. Et ce faisant, elle écoute ; et ce qu'elle écoute, ce sont des histoires qu'elle vole pour les rapporter à ses filles. Les trois Yaga, elles se suffisent à elles-mêmes.

*

Aujourd'hui, c'est presque l'hiver. Les brindilles se détachent des arbres et tombent sur le sol gelé. Illa tisse une écharpe neuve pour sa petite poupée, qui représente un clown ; Malka apprend à hurler jusqu'à ce que sa mère consente à lui fourrer dans la bouche un doigt trempé dans le vin. Les loups dorment, immobiles, sous mes auvents, à la lueur d'une lune croissante, une lune de Bélier, encore invisible dans la lumière froide du jour.

« Maman, demande Illa avec insistance, il faut que tu chantes. Je déteste ça, mais la poupée aime bien. »

Alors Baba Yaga chante. Malka arrête de pleurer pour l'écouter. Illa ferme les yeux ; la voix rauque de sa mère l'emplit de joie, mais elle tourne la tête, pour que Baba Yaga ne s'en rende pas compte. Sa voix n'est pas bien jolie, elle chante un peu faux – mais sans aucune vergogne. C'est une vieille chanson yiddish qui parle d'une femme fantôme prisonnière d'une lanterne, et de l'allumeur de réverbères qui en est amoureux. C'est une chanson honnête, une bonne chanson – et surtout, elle leur appartient.

Cette image, c'est mon offrande. Un instant de calme. Vous voyez comme Illa se lasse de tisser, comment elle coupe le fil d'un coup de dent ? Et comme la petite Malka remue les orteils, comment elle commence à gazouiller ? Elle ne parle pas encore, mais ça ne devrait pas tarder. Vous voyez comment Baba Yaga continue à chanter, tout en faisant glisser des bouts de carotte violette dans une casserole pleine d'os de poulet ? Ce sont des moments sur lesquels nous devons nous attarder, tant que nous le pouvons. Pas des histoires. Bénissons-les, eux qui ont si peu à voir avec ce qui est histoire. Un non-événement sacré.

Le lendemain, Baba Yaga envoie Illa chez les voisins, qui doivent lui donner un sachet avec de la nourriture pour les poulets. Elle tarde à rentrer. Sans doute à traîner avec Miriam, la fille des voisins, et à faire des taches de boue sur sa jupe neuve. Illa finit par rentrer, les mains vides.

« Mais le sac que tu devais rapporter, Illa ? demande Baba Yaga.

— Maman, dit Illa, qui a du mal à reprendre son souffle, le père de Miriam dit qu'il y a des hommes qui arrivent au village, des hommes armés, et qu'ils veulent nous donner une leçon.

— Feh, s'exclame Baba Yaga. Il te dit ça pour te faire peur. Tu as vu les soldats d'ici, *sheifale* ? Ils sont méchants, ils boivent trop, mais nous ont-ils jamais fait du mal ?

— Et Reb Haim ? remarque Illa, le regard noir, les mains sur les hanches. Il a été tué par les soldats.

— Reb Haim, il avait raconté à tous ceux qui voulaient bien l'entendre qu'il était communiste, dit Baba Yaga. Quand on met le doigt dans la cage du chien, il ne faut pas s'étonner d'être mordu. »

Il n'empêche : l'inquiétude s'abat sur les épaules de Baba Yaga comme un joug sur le bœuf.

Les hommes de Dénikine envahissent la place du marché. En soi, ce n'est pas exceptionnel. Mais il y a une curieuse tension dans l'air. D'habitude, ils s'arrêtent devant les étals et prennent ce qui leur plaît en intimidant les commerçants avec des plaisanteries grossières et des menaces jamais mises à exécution. Aujourd'hui, ils ne touchent à rien. Ils restent là, sur le bord de la place, sans bouger, sans déambuler. Un océan de souffles retenus.

Parmi ces soldats, il en est un que Baba Yaga reconnaît. Andrei. Les sourcils bas, le nez épaté, les membres lourds et mous comme des oreilles de chien.

« Andrei, qu'est-ce qui se passe ? » lui demande Baba Yaga.

Andrei ne répond pas.

« Andrei, parle-moi ! »

Mais il se contente de regarder droit devant lui en clignant des paupières, comme si Baba Yaga était une mouche trop bruyante.

« On a des ordres à exécuter, juive, répond-il au vent, d'une voix creuse. Tu comprends. »

La plupart des soldats ont leur fusil de combat à l'épaule. D'autres gardent les mains dans les poches et l'on distingue le renflement du pistolet, contre la cuisse.

Le silence est épais, avarié, comme le gibier trop longtemps mariné. Baba Yaga sent son cœur battre dans sa bouche. Un soldat hurle un ordre. Un éclair gris. Une table renversée. Puis une autre. Une détonation dans l'air glacial. Le fils de Reb Elazer, un garçon de dix-sept ans, a voulu s'enfuir pour aller prévenir son père, sans doute. L'épicier est chez lui, malade, il a un rhume de cerveau. Josef est un garçon bien. À présent Josef est couché à plat ventre dans la neige. Il lui manque tout l'arrière du crâne.

C'est alors que commence véritablement mon histoire.

Le panier d'œufs de Baba Yaga : il lui échappe des mains. Les œufs se cassent. Les jaunes sont bus par la terre.

Ce qui suit : le feu et le sang. Une brique qui traverse une fenêtre. Une jambe arrachée à un corps. La cervelle d'un enfant écrasée par une pierre. Une maison réduite en cendres avec, à l'intérieur, toute une famille barricadée. Je ne peux que vous raconter cela sous forme de vignettes. D'éclairs. La douleur, ce n'est pas quelque chose qu'on raconte avec un début, un milieu et une fin. Ça gicle, ça n'en finit pas d'exploser, en chaîne. La roue du moulin qui fait tournoyer le feu à la place de la rivière. L'homme qui gémit, entourant de ses bras le ventre ouvert de sa femme enceinte. Une vache morte qui perd ses entrailles, sombres, brûlantes. Une jeune fille qui supplie à genoux.

Le cadavre du jeune Josef est jeté dans le puits du village. L'eau est contaminée par la putréfaction. L'aigle à deux têtes du blason s'étouffe, assoiffé.

Et pourtant on chante encore cela au cœur de Gedenkrovka : *il n'y aura pas de pogrom ici. Pas de pogrom ici. Pas de pogrom ici...* Comme si, en psalmodiant cette espérance, on pourrait réécrire une histoire déjà en marche.

Ceux qui ont échappé au premier assaut se ruent vers la synagogue pour y trouver refuge. Ils s'enferment derrière les grandes portes. Ils pensent être en sécurité pendant quelque temps, dans la maison de Dieu. Mais les maisons ne sauvent pas de tout. J'en sais quelque chose. Il y a une nuance subtile entre empêcher l'ennemi d'entrer et ne plus pouvoir sortir à cause de l'ennemi. Lorsque les paysans rejoignent les soldats, ils participent au siège de la synagogue, qui dure trois jours et trois nuits. Ceux qui sont retranchés à l'intérieur n'ont rien à manger, rien à boire, et ne peuvent pas dormir. Ils sont torturés jusqu'à satiété puis on les tue. Dieu, qui n'a aucune envie de voir ça, ferme les yeux.

*

Baba Yaga n'est pas dans la synagogue. Elle en est sortie dès le début, elle a couru vers la forêt pour retrouver Illa et Malka – et moi, qui n'ai pas encore été mise au monde ; nous attendons que commence la partie de l'histoire qui nous concerne.

*

« Monte dans le grenier. Vite. Ne fais pas de bruit. Illa, sous la couverture, et pas un mot. »

Baba Yaga, elle cache ses enfants sous mes poutres. Et on attend, toutes les quatre. Malka gazouille en suçant le coin de la couverture. Illa écarquille les yeux tant elle a peur. Elle serre sa poupée contre son cœur.

« Tu veux bien nous chanter quelque chose, maman ? demande-t-elle.

— Demain, chuchote Baba Yaga. Je te chanterai quelque chose demain, *zeeskeit*. Pour le moment, il ne faut pas faire de bruit. »

Dans le lointain, des cris de joie. Des bruits de verre brisé et un grand « Hourrah ! » : comme s'ils regardaient des feux d'artifice exploser et non des vies. Les hurlements se rapprochent. Je sens Illa trembler contre les lattes de mon plancher. Un petit miracle : Malka s'est endormie.

Encore des bruits de verre. Des flammes qui crépitent. À en juger par la proximité des voix, ils doivent être chez les Nodelman, à deux maisons de là. Chez Miriam, donc.

« Sors, espèce de sale *zhyd* », hurle une voix, en russe.

Dans sa bouche, l'insulte est pourriture. À en juger par son accent, c'est un paysan, pas un soldat. Baba Yaga le reconnaît. C'est Stanislav Egorov, un fermier qui lui achète souvent des œufs. Il vient de se marier, il y a tout juste deux semaines. Baba Yaga l'a félicité, la semaine dernière. Il débordait de fierté.

D'autres voix, maintenant. Une femme qui supplie. Une enfant qui sanglote. Deux détonations. Puis des bouteilles qui s'entrechoquent, *tchin*, *tchin*, et des rires.

Illa se plaque les mains sur les oreilles.

« Maman, chuchote-t-elle, qu'est-ce qu'il se passe ? »

Baba Yaga tire la couverture sur les têtes des deux filles.

Les *pogromchiki* arrivent devant la maison suivante. C'est là qu'habitent Reb Berish et sa femme. Un coup de botte de soldat, dans leur porte.

« *Dobri den*, bonjour, hurle une voix russe. Il y a quelqu'un ? Ouvrez-nous. On ne vous fera pas de mal. »

Fracas de verre brisé : une crosse de fusil défonce une fenêtre. Bébé Malka, réveillée par le bruit, ouvre les yeux.

« Un bon *zhyd*, c'est un *zhyd* qui collabore avec l'empire. Pourquoi vous cachez-vous, si vous faites confiance à la Russie ? »

Crac. Une chaise, cassée sur un genou. Les yeux de Malka s'arrondissent.

« En restant cachés, vous aggravez votre cas. »

La maison de Reb Berish est envahie, pillée, mais *boroukh Hachem*, ses habitants ne sont plus là. Ne restent que les chandeliers d'argent du shabbat, dans leur famille depuis cinq générations, et les précieux kopecks cachés sous un matelas, en prévision d'un départ pour l'Amérique. Ne reste qu'un album photo. Ne reste que ce qui fut le décor d'une vie de famille. Ils mettent sans doute le feu à la maison car l'air chez nous est si saturé de fumée que Baba Yaga doit se retenir de respirer pour ne pas tousser. Illa ôte les mains de ses oreilles pour les poser sur sa bouche. Le petit visage de Malka se crispe, son front se plisse, ses narines si délicates palpitent. Et… Ah, elle se met à pleurer.

« Oh, chut, ma chérie, chut, je t'en supplie, siffle Baba Yaga, qui berce la petite contre elle. Il ne faut pas faire de bruit. Chut ! »

Mais les pleurs de Malka se font plus stridents.

Et les voix des soldats plus proches. Ils arrivent. Je serai la troisième maison. Je le sais. Baba Yaga de même. Ce qui n'empêche pas Malka de pleurer. Ils ne l'ont pas encore entendue, car ses sanglots sont assourdis par la couverture. Mais bientôt, ils dresseront l'oreille.

« Je t'en prie, je t'en prie », supplie Baba Yaga.

Elle sort le sein droit de sa blouse, le colle sur la bouche du bébé, qui détourne la tête et vagit de plus belle.

Les soldats sont en bas. Baba Yaga entend leurs rires filer sur la neige, comme des hermines.

« Chut, la conjure-t-elle, une main sur la bouche de Malka. Chut, ça va aller. »

Le cœur de Baba Yaga lui martèle les tympans. Elle a si peur qu'elle ne voit plus que du blanc. Illa, adorable petite peste, chère Illa – elle s'est plaqué le visage contre le ventre de sa mère. Ne regarde surtout pas, Illa. N'écoute pas. Malka pleure encore. Moins fort, sous la main, mais on l'entend encore. Les soldats sont à la porte. Le visage de Malka, étouffé sous la paume de sa mère. Une main douce comme la dentelle, forte comme l'acier, suivant les nécessités. Les phalanges, épaissies : elle les fait souvent craquer. Les bouts des doigts : calleux, ils ont tant travaillé. Une main qui pourrait porter toute une histoire dans sa paume. La main appuie sur le petit visage. Malka gigote. La main devient plus ferme.

Trois hommes entrent en moi. Deux d'entre eux sont des soldats, raides comme des baïonnettes ; on leur a appris les formes. Le troisième, c'est Egorov.

Lui, il a suivi pour rigoler, sans aucun doute. Il racontera ça à sa nouvelle femme : ma défense de la patrie. Et dans la poche, quelques jolis bibelots qui brillent.

La poitrine de Malka se soulève et s'abaisse. Se soulève et s'abaisse. Elle gémit et la main de sa mère tremble. Redescend sur le nez. Sur la bouche du bébé. La pression est si ferme que la dent de lait de Malka perce sa gencive.

Un des trois porte une torche. Je m'illumine en rouge et noir. Les ombres des hommes s'allongent sur les murs ; leurs bras sont incroyablement longs : comme s'ils pouvaient les tendre, attraper Baba Yaga et ses filles couchées dans le grenier, sans même que leurs pieds quittent le plancher.

Les hommes cassent les meubles, pillent les placards, même s'il n'y a pas grand-chose à voler. Ils ouvrent le garde-manger, le couvercle du banc ; ils retournent les lits et les tables.

« *Sloutchaï !* » hurle une voix, de la rue, avec l'assurance d'un général.

Les pillards s'arrêtent de piller et se mettent au garde-à-vous. D'autres ordres suivent. Après une petite éternité, aussi longue que les ombres, les soldats ressortent, suivis par Egorov. De la rue, ils lancent une torche allumée par la fenêtre de ma cuisine. Et leurs pas s'éloignent dans la neige ; bientôt on ne les entend plus. Baba Yaga compte leur éloignement en respirations. Une. Deux. Trois. Quand elle arrive à cent, elle s'abandonne, gémit.

« Oh, mes petites *mammeles*, hoquète-t-elle, vous avez été si gentilles ! Si gentilles ! »

Elle passe sa main libre dans les cheveux d'Illa ;

l'autre se détache du visage de Malka, humide de bave. Elle caresse la petite joue. L'enfant ne bouge pas.

« Petite hase », chuchote Baba Yaga en lui pinçant la pommette.

Mais le bébé ne bronche, ni ne sourit, ni ne respire.

« Petite hase », répète Baba Yaga, en secouant la petite, en lui donnant des tapes sur les joues. Illa, qui ne tremble plus, les regarde, les yeux fixes.

« Petite hase ! Petite hase, les soldats sont partis. Tu m'entends ? Réveille-toi ! »

Mais la hase reste endormie, l'enfant reste endormie.

« Maman, murmure Illa. Le feu ! »

La flamme de la torche s'est répandue. Elle lèche mes murs – une atroce démangeaison.

Baba Yaga n'entend pas ce que dit sa fille. Elle ne peut détacher le regard de Malka. Ses pieds et ses mains sont si petits ! Ses paupières, presque transparentes. Chaque cil, si délicat : un cristal de glace. Le mois prochain, Malka aura un an. Baba Yaga imagine la fête. Quelle journée ! Elle lui confectionnera des moufles neuves, et la gavera de miel, tant qu'elle en voudra. D'ailleurs, elles sont déjà dans le salon. Illa danse. Il y a des *rugelach* dans le four – il ne faut pas qu'ils brûlent ! Mais ils sont parfaits, dorés, moelleux. Malka fait un drôle de bruit – c'est un mot, son premier. Oui, elle parle, elle dit…

« Maman ! »

Illa s'est mise à tousser. La fumée envahit le salon, noire.

« Maman, au secours ! »

Au secours ? Mais elle n'a pas besoin d'aide, Illa. Illa qui danse si bien !

« Maman, sanglote Illa. J'étouffe. »

Baba Yaga redresse soudain la tête. Elle voit sa grande fille qui tremble dans le grenier. Elle voit son bébé. Elle voit immédiatement son histoire, telle qu'elle est.

Il y a le temps du chagrin et il y a le temps de la colère. Les deux sont nés du deuil. Le chagrin dure plus longtemps. Il peut, si vous le laissez faire, devenir un compagnon, un chat errant qui ne vous quitte plus. Le temps du chagrin viendra : comme le chat, il a plusieurs vies. La colère, elle ne dure pas. Elle détruit le corps, comme un feu dans la maison, puissante, avide. Et maintenant, son temps est venu. Baba Yaga hurle d'une voix qui est pour partie la sienne : l'autre est celle de Lilith, monstre nocturne, gardienne des enfants. Elle serre le bébé inerte contre sa poitrine.

« Maman », suffoque Illa.

Baba Yaga descend du grenier, me traverse. La fumée lui referme des entraves éphémères sur les chevilles, se tord et se reforme en chaînes nouvelles. Elle passe dans la chambre, où le matelas gît éventré par une baïonnette. Elle va dans la cuisine : les flammes lèchent les rideaux en dentelle et creusent des sillons noirs dans le plancher. Elles effleurent sa jupe mais elle traverse l'enfer comme si elle ne sentait rien.

Elle tombe à genoux et pose l'enfant Malka à terre, tendrement. Illa la regarde de l'échelle, la couverture sur les épaules. Quand sa mère referme les mains sur la torche embrasée, Illa ne voit que de la lumière.

Les paumes de Baba Yaga se couvrent de cloques ; la vapeur s'en dégage. Une étincelle noire. Elle remonte ses bras et transperce son corps. Une punition : que ces mains ne puissent jamais plus servir. Une prière : que ces mains nous portent au travers de mille brûlures.

La mère se tourne vers sa fille aînée :

« Tu vas vivre ! »

Un immense courant d'air me traverse le corps, aspirant toutes les flammes répandues sur les murs. D'abord, leur halo extérieur, pâli, puis l'or en leur milieu – enfin le cœur bleu du feu : tout cela rentre dans les mains de Baba Yaga.

Et quand elle abat les paumes sur les lattes de mon plancher, la chaleur sort de son corps pour entrer dans le mien. La chaleur file sous le bois et dans les murs, éclate dans les portes et hurle dans les fondations.

« *Shem ha-meforash* », gémit-elle ; c'est le nom collé sous la langue du Golem de Prague, le nom ineffable de Dieu qui d'une glaise sans vie fait un être éveillé. Comment décrire cette impression ? La sensation que l'on vient au monde ?

Je me lève. Voyez, mon blasphème. Un deuil si rageur qu'il a repoussé Dieu, qu'il est devenu son propre dieu. Mes pattes sont robustes, toutes neuves, elles ont hâte de courir. Alors c'est ce que je fais. Je détale de la rue, je passe devant les corps qui se vident de leur sang dans la neige. Je passe devant la synagogue qui ne sera bientôt plus que décombres. Je passe devant quelques arbres qui tous portent de terribles fruits. Je passe devant le cimetière, où les pierres ont déjà été arrachées à la terre, je passe devant le puits si profond, qu'embaument les cadavres. Je fuis Gedenkrovka, je traverse la grande forêt et la rivière Vilchanka, vers un jour nouveau.

Dans l'intervalle, il est né au village quelque chose d'autre. Un souvenir plus vaste. Une souffrance, qui s'agglomère en un corps. Le *dibbouk* tourne ses nombreuses têtes vers l'ouest, me regarde partir. Puis il dévore tout ce qui reste du village.

Le feu dans mon corps, il a été mouché – entièrement, sauf la torche solitaire, qui brûle encore dans le poing de Baba Yaga. Devant elle, le poêle de céramique, froid et vide. Elle ouvre sa trappe, y laisse tomber la torche. Elle y ajoute du bois, des bouts de ficelle. Elle embrasse Malka sur un œil. Puis sur l'autre. Elle embrasse sa bouche, elle embrasse les bouts de ses dix doigts, à la suite. Elle embrasse ses oreilles et son ventre. Elle lui chante une chanson, une vieille chanson yiddish où il est question d'une femme fantôme dans une lanterne. Sans cesser de chanter, elle glisse Malka dans le poêle. Les flammes la bercent, maternelles. Ainsi l'enfant disparaît.

« Maman, demande Illa, sommes-nous sauvées ?

— Oui, répond Baba Yaga au bout d'un moment. Nous sommes sauvées. »

Elle referme la porte du poêle. La flamme de Malka brûle pendant une heure. Une journée. Un an. Elle n'a jamais cessé de brûler. Et je n'ai jamais arrêté de courir.

Je vous avais prévenus. L'histoire, telle qu'elle est, ce n'est pas toujours l'histoire telle qu'on voudrait qu'elle soit. Mais ce n'est pas une histoire, c'est notre monde. Un enfant mort, c'est un enfant mort. Un massacre, c'est un massacre. Les souvenirs, on doit les raconter. Les mains engendrent des mains. Les mères engendrent des enfants, qui à leur tour engendrent des filles. Les générations passent et, soudain, nous oublions. Nos descendants naissent en proie à des désirs qu'ils ne comprennent pas, car ils ont oublié. Leurs mains sont pleines de feu. Leurs jambes brûlent de fuir. Le corps se souvient. L'air aigri se souvient. Nous ne pouvons pas oublier. Je ne peux pas oublier. Et s'il faut que je me rappelle, vous aussi, j'en fais le serment. Vous aussi.

Chapitre 44

Par chance, le vent ne souffla pas la nuit qui suivit. Isaac sentit le calme se poser sur ses épaules. L'œil du cyclone.

« Hé, Pinocchio. »

Shona passa la jambe par-dessus l'appui de la fenêtre et rejoignit Isaac sur son perchoir. Sa cuisse reposait à l'endroit même où, quelques jours plus tôt, il avait laissé l'une de ses pièces plates. Il y avait encore l'empreinte de ses mains dans la poussière à l'endroit d'où il s'était laissé tomber.

« Tu vas pas encore nous jouer les filles de l'air, j'espère ?

— Nan. »

Il tira une profonde bouffée de sa cigarette, exhala la fumée. Le ciel, magenta, s'étendait au-dessus des plaines, aussi vaste et bien bordé qu'un lit de motel. Isaac avait toujours eu une curieuse relation avec la gravité, pour lui force fragile. Élastique. Un jour, s'il tirait assez fort, il serait catapulté vers le ciel.

« Bien. Ça t'embête pas si je te tiens compagnie ? »

Ils auraient pu être à peu près n'importe où, dans ces étendues sans relief. Jusqu'où étaient-ils allés, en fait ? Il n'en était pas sûr. Oklahoma, Missouri ? La grande plaine américaine. Ils avaient fait marcher Pieds-de-chardon, jusqu'à un endroit où il n'y avait plus ni maisons hors la leur, ni usines, ni grande route, ni aire de repos pour les camions. Pas d'humains qui risquent d'échanger leur nom contre un numéro sur une liste de tués. Ils avaient peut-être déjà quitté l'Amérique réelle pour le pays mythique, celui chanté par les vagabonds éternels qu'il avait croisés autrefois. Une contrée de virevoltants et de tombes faites de rouille. De paysages qui ne connaissaient aucune frontière. De vieilles voies de chemin de fer où il ne passait plus de train, de villes fantômes où les clôtures étaient ornées d'os de vaches. Était-ce cette Amérique dont ses ancêtres avaient rêvé en débarquant à Ellis Island ? Était-ce là qu'elles avaient imaginé s'enraciner la lignée des Yaga, après tout ce qu'elle avait subi ? Non, probablement pas.

Shona l'aida à redresser les quelques mètres de fils de fer barbelés qu'ils avaient récupérés dans le grenier, où Bellatine l'avait entreposé après la restauration de la maison. Ils avaient commencé à en fixer sur les fenêtres de Pieds-de-chardon, pour décourager de potentielles intrusions. Isaac prenait soin en travaillant d'éviter les barbelés. Il n'avait aucune envie de répandre son sang dans cette maison – pas encore, pas aujourd'hui.

« Très bien. Ça tient, la protection ? Non, pas sur le genou. Il faut qu'elle puisse marcher ! On lui fabrique une armure, pas une attelle ! »

Sous la maison, Bellatine dispensait des ordres à Winnie et à Rummy. Un peu plus loin, Sparrow, derrière le bus, fabriquait une pieuvre alchimique avec des réservoirs de propane et des tuyaux d'arrosage.

« Tu savais qu'elle avait ce don, ta sœur, hein ? Qu'elle ranimait les objets ? » demanda Shona en tendant d'autres bouts de fil à Isaac.

Il ne répondit pas.

« OK, j'ai compris, pas de problème. C'est vos affaires de famille. »

Il sortit un clou de ses lèvres, voisin de la cigarette, et le planta dans le mur. Les préparations avaient, en partie, apaisé le renard entre ses côtes – mais ne les avait-il pas entreprises uniquement pour s'occuper l'esprit ? Si le *dibbouk* tenait à leur envoyer ses ombres, ils pouvaient toujours jouer du marteau : aucun barbelé, aucune armure n'empêchait la fumée de passer.

« C'est vrai, tu crois, Pinocchio ? Ce que nous a raconté le clown ? »

L'Idiot avait, une fois l'histoire contée, retrouvé son état de marionnette et reposait, muet, dans sa caisse, chez Pieds-de-chardon.

« J'en suis certain, répondit Isaac.

— Et comment ?

— Je le sens. »

Il n'avait pas d'autre réponse à proposer, et celle-ci était d'une veulerie qui formait une boule épaisse et poisseuse dans sa gorge. Isaac ne se fiait à aucune parole. S'il avait survécu si longtemps sur la route, c'était grâce à la citerne de lucidité et de scepticisme qu'il traînait constamment derrière lui. L'histoire de l'Idiot, c'était autre chose. Il avait l'impression d'en avoir entendu des fragments ailleurs. Non, d'ailleurs, pas entendus, mais vécus. Il regarda le poêle par la fenêtre grande ouverte. Le feu de Malka tendait de longs doigts rouges vers les carreaux ; la lumière dégoulinait le long des briques. Il cligna des yeux. Il avait passé toute la journée à éviter ces flammes des yeux, y revenait sans cesse pourtant. Un papillon de nuit, l'appel de la mort.

« Elle est vraiment hantée, cette baraque, marmonna Shona.

— Personne te retient. »

Elle s'arracha une peau d'ongle et la recracha, avant d'essuyer son pouce taché de rouge à lèvres sur son jean.

« Tu sais parler aux femmes, Yaga. »

Il avait envie qu'elle parte. Et par-dessus tout, il avait envie de partir avec elle. Ils s'éclipseraient tous les deux au milieu de nulle part, dans une zone commerciale où ils se trouveraient une chambre d'hôtel pas chère, pour y baiser et boire du Jack Daniels au goulot jusqu'à ce que leur pécule soit épuisé. Alors ils prendraient la route, dormiraient à la belle étoile, vagabonderaient sur les mêmes lignes que T-Bone Slim et Leon Ray Livingston ; bientôt, ils auraient échappé à trop de flics pour ne pas toujours garder leurs bottes aux pieds. La liberté : c'était comme ça que ça s'appelait. Pas trop de fantômes aux pieds agiles, juste les vieux, ceux qu'il connaissait. Pas de passé. Pourtant, tandis que sa rêverie prenait de l'ampleur, un murmure l'ancrait dans les lieux. *Porter témoignage*. Il planta son deuxième clou.

« C'est pas ton combat, marmonna-t-il. Ça te concerne pas. »

Elle le dévisagea un moment, et il eut l'impression qu'elle regardait à travers lui, à travers sa peau, ses os. C'était lui, en général, qui toisait de cette manière.

« S'il y avait eu plus de gens pas concernés qui s'étaient interposés, à l'époque, ça se serait pas fini comme ça. »

Elle redressa son morceau de fil de fer avant de l'enrouler autour d'un clou.

« C'est qu'une maison », murmura-t-il, d'un ton presque coupable, comme si Pieds-de-chardon pouvait l'entendre.

Rabaisser les condamnés, ça ne porte pas chance. Mais en prononçant ces mots, il se facilitait les choses. *C'est qu'une maison, promise à la démolition.*

« Pars pour Ombrelongue, dit Shona. Ça, c'est sûr. Mais si ce salopard tient vraiment à lui mettre la main dessus, je ferai de mon mieux pour l'en empêcher.

— Quelle idéaliste, laissa tomber Isaac, dédaigneux.

— Non, dit Shona. L'idéaliste, c'est celle qui croit toujours qu'elle va gagner. »

Un coyote aboya dans le lointain. Puis un second, un troisième et bientôt ce fut toute la meute qui hurlait en chœur, clameur qui se réverbérait dans le crépuscule serein.

Parfois, quand Isaac fermait les yeux, il avait de brèves visions. Un garçon qui jouait au ballon. Une grande bâtisse en brique, une vaste salle encombrée de bancs. Une nuée d'orage où tournoyaient bras et jambes. Mais chaque fois qu'il essayait de comprendre ces images, elles le fuyaient aussitôt, têtards filant dans les recoins rougeâtres de sa mémoire.

Shona se trémoussa quelques secondes pour décoincer ses vertèbres, puis s'adossa à la fenêtre. Sous son blouson pointait le bout du veston d'Isaac.

« Je le récupérerai jamais, celui-là, j'ai l'impression », dit-il.

Elle se pencha vers le jeune homme pour chasser une mèche qui lui tombait sur l'œil.

« Si on s'en sort vivants, tous les deux, repose-moi la question. »

Un peu avant le lever du soleil, les Dustbreakers allèrent se poster autour du périmètre de sécurité, à quatre cents mètres de Pieds-de-chardon. Shona surveillait le tiers est, Rummy l'ouest et Sparrow le reste. L'ennemi prendrait probablement la forme d'une meute de fumigés : à la moindre manifestation, ils se replieraient dans le bus et mettraient hors d'état de nuire quiconque chercherait à s'approcher de la maison. Isaac et Bellatine resteraient avec Pieds-de-chardon. Ils étaient las de fuir. Ils attendaient, à présent.

« Ombrelongue déteste se salir les mains, avait rappelé Shona la veille, tandis qu'ils élaboraient leur stratégie de lutte. Les travaux manuels, c'est pour les autres. S'il n'a personne pour s'en charger à sa place, il est désarmé.

— Par conséquent, plus nous sommes dans ce genre de no man's land, mieux ça va, avait complété Sparrow.

— Je serai en mesure de ressentir leur arrivée, les

avait assurés Rummy. C'est vrai que la dernière fois, j'ai lamentablement merdé. Mais la proximité de Bellatine... »

Il s'était massé la nuque avec un sourire d'excuse.

« Trop de bruits blancs, de distraction. Si je garde mes distances avec elle, ça devrait aller.

— Tu es notre petite tour de contrôle », avait plaisanté Sparrow en lui pinçant la joue.

À la demande expresse de Bellatine, Winnie avait rejoint le trio des Duskbreakers, lesquels étaient priés de la mettre en lieu sûr. Elle avait protesté, mais Belette n'avait pas cédé.

« Tu veux vivre, Win, avait-elle dit en prenant le visage argenté de la jeune fille entre ses mains. C'est ce qu'il faut. Quand on en aura fini avec l'autre, je te retrouverai. »

Elles s'étaient embrassées. Isaac avait vu sa sœur glisser une petite cuiller en bois dans la paume de son amie. Winnie avait passé au poignet de Bellatine le ruban qui retenait son chignon.

Langage des adieux. Échange de porte-bonheur à restituer le jour des retrouvailles. Promesses intenables. Un théâtre qu'Isaac connaissait trop bien. Sur la route, il avait ainsi échangé des centaines de babioles, de vaines perspectives. Parfois avec des filles certaines de le revoir trois jours plus tard – ou du moins assez polies pour le lui donner à penser. Parfois avec de vieux amis croisés par hasard dans une gare de marchandises, un trottoir où faire la manche. Parfois avec des inconnus avec lesquels il avait partagé une bière ou un mauvais coup. On se reverra, disaient-ils toujours. Et si Benji était des leurs, il souriait de toutes ses dents, serrait la main du gars et ajoutait « T'en fais pas, vieux, on se rencontre tous toujours deux fois. » Mais que se passe-t-il après cette seconde rencontre ? Que se passe-t-il quand l'histoire s'est déjà répétée ? Il n'y a plus aucune garantie.

*

Dans la pénombre du grenier, Bellatine se préparait à l'arrivée d'Ombrelongue. Ses gestes étaient rapides, méthodiques : ceux d'une machine et non d'une femme. *C'est juste une pièce*, se disait-elle, les yeux au plafond, tâchant de ne pas penser au frisson glacial qui courait sur sa nuque. *Tu y es montée des centaines de fois. Rien n'a changé.* Elle ne put s'empêcher cependant de travailler en hâte, poussée par un seul désir : sortir de ce recoin et de ses souvenirs le plus vite possible.

Les souvenirs. Comment les tue-t-on ? La question lui tambourinait dans les veines tandis que Pieds-de-chardon, inquiète, se balançait dans le froid. Bellatine s'accoutuma à ce mouvement, respira bientôt au même rythme. *C'est ta maison*, se répétait-elle, *pas la sienne*. Et n'était-ce d'ailleurs pas pour remplir cette mission que Pieds-de-chardon avait acquis ses pattes ? Pour protéger les siennes de cette même menace ?

« Il faut que tu m'apprennes à t'aider », murmura-t-elle à Pieds-de-chardon en descendant de l'échelle.

Le bois était chaud grâce au feu de Malka ; une ardeur aux picotements trop familiers courait sous les doigts de Bellatine. Elle fut envahie par une vague de honte et accéléra le pas. L'histoire racontée par l'Idiot se rejoua sous ses paupières, clip ténébreux. Elle avait peut-être raison, après tout, de considérer l'Embrasement comme une malédiction. Le legs de la violence et d'un atroce chagrin. La raison pour laquelle la maison lui avait toujours semblé aussi familière. Celle aussi qui permettait à Ombrelongue de s'insinuer sous son crâne quand l'Embrasement survenait. Toutes flammes nées de la même étincelle. Toutes reliques de la même atrocité. Était-ce pour cette raison que Mira l'avait de tout temps traitée comme un monstre ? Savait-elle, leur mère, d'où venait l'Embrasement ? Ou, comme les fumigés attaquant les innocents, comme les paysans des confins de Gedenkrovka s'alliant aux soldats, était-ce plus facile pour Mira de rejeter ce qu'elle ne comprenait pas ?

Bellatine avait appuyé sur la touche appel de son téléphone avant que la raison l'en dissuade.

Et, deux sonneries plus tard :

« Oui, Bellatine ? Tu as besoin de quelque chose ? »

Elle se remit à respirer – ne l'avait pu, une ou deux minutes.

« Salut, maman.

— Je ne te le cache pas, si c'est pour bavarder, ce n'est pas le meilleur moment. Tu peux rappeler demain ou mercredi si…

— Je t'aime. »

Le silence enfla tel un ballon d'anniversaire.

« Qu'est-ce qui ne va pas, Bellatine ?

— Rien. Je…

— C'est ton frère ?

— Non, Isaac va bien, je te l'ai déjà dit. Euh... C'est rien. Je... J'avais juste envie de te le dire. »

Elle entendait la respiration de Mira vibrant, régulière et lointaine, sur les vagues satellitaires.

« Bien. Parfait. Écoute, merci.

— J'espère que tu passes une bonne journée. Je te rends à tes occupations, maman.

— Bellatine, je ne compr... »

Elle raccrocha avant que la boule qu'elle avait dans la gorge ne fasse des siennes.

« Voilà ! »

Isaac déposa sur le plancher de la chambre une collection d'objets divers récupérés dans le garde-manger et dans la poubelle.

Bellatine ramassa un pichet en céramique, souffla délicatement sur l'embouchure poussiéreuse, faisant chanter l'air.

« C'est quoi, tout ça ?

— On va dire, pure impro, soupira Isaac. Tiens. »

Il lui tendit son costume de représentation. Si la tournée de Pieds-de-chardon s'était déroulée comme prévu, il aurait conservé son aspect amidonné, impeccable ; tout au plus se serait-il usé aux genoux et jauni légèrement aux aisselles. Les événements en avaient décidé autrement : il y avait des taches brunes sur le col, sang qu'elle avait essayé de nettoyer à l'eau de Javel. Le genou, ravaudé, témoignait de sa chute dans l'escalier de la fabrique Estey. *On a beau tout prévoir*... Elle avait toujours détesté cet adage, qui sous-entendait que personne ne pouvait contrôler quoi que ce soit, qu'il était impossible d'aller contre le destin. Bellatine n'était pas de cet avis. Avec un peu d'organisation et quelques litres d'huile de coude, on avait toujours la possibilité de maîtriser les choses. Jusqu'ici, elle en avait été certaine.

« Enfile-le, dit Isaac.

— Pourquoi ?

— L'effet linceul », répondit-il.

Ils avaient, en dépit des préventions d'une Bellatine plus qu'incrédule, récupéré des modes d'emploi pour exorcisme sur un site intitulé KaballaKween – lequel dispensait avec la même ardeur conseils mystiques et coupons de réduction pour vins rosés, sur fond violet à paillettes. Mais si la Kween semblait manquer de sérieux, elle avait scanné avec grand soin les quelques textes rabbiniques (ou supposés tels) à disposition sur son site. L'un de ces textes conseillait d'utiliser draps ou vêtements blancs, symbolisant la pureté de l'esprit exorciste. *Mais je suis loin d'être pure*, songea Bellatine, les doigts parcourus de picotements. Et son cœur, de nouveau, se mit à battre plus vite.

Isaac fouilla dans la pile et récupéra le marteau de Bellatine. Puis il s'empara du pichet et d'un coup sec et téméraire, en cassa la base. Il appliqua ses lèvres à l'embouchure et se mit à cancaner dans le mégaphone ainsi créé. Le son ainsi amplifié fit dresser les oreilles d'Enjoliveuse, tranquillement endormie dans son coin.

« Le *shofar*, c'est fait, déclara Isaac avec un hochement de tête satisfait.

— Isaac… »

Le cœur de Bellatine ne cessait de se contracter.

Il était devenu si lourd, si dense entre ses côtes qu'il menaçait de lui percer le ventre, de disparaître dans les entrailles de la maison.

« Je ne crois pas... »

Mais elle ne finit pas sa phrase. Qu'étaient-ils en train de préparer ? Elle avait l'impression d'un jeu d'enfants, qui n'aurait rien eu de sacré, ni de particulièrement pur. D'ailleurs rien ne l'était dans cette maison. Ombrelongue avait peut-être raison de vouloir l'anéantir.

« L'armure, elle recouvre aussi les griffes de Pieds-de-chardon, ou seulement ses jambes et ses chevilles ?

— Les griffes sont à découvert. Mais...

— Très bien. Ils expliquent que le démon doit quitter le corps par-dessous le gros orteil. Allez, grouille, maintenant, et change-toi. »

Et joignant pour ce qui le concernait le geste à la parole, il se débarrassa de son pantalon noir pour se vêtir de lin blanc.

« Dès que tu es prête, on répète, Belette.

— On répète ? »

Son cœur devait frôler les deux cents battements ; il cognait dans sa jugulaire comme un hanneton sur une vitre. *Boum. Boum boum.*

« La vie n'est pas qu'un théâtre, Isaac. Tu ne vas pas chasser ce monstre avec des accessoires improvisés et un brin de chance, comme tu charmerais quelques spectateurs. »

Pieds-de-chardon, toujours aussi nerveuse, se mit à gigoter et le bric-à-brac d'Isaac à tinter.

« Belette, dit-il. Tu sais ce que c'est, un *tulpa* ? »

Aucune idée – et elle n'avait pas de temps à perdre

avec les devinettes de son frère. Qui d'ailleurs n'attendait aucune réponse.

« C'est un concept de la mystique bouddhiste, poursuivit-il. Si plusieurs mystiques se concentrent pour faire se manifester une créature invisible, leur croyance conférera réalité à la créature. Et donc, ils peuvent se réunir, méditer sur telle ou telle idée, tel ou tel personnage, et l'entité en question finit par apparaître. Leur pensée affecte la réalité.

— Tu t'es converti au bouddhisme ?

— Si j'y réfléchis, c'est vrai d'un tas de trucs, répondit-il en lissant son tee-shirt blanc de la paume. Est-ce que Dieu existe ? Putain, aucune idée, mais Jeanne d'Arc y croyait assez pour monter sur le bûcher. Quand les gens croient en quelque chose, au point que ça ait de l'influence sur leur vie et sur leur mort, c'est que la chose existe ; elle modifie le monde réel. Peu importe que Dieu existe. La croyance et les actions qui en découlent rendent l'histoire vraie et changent le monde en conséquence. Le théâtre, c'est la même chose. Si tu peux convaincre l'auditoire que tu es bien tel ou tel personnage, si tu peux les convaincre de renoncer à leur incrédulité, alors tu fais un trou dans l'espace. À ce moment-là et dans cet endroit-là, et si le travail est bien fait, ce n'est plus une hallucination collective, ce n'est plus une histoire : c'est une réalité. »

Bellatine ramassa un bocal de persil séché – à en juger par l'apparence – et récupéra la paire de cisailles qu'il dissimulait.

« Je suis ravie de passer ma dernière soirée sur terre à écouter une conférence sur le théâtre à côté d'un tas d'ordures.

— Tu n'écoutes pas ! aboya Isaac, et Bellatine sursauta. Qu'est-ce qui se passe quand tu as peur de quelque chose ? Quand tu es certaine qu'elle te veut du mal ? »

Il n'attendait pas de réponse, et enchaîna aussitôt :

« Tu la renforces, cette chose. Tu te souviens de l'histoire racontée par l'Idiot ? Quand Pieds-de-chardon s'est levée, Ombrelongue en a fait autant. Quand Pieds-de-chardon s'est mise à courir, qui s'est lancé à sa poursuite ? »

Ombrelongue, bien sûr.

« Parce que nous le fuyons, martela Isaac, parce que nous investissons toutes nos peurs, toute notre attention, toute notre espérance dans l'acte de fuir, nous… »

Bellatine leva les yeux vers le grenier et les dispositifs qu'elle y avait installés.

« … nous le rendons plus réel.

— Oui ! Et tu sais quoi ? »

Il empoigna le pichet cassé.

« Je crois qu'on tient là un *shofar* de compétition contre les démons. Alors, à moins qu'il te vienne une idée de génie sur-le-champ, on le fera, cet exorcisme, merde !

— Et pourtant, le spécialiste de la fuite, c'est toi ! Tu as passé ta vie à te tailler.

— Eh bien maintenant, il y a peut-être des choses que je veux rendre plus réelles. Plus… vivantes. »

Et son visage soudain parut à Bellatine plus fragile, comme le jour où elle l'avait retrouvé. Le souvenir du givre lui bleuit fugitivement les lèvres.

« Donc, dit-elle en passant les pouces sous les bretelles de sa salopette, t'es pas bouddhiste ? »

Un sourire apparut sur les lèvres d'Isaac, que l'ombre de mort quitta.

« Non, c'est mon copain Benji qui m'a raconté ces trucs. C'était un fan de ce genre de choses, les mythes, les monstres, les légendes. S'il était là, il ouvrirait certainement le grand carnet de chants qu'il avait dans la tête et il nous trouverait la ballade qu'il nous faut, avec toutes les instructions pour nous débarrasser de l'autre.

— C'est pas la première fois que tu me parles de lui, répondit prudemment Bellatine.

— Ouais… Il est mort. »

Elle avait encore tant à apprendre sur son frère. Et la réciproque était tout aussi vraie. Partage qui n'aurait peut-être jamais lieu.

« Belle, écoute…, marmonna Isaac.

— Ouais ?

— Ces trois derniers mois, c'est… Ça a été… (Il s'éclaircit la voix.) Tu crois que ça en valait la peine, la tournée ? »

Elle le dévisagea, éberluée. Puis éclata de rire. Un rire qui traversa Pieds-de-chardon comme un vol de geais et la fit tressauter de surprise.

« Ah, mais alors pas du tout ! »

Elle rit à en perdre haleine, et quand elle eut perdu le souffle, elle riait encore. Un sourire naquit sur les lèvres de son frère et se transforma bien vite en pure hilarité.

Le téléphone de Bellatine sonna. Elle répondit.

« Ils arrivent, dit Rummy, à l'autre bout de la ligne. Et il y a du monde. On va leur donner du fil à retordre, mais je pense qu'il n'est pas loin derrière.

— D'accord. Merci, Rummy. Et… Winnie ?

— Elle ne risque rien. Elle te retrouvera quand on sera débarrassés de ce merdier. Faites-les baver, les Yaga.

— Pareil de votre côté. »

Bellatine mit fin à l'appel. *Elle te retrouvera…* Elle revit le visage de Winifred dans son nimbe de lumière pâle, tandis qu'elles fendaient la foule des fêtards, le soir du défilé des lampions. Se souvint de sa bouche, fraîche et douce, goûtée le soir de la bataille des pierres, leurs corps emmêlés contre le mur. Finalement, ça en valait peut-être le coup. Elle prit une profonde inspiration.

« Tu me le files, ce *shofar* ? »

Elle le porta à sa bouche et souffla. Un gémissement de basse retentit.

« Éteignez les lampions ?

— Que le spectre se lève ! » compléta Isaac.

La sonnette de la porte d'entrée se mit à tinter.

Chapitre 45

Au fil des ans, les gens sont arrivés. Parfois malades – de maladies qui se faisaient passer pour des dons. Parfois venus, ventre vide, de terres noircies par les plaies. Ou étouffant sous le talon d'acier d'un dictateur. D'autres arrivèrent, les fers aux pieds, dans les entrailles de terribles navires (l'un d'entre eux, auquel des ailes avaient poussé, essaya de s'envoler). Les pommes de terre avaient pourri : alors ils arrivaient. Les temples où ils priaient avaient été brûlés : alors ils arrivaient. Les enfants, les frères, les sœurs avaient été enfermés dans des chambres à gaz : alors ils arrivaient. Des villages avaient été pillés : alors ils arrivaient. Les gens rêvaient, et tout en rêvant ils se mettaient à croire : de leurs croyances naissaient des océans, des navires, des vents favorables et robustes qui les poussaient vers une terre du nom d'Amérique. En Amérique, ils retrouvaient les mêmes choses. Nouvelles faims. Nouveaux tyrans. Nouvelles souffrances. Brutalités de toujours. La terre, déjà noircie par le sang. Mais pendant un laps de temps très bref, dans le souffle qui sépare l'ici du là-bas, il y avait de l'espoir.

Et qu'apportaient-ils en venant, ces gens ? Des babioles. Des bougies. Des bébés nés sur des ponts malodorants. Des pièces cousues dans les doublures des manteaux, des photos de bien-aimés qu'ils ne reverraient jamais. Des idiomes pliés en quatre dans les valises de leur langue. Des dieux, des démons, des superstitions. Et d'autres souvenirs, dont ils ne savaient même pas qu'ils les avaient sur eux, des passagers clandestins agrippés à leurs dos. Des souvenirs. Des histoires. Des fantômes.

Des enfants étaient nés dans ces histoires, avaient grandi parmi elles, de même leurs enfants et leurs petits-enfants, puis ces histoires avaient été oubliées. Les fantômes aussi. Aujourd'hui ce garçon dont l'arrière-grand-père mangeait de l'herbe pour ne pas mourir de faim fait tourner sa Chevy rouillée entre le parking du lycée et le rond-point, juste pour entendre le moteur ronronner. Une fille dont la grand-mère a été poussée de force dans les lits d'un régiment – *femme de réconfort*, disait-on – reste à la fête jusqu'à trois heures du matin et joue au jeu de la bouteille toute la soirée. Petites célébrations que celles-ci. Joies de l'oubli. Joie de vider le réservoir, pour le plaisir, on peut se le permettre. Joie de se peindre les lèvres en rouge, de se passer les cheveux au fer à friser, d'embrasser quelqu'un et de partir quand on veut. Au fil des générations, on oublie. Seul le corps se souvient. Le corps, et les fantômes. Flammes dansantes.

*

À la première sonnerie, tous les placards de Pieds-de-chardon s'ouvrirent simultanément et claquèrent comme des ailes rognées.

À la deuxième sonnerie, Bellatine se rendit compte qu'elle avait oublié de respirer. Elle sentait la présence de l'autre côté de la porte, le poids des cent ans pesant sur le battant. Elle chassa la pensée fugitive d'être enterrée vivante.

Elle croisa le regard d'Isaac, qui hocha la tête. Enjoliveuse se frottait contre ses chevilles.

Prête ? articula-t-il sans un bruit.

Non, tonna le cœur de Bellatine. *Non, non, jamais*.

« Oui », chuchota-t-elle.

La troisième sonnerie retentit. Pieds-de-chardon s'était mise à vibrer, comme si le simple fait de tenir debout consommait toute son énergie. Flèche engagée dans l'arc, et retenue. Retenue. Retenue. Bellatine posa la main contre le mur, y versa un filet de chaleur. Le tremblement se fit moins intense.

Le quatrième coup de sonnette ne les surprit pas. Les Yaga n'allèrent pas ouvrir. Point n'était besoin, car dès que la réverbération se fut tue, Ombrelongue franchit la porte comme une nuée.

Bellatine se remit à respirer.

« Les enfants, les gronda Ombrelongue. Dans le pays d'où je viens, il est de coutume d'accueillir les visiteurs. L'hospitalité à l'américaine n'est décidément pas ce qu'elle devrait être.

— Je vous demande pardon, dit Isaac en s'avançant d'un pas, mais on m'a dit qu'il ne fallait pas serrer la main des visiteurs en question sur le seuil, de peur de laisser entrer les esprits mauvais.

— Ah, ce ne serait pas une bonne chose, assurément », dit Ombrelongue, tout sourire, lissant de sa paume les revers de son manteau.

Il inspira profondément, les narines palpitantes.

« Ah, oui. Quel plaisir de revenir ici. J'y ai passé de si précieux moments… »

Il passa l'index le long de la fenêtre, y trouva un grain de poussière.

« J'ai l'impression, même, de sentir leur odeur. »

Le salon trembla, se métamorphosa. Il fallut un certain temps à Bellatine pour s'y accoutumer : un second salon s'était superposé à l'autre. Des meubles apparaissaient soudain, translucides, des formes obscures se déplaçaient dans l'espace. Contours d'une silhouette de femme, un bébé sur la hanche. Une fillette plus âgée. Elles balayaient, elles mangeaient, elles cousaient, actrices d'un théâtre d'ombres à la trame complexe. Le manche du balai enflait puis se rétractait, noir sur blanc ; le fil s'étendait en une fine ligne ténébreuse que la main d'ombre tirait avec une aiguille d'ombre dans un tissu fuligineux.

Concentre-toi sur les objets réels, se dit-elle.

Privée de sa cuiller fétiche, elle se campa, les pieds écartés, sur le plancher. En éprouva la solidité. Elle glissa la main dans sa poche, la retourna et la cacha derrière son dos.

« C'est un tel honneur, ronronna Ombrelongue en se tournant vers elle. Et vous avez accédé à mon humble requête ! Vous avez cessé de fuir ! Comme j'en suis heureux. »

Bellatine ne répondit pas. Les ombres anciennes

continuaient à défiler sur les murs, parfois hors du temps.

L'autre ouvrit les bras.

« Comprenez-moi, ce n'est pas cette journée qui me rend heureux. Je ne suis ici que pour achever ma tâche. Elle est vile, mais elle embellira notre monde. Le rendra plus fort. Plus pur. Et nous accomplissons cette tâche parce que nous aimons notre peuple, et que nous craignons Dieu. Nous effaçons les souillures.

— Vous vous écoutez, quand vous parlez ? se moqua Isaac. Franchement, on croirait entendre les nazis d'Indiana Jones. Vous devriez changer de logo. »

Ombrelongue claqua des doigts et de minuscules flammes crépitèrent autour de ses ongles manucurés.

« Ah, Isaac Yaga le ressuscité. »

Isaac plissa le front, perplexe. Puis ses yeux s'écarquillèrent. Hélas, il avait compris.

« Et Bellatine Yaga, ajouta Ombrelongue en la dévisageant. La maudite. »

Le sourire ne montait pas jusqu'à ses yeux.

« J'ai goûté votre honte. Elle est aussi amère que l'absinthe. Elle colle aux dents. »

Il avança vers elle, qui dut mobiliser toute sa fierté pour ne pas reculer.

« Je peux vous en soulager, madame Yaga, de ce fardeau.

— Que voulez-vous dire ? répondit-elle après un moment d'hésitation.

— Quelle est-elle, cette malédiction, si ce n'est encore une de ces reliques rouillées ? Une vieillerie ? »

Il leva son index encore brûlant à ses lèvres et y

appliqua sa langue. Le feu crépita pendant quelques secondes, avant qu'il ôte la main.

« Je peux vous en soulager. De la malédiction et de sa malheureuse enfant. »

Pieds-de-chardon grinça.

« Nous ne savions pas, dit Bellatine d'une voix plus douce. Non, je ne savais pas ce qu'il s'était passé dans cette maison. Je la pensais… bonne.

— Il n'y a pas de honte à s'égarer, la cajola Ombrelongue. Nous sommes tous victimes de ceux qui usent de malice. De ceux qui veulent nous souiller.

— C'était une erreur, dit-elle en levant les yeux vers lui.

— Belette », souffla Isaac, en guise d'avertissement.

Elle se dirigea vers le Russe. Oh, il avait de l'allure, indubitablement. Élancé, puissant. Maître de lui et du reste. Quel bonheur, être capable d'une telle discipline. Incarner à la fois les rênes et les mains qui les tiennent. Reléguer l'Embrasement au rang de souvenir. Ou mieux encore, aux oubliettes.

« Vous pouvez me rendre normale ? » demanda-t-elle.

Elle tourna d'un pas prudent autour de lui. Il était si élégamment vêtu. Si soigné. Un homme à la parole duquel on pouvait se fier.

« Oui, mon enfant, siffla-t-il. Oui

— Ne l'écoute pas, supplia Isaac. Belette ! Non !

— S'il vous plaît, dit Bellatine en se campant devant Ombrelongue, les mains tendues, doigts tremblants. Dites-moi ce que je dois faire. »

Le *dibbouk* se rua vers elle – et percuta un mur d'air.

Le cercle de sel qu'elle avait semé discrètement autour de lui l'enfermait sur place. Le retenait prisonnier. Bellatine lança un regard à son frère, sourcils haussés.

« Alors ? J'étais comment ?

— Stanislavsky serait fier de toi », répondit Isaac avec un clin d'œil.

Ombrelongue retroussa les lèvres.

« Insolence ! »

Les ombres se recroquevillèrent sur les murs.

Isaac exhiba la cruche cassée qu'il avait dissimulée derrière une pile de livres, la porta à ses lèvres et souffla. Le *tekiah* explosa dans la petite maison, et Pieds-de-chardon rua. Bellatine sortit un bout de papier chiffonné de sa poche et se mit à lire les psaumes recopiés à la main :

« Ils s'agenouillent et tombent, mais nous nous relevons et reprenons nos forces, bafouilla-t-elle, regrettant la hâte avec laquelle elle avait recopié les formules – quel gribouillis ! Sa… Sa bouche… »

Elle défaillait. Sa langue lui semblait avoir la consistance du caoutchouc, maladroite, épaisse.

« Sa bouche… est… est… »

Ombrelongue essaya de nouveau de franchir le cercle de sel : en vain.

Isaac interrompit quelques instants la sonnerie du *shofar* pour s'emparer des notes de sa sœur.

« Sa bouche est pleine de serments, de mensonges et de ruse », proclama-t-il.

Ombrelongue fit la grimace ; ses bras et ses jambes paraissaient moins consistants, vacillants comme les ombres sur les murs de la maison. Un bras se détachait, réapparaissait. Puis une jambe. Ça marchait.

« Sous sa langue, c'est mauvaise conduite et injustice, hurla Isaac, sa voix aussi grave et aussi inflexible que l'appel du *shofar*. Il s'assoit dans les villages, aux aguets, il massacre l'innocent, ses yeux épient Ton armée. »

La voix d'Isaac était de plus en plus forte. Un trou aux contours ondulants s'était formé dans la poitrine du démon.

« Il s'accroupit, il baisse la tête et…

— Une armée d'âmes brisées s'effondrera à son signal », s'écria Ombrelongue qui, tête levée soudain, prononçait ces mots en même temps qu'Isaac.

Il sortit de la poche de poitrine de son manteau un flacon bleu. Bellatine tendit la main : trop tard. Il avait lancé de toutes ses forces la bouteille sur le plancher, son aigle à deux têtes lançant des éclairs. Elle s'y brisa ; bientôt l'air fut rempli de ses vapeurs.

Chapitre 46

Perchée sur sa tour de guet – la structure métallique d'un derrick abandonné –, Shona ouvrit son coutelas de chasse et retoucha son rouge à lèvres en se regardant dans la lame. Si leur dispositif fonctionnait, elle n'aurait pas besoin de la lame en question. Mais si les choses tournaient mal… Elle préférait quitter ce monde de façon tranchante. En tenant quelque arme bien aiguisée. Sa silhouette se détachait sur le ciel comme un drapeau noir.

« C'est le moment de t'épanouir, volubilis, dit la voix de Sparrow, grésillant au bout du fil. On est presque sous le derrick. »

Elle leva ses lèvres repeintes de frais vers le micro.

« Non, pas encore. Pas avant que je comprenne d'où arrivent ces salopards. »

Winifred, qui suivait la conversation depuis l'intérieur du bus, interrogea Rummy du regard.

« J'aurais du mal à le dire, répondit-il, les dents serrées. J'ai l'impression qu'il y en a partout. En tout cas, dans mon corps… Comme des abeilles. »

Winnie lui posa une main amicale sur l'épaule.

« Merci, au fait ! C'est gentil d'avoir menti. Mieux vaut que Bell pense que je suis en sécurité.

— Pas de problème. »

Et Rummy, après avoir été saisi d'un spasme, vomit dans un pichet vide.

« Sympa, gémit Sparrow

— Il y en a tout un paquet, bafouilla Rummy en s'essuyant les lèvres d'un revers de main. »

La sueur perlait à son front.

« Raison de plus pour que je reste à votre côté, dit Winnie.

— Eh oui, plus on est de fous… », opina Sparrow.

Les fumigés viendraient. Ils viendraient, avec leur souffle cendreux, se griffant les épaules, ils viendraient, cortège de carnaval étouffé par les clochettes et les banderoles de suie, avec une seule idée en tête : attirer Pieds-de-chardon en terrain découvert. Mais ils ne devaient surtout pas se rapprocher de la maison aux pattes de poulet avant que les enfants Yaga aient pu régler son compte à Ombrelongue. Pas avant qu'ils aient eu la possibilité d'inverser le cours de l'histoire.

De son perchoir improvisé, Shona perçut une forme mouvante et trouble, qui se déplaçait sur la pointe fatale de son coutelas. Ce n'était pas le reflet du bus à l'approche. Ni Pieds-de-chardon, à peine visible dans le lointain. Ce mouvement venait de plus loin, à l'est. Et vers l'est, elle se tourna.

« On y va », brama Sparrow, en passant la tête par la portière, côté conducteur, tandis que le bus s'immobilisait au pied du puits.

« Attends, attends. Il y a quelque chose qui… »

Elle ne finit pas sa phrase, plissa les yeux.

« J'arrive pas à bien voir. On dirait que… »

Puis elle descendit de l'échafaudage le plus vite possible.

Les fumigés crénelaient l'horizon.

Ils avançaient en ondulant, une armée de fourmis de feu. Les infimes habitants de la ruche, ne formant qu'un seul esprit, n'incarnant qu'une seule émotion. La peur. C'était la peur qui les étouffait tandis qu'ils progressaient dans l'herbe morte. La peur qui les chevauchait, maigre, émaciée, si lourde qu'elle forçait certains à marcher à quatre pattes, tandis que d'autres, puissants, piétinaient les plus faibles de la meute. La peur se répandait en tendrons de fumée sur leur peau. Elle leur faisait rejeter leur nom comme un fruit pourri, pour qu'il soit dévoré par la faim sans visage de leur passager.

Shona frappa des deux poings sur la porte du bus et Sparrow, main sur le levier, lui ouvrit.

« Je les ai vus. »

Elle poussa Sparrow sans ménagement pour lui reprendre le volant.

« On a combien de temps ? Ils étaient où ?

— Deux trois minutes, max. Ils arrivent de l'est. Genre vingt, vingt-cinq.

— Vingt, vingt-cinq ? chuchota Rummy. Non, ce n'est pas possible. C'est forcément plus que ça. »

La nausée qui s'était emparée de lui lorsque la meute de La Nouvelle-Orléans les avait bombardés n'était rien en comparaison de ce qui le traversait à présent, des déferlantes d'électricité statique, acérées comme des tessons. Winnie l'aida à se lever, lui épongea le front. Dans le lointain, les brumes du matin avançaient sur la plaine comme une mer à marée basse.

« C'est le moment d'actionner le clou du spectacle, mon rayon de soleil ? demanda Shona à Sparrow.

— Oui ! L'Opération Laitier va pouvoir commencer », répondit-iel en se frottant les mains.

Rummy s'affaissa, le front sur l'épaule de Winnie, gémissant.

« Désolé, mec, mais... »

Et Shona, le front plissé, démarra en trombe. Le bus fila plein est, vers les fumigés, le moteur hurlant à faire tourner les têtes.

Sparrow s'était dirigée vers le fond du bus pour installer aux vitres une série de tuyaux d'arrosage dont les langues jaunes ballottaient sur la carrosserie noire à chaque embardée du véhicule. Les tuyaux étaient tous reliés à une bonbonne métallique, de la taille d'un torse humain.

« Si le docteur Ombrelongue veut jouer les pharmaciens, on va l'affronter sur son propre terrain, expliqua Sparrow à Winnie en réglant le robinet de la bonbonne. C'est un puissant sédatif. Encore plus efficace qu'une symphonie de Brahms.

— J'aime bien Brahms, gémit Rummy.

— T'en veux un peu pour la route, peut-être ? proposa Shona par-dessus son épaule.

— Ça ne serait pas de refus... »

Rummy était dans un triste état.

« Je peux faire quelque chose pour vous ? » demanda Winnie, qui ne cessait de bouger, inquiète.

Elle avait déjà réussi à détruire le bord de sa manche. Elle n'avait aucune envie de jouer les potiches. Elle ne voulait plus rester en place. Elle n'avait pratiqué ce non-sport que trop longtemps.

« Tiens, mets ça », lui dit Sparrow en lui tendant un mouchoir noir, brodé de fleurs jaune vif.

Jumeau de celui qu'iel se noua sur le visage, de manière à couvrir le nez et la bouche. Les deux autres Duskbreakers en firent autant et Winifred suivit le mouvement.

Les fumigés n'étaient plus qu'à cinquante mètres. La troupe était emmenée par un homme barbu, vêtu d'un blouson Carhartt, et qui poussait des hurlements de bête. Une femme, jean bleu impeccable, chemisier à froufrous – elle n'aurait pas déparé sur un banc d'église –, s'arrachait, en courant, des poignées de cheveux et de peau sanguinolente. Deux adolescents efflanqués suivaient, la peau d'un blanc nacré, surchauffé. Et sur les épaules de tous : les passagers, aussi fins, aussi acérés, aussi éclatants qu'un paquet d'aiguilles.

« On y va, prévint Sparrow. Plus personne respire. »

Iel tourna le robinet de la bonbonne ; les tuyaux jaunes s'emplirent de gaz. Le vent siffla dans le crâne de cheval du capot tandis que le bus longeait la meute, un nuage violet dans son sillage, comme un mille-pattes venimeux. La vitesse… C'était une sensation à laquelle Winifred ne s'habituait pas encore. Se déplacer à la surface de la terre et non rester immobile comme elle l'avait presque toujours fait. Elle savait bien que la planète tournait lentement dans l'autre sens, fuyant le soleil levant, alors qu'ils roulaient à contre-courant et semblaient remonter le temps.

« *Laitier, laitier, prends mon bol, quand mon mec se barre…*, entonna Sparrow.

— *Viens donc qu'on rigole* », compléta Shona, au volant.

Rummy les gratifia d'un rire hésitant.

Loin dans la plaine, Pieds-de-chardon s'inclina. Ils entendirent une clochette égrener quatre longs tintements, chant d'oiseau délicat. Une ombre ondula.

« Ça commence, dit Winnie. Est-ce que ça marche ? »

Les nuées violettes se dissipant, elle eut sa réponse : les fumigés s'effondraient les uns après les autres. La famille du barbu était déjà à terre, corps agités de soubresauts. Derrière elle, quelques jeunes ouvriers des champs pétrolifères vacillaient, à genoux. Bientôt ce fut une vingtaine de corps fumigés qui sombrèrent, leur panique blanche se dégonflant jusqu'à la perte de connaissance. Le silence revint sur la plaine – hormis le ronronnement régulier du moteur des Duskbreakers.

« Seigneur tout-puissant, qu'ils sont mignons quand ils dorment ! se réjouit Sparrow

— Elle est prévue pour combien de temps, cette sieste ? » s'enquit Shona en repassant devant les fumigés, pour être certaine qu'ils avaient tous été neutralisés.

Leurs poitrines se soulevaient au rythme d'une respiration régulière ; leurs bouches se tordaient, comme s'ils parlaient dans leurs rêves. Les passagers, devenus inoffensifs, se répandaient sur le sol en mares floues.

« Un quart d'heure avec une seule dose, calcula

Sparrow. Mais on repassera leur coller du rab de temps en temps.

— Très bien. »

Shona leva les yeux vers l'extrémité du champ. Du bus, ils ne voyaient que le faîte du toit de Pieds-de-chardon et ses herbes frémissantes.

Winifred épiait le ciel. Des vautours décrivaient des cercles dans les airs, au-dessus de la maison, patients – mais si Ombrelongue tombait au combat, les charognards seraient déçus. Les souvenirs – et Winnie était bien placée pour le savoir – ne sont guère nourrissants.

Dans cette plaine infinie du Midwest, sans la moindre colline – il n'y avait plus là que buissons nus, blanchis par le givre, et terre rouge –, le regard portait aussi loin que la courbe épanouie de l'horizon. Les brumes matinales s'étaient répandues, recouvrant le paysage – bleuâtres et ternies comme une peau de reine-claude. Elles se précipitaient dans leur direction. Un sourd malaise s'insinua dans les entrailles de pierre de Winnie.

« Il y a quelque chose qui cloche, murmura-t-elle.

— La cloche qui sonne quand le grand méchant loup fantôme nous envoie son armée de zombies ? lui demanda Sparrow en refermant la bonbonne. Ou bien un autre son de cloche ?

— Non, ce sont… ces brumes. »

Winifred était une experte en intempéries. Elle avait passé des millions d'années à contempler les convulsions des cieux. Elle avait été érodée par des myriades de gouttes d'eau, de pluie, de neige, de rosée : chute, évaporation, condensation, chute, évaporation… Mais ce brouillard ? Non. Il était trop épais. Trop véloce.

Rummy, sur sa couchette, hurla, visage enfoui entre ses mains.

« Il faut les arrêter ! Oooh ! »

Il éclata en sanglots.

« Il y en a trop… Il en a trop. Il y en a trop ! »

Shona, au volant :

« Chut, Rummy, t'en fais pas. On contrôle la situation. Regarde. »

Le brouillard gonflait. Il dévorait la terre. Le soleil avait beau filer vers les hauteurs du ciel, le brouillard tourbillonnait plus vite. Plus dense. Le brouillard éteignit le jour.

Un brouillard-fumée.

Et les miasmes se fendirent, explosèrent en mille fragments.

« Foncez ! Foncez ! » hurla Winnie tandis que Shona passait en marche arrière et que Sparrow se ruait sur son bidon magique pour arroser les envahisseurs.

La nuée déferla sur le bus et de ses profondeurs, les passagers apparurent, chevauchant une mer de corps humains emmaillotés de fumée. De pâles tendrons émergeaient des lèvres et des oreilles, coulaient en fines volutes de pupilles hagardes. Les contours des passagers s'embrumaient, se rapprochaient, fusionnaient pour ne plus former qu'une seule et vaporeuse masse rampant sur les champs.

Et plus elle approchait, plus le brouhaha se faisait assourdissant. Des voix hurlaient à l'unisson cette litanie confuse : *Nous – mains torches – nous – ventres grondant de faim – et si la nourriture se gâtait – plus de boulot – ils prennent tout – et nos veines – le blé balayé si blanc sous le soleil – souvenez-vous – ils étaient si nombreux – des bougies – balayé si blanc – des corps – balayé…*

Le gaz s'échappait en sifflant des tuyaux de Sparrow ; l'avant-garde des assaillants y succomba sans peine. Mais d'autres aussitôt surgissaient. Nuage pourpre contre nuée démoniaque : étrange duel entre ces vastes spectres.

« Putain, j'y vois rien, grommela Shona, penchée sur le pare-brise.

— Il faut dresser une barricade, s'écria Winnie. Mais ne ralentis surtout pas. Il faut les bloquer. Sinon… »

Shona, visage tendu, repassa en marche arrière pour bloquer la progression des fumigés. Réflexe fructueux : ils reculèrent. Un répit de quelques minutes pour Pieds-de-chardon, qui allait peut-être pouvoir s'échapper. Était-ce le tournant, le moment où tout pouvait basculer, vers la défaite ou vers la gloire ? Ils ne pouvaient que l'espérer.

Un choc sourd retentit au niveau du capot. Shona freina de toutes ses forces.

« J'augmente la dose », s'écria Sparrow.

Le bus s'étant immobilisé, les fumées violettes commençaient à filtrer dans l'habitacle.

« Les amis, attention ! N'inhalez surtout pas ! »

Et les tuyaux continuèrent à déverser leur dose de sommeil violet, assommant les fumigés. Les avant-postes s'effondraient, les suivants vacillaient.

File, pria silencieusement Winifred, les yeux fixés sur l'horizon et le toit de Pieds-de-chardon. *File. Loyf.*

Et résonnait dans sa mémoire la voix de Bellatine lançant cet ordre guttural. La prière vibrant dans ces quatre lettres.

Pieds-de-chardon décampa. La seconde d'après, elle avait disparu.

Les vitres du bus laissaient passer de plus en plus de fumée. L'air se chargeait d'un parfum désormais familier, feu et pourriture mêlés : foin, macéré sous la pluie. Bêtes de somme éviscérées. Il jaillissait de cette nouvelle armée de fumigés, la renforçait, la ré-infectait et finit par avoir raison des bouffées pourpres du gaz sédatif. Ne demeura plus que la cruelle fumée. Shona se précipita vers Rummy, l'aida à nouer un bandana sur son visage. Sparrow courait de fenêtre en fenêtre, pour les fermer. Et le bus se mit à tanguer sur le passage des fumigés que rien n'arrêtait plus.

Winifred, affolée, regardait sombrer ses camarades. Les poitrines haletantes, les visages rougis. Les mains se joignant sur les gorges, les hoquets involontaires. Les foulards n'y suffisaient pas. Rummy le premier succomba, les paupières gravées de volutes blanches, des tourbillons ivoire sous la peau. Puis Sparrow, le nez enfoui dans sa manche de velours, puis renversant la tête et toussant, toussant, les poumons entamés. Shona résista jusqu'au bout, bouche fermée, cou tendu, retenant tant qu'elle le pouvait sa respiration. Enfin elle roula à terre et Winnie crut voir la forme vague d'un passager à califourchon sur son ventre.

Avaient-ils pu faire obstacle assez longtemps à la meute de cendre, avaient-ils laissé assez de temps aux Yaga ?

Winifred frémit, attendant de céder à son tour aux

effets du poison. Quelle fin appropriée, songeait-elle. Mourir infectée, comme celle dont elle portait le nom. L'une prise par la typhoïde, les eaux impures. L'autre par la fumigation, l'air souillé. Winifred Hadley, condamnée à revivre sa mort, comme Ombrelongue, perpétrant ses massacres jusqu'à la fin des temps. Boucle hideuse du temps, permanence de l'horreur. Elle ferma les yeux. Attendit.

Attendit.

Un choc retentissant : Sparrow, s'écroulant sur la couchette de Rummy. Shona émit un feulement, ses lèvres, feu noir sur le gris de sa peau fumigée. Une lame scintilla dans son poing. Elle se rua vers la couchette.

Quand tu ressembles à quelqu'un, ou quand tu décides de lui ressembler, c'est très facile de croire que tu es vraiment cette personne. Cette fille, elle est dans son cercueil. Poussière. Pas toi.

Je ne suis pas Winifred Hadley. Je-ne-suis-pas-Winifred-Hadley, mantra fébrile.

Winnie ouvrit grand les yeux. Isaac n'avait pas entièrement raison. Elle était bien vivante, oui. Mais elle était aussi poussière. Terre. Pierre. Et les pierres…

Eh bien, les pierres, ça ne respire pas.

Winifred ne perdit pas une seconde. Ses yeux : bleu clair. Ses joues : éclat argenté du granit. Elle s'interposa entre Shona et Sparrow. Le poignard pénétra entre ses côtes.

Et le granit, le granit ordinaire, immobile, ça ne sent rien. Ni joies, ni chagrins. C'est une éternité de non-être. Et pour qui l'a vécue, il n'y a aucune différence entre la douleur et le plaisir. Toutes les sensations sont célébrées au même titre, car elles sont preuve de votre présence au monde. Preuve de vie. Vous n'êtes plus un non-être. Si bien que lorsque le métal s'enfonça, brûlant, dans la poitrine de Winnie, elle le sentit comme elle éprouvait toutes choses : c'était pour elle une conversation. La blessure était une sensation, comme la fumée. Ni bonne, ni mauvaise : un simple message envoyé par le monde à sa chair. Le danger, de même, une simple sensation. Rien, donc. Elle se rasséréna, sortit le couteau de la plaie, le laissa tomber. Infime piqûre d'épingle sur la peau de la planète.

Surprise par l'intervention de Winnie, Shona, lèvres retroussées sur un râle, recula. Rummy, qui avait repris conscience, se dirigea, titubant, vers les fenêtres.

« Sortir. Il faut sortir d'ici… », marmonnait-il.

Sparrow fit sauter la porte arrière du bus d'un coup d'épaule. Quelques secondes plus tard, les trois Duskbreakers s'étaient frayé un chemin jusque dans la foule et s'y étaient perdus.

« Attendez ! » hurla Winnie.

Mais sa voix se noya dans les grondements de la horde. Elle empoigna le banjo de Shona et, le brandissant ainsi qu'une masse d'armes, descendit à son tour du bus, une mèche blonde collée à sa joue humide, et rejoignit le flot des fumigés. Puis son bras se mit à tournoyer. Oh, bien sûr, à elle seule, si petite, elle n'arrêterait pas le raz-de-marée. Mais la réciproque était vraie.

Les pierres sont immortelles.

Les trois musiciens naguère connus sous le nom

du Duskbreaker Band se fondirent dans la brume laiteuse. Progressèrent avec elle, membres imbéciles d'un corps monstrueux. À l'horizon : une vieille maison, qui les attirait avec la force de l'aimant. Ils avancèrent, comme un seul homme.

Chapitre 47

Lorsque le flacon bleu se brisa, le cœur d'Isaac se mit à battre plus vite. Ses muscles se contractèrent sous la peau. Ses épaules, d'instinct, se courbèrent. Symptômes de la peur, pensa-t-il. Puis, la seconde suivante, il cessa de penser. Ne vécut plus que par la sensation. Les murs autour de lui disparurent. Il n'y avait plus au monde qu'un poids, pesant sur sa nuque. Et une lumière blanche.

Une présence à son côté. Sa sœur. À genoux, une apparition juchée sur son dos, un corps vaporeux et presque humain dont les bras étaient si longs qu'ils s'enroulaient deux fois autour du cou de Bellatine. Qui ne s'intéressait pas à la créature, obsédée par le spectacle de ses mains, qu'elle frottait contre les lattes comme pour se débarrasser d'une saleté. Les frottait tant et si bien que ses paumes se mirent à saigner, laissant sur le bois des traînées rougeâtres.

« Je n'en veux plus, je n'en veux plus », gémissait-elle.

« Hé, Bleu. »

Isaac recula, vacillant, et pivota sur ses talons. D'où

venait cette voix ? Il ne vit personne – tout juste une volute de brume, ténue, sur son épaule.

« Je savais bien que tu me laisserais tomber, une fois de plus. »

Cette fois-ci, Isaac identifia l'origine de la voix. Enjoliveuse le regardait en souriant. Elle se passa la langue sur les crocs.

« D'abord, tu m'as tué », dit-elle, et sa voix était celle de Benji.

Il plaqua les mains sur ses oreilles. L'accusation fusa une fois de plus, feulante.

« Je te demande pardon, j'avais essayé de…

— Ensuite, tu ne paies pas tes dettes. Tu sais ce qui arrive aux dettes impayées, Bleu ? »

Des vides. Elles laissent des vides.

« Eh oui, petit. Des vides. Et les vides, faut les remplir, pas vrai ? Quand tu piques une vie à ce bon vieux cosmos, il t'en chope une en échange. »

Isaac sentit sa tête se tourner, indépendamment de sa volonté. Bellatine à présent, en larmes, se lacérait les mains, des lambeaux de chair collés sous ses ongles émoussés.

« Je n'en veux plus, je n'en veux plus. »

Et la créature perchée sur son dos ronronnait.

« Ça serait quand même un comble de faire payer quelqu'un à ta place. »

La terreur s'abattit sur son crâne à grands éclairs blancs. Belette. Ce serait donc Belette. Il avait laissé mourir Benji. Il avait créé un vide. À présent, la balance cosmique réclamait son équilibre. La panique le prit à la gorge, au nez ; elle avait l'odeur du foin brûlé.

« Ce n'est pas juste, cela, ironisa Ombrelongue de son cercle de sel. Si seulement vous aviez la possibilité de lui assurer la vie sauve… Une autre transaction, peut-être ? »

Enjoliveuse s'était accroupie près de Bellatine, sans qu'il s'en rende compte. Elle ouvrit sa gueule aux crocs aigus, vomit un flot de poussière.

« Je suis venue t'enterrer », croassa-t-elle.

Les murs de Pieds-de-chardon se contractèrent. Une sourde douleur parcourut l'échine d'Isaac. Il entendit des pleurs, tout bas. Des pleurs d'enfant. Trop petit. Trop piégé. Il fallait fuir. Il fallait fuir et ne jamais cesser de courir. Il fallait payer sa dette.

« Il y a une autre solution, murmura Ombrelongue. Une autre vie à troquer. »

La maison gémit, comme pour protester.

« Il vous suffit d'une allumette. »

*

« Je n'en veux plus, je n'en veux plus. »

Des tueuses, ces mains. Fabriquées par la mort, ces mains. La mort engendre la mort qui engendre la mort. Bellatine gémissait, le front sur les lattes. À chaque passage de ses mains sur le bois, elles semblaient grossir, devenir de moins en moins maniables. « Je n'en veux plus. » Elle avait touché Winifred de ces mains-là – quelles terribles souillures avait-elle laissées derrière elle ? Elle avait touché Isaac – nécromancie impie. Il faudrait payer ces gestes un jour ou l'autre. Oui, forcément. Et bientôt Pieds-de-chardon ne serait plus, et elle n'aurait plus aucun port d'attache. Ah ! Port d'attache ! Il n'y en avait jamais eu, en fait. Cette maison était aussi maudite qu'elle. Des monstres, toutes les deux.

De l'essence. Un briquet. C'était tout ce dont elle avait besoin pour leur régler leur compte, à toutes les deux. Elle ne connaîtrait jamais l'apaisement. Pas tant que ses mains vivraient. Pas tant que Pieds-de-chardon arpenterait la terre. Aucun apaisement. Il n'aurait qu'elle et ses mains, ses mains qui se multipliaient à présent, emplissaient la pièce, l'étouffaient. Elle se noyait dans une mer de mains, de mains aussi brûlantes que des braises.

*

Pas sécurisé. Les dettes à payer. Le vide. Le vide. Le vide.

Isaac s'approcha, vacillant, du garde-manger, fouilla dans une caisse, cherchant… Dieu savait quoi. Que cette épouvante prenne fin.

« Hé, fulmina Enjoliveuse. C'est ça. Une transaction très simple. La maison, et ta sœur a la vie sauve. Cette baraque, de toute façon, elle t'a apporté quoi ? Elle te met en danger. Elle te fait souffrir. »

La brume crémeuse déformait tout ; ce n'était plus que maladie. Sur un des murs, la silhouette de Benji tombait d'un wagon en ombre chinoise, puis remontait, puis retombait, puis remontait, accident sans fin. Sur un autre mur, un village s'effondrait sous l'assaut de flammes fantômes. Le double d'Isaac se joignait au spectacle, courbé sous ses fardeaux. Tortures sans relâche. Rien à quoi se raccrocher. Rien que la bouteille de whisky qu'il avait trouvée dans le garde-manger. Elle ferait l'affaire. Ça brûle bien, l'alcool.

« Je viens toucher mon dû. »

La voix d'Ombrelongue se mêlait à celle du chat doué de parole. Leur chœur s'arrimait au squelette d'Isaac, aussi creux que la tombe.

Il allait payer, oui. Que ça finisse, ce cirque. Une bonne fois pour toutes.

*

Bellatine vit, à travers le brouillard couleur d'ivoire, Isaac se lever et s'éloigner en titubant. Un passager descendit de son dos. Pieds-de-chardon se cabra, et Bellatine se rattrapa comme elle le put aux lattes du plancher. Ses ongles se fendirent. Des monstres. Elle et la maison, pareilles. Pieds-de-chardon se cabra une seconde fois et Bellatine roula jusqu'au mur, son coude se cognant sur la plinthe. Pieds-de-chardon la chahutait.

« Arrête ! protesta-t-elle. Je ne suis pas ton jouet ! »

Une nouvelle embardée, et Bellatine fut projetée contre le mur de gauche. Elle tendit les bras, se rattrapa au chambranle. La chaleur coula de ses doigts, pénétra le bois ; pendant quelques secondes, le poids qui pesait sur ses épaules s'allégea. Elle… Elle n'était pas censée passer à l'action, maintenant ? Retourner à la saine logique ? Elle serra les poings, se souvint de ce lieu en son esprit où elle concevait les joints à queues-d'aronde. Où elle pouvait déterminer l'angle d'une planche en pin sans l'aide d'un niveau à laser. Où elle résolvait n'importe quel problème, tant qu'elle avait les bons outils en main. Outils... Elle avait préparé sa caisse, tout à l'heure. Mais pour quoi faire ? Impossible de se rappeler. Les seuls souvenirs qui importaient désormais étaient ceux de la biche se putréfiant sur un bas-côté. Du frisson mortel sur la peau de son frère. Du crime de son arrière-arrière-grand-mère, de ses mains maudites appuyant, appuyant, dans ce grenier étouffant et sombre. Là où on entre à quatre pattes. Là où j'ai caché le... La brume miasmatique s'approchait de nouveau. Pieds-de-chardon sautilla, expédiant Bellatine vers la chambre à coucher. Son épaule heurta le mur avec un craquement sec. Elle le repoussa des deux mains. Il n'y avait qu'un outil qui pouvait lui clarifier les idées. Qu'un geste.

Elle se redressa et fila vers l'échelle qui conduisait au grenier, ses montants nappés de brume grisâtre. Elle les grimpa, laissant sur le bois des traces cramoisies.

Monstre, croassait la voix sous son crâne. *Monstre*.

À chaque montant, le fardeau sur ses épaules s'alourdissait. Des bras qui n'étaient pas les siens tiraient – elle tirait aussi, dans le sens inverse.

Une fois qu'elle se fut hissée dans le grenier, elle se mit à quatre pattes, rampa vers la caisse de transport. *Non*, sifflaient les ombres sur les murs. *C'est impie ! C'est le mal ! Tu es le mal, tes mains sont le mal, tout ce que tu touches est le mal, fille du mal !*

Elle ignora ce chœur discordant, souleva le couvercle de la caisse, y plongea les mains. Elle savait ce que ses mains y trouveraient : douceur. Une étincelle. Une ardeur de charbon. Elle pressa l'Idiot contre elle, même si tous les démons tapis sous ses paupières pointaient vers elle un doigt accusateur.

L'Embrasement lui vint comme un poison. Il lui brûla les poignets et la bouche. Il n'était pas aussi fort que de coutume, atténué par l'hospitalité de Pieds-de-chardon, mais la peur des fumigés la stimulait assez pour qu'il puisse s'emparer d'elle. Et l'Embrasement carbonisa la peur ; elle la sentit s'évaporer peu à peu. Ses muscles retrouvèrent leur consistance. Son cœur ralentit, même si le sang qu'il pompait pétillait encore de fièvre. Les ombres hurlantes reculèrent – et ne restèrent sur les murs que les jeux ordinaires de la lumière du jour. Les bras qui l'avaient étouffée retombèrent. Son esprit : lucide, de nouveau, rageur et bien à elle. Lorsqu'elle regarda ses mains, elle constata qu'elles étaient indemnes.

Isaac et son passager se trouvaient dans la chambre, à l'étage inférieur. Isaac tenait une allumette enflammée entre ses longs doigts pâles. Dans l'autre main, une bouteille de whisky. Il la vida sur le lit et laissa tomber l'allumette. Bellatine sauta directement du grenier, l'Embrasement palpitant encore dans ses paumes. Isaac, fasciné, regardait les flammes s'élever ; elles se reflétaient dans ses prunelles absentes, et la fumée tourbillonnait encore sous sa peau. Bellatine s'approcha de lui. Le prit par les poignets. Puis, le souffle coupé, elle prit la main de son frère et la serra. Fort.

*

La chaleur sombre s'insinua entre les doigts d'Isaac, remonta son bras. Il tressauta : mais la main qui s'était refermée sur la sienne tint bon. Une dette, c'est une dette, piaillait Enjoliveuse, qui cependant commençait à se déformer, comme l'image d'un téléviseur défectueux. Du bras la chaleur monta à sa gorge, jusqu'à ce que sa langue en détecte le goût. Le chat doué de parole n'était plus qu'un écran statique. Un miaulement s'éleva quelques mètres plus loin. Isaac cligna des paupières. Il voyait double. Une autre Enjoliveuse, accroupie, les yeux immenses, sur une pile de vêtements. Le poil hérissé. La peur reflua en lui. Elle se racornit dans ses veines. La douleur qui rongeait son dos s'apaisa ; le fardeau… le fardeau s'évaporait par vagues. Et tandis que la main qui tenait la sienne resserrait son étreinte, le félin fantomatique qui l'avait harcelé disparut tout à fait. Et ne resta que la véritable Enjoliveuse, blottie, affolée, dans le panier à linge.

Isaac sentit la fumée. Vit les flammes rouges et hautes, de plus en plus hautes.

« Merde ! »

Il s'empara des draps et des couvertures, en fit un balluchon, parvint à éteindre l'incendie.

« Mon oreiller préféré. »

Bellatine poussa un soupir de soulagement.

Ombrelongue était resté dans le salon, toujours prisonnier du cercle de sel. Son vernis commençait à s'écailler. Sa stature s'était étoffée. Contours plus nets, angles plus robustes ; il devenait de plus en plus réel.

« Ça va ? » chuchota Isaac, en prenant le visage de sa sœur entre ses mains.

Elle hocha la tête.

Au-dehors hurlaient les coyotes. Une meute, de plus en plus proche. Des coyotes, vraiment ? Non, les timbres, déchaînés, n'étaient que trop humains. Les fumigés. Ils avaient dû franchir le barrage des Duskbreakers. Ils arrivaient.

« Mes enfaaaaaaants ! » s'écria Ombrelongue en se tournant vers la porte ouverte.

Dans sa bouche, les syllabes s'étiraient comme un long filet de caramel. Il avait tout le temps du monde.

« Quel gâchis, glousse-t-il en parcourant du regard les murs dévastés. J'aime le travail bien fait, le travail propre. On reviendra. »

Isaac chercha du regard son *shofar* improvisé. Et le trouva, en mille morceaux, non loin du cercle de sel. Il se laissa tomber sur le matelas roussi par les flammes. Il était exténué, à tel point qu'il aurait pu à l'instant se réduire en poussière, disparaître dans le vent. Il était impossible de détruire Ombrelongue. Impossible de détruire la destruction personnifiée.

Un mouvement le fit tressaillir. Une forme apparut devant lui, petite, revêtue de couleurs vives. Un enfant ? Ici ?

« *Bonjour, mes amis, bonjour ! Puis-je vous raconter une autre histoire ?* »

L'Idiot sauta en arrière, et continua à pérorer dans la position du poirier.

« *Un jour, Baba Yaga s'était rendue chez les relieurs. Elle cherchait une recette.* »

La petite créature se mit à marcher sur ses mains, acrobatie qu'Ombrelongue regarda d'un œil méprisant, les lèvres retroussées.

« *Lorsque Baba Yaga arriva dans l'atelier, elle demanda le livre de recettes le plus ancien de Gedenkrovka, et le relieur, il lui dit... Ouuups !* »

L'Idiot était retombé à plat ventre. Dans sa cabriole, il brisa du bout de son soulier rouge le cercle de sel.

Le charme était rompu.

Ombrelongue rajusta sa casquette. Puis il enjamba le cercle blanc et son pied se posa sur la tête de l'Idiot. Le bois craqua. Bellatine hoqueta.

« *Le relieur*, poursuivit l'Idiot malgré sa joue fendue, le relieur dit : *Baba Yaga, Baba Yaga, tout le monde ici sait très bien que les recettes les plus anciennes de Gedenkrovka, c'est...* »

Et le pied d'Ombrelongue s'abattit plus brutalement encore sur la petite tête.

« ... *que les recettes les plus anciennes de Gedenkrovka...*

— Silence, gronda Ombrelongue en écrasant lentement la tête. Sors-toi ce nom de la bouche et fais-le brûler. »

Mais pourquoi prenait-il la peine d'ôter la parole au jouet ? Acharnement qui pouvait sembler futile.

C'est l'histoire, comprit Isaac. *Il ne veut pas qu'elle soit racontée.*

Comment détruire un peuple ? Est-ce par le feu ? Est-ce par les armes ? On peut faire traîner un homme dans le village par un cheval au galop. On peut incendier le village. On peut regrouper les habitants du village contre un mur et les passer par les armes, un à un, comme on abat une forêt. Mais il suffit d'un survivant pour que l'histoire se perpétue. Un survivant, qui garde sur lui les poèmes et les chants, les prières et les chagrins. Ce n'est pas seulement en lui prenant la vie qu'on tue un peuple, c'est en lui volant son histoire.

Raison pour laquelle Ombrelongue avait besoin de détruire Pieds-de-chardon. Parce que la maison se souvenait. Tuez l'histoire, vous tuerez la culture.

On ne peut pas détruire l'acte de destruction.

Mais si l'histoire survit ? Toute l'histoire, bien sûr. Pas seulement la mort du village, mais aussi sa vie. Alors le massacreur aura perdu.

Sers de témoin, chantonna une voix en Isaac. Et les images qu'il avait oubliées lui revinrent brusquement en mémoire. Le village scintillant, ses toits de chaume. L'épicier qui avait fait sécher son manteau et ses chaussures devant la cheminée. Les petits garçons qui jouaient au ballon. La synagogue et son chœur de noms. Shmuel Genzl. Sarah Rovner. Chaya Rabinowitz… Ces noms qui avaient certainement disparu, aux yeux d'Ombrelongue, effacés par le temps et la cruauté. Des syllabes perdues, sans aucun corps qu'elles puissent habiter. Ombrelongue avait raison. Mais pas pour longtemps.

« Isaac, marmonna Bellatine en serrant les dents, le regard allant sans cesse de l'Idiot fendu à Ombrelongue, qui venait de sortir du cercle de sel. Vite, il faut filer. »

Ombrelongue se dirigeait vers eux.

Mais Isaac s'était éclipsé. Ne resta que le Roi caméléon dont les couleurs avaient commencé à changer.

Chapitre 48

Le frère de Bellatine se transforma sous les yeux de cette dernière. Ses épaules s'élargirent : soudain Isaac était un colosse aux bras levés en des postures qu'elle ne connaissait pas. Ses lèvres se tordirent légèrement, ses sourcils changèrent de place, ses pommettes voyagèrent : ce n'était plus Isaac qu'elle avait devant elle.

« *Dibbouk*, gronda celui qui avait été Isaac Yaga. M'as-tu déjà oublié ? »

Il s'avança dans le salon, en pleine lumière, se campa devant Ombrelongue.

« Je suis Moshé Leiser. Et je n'ai pas disparu. »

Ombrelongue frémit. Pendant un très bref moment, il ne fut plus un homme, mais une masse indistincte d'ombre et de passagers, grouillant sous la carapace de son manteau.

Ce fut alors que la pièce pencha. Des hurlements se firent entendre au-dehors et Bellatine aperçut, entre les planches clouées sur la fenêtre, une véritable armée. Des centaines d'hommes et de femmes déferlaient sur la plaine, chacun pourvu d'un jumeau fumigé qui le chevauchait comme un étalon. Shona était du nombre, cheveux enserrés par les mains de fumée de son passager. Et Rummy, bave aux lèvres, courait en se tenant la tête à deux mains tandis que Sparrow, dont la peau d'obsidienne fumait en volutes blanchâtres, avait sauté sur la patte immense de Pieds-de-chardon et s'était mis à l'escalader. Un rire de désespoir naquit dans la gorge de Bellatine.

Isaac changea de visage. Physionomie étroite, petite stature, dos voûté de l'homme qui a passé des années penché sur son établi – il rappelait à Bellatine certains de ses vieux collègues menuisiers.

« Je suis Pen Yoneih, dit Isaac, et tu te souviendras de moi. »

Ombrelongue voulut avancer, mais ses jambes étaient devenues transparentes. Elles vacillaient. Ses pieds se désagrégèrent peu à peu. Le sortilège d'Isaac semblait porter ses fruits.

Un martèlement sourd contre le mur. Sparrow avait réussi à se hisser sur le balcon, suivi par d'autres fumigés. Dans quelques secondes, ils envahiraient la maison. Les Yaga n'avaient aucune chance, à deux contre quelques centaines. Bellatine réfléchissait à toute vitesse. Elle, ce qu'elle savait : c'était fabriquer. Des cuillers et des tables de chevet. Une lampe en bois de cèdre, au pied élégant. La charpente apparente et rugueuse d'une pièce à vivre. Créer. Ces fumigés, il fallait les repousser – mais à quoi pouvaient bien servir ses mains, sans aucun outil à leur portée ?

Tes mains ne sont pas vides, murmura une voix.

Elle avait encore un peu d'Embrasement au fond des paumes. Son regard tomba sur l'Idiot à la tête fendue, réduit au silence. Avant qu'elle ait pu réfléchir

– et, qui sait, renoncer –, elle se rua sur l'échelle du grenier. Là-haut, la caisse aux marionnettes l'attendait, grande ouverte. Elle inspira, tremblante, et y plongea les mains.

Le Renard avec son petit gilet vert et ses yeux de grenat.

Le Maire et son écharpe violette.

Le Tailleur assis à sa machine.

La Lune.

La Femme verte aux membres de saule.

La Fille sans visage.

À chaque nouvel éveil, les pouvoirs de Bellatine augmentaient, l'emplissant de lumière. Ce n'était plus une brûlure, mais une illumination qui la dépouillait peu à peu de tous ses doutes. Les marionnettes reprirent vie les unes après les autres. Elles se mirent en marche. Mais Bellatine ne s'arrêta pas en si bon chemin. L'Embrasement fusait en elle avec une joie si sauvage qu'elle ne pouvait plus s'arrêter. D'ailleurs, elle n'en avait aucun désir. Elle posa les mains sur la caisse des marionnettes, à laquelle poussèrent de longs crocs humides de bave. Elle toucha le mur : il lui vint des écailles. Les montants de l'échelle se firent têtards. La foule tapait de plus en plus fort sur les portes et les fenêtres de Pieds-de-chardon, mais Bellatine ne les écoutait pas. La lumière du soleil lui jaillissait des ongles et du bout des cheveux. Elle fit le tour de la maison. Un vase de fleurs crachait de la belladone de ses lèvres bleues. La porte du placard sortit de ses gonds et rampa vers elle. Tout ce qu'elle touchait s'éveillait – et elle touchait à tout. Et ces choses tendaient le cou vers elle, interrogeant leur créatrice du regard.

« J'ai besoin de vous, les supplia-t-elle, à bout de souffle. Aidez-moi. »

*

Le Roi caméléon changea de nouveau de forme. Reb Yoneih laissa place à Sarah Rovner. Isaac l'avait vue blottie sur les bancs des femmes, à l'étage, dans la synagogue. Ses yeux trop rapprochés, son nez un peu tordu, ses mains qui tripotaient un bouton sur sa joue. Elle était fragile, souvent malade : il le voyait à sa peau rougie d'eczéma. Mais elle avait eu une vie. Et lorsqu'elle entra dans son corps, il s'ouvra entièrement à elle. La joue de Sarah la démangeait. Elle pleurait encore son bien-aimé, mort sur le front est. Elle claqua les lèvres, rappela à Isaac le goût du kugel aux pommes.

« Je suis Sarah Rovner, dit-elle, et sa voix se joignit à celle du Roi caméléon. Tu te souviendras de moi. »

Le démon rugit. Son bras droit se délita en une dizaine de tendrons fuligineux. Ils se tendirent, noircis… Et disparurent.

Sarah s'effaça à son tour et Taureau, le forgeron, prit sa place. Les épaules d'Isaac se souvinrent avec douleur du mouvement mille fois répété du marteau sur l'enclume. Puis ce fut Reb Mendl, l'homme tout maigre croisé au bazar. Isaac agita les doigts, se souvenant de son index accusateur. Isaac virevoltait d'un corps à l'autre, d'un visage à l'autre. Dix, vingt, trente vies, empruntées, exaltées : et entre chaque incarnation, Ombrelongue retrouvait de la consistance et cherchait à gagner du terrain. Mais Isaac le terrassait par un souvenir nouveau et le *dibbouk* gémissait, et une autre partie de son corps se démultipliait avant de se volatiliser. Le manège des visages était de plus en plus rapide. Si Isaac l'avait fait tourner dans la rue, un chapeau à ses pieds, pour recueillir les pourboires, les foules se seraient agenouillées, affolées, extasiées. Jamais il n'avait été tant d'humains à la fois. Jamais il ne s'était aventuré si loin.

Il avait très vaguement conscience de ce qui se passait autour de lui. Du bois qui gémissait sous les coups. Des forces extérieures qui cherchaient à entrer et que d'incroyables sentinelles maintenaient à distance.

Il y avait eu ce petit garçon à la cigarette. Son visage lui revint à la mémoire : le nez, les yeux, les oreilles rondes aux ourlets rouges de froid. Comment s'appelait-il ? Il ne lui avait peut-être jamais dit son nom, le gamin. Peu importait. Sur les genoux d'Isaac apparurent les égratignures que lui avaient values des centaines de parties de ballon ou de cache-cache. Des égratignures qui n'avaient jamais eu le temps de cicatriser.

« Tu te souviendras toujours de moi. »

La poitrine d'Ombrelongue se fendit, ses créatures y grouillaient, emmêlées – se contractant, s'allongeant, se nouant comme un paquet d'anguilles. Elles hurlaient, il hurlait – un sifflement de bouilloire.

Une nouvelle transformation. Isaac retrouvant presque son corps. Presque son visage. Presque ses gestes, familiers, mille fois exécutés – mais avec une précision juvénile et féminine. Illa. Il était Illa, il s'en souvenait, maintenant. La petite fille aux cheveux noirs qui partait vers la forêt avec sa mère. Il s'y coula, s'émerveilla des ressemblances entre les manières de la petite et les siennes. Elle n'avait jamais été oubliée. Elle était restée en lui, en chacune de ses idiosyncrasies, avait même inspiré ses cruelles promesses sans lendemain. Il était son écho.

« Ce qui est passé ne peut être modifié, râla Ombrelongue.

— Bien sûr, répondit Isaac avec la voix de la petite Illa. On ne peut rien changer. Mais on peut le raconter. »

Il prit congé d'Illa, s'accorda un moment de concentration. Il était temps de s'attaquer au clou du spectacle. Un superbe numéro final. Le Roi caméléon sourit. Il décocha un clin d'œil au *dibbouk*, qui lui répondit par d'horribles hallucinations. Des corps empilés, des torses mutilés. Une ferme en feu. Un chien au corps gonflé par la putréfaction. Un cimetière pillé. Oui, des souvenirs, mais pas les seuls. Isaac pensa à des pieds. Rendus noueux par des années de rude labeur. Puis les genoux, l'un légèrement rentrant, les deux protestant toujours à l'arrivée des pluies d'hiver. Le pelvis. Les hanches, larges, faites pour porter de lourds paniers, ou des enfants potelés. Isaac se durcit les mains : elles pouvaient pétrir la pâte pendant des heures, ou ôter patiemment, d'un geste tendre du peigne, les nœuds dans les cheveux des petites filles. Des mains habiles, comme celles de Bellatine. Et lorsqu'il parvint au visage, il fit un puissant effort de mémoire. Il ne conserva pas le désespoir du jour de l'assaut, s'inspirant plutôt de la photographie trouvée chez Pieds-de-chardon. Le regard droit, sans peur. Femme sur le seuil de sa vie, ce qu'elle ne savait pas encore : flot incertain que cette existence future, scintillante comme une rivière.

La voix d'Isaac tonna, invincible :

« Je m'appelle Baba Yaga. Tu ne m'oublieras pas. »

La bataille faisait rage autour de Bellatine. Elle avait pu sortir de la maison et s'était installée avec ses troupes sur le balcon. Les marionnettes de *L'Idiot qui se noie* le défendaient avec succès contre les fumigés. Tout autour d'elle rayonnait de vitalité. Elle s'était cramponnée à la balustrade qui devint couleuvre sous sa main, et enveloppa son poignet d'un gantelet reptile. Shona, parvenue au rebord du balcon-scène, se rua sur elle – et Bellatine posa la main sur sa poitrine. La chaleur jaillit. Shona écarquilla les yeux, puis cligna des paupières et la chose qui l'avait chevauchée disparut dans une explosion de suie.

« Tu me reçois ? demanda Bellatine, surprise de la joie qui chantait dans sa gorge.

— Ouais, hoqueta Shona. On a fait ce qu'on a pu pour vous laisser plus de temps. Je suis désolée… »

Bellatine se retourna et vit, par la porte grande ouverte, son frère, les yeux fermés, le corps aussi précis qu'une horloge – Ombrelongue se tordait de douleur devant lui.

« Il ne faut pas ! C'est exactement ce dont on avait besoin », dit-elle en prenant Shona par le bras.

Lorsque Sparrow à son tour se précipita vers elle, elle l'arrêta d'une main plaquée sur l'épaule. Iel sursauta, fit un pas en avant – son passager évanoui. La queue de serpent à son oreille frétillait comme une chenille.

Bellatine, qui se pensait seule au monde.

(Elle effleura la sonnette-hibou qui plongea ses griffes dans le visage d'un homme qui martelait la porte de ses poings.)

Bellatine, qui se croyait abandonnée de tous.

(La Fille sans visage s'agenouilla devant une femme malade de rage et lui tendit sa rose. Les épines déchirèrent la main de la femme.)

Bellatine n'était pas seule.

(La Femme verte fit claquer sa langue ; une murmuration d'étourneaux fondit sur la horde.)

Bellatine n'avait jamais été seule.

« Mon nom est Baba Yaga. Mon nom est Baba Yaga. Baba Yaga. Tu ne l'oublieras pas. Tu ne l'oublieras pas. »

Il n'y avait plus rien de très solide en Ombrelongue. Son corps tentait de s'escalader lui-même, volutes sur volutes. Un linceul ondulant, qui n'allait plus nulle part.

Une voix appela Isaac à cet instant ; il se retourna, abandonnant le *dibbouk* à sa dissolution furieuse. Une voix, une plainte plutôt, douce, comme étouffée, qui cependant tirait Isaac vers elle avec la puissance de l'hameçon. Un bébé, c'était un bébé. Comment avait-il pu entrer ici ? Qui l'avait laissé seul, à pleurer dans cette maison ? Le désir conduisit Isaac hors de la chambre, devant l'échelle qui montait au grenier, devant les garde-manger, jusqu'à la cuisine.

Les pleurs, ils venaient du poêle. Les flammes luttaient contre l'argile, tendues vers Isaac. Mon enfant, songea-t-il, ma petite hase, viens, viens. Il tendit la main. Il souleva le loquet, ouvrit la porte du poêle – une flamme enfla, s'échappa.

*

« C'est quoi, ce bruit ? » s'écria Sparrow, surmontant le brouhaha ; les tympans de Bellatine avaient beau vibrer de toute la force de l'Embrasement, source chaude dont elle débordait, elle l'entendit aussi. Un bébé pleurait. Elle tendit l'oreille. Isaac ne psalmodiait plus. Isaac. Avait-il réussi ? Ou avait-il été réduit au silence ?

Elle se tourna vers les Embrasés, et les deux Duskbreakers parmi eux.

« Restez ici ! »

Elle s'engouffra dans la maison.

Ombrelongue n'était plus – du moins dans sa forme originelle. Mais des ombres se tordaient contre les murs, munies de trop nombreuses langues, déversant des asticots obèses sur le plancher ou, lames scintillantes, menaçant des ventres. Ombrelongue semblait se fondre dans les chairs de la maison, qui frissonnait à chaque nouvelle incarnation.

« Oh, ma douce… », la tranquillisa Bellatine, passant un doigt étincelant le long des murs. *Ça va aller, ma bien-aimée. Tu es ma maison, et je suis la tienne. Je suis là.* Isaac ne se trouvait pas dans le salon. Elle poursuivit sa progression. La chambre était déserte : et ce ne fut que sur le dernier seuil qu'elle le vit. Il marchait d'une curieuse façon, comme si ses jambes n'étaient pas les siennes. La plainte de l'enfant était plus sonore. Oh. Le poêle de Malka. Le feu sanglotait. Et Isaac tendit la main vers le loquet.

« Attends ! »

Mais avant que la prière ne jaillisse de ses lèvres, il avait ouvert la porte. Le feu jaillit. Il passa en soufflant près d'Isaac, le fit reculer, fila par-dessus l'épaule de Bellatine. Les sanglots, stridents, presque assourdissants, impossibles à apaiser. La plainte étouffée, libre à présent, rageuse. Le brasier traversa la chambre, se rua dans le salon, éclata en feu d'artifice, poignarda de ses flammes ce qui restait du *dibbouk*, l'engouffra, le recracha cendres. Ombrelongue grésilla, tendit la main vers le plafond pour la dernière fois – et disparut.

Autour de la maison, les hurlements des fumigés s'interrompirent.

Le feu avait pris aux murs, aux rideaux. Il léchait les plinthes.

« Isaac », hoqueta Bellatine.

L'air était noir de fumée.

« Isaac ! »

Elle se précipita vers lui, l'aida à se relever. Et lorsqu'ils échangèrent un regard, elle comprit qu'il était redevenu Isaac.

« Tiens, Belette, soupira-t-il. Ça boume ?

— Bingo », cracha-t-elle, submergée par le soulagement.

Il était tout sourire, mais la fumée le prit à la gorge.

« Faut qu'on sorte d'ici en vitesse », dit-il en se redressant.

L'échelle du grenier s'effondra dans la chambre, rongée par les flammes.

« Mais Pieds-de-chardon… »

La maison craquait de toutes parts, tremblait, et ses mouvements ne faisaient qu'attiser les flammes.

« Il faut qu'on sorte, Belette ! »

Il la saisit par le bras.

« Non ! hurla-t-elle. Je suis sûre qu'il y a moyen de…

— Éteignez les lampions », la coupa-t-il, dans la fumée tourbillonnante.

Elle se figea sur place.

« Éteignez les lampions », répéta Isaac en attirant sa sœur à lui.

Elle parcourut pour la dernière fois les murs aimés, en grava dans sa mémoire tout ce qu'elle put. Les vieilles poutres penchées. Bois de chêne si chaleureux. Les éraflures des lattes – un siècle de déambulations. *Tu es mienne et je suis tienne*, songea-t-elle.

Et une voix sous son crâne grinça, en guise de réponse : *Mais oui, petite humaine : ainsi soit-il !*

Puis elle se retourna vers Isaac.

« Que le spectre se lève. »

Ils avancèrent entre de hautes colonnes de feu. Et tandis qu'ils se mettaient à courir, les flammes semblaient presque s'écarter pour les laisser passer.

« Oh, attends ! » bredouilla Isaac en s'immobilisant soudain.

Il émit un bref chant d'oiseau et, quelques secondes plus tard, une Enjoliveuse miaulante se précipita vers les Yaga et escalada, toutes griffes dehors, le pantalon d'Isaac pour se réfugier sous son aisselle. Alors seulement ils purent poursuivre leur route jusqu'à la porte, qu'ils franchirent d'un bond.

Bellatine se remplit les poumons d'un air aussi doux que la glace. Derrière eux, une première poutre s'effondra avec bruit dans les flammes. Bellatine tourna la manivelle de l'échelle métallique. Ils la descendirent lentement tandis que le balcon était balayé par une onde de chaleur. Les braises flottaient autour d'eux comme des lucioles.

« Bellatine ! Isaac ! » hurlaient en contrebas Shona et Sparrow, qui les aidèrent, les mains ensanglantées, à franchir les derniers montants.

Les fumigés gisaient partout alentour. Ils échangeaient des regards hébétés, abasourdis. S'ébrouaient, les épaules désormais libérées de la peur qui les avait chevauchés. Ils repartirent chez eux : vers leurs foyers, vers leurs souvenirs. Winnie tenait sur ses genoux la tête de Rummy, qui n'avait pas repris connaissance, mais dont la respiration était profonde et régulière. Elle essuyait le sang séché qui maculait son front et leva ses yeux vifs sur les combattants qui s'avançaient d'un pas las vers elle.

Lorsqu'ils furent à bonne distance de Pieds-de-chardon, Bellatine tomba à genoux, en larmes. Elle ne voulait pourtant pas détourner le regard de la maison en feu. Isaac s'agenouilla près d'elle et la prit par l'épaule, ne la lâcha jamais, bien qu'elle soit secouée par un violent chagrin. À l'autre bout du champ, Pieds-de-chardon grattait le sol et gémissait, se cabrant comme un cheval enragé tandis que le feu la dévorait. Il avait dévasté le toit, dévoré le jardin, aplati les plumes sur ses hanches. Les étincelles qui jaillissaient du balcon incendièrent quelques virevoltants de passage, qui s'en furent traverser les plaines en roues de feu. Des plaies rouges s'ouvraient sur les longues jambes dorées de Pieds-de-chardon. Et pourtant, la maison ne voulut pas fuir. Elle souffrit le martyre, elle gémit, mais elle ne s'enfuit pas. Ni Bellatine, du reste, ni Isaac. Ils restèrent auprès d'elle. Ils servirent de témoin. Fini, le temps de la fuite.

Et pendant tout ce temps, l'enfant Malka pleura. Plainte qui remplissait le ciel et la terre. Qui galopait désormais sans entraves, gémissement immuable. Toutes les larmes qui lui avaient été volées. Toute la colère qu'un siècle peut contenir. Elle pleurait, elle pleurait, ne s'arrêta jamais de pleurer, et même après que la maison aux pattes de poulets fut réduite en cendres, elle pleurait encore, et personne ne la fit taire.

Chapitre 49

Mille histoires racontent ma naissance, une seule ma fin.

Ma fin est cendres.

Aurais-je souhaité qu'il en soit autrement ? Bien sûr ! Je n'ai pas de goût pour le martyre, n'incline guère à la noblesse. J'aimerais mieux être vivante, comme tout un chacun. Mais *oy* ! L'histoire, c'est l'histoire et même moi qui suis maîtresse en l'art des métamorphoses, même moi qui suis de bois devenue maison, de maison bête, de bête flamme, n'y puis rien changer.

Ah, vous trouvez curieux que je parle encore ? C'est que vous n'avez pas bien écouté. On peut brûler une maison. Pas une histoire. Qu'est donc la maison, si ce n'est un récipient pour une vie ? Et qu'est donc une vie, si ce n'est un récipient pour une histoire ? Et quand le récipient est cassé, il ne détruit pas son contenu, mais lui rend la liberté.

*

Il existe une version de votre monde qui lui ressemble vraiment beaucoup, en fait, mais où les maisons vivent. Où les souvenirs laissent des traces. Et dans ce monde comme dans le vôtre, chaque maison où l'on a vécu est hantée. Hantée par les naissances et les fêtes, par les notes d'un piano, par les discussions, par les promesses tenues et non tenues. Hantée par les bruits de pas sur le carrelage de la cuisine. Hantée par les insomnies, les coups de téléphone et les verres de vin renversés. Tout ce qui fait une vie.

Il vit là un frère et une sœur. Ce détail est important. Ce détail du fait qu'ils vivent. Avant leur naissance, longtemps avant cela mais pas autant qu'on pourrait le souhaiter, il y avait beaucoup trop de gens qui mouraient. Quand le frère et la sœur atterrirent dans leurs corps respectifs, ils ne le savaient pas, mais ces morts anciennes étaient déjà présentes, déjà dans leur sang. Souvenir. Droit héréditaire. Quand ils grandirent, le souvenir en fit autant. Dans chacun de ces enfants, il prit une certaine forme. Le garçon courait, courait sans cesse, sans pouvoir s'arrêter. Il se fuyait pour se faufiler chez les autres, toujours déguisé. Pourquoi courait-il, mystère ; mais s'arrêter lui aurait été fatal, ce qu'il savait bien. Chaque cellule de son corps avait appris à fuir une armée qui ne le suivait plus depuis longtemps.

La petite fille : le souvenir habitait dans ses mains. Elles se rappelaient des deuils dont la petite fille n'avait aucune idée. Elles bouillaient de se souvenir, ces mains, et avec le souvenir venait le refus. *Nous ne toucherons plus jamais la mort*, hurlaient les mains. Alors elles se firent anti-mort. Elles donnèrent la vie. Elles avaient une folle envie de défaire les chagrins du passé, mais la fillette ne connaissait pas ces chagrins-là, et ne pouvait ressentir qu'une nostalgie sans nom.

Une question pour vous : que se passe-t-il lorsque les murs que nous élevons survivent aux dangers qu'ils étaient destinés à repousser ? Quand la forteresse devient-elle prison ?

*

Je vais vous dire ce qu'il se produit par la suite. Je vous le raconterai sous la forme du conte, vous avez au moins mérité ça. C'est une langue qui adoucit les souffrances, les rend moins impossibles à supporter. Elle rend aussi les joies moins intolérables.

Voici donc :

Un homme se tient debout à côté d'un cercueil en pin. Le cercueil est vide. S'il venait quelqu'un d'autre à ces funérailles – ce qui ne sera pas le cas –, sans doute se croirait-il victime d'un mirage, d'une hallucination à la vue de ce garçon seul, les épaules étroites, le costume noir, un chat de même couleur à ses pieds, penché sur un cercueil près d'une voie de chemin de fer au cœur du désert. Le cercueil est vide, disais-je, mais ne le restera pas longtemps. L'homme pose une pièce d'argent sur le rail. Il attend, le chat attend avec lui ; enfin passe un train, qui recrache la pièce, toute plate, scintillante. L'homme embrasse la pièce. Il chante au-dessus de la tombe, bien qu'il ne soit guère chanteur, contrairement à l'absence qui gît dans le cercueil. L'homme y laisse tomber la pièce. Quelque part sur l'Ouest Express, ligne fantôme, un vide se comble.

Un mois passe. Le jeune homme est fatigué. Il a écumé toutes les boutiques de prêt sur gages, de l'Arkansas à l'Arizona. Ses semelles sont usées. Ses cheveux noirs raides de crasse, ses poches presque vides, mais sa quête prend fin. Dans l'arrière-boutique d'un commerce d'occasions des environs de Stillwater, il trouve une vieille guitare qu'il reconnaît. Les cordes sont rouillées, le manche creusé par de trop nombreux passages des doigts, mais l'accord que le jeune homme plaque est limpide, chaleureux. Il n'a plus beaucoup d'argent, marchande comme un beau diable. L'employé cède et le jeune homme repart la guitare au dos.

Le lendemain matin, il la dépose sur le perron d'un refuge pour SDF, à Oklahoma City, avec ce message :

Pour un gosse qui cherche une machine à remonter le temps. Bise. B. S.

L'homme repart, le chat noir sur les talons. Un bus scolaire les attend un peu plus loin. Sur le veston de l'homme, veston qu'il avait prêté jadis et qu'il a récupéré : un étrange blason. Représentant un crâne de cheval couronné de ronces.

Pour vous, cette deuxième histoire : il s'est ouvert, dans le même laps de temps, un théâtre dans les forêts du nord du Vermont. Y ondulent des rideaux de velours ; des lampions en papier sont accrochés au toit. Deux robustes mains ont bâti ce théâtre : les mêmes mains qui ont assemblé le cercueil dans le désert. La salle est comble tous les soirs lorsqu'une étrange ménagerie de marionnettes en bois sculpté investit la scène. Le théâtre est devenu lieu de pèlerinage. On traverse des fleuves, des océans, des sommets, des autoroutes, étendues sacrées, pour y parvenir. Cette marionnettiste, dit-on tout bas, elle ne ressemble à aucune autre. C'est une maîtresse. Avec elle, on a même l'impression que les marionnettes se meuvent toutes seules.

Le spectacle va commencer. L'obscurité se fait peu à peu. Les spectateurs, collectivement, retiennent leur souffle. On entend quelques bruits derrière les rideaux. Des accessoires à placer, des indications à préparer. Une femme promène au-dessus de la table de commande d'éclairage un index argenté et manipule un bouton. Son casque audio discipline ses boucles blondes.

« Accessoires est sur le pont », murmure-t-elle à la marionnettiste, et de se pencher afin que ses lèvres frôlent la pointe du menton de sa partenaire.

La marionnettiste sourit. Elle fait bouger ses doigts, les paumes déjà tièdes.

« Manœuvre est prête. »

Un projecteur violet illumine l'avant-scène.

La marionnettiste apparaît dans le flot de lumière, quatre marionnettes dans les bras. La première : un lion à la crinière en poils de chèvre. La deuxième : une corneille au plumage noir et lustré. La troisième : un petit lièvre bleu. La dernière : une maison miniature que portent deux pattes dorées, des pattes de poulet.

« Il était une fois, raconte la marionnettiste – et ce passé n'est pas si lointain – une lionne indomptable et ses deux filles, qui vivaient dans la plus merveilleuse des maisons… »

Elle pose les marionnettes sur la scène et leur caresse à chacune le cœur.

« La lionne s'appelait Baba Yaga. Et ceci est son histoire. »

Les marionnettes se mettent en mouvement.

*

Ma fin est cendres. C'est la vérité. Mais ce n'est pas leur fin à elles. Et ce n'est pas la fin de l'histoire. Car tant qu'elle est conservée en mémoire, tant qu'elle est racontée, l'histoire demeure. Ceux qui voulaient la tuer ont perdu. Et tant que celles qui ont souffert dans les griffes glaciales du sang de l'hiver – et leurs mères avant elles, et les mères de leurs mères avant elles – peuvent à présent vivre dans la joie, aussi modeste soit-elle, là est la victoire.

Si l'histoire fait bien son travail, elle n'a jamais de fin. Pas vraiment. Ah, certes, elle peut changer. C'est dans la nature des contes populaires. Ils s'adaptent à ceux qui les récitent. Prennent la forme qui convient le mieux à ceux qui les portent. Le conte bien-aimé qui a débuté comme une histoire triste peut être accueilli, serré contre un cœur, bercé par des bras ou par une chanson. Puis mis au lit, pour qu'il puisse enfin dormir. Transformé en offrande. En lampion. En braise qui vous guidera dans l'obscurité.

REMERCIEMENTS

Nombreux sont ceux qui se sont ligués pour faire ce livre (et me faire, moi, tout autant) – sans eux, il ne serait jamais poussé d'ailes à *La Maison aux pattes de poulet*. Ma reconnaissance éperdue à mes parents, Michael et Helen, et à mon frère Rustin, pour leur amour depuis toujours.

Et aussi : à Cassandra de Alba, à Meagan Masterman, et à Colin Hinckley, alias Les Gens de l'Automne, le groupe d'écriture le plus bizarre et le plus tendre qui soit (il faut dire qu'ils ont supporté mes plaintes continuelles sans penser une seule fois au sacrifice humain : bénis soient les os…). Remerciements redoublés à Cassandra, première lectrice innocente de *La Maison aux pattes de poulet*, et à ses SMS au fil des pages ; je me souviens encore d'un « Pitié, arrête avec les sonnettes » désespéré. Merci à Kirk Murphy, roi des donuts sur les toits et du curling gagnant. À Rose Alexandre-Leach, qui a bien failli me noyer dans une baignoire de champagne le jour où j'ai signé avec l'éditeur. À Monika Grist-Weiner, à ses sortilèges de cimetière et ses bouts de patchwork. À Evan Johnson, et à sa ficelle autour d'un paquet de lettres. À Riley Goodemote et à sa bouteille de vin sur le palier. Grand merci reconnaissant à Matt Rivers, empereur des vagabonds du rail, pour avoir transmis sa science à Isaac et à Benji – c'est lui aussi qui m'a soutenue pendant mes premiers jets, sans jamais cesser d'y croire, sans jamais cesser de me soutenir quand je n'en pouvais plus. Merci aux poètes Heather Madden, Julia Story et Simeon Berry, guides encourageants, amis si forts. Merci à Otis Gray pour les séances d'écriture dans sa camionnette aménagée du marécage aux alligators. À Brooke Bullock qui m'a accueillie dans sa belle et tranquille demeure, où j'ai pu écrire une grande partie de *La Maison*. Merci à Katherine Arden qui m'a si généreusement fait franchir une étape en m'aidant à trouver un agent. À Sarah Jane Young pour ses recherches et ses connaissances en menuiserie. À Jeremy Radin pour les conversations par Zoom, mélancoliques et si juives. À Shoshana Bass (héritière d'une noble lignée de marionnettistes) qui sait tout ce qu'il faut savoir sur les marionnettes, et au Sandglass Theater, dont le travail a inspiré les marionnettes à tiges et les décors de *L'Idiot qui se noie*. Merci à Louise Glück, qui a donné sa chance à mon premier recueil, et m'a donné la possibilité de vivre ma vie d'aujourd'hui. Merci au Capitaine Vivian Cutpurse, la pirate la plus sanguinaire des Sept mers (oui, c'est une chatte). Et au milliard d'autres humains qui ont testé mes morceaux d'intrigue, subi mes récriminations, partagé leurs connaissances (de super niche) – et fait la fête avec moi.

Merci aussi à ceux auxquels je dois tant, auteurs et contes, inspirateurs, professeurs et magiciens : Isaac Bashevis Singer et Sholem Aleichem, dont les récits si intenses du shtetl m'ont aidée à donner vie à Gedenkrovka. *A Treasury of Jewish Folklore*, somme rassemblée par Nathan Ausubel, auquel je dois notamment le bras interminable d'Ombrelongue. Les centaines de conteurs oubliés qui, au fil des siècles, ont chuchoté des histoires de Baba Yaga dans les cuisines ou devant les âtres, afin qu'elle traverse le temps et l'espace et parvienne à moi. Les Diviners de Libba Bray et le diptyque de Leigh Bardugo, Six of Crows, qui ont appris à la pauvre poète que je suis à ficeler un récit qui se tient – tout en me sauvant de la triste routine de la vie au temps de la pandémie (Bellatine, il me semble, ne déparerait pas au côté d'Evie et de sa bande, et Isaac ferait un Dregs si canaille). Ray Bradbury et Angela Carter : mes démons-passagers à moi, qui me poussent à produire une prose aussi échevelée, aussi sucrée que ça me chante. *Buffy the Vampire Slayer*, la plus géniale des histoires. Et surtout, et à jamais, Kelly Link – parce que tout ce qu'elle écrit est pour moi une permission. Un retour à la maison. Une attraction de fête foraine qui aurait pour thème l'intérieur de mon crâne.

Un défilé de remerciements à la merveilleuse et opiniâtre équipe d'Anchor Books et à tous ceux qui ont posé les mains sur *La Maison aux pattes de poulet* pour l'Embraser : Kayla Overbey, sa coordonnatrice d'édition, Lyn Rosen et Rima Weinberg, ses correctrices, Christopher Zucker, son metteur en pages, Julie Ertl, son attachée de presse, Annie Locke et Sophie Normal, ses responsables marketing, Zuleima Ugalde, son assistante d'édition, Altie Karper (qui a aidé Gedenkrovka à trouver son vrai nom), Yuliana Konovalova, Daryna Yakusha, Sonia Bloom du Yiddish Book Center, Mark Abrams, son graphiste, Andrea Dezsö son illustratrice de couverture, Shasta Clinch, sa préparatrice de copie (elle a des pouvoirs surnaturels et un œil-laser, c'est certain). Et ma profonde reconnaissance au Mass Cultural Council pour le soutien réel et tangible qu'il apporte aux artistes.

Gratitude effrénée et joyeuse à mon agent, Paul Lucas – merci de croire en moi depuis le début, merci d'avoir guidé ces pages dans le monde, merci de m'avoir encouragée à les écrire. Même traitement pour mon éditrice, Anna Kaufman. J'ai toujours eu l'impression que le destin nous avait réunies – et bon sang, ce que j'en suis ravie ! Quelle chance d'avoir une délicieuse amie qui est aussi une magnifique éditrice et une lectrice de rêve.

Mon humble reconnaissance enfin envers les gens de Rotmistrivka, la Gedenkrovka du monde réel. Que votre mémoire soit une bénédiction.

Le Livre de Poche s'engage pour l'environnement en réduisant l'empreinte carbone de ses livres. Celle de cet exemplaire est de :
250 g éq. CO_2
Rendez-vous sur www.livredepoche-durable.fr

PAPIER CERTIFIÉ

Composition réalisée par Soft Office

Achevé d'imprimer en décembre 2025 en France par
MAURY IMPRIMEUR – 45300 Manchecourt
Dépôt légal 1re publication : janvier 2026
Numéro d'imprimeur : 288461
LIBRAIRIE GÉNÉRALE FRANÇAISE
21, rue du Montparnasse – 75298 Paris Cedex 06
marketing@livredepoche.com

39/7120/3